U0817060

全国“八五”普法读本
民法典学习系列丛书

民法典
知识问答一本通

美好生活 · 民法典相伴

中国法制出版社
CHINA LEGAL PUBLISHING HOUSE

前　言

为深入学习宣传贯彻习近平法治思想特别是习近平总书记2020年5月29日在主持中央政治局第二十次集体学习时的重要讲话精神，把民法典普法作为“八五”普法的重点内容，融入民法典实施全过程、融入人民群众日常生活、融入基层依法治理，让民法典走到群众身边，走进群众心里，促进公民法治素养提升，我们组织编写了《民法典学习系列丛书》，以期为人民群众学习民法典、遵守民法典、运用民法典提供有益帮助，培育全社会办事依法、遇事找法、解决问题用法、化解矛盾靠法的法治环境。《民法典知识问答一本通》是《民法典学习系列丛书》的分册之一，以大众易于接受的问答形式梳理归纳民法典知识点，并对重点难点热点问题辅以案例帮助理解，便于读者以问题为线索，查找民法典对应的解决方法；在问题梳理上，既着眼于知识点的全面覆盖，又重点突出与大众切身利益密切相关的问题，如居住权、高空抛物等。本书对民法典的知识点进行全面准确解读，帮助社会大众正确理解、适用民法典，对于民法典的宣传普及、贯彻施行具有重要的意义。

目　录

第一编　总　　则

第二编　物　　权

第三编　合　　同

第四编 人格权

第五编 婚姻家庭

第六编　继　承

第七编 侵权责任

第一编　总　则

1. 民法调整的民事关系包括哪些类型？

根据《民法典》第2条的规定，民法调整平等主体的自然人、法人和非法人组织之间的人身关系和财产关系。也就是说，民法所调整的民事关系根据权利义务所涉及的内容不同可以分为两大类，即民事主体之间的人身关系和财产关系。人身关系是指民事主体之间基于人格和身份形成的无直接物质利益因素的民事法律关系。人身关系有的与民事主体的人格利益相关，有的与民事主体的特定身份相关，如配偶之间的婚姻关系，父母子女之间的抚养和赡养关系。财产关系是指民事主体之间基于物质利益而形成的民事法律关系。财产关系包括静态的财产支配关系，如所有权关系，还包括动态的财产流转关系，如债权债务关系等。就财产关系所涉及的权利内容而言，财产关系包括物权关系、债权关系等。

2. 如何确定自然人的出生时间和死亡时间？

出生和死亡均是法律事件，能够引起一定法律关系的产生、变更或者消灭。出生时间和死亡时间的判断具有重要的法律意义。例如，被继承人的死亡时间直接决定继承开始的时间，影响遗产的范围、继承人的范围等。

根据《民法典》第15条的规定，出生证明、死亡证明记载的时间是判断自然人出生时间、死亡时间的最基本依据。出生证明，即出生医学证明，记载有新生儿的姓名、性别、出生时间、父母亲姓名等。出生医学证明由国家卫生与计划生育部门统一印制，以省、自治区、直辖市为单位统一编号。国家卫生与计划生育部门主管全国出生医学证明工作，委托各级卫生行政部门负责辖区内出生医学证明的具体事务管理工作。出生医学证明必须由经批准开展助产技术服务并依法取得母婴保健技术服务许可证的医疗保健机构签发，并遵循严格的程序规范。出生证明是记载出生时间的原始凭证，具有证明出生时间的准确性和规范性，因此法律将出生证明记载的时间作为确定自然人出生时间的最基本的依据。

死亡证明是指有关单位出具的证明自然人死亡的文书。主要包括以下几类：公民死于医疗单位的，由医疗单位出具死亡医学证明书；公民正常死亡但无法取得医院出具的死亡证明的，由社区、村（居）委会或者基层卫生医疗机构出具证明；公民非正常死亡或者卫生部门不能确定是否属于正常死亡的，由公安司法部门出具死亡证明；死亡公民已经火化的，由殡葬部门出具火化证明。死亡证明是记载死亡时间的原始凭证，具有证明死亡时间的准确性和规范性，因此法律将死亡证明记载的时间作为确定自然人死亡时间的最基本的依据。

没有出生证明、死亡证明的，以户籍登记或者其他有效身份登记记载的时间为准。户籍登记是国家公安机关按照国家户籍管理法律法规，对公民的身份信息进行登记记载的制度。关于出生登记，我国《户口登记条例》第7条第1款规定：“婴儿出生后一个月以内，由户主、亲属、抚养人或者邻居向婴儿常住地户口登记机关申报出生登记。”第2款规定：“弃婴，由收养人或者育婴机关向户口登记机关申报出生登记。”在户主、亲属等持婴儿的出生医学证明向公安机关申报出生登记后，公安机关依据出生医学证明记载的婴儿的姓名、出生时间等信息，进行户籍登记。公民个人收养的婴儿未办理出生登记的，由收养人持民政部门出具的收养登记证向收养人常住户口所在地的公安派出所申报出生登记。社会福利机构抚养的查找不到生父母的弃婴、儿童，由该机构持婴儿、儿童基本情况证明等，向该机构所在地公安派出所申报出生登记。办理户籍登记应当遵循严格的法定程序，户籍登记记载的出生时间因此具有较强的法律效力。民法典将户籍登记记载的出生时间，作为确定自然人出生时间的重要依据，没有出生证明的，以户籍登记记载的出生时间为准。

关于死亡登记，根据我国户籍管理制度，自然人死亡后，户主、亲属等应当在规定的时间内向公安机关申报死亡登记，注销户口。我国《户口登记条例》第8条规定：“公民死亡，城市在葬前，农村在一个月以内，由户主、亲属、抚养人或者邻居向户口登记机关申报死亡登记，注销户口……”办理户籍登记应当遵循严格的法定程序，户籍登记记载的死亡时间因此具有较强的法律效力。民法典将户籍登记记载的死亡时间，作为确定自然人死亡时间的重要依据，没有死亡证明的，以户籍登记记载的死亡时间为准。

民法典规定的户籍登记以外的其他有效身份登记，包括我国公民居住证、港澳同胞回乡证、台湾居民的有效旅行证件、外国人居留证等。

1. 公民居住证。随着我国城镇化的快速推进，大量人口离开户籍地就业、就读。为了促进新型城镇化的健康发展，推进城镇基本公共服务和便利常住人口全覆盖，保障公民合法权益，国务院于2015年颁布了《居住证暂行条例》，对居住证的申领条件、登载内容作了规定。该条例第2条规定："公民离开常住户口所在地，到其他城市居住半年以上，符合有合法稳定就业、合法稳定住所、连续就读条件之一的，可以依照本条例的规定申领居住证。"第4条规定："居住证登载的内容包括：姓名、性别、民族、出生日期、公民身份号码、本人相片、常住户口所在地住址、居住地住址、证件的签发机关和签发日期。"从各地的地方性法规来看，申请居住证需要提交居民身份证和居民户口簿，居住证记载的关于个人身份的基本内容都是来源于居民身份证和居民户口簿。因此，居住证记载的居民出生日期与户籍登记、身份证记载的出生日期是一致的。为了便利群众从事民事活动，满足实践需求，《民法典》第15条将居住证记载的出生时间也作为判断自然人出生时间的重要依据。

2. 港澳同胞回乡证、台湾居民的有效旅行证件、外国人居留证等。这些身份证件都是我国公安机关或者国家主管机关遵循法定程序签发的，可以作为判断自然人出生时间的重要依据。以外国人居留证件的办理及登记项目为例，《出境入境管理法》第30条规定："外国人所持签证注明入境后需要办理居留证件的，应当自入境之日起三十日内，向拟居留地县级以上地方人民政府公安机关出入境管理机构申请办理外国人居留证件。申请办理外国人居留证件，应当提交本人的护照或者其他国际旅行证件，以及申请事由的相关材料，并留存指纹等人体生物识别信息。公安机关出入境管理机构应当自收到申请材料之日起十五日内进行审查并作出审查决定，根据居留事由签发相应类别和期限的外国人居留证件。外国人工作类居留证件的有效期最短为九十日，最长为五年；非工作类居留证件的有效期最短为一百八十日，最长为五年。”第 33 条规定：“外国人居留证件的登记项目包括：持有人姓名、性别、出生日期、居留事由、居留期限，签发日期、地点，护照或者其他国际旅行证件号码等。外国人居留证件登记事项发生变更的，持证件人应当自登记事项发生变更之日起十日内向居留地县级以上地方人民政府公安机关出入境管理机构申请办理变更。”外国人居留证件是我国公安机关出入境管理机构依照法定程序签发的，其记载的外国人出生时间可以作为判断该外国人出生时间的重要依据。

出生证明、死亡证明以及户籍登记或者其他有效身份登记记载的时间由于各种原因，也可能出现记载错误的情况。如果有其他证据足以推翻出生证明、死亡证明以及户籍登记或者其他有效身份登记记载的时间的，应以该证据证明的时间为准。

3. 胎儿利益的保护有什么特别规定？

自然人的民事权利能力始于出生，胎儿尚未与母体分离，不是独立的自然人，不能依据民事权利能力的一般规定对其进行保护。法律有必要对胎儿利益的保护作出特别规定。《民法典》第16条明确规定:“涉及遗产继承、接受赠与等胎儿利益保护的,胎儿视为具有民事权利能力。但是,胎儿娩出时为死体的,其民事权利能力自始不存在。”

依据这一规定,涉及遗产继承、接受赠与等胎儿利益保护的,胎儿视为具有民事权利能力。采用“视为”一词主要是与《民法典》第13条的规定相对应。《民法典》第13条规定:“自然人从出生时起到死亡时止,具有民事权利能力,依法享有民事权利,承担民事义务。”自然人的民事权利能力始于出生,胎儿尚未出生,本不具有民事权利能力,但又有必要在一定情形下对胎儿的利益进行保护,赋予胎儿民事权利能力,因此采用“视为”具有民事权利能力的表述。

民法典将胎儿利益保护的范围规定为“涉及遗产继承、接受赠与等胎儿利益保护的”。在这些情形下,胎儿视为具有民事权利能力。此处的“遗产继承”不仅包括法定继承,也包括遗嘱继承、遗赠。胎儿是法定继承人的,按照法定继承取得相应的遗产份额;有遗嘱的,胎儿按照遗嘱继承取得遗嘱确定的份额。胎儿不是法定继承人的,被继承人也可以立遗嘱将个人财产赠给胎儿,将来按遗赠办理,胎儿取得遗产继承权。“接受赠与”是指赠与人可以将财产赠与胎儿,胎儿此时视为具有民事权利能力,享有接受赠与的权利。除了遗产继承和接受赠与,实践中还有其他涉及胎儿利益保护的情况,因此《民法典》第16条用了一个“等”字,没有将胎儿利益保护限定在继承、赠与范围以内,原则上也包括侵权等其他需要保护胎儿利益的情形。

为了更周延地保护胎儿利益,根据《民法典》第16条的规定，胎儿自母亲怀孕之时起就应当被视为具有民事权利能力，但是胎儿出生时为死体的，其民事权利能力则自始不存在。

4. 以什么年龄标准划分成年人和未成年人？

随着年龄的增长，自然人具有了一定的阅历，也积累了较为丰富的社会经验和知识，识别、判断能力较强，并能够充分预见到自己的行为后果，已经可以独立生活和工作，此时，法律便明确其为“成年人”。成年不仅意味着其可以独立行使更多的权利，更意味着要独立承担更多的义务，在拥有更大自主权的同时，也要对自己的行为后果独立负责。各国家或者地区根据人们的生理、智力发育情况和社会生活状况等，对成年人年龄标准的规定各不相同。在我国，《民法典》第 17 条将成年人年龄标准确定为 18 周岁，即 18 周岁以上的自然人为成年人。

与“成年人”概念相对的是“未成年人”，不满 18 周岁的自然人为未成年人。未成年人的身体、心智发育还没有完全成熟，法律上需要对其予以特殊保护，促进其健康成长。

5. 哪些人是完全民事行为能力人？

《民法典》第 18 条第 1 款规定：“成年人为完全民事行为能力人，可以独立实施民事法律行为。”根据这一规定，成年人，即年满 18 周岁的自然人，具有完全民事行为能力，为完全民事行为能力人，可以独立实施民事法律行为，并独立对民事法律行为的法律后果负责。例如，成年人可以独立签订房屋租赁合同，行使合同约定的权利，履行合同约定的义务。但是，这一规定的成年人是指辨认识别能力正常的成年人，对于辨认识别能力不足的成年人则根据具体情况的不同归为限制民事行为能力人或者无民事行为能力人。

根据《民法典》第 18 条第 2 款的规定，16 周岁以上的未成年人，如果以自己的劳动收入为主要生活来源的，表明其已经具备成年人的辨识能力，可以独立实施民事法律行为，独立承担民事法律行为的后果，因此可以视为完全民事行为能力人。

6. 哪些人是限制民事行为能力人？

根据《民法典》第 19 条和第 22 条的规定，下列两类人是限制民事行为能力人：一是 8 周岁以上的未成年人，但不能辨认自己行为的除外；二是因智力障碍、精神障碍以及其他疾病导致不能完全辨认自己行为的成年人。

限制民事行为能力人实施民事法律行为由其法定代理人代理或者经其法定代理人同意、追认，但是可以独立实施纯获利益的民事法律行为或者与其年龄、智力、精神健康状况相适应的民事法律行为。

同意是指事前同意，即限制民事行为能力人实施民事法律行为要经法定代理人的事前同意；追认指事后追认，即限制民事行为能力人实施的民事法律行为要经过法定代理人的事后追认，才能对限制民事行为能力人发生效力。但是，限制民事行为能力人已经具有一定的辨认识别能力，法律应当允许其独立实施一定的民事法律行为。可以独立实施的民事法律行为包括两类：一类是纯获利益的民事法律行为，例如接受赠与等。限制民事行为能力人通常不会因这类行为遭受不利益，可以独立实施。另一类是与其年龄、智力、精神健康状况相适应的民事法律行为，例如8周岁的儿童购买学习用品等。限制民事行为能力人对实施这类行为有相应的认知能力，可以独立实施。

就可以独立从事的民事法律行为的范围来看，限制民事行为能力的成年人与限制民事行为能力的未成年人既有相同之处，又有不同之处。相同之处在于这两类限制民事行为能力的自然人均可以独立实施纯获利益的民事法律行为。不同之处在于，限制民事行为能力的未成年人可以独立实施与其年龄、智力相适应的民事法律行为，限制民事行为能力的成年人可以独立实施与其智力、精神健康状况相适应的民事法律行为。未成年人的年龄直接影响着其社会阅历和知识能力，其智力仍处于正常发育阶段，还没有完全发育成熟，年龄、智力是影响未成年人认知能力的两个最重要因素。与未成年人处于正常的智力发育阶段不同，限制民事行为能力的成年人实施民事法律行为需要考虑的智力因素，包括先天的智力障碍，在正常的智力发育期由于各种原因导致的智力低下，以及智力发育成熟后，由于疾病、意外事故等各种原因引起的智力损伤和老年期的智力明显衰退导致的痴呆等。限制民事行为能力的成年人实施民事法律行为需要考虑的精神健康因素主要指因精神疾病引起的认知判断能力不足的情况，其不能正常参与民事活动，从事较为复杂的民事法律行为。

7. 哪些人是无民事行为能力人?

根据《民法典》第 20 条和第 21 条的规定，下列三类人是无民事行为能力人：一是不满 8 周岁的未成年人；二是不能辨认自己行为的成年人；三是不能辨认自己行为的 8 周岁以上的未成年人。

无民事行为能力人因对普通的事物和行为欠缺基本的认识判断能力，也不能正常预见自己行为的法律后果，不能独立实施民事法律行为，应当由其法定代理人代理实施民事法律行为。

8. 谁是未成年人的法定监护人?

根据《民法典》第 27 条第 1 款的规定，父母是未成年子女的监护人。父母具有抚养、教育和保护未成年子女的法定义务，与未成年子女的关系最为密切，对未成年人的健康成长至关重要。基于此，父母无条件地成为未成年人的法定监护人。只有在父母死亡或者没有监护能力的情况下，才可以由其他个人或者有关组织担任监护人。

9. 未成年人的父母已经死亡或者没有监护能力时，由谁担任该未成年人的监护人?

根据《民法典》第 27 条第 2 款的规定，未成年人的父母已经死亡或者没有监护能力的，由下列有监护能力的人按顺序担任监护人：（1）祖父母、外祖父母；（2）兄、姐；（3）其他愿意担任监护人的个人或者组织，但是须经未成年人住所地的居民委员会、村民委员会或者民政部门同意。

这三类人应当按照上述顺序来担任未成年人的监护人。如果依照上述顺序应当担任监护人的个人认为自己不适合担任监护人，或者认为其他具有监护资格的人更适合担任监护人的，可以依照《民法典》第30条的规定进行协商；协商不成的，按照法定的监护争议解决程序处理，由居民委员会、村民委员会、民政部门或者人民法院综合各方面情况，根据最有利于被监护人的原则在依法具有监护资格的人中指定监护人。

10. 监护人在哪些情况下应当承担法律责任？

被监护人都是未成年人或者辨识能力不足的成年人，监护人是否能履行好监护职责，对被监护人权益影响很大。监护人如果不履行监护职责或者侵害被监护人合法权益的，应当承担相应的法律责任，主要包括两个方面：一是对被监护人的侵权行为承担责任。《民法典》第1188条规定，无民事行为能力人、限制民事行为能力人造成他人损害的，由监护人承担侵权责任。监护人尽到监护职责的，可以减轻其侵权责任。有财产的无民事行为能力人、限制民事行为能力人造成他人损害的，从本人财产中支付赔偿费用；不足部分，由监护人赔偿。二是监护人不履行监护职责或者侵害被监护人的合法权益，造成被监护人人身、财产损害的，应当承担民事责任。《民法典》第179条对承担民事责任的主要方式作出了规定，包括停止侵害、赔偿损失等。

11. 宣告失踪的条件是什么？

根据《民法典》第40条的规定，宣告失踪的条件包括：

第一，自然人下落不明满2年。所谓下落不明，是指自然人持续不间断地没有音讯的状态。

第二，利害关系人向人民法院申请。申请宣告失踪的利害关系人，包括被申请宣告失踪人的配偶、父母、子女、兄弟姐妹、祖父母、外祖父母、孙子女、外孙子女以及其他与被申请人有民事权利义务关系的人。利害关系人申请宣告失踪的，应当向下落不明人住所地基层人民法院提出。申请书应当写明失踪的事实、时间和请求，并附有公安机关或者其他有关机关关于该公民下落不明的书面证明。

第三，由人民法院依据法定程序进行宣告。宣告失踪在法律效果上将对自然人的财产利益产生重大影响，必须由司法机关经过严格程序来进行。因此，宣告失踪只能由人民法院作出，其他任何机关和个人无权作出宣告失踪的决定。人民法院审理宣告失踪案件，适用特别程序。人民法院受理宣告失踪案件后，应当发出寻找下落不明人的公告。宣告失踪的公告期间为3个月。公告期间届满，人民法院应当根据被宣告失踪的事实是否得到确认，作出宣告失踪的判决或者驳回申请的判决。

12. 被宣告失踪后，失踪人重新出现的法律效果是什么？

根据《民法典》第45条第2款的规定，失踪人重新出现，有权请求财产代管人及时移交有关财产并报告财产代管情况。失踪人一旦重新出现，就应当恢复对自己财产的控制，财产代管人的代管职责相应结束，应停止代管行为，移交代管的财产并向本人报告代管情况。

13. 宣告死亡的条件是什么？

根据《民法典》第46条的规定，宣告死亡的条件是：

第一，自然人下落不明的时间要达到法定的长度。一般情况下，下落不明的时间要满4年。如果是因意外事件而下落不明，下落不明的时间要满2年。自然人因意外事件下落不明的，其生存的可能性明显小于一般情况下的下落不明，因此这种情况下宣告死亡，法律要求的下落不明时间长度应当短于一般情况下宣告死亡。对于因意外事件下落不明的自然人，如果与该意外事件有关的机关证明该自然人不可能生存的，利害关系人就可以据此申请宣告该自然人死亡，而不必等到下落不明满2年。

第二，必须要由利害关系人提出申请。此处所说的利害关系人，应当是与被宣告人是生存还是死亡的法律后果有利害关系的人。依照民事诉讼法的规定，利害关系人申请宣告其死亡的，向下落不明人住所地基层人民法院提出。申请书应当写明下落不明的事实、时间和请求，并附有公安机关或者其他有关机关关于该公民下落不明的书面证明。

第三，只能由人民法院经过法定程序，宣告自然人死亡。依照民事诉讼法的规定，人民法院审理宣告死亡案件，适用民事诉讼法关于特别程序的规定。人民法院受理宣告死亡案件后，应当发出寻找下落不明人的公告，公告期间为 1 年。因意外事故下落不明，经有关机关证明该公民不可能生存的，宣告死亡的公告期间为 3 个月。公告期间届满，人民法院应当根据被宣告死亡的事实是否得到确认，作出宣告死亡的判决或者驳回申请的判决。

14. 宣告死亡对被宣告死亡的人的婚姻关系有什么法律效果？

宣告死亡是自然人下落不明达到法定期限，经利害关系人申请，人民法院经过法定程序在法律上推定失踪人死亡的一项民事制度。宣告自然人死亡，是对自然人死亡在法律上的推定，这种推定将产生与生理死亡基本一样的法律效果。因此，《民法典》第 51 条明确规定，被宣告死亡的人的婚姻关系，自死亡宣告之日起消除。死亡宣告被撤销的，婚姻关系自撤销死亡宣告之日起自行恢复。但是，其配偶再婚或者向婚姻登记机关书面声明不愿意恢复的除外。

15. 个体工商户的债务承担如何确定？

个体工商户可以个人经营，也可以家庭经营，对于个体工商户经营产生的债务，《民法典》第 56 条第 1 款明确规定，个人经营的，以个人财产承担；家庭经营的，以家庭财产承担；无法区分的，以家庭财产承担。对于实践中判断是个人经营还是家庭经营，主要看是个人投资还是家庭投资，是个人享用经营收益还是家庭共同享用经营收益，司法实践中一般有以下认定标准：一是以公民个人名义申请登记的个体工商户，用家庭共有财产投资，或者收益的主要部分供家庭成员享用的，其债务应以家庭共有财产清偿。二是夫妻关系存续期间，一方从事个体经营，其收入为夫妻共有财产的，债务亦应以夫妻共有财产清偿。此外，个体工商户的债务，如以其家庭共有财产承担责任，应当保留家庭成员的生活必需品和必要的生产工具。

16. 农村承包经营户的债务承担如何确定？

农村土地家庭承包的承包方是本集体经济组织的农户。农户是农村中以血缘和婚姻关系为基础组成的农村最基本的社会单位。它既是独立的生活单位，又是独立的生产单位。作为生产单位的农户，一般是依靠家庭成员的劳动进行农业生产与经营活动的。对农村土地实行家庭承包的，农户成为农村集体经济中一个独立的经营层次，是农村从事生产经营活动的基本单位。在承包期内，无论承包户内人口发生什么样的变化，是增是减，只要作为承包户的家庭还存在，承包户仍然是一个生产经营单位。在承包经营活动中，无论是全体家庭成员从事生产经营劳动和经营活动，还是部分家庭成员从事生产经营劳动和经营活动，另一部分家庭成员从事其他职业或者家务劳动，农户仍然是一个对外承担责任的主体。同时，考虑到随着我国城乡经济结构的调整和城镇化的发展，农村剩余劳动力向城镇的转移会不断增加，有的家庭成员进城务工就业，分门立户，已完全不参与家庭土地承包经营，也不分享承包家庭的收益，在这种情况下，可以不再承担原所在家庭承包经营的债务。因此，《民法典》第56条第2款规定，农村承包经营户的债务，以从事农村土地承包经营的农户财产承担；事实上由农户部分成员经营的，以该部分成员的财产承担。

17. 法定代表人因执行职务造成他人损害的，由谁承担民事责任？

法定代表人因执行职务造成他人损害的，属于职务侵权。法定代表人的职务侵权行为应当同时符合以下两个要素：一是法定代表人的行为构成对第三人的侵权，包括对第三人人身权和财产权的侵害。二是该侵权行为应为法定代表人执行职务的行为。例如，甲公司的法定代表人李某在驾车出差途中发生交通事故，将行人张某撞伤，即属于李某的职务侵权行为。由于法定代表人的职务行为是代表法人实施的，因而应由法人承担民事责任。但是，法定代表人的行为如果与执行职务无关，则不构成职务侵权。在上述例子中，如果作为法定代表人的李某是在自己休假旅行过程中发生交通事故，将行人张某撞伤，则不构成职务侵权，甲公司无须承担责任，要由李某本人承担责任。

根据《民法典》第61条的规定，法人的法定代表人是代表法人从事民事活动的负责人，其以法人名义从事的民事活动的法律后果由法人承受，所以法定代表人的职务侵权行为亦应由法人来承担民事责任。需要指出的是，法人的法定代表人的职务侵权行为与法人一般工作人员的职务侵权行为，在归责原则上，对外都是由法人承担责任。民法典侵权责任编规定，用人单位的工作人员因执行工作任务造成他人损害的，由用人单位承担侵权责任。用人单位承担侵权责任后，可以向有故意或者重大过失的工作人员追偿。

根据《民法典》第 61 条的规定，对于法定代表人的职务侵权行为，法人对外承担民事责任后，在对内责任方面，可以依照法律或者法人章程的规定，向有过错的法定代表人追偿。这一规定涉及法定代表人职务侵权行为的内部责任分担问题。在一般情况下，在职务侵权行为中，行为的法律后果完全由法人承担，法定代表人不需承担该行为的民事责任，但在以下两种情况下，法人可以向有过错的法定代表人追偿：

一是根据法律规定。如果有关法律法规明文规定了法定代表人对职务侵权行为应该承担相应的责任，那么在此种情形下，法人可以在对外赔偿后，依据法律法规规定，向有过错的法定代表人进行追偿。

二是根据法人章程规定。如果法人的章程中明确规定了法定代表人对职务侵权行为应该承担相应的责任，那么在此种情形下，法人可以在对外赔偿后，依据法人章程的规定，向有过错的法定代表人进行追偿。

18. 法人的住所如何确定?

法人以其主要办事机构所在地为住所。依法需要办理法人登记的，应当将主要办事机构所在地登记为住所。

法人住所，是指法人主要办事机构所在地。确定法人的住所，对于确定法人主要办事机构所在地和诉讼管辖地、破产清算地等具有重要意义。此外，法人住所地的确定也可以在涉外法律关系上，决定准据法的适用。我国的《涉外民事关系法律适用法》明确规定："法人及其分支机构的民事权利能力、民事行为能力、组织机构、股东权利义务等事项，适用登记地法律。法人的主营业地与登记地不一致的，可以适用主营业地法律。法人的经常居所地，为其主营业地。"许多国家主张以法人的住所地法作为法人的属人法。因此，在这些国家处理国际民商事纠纷时，如需要适用法人的属人法，就需适用法人的住所地法。

依法需要办理法人登记的，应当将主要办事机构所在地登记为住所。法人设立登记是法人依法成立，取得民事主体资格的要件。企业法人、部分事业单位法人和绝大多数社会团体法人应当依法进行设立登记，登记的内容包括法人的住所一项。根据《民法典》第 63 条的规定，依法需要办理法人登记的，都应当将主要办事机构所在地登记为住所。

19. 什么是法人登记公示制度?

法人登记公示制度，是指登记机关要依法及时公示法人登记的有关信息。法人登记事项经公示之后，即可产生两种法律效力，包括对抗力和公信力。通过赋予公示的登记事项以对抗力来保护登记人的合法权益，同时，通过赋予公示的登记事项以公信力来保护善意第三人，从而维护交易安全。

确立对法人登记信息的公示制度，其意义在于：一是有利于保护交易安全。法人登记公示制度对交易安全的保护，集中表现在公示的效力上，即对抗力与公信力。公示的对抗力表现为已经公示的，可以对抗；未经公示的，不能对抗。公示的公信力表现为一旦公示，外界即可信赖该公示的内容，即使有瑕疵，对信赖该公示的善意第三人也将加以保护。二是有利于降低社会成本。公示制度的对抗力和公信力使当事人的权利义务确定化、稳定化，与之交易的第三人不必花费大量的时间和金钱去辨别公示内容的真伪。因此，公示制度大大降低了市场交易成本，即信息收集、进行谈判、订立契约并检查、监督契约实施的费用。另外，公示制度明确了当事人的责任，无论在登记过程中，还是在交易过程中均需尽注意义务，在使当事人谨慎从事的同时，也可以减少纠纷，降低整个社会的司法成本。

根据《民法典》第66条的规定，登记机关应当依法及时公示法人登记的有关信息。依据企业法人登记管理条例、公司登记管理条例、社会团体登记管理条例、民办非企业单位登记管理暂行条例和有关实施细则的规定，法人的相关登记机关包括：一是市场监督管理部门，即原工商行政管理部门，是企业法人的登记机关；二是编制部门，是事业单位的登记机关；三是民政部门，是社会团体和民办非企业单位，即社会服务机构的登记机关。同时，上述这些法规对登记机关公示法人登记信息作出了具体规定，包括设立登记、变更登记和注销登记信息都要对外进行公示。

20. 法人清算后的剩余财产，如何处理？

法人清算后的剩余财产，是指法人财产在分别支付清算费用、职工的工资、社会保险费用和法定补偿金，缴纳所欠税款，清偿公司债务后的剩余财产。根据《民法典》第72条第2款的规定，对法人清算后的剩余财产，一般要根据法人章程的规定或者法人权力机构的决议来处理，但是法律另有规定的，依照其规定。如公司法规定，公司财产在分别支付清算费用、职工的工资、社会保险费用和法定补偿金，缴纳所欠税款，清偿公司债务后的剩余财产，有限责任公司按照股东的出资比例分配，股份有限公司按照股东持有的股份比例分配。因此，对有限责任公司和股份有限公司法人在清算后的剩余财产的处理，要适用公司法的规定。此外，为公益目的成立的非营利法人终止时，不得向出资人、设立人或者会员分配剩余财产。剩余财产应当按照法人章程的规定或者权力机构的决议用于公益目的；无法按照法人章程的规定或者权力机构的决议处理的，由主管机关主持转给宗旨相同或者相近的法人，并向社会公告。

21. 法人的分支机构以自己的名义从事民事活动，产生的民事责任如何承担？

法人分支机构，在性质上属于法人的组成部分，不具有独立责任能力，其行为的后果仍由法人承担。公司法规定，公司可以设立分公司。设立分公司，应当向公司登记机关申请登记，领取营业执照。分公司不具有法人资格，其民事责任由所属法人承担。

法人的分支机构与有独立责任能力的子公司不同，具体体现在：一是设立方式不同。子公司一般由两个以上股东发起设立，是独立法人，独立承担民事责任，在其自身经营范围内独立开展各种业务活动；法人分支机构由设立公司在其住所地之外依法设立，设立时不要求注册资金，属于总公司的分支机构，虽然也可以独立开展业务活动，但应在设立公司授权范围内进行。二是名称和领取的营业执照不同。子公司在登记部门领取《企业法人营业执照》，名称中不冠以母公司的名字；而法人分支机构则领取的是《营业执照》，名称为总公司的分公司。三是法律责任能力不同。子公司由于是独立法人，其从事民事活动的法律后果由其自身承担，只能就其自身资产承担民事责任；而分支机构虽然也可以以自己的名义从事民事活动，但其不具有法人资格，自身没有承担法律责任的能力，其从事民事活动的后果要由设立它的法人承担，也可以先以该分支机构管理的财产承担，不足以承担的，由法人承担。

法人的分支机构虽然在法人授权范围内可以对外从事各种民事活动，但法人的分支机构属于法人的组成部分，其承担责任的能力有一定的限制。因此，根据《民法典》第 74 条第 2 款的规定，法人的分支机构进行民事活动所需承担的责任，要由法人承担，也可以先以该分支机构管理的财产承担，不足以承担的，由法人承担。在涉及分支机构的诉讼中，可以将法人的分支机构与法人一起列为共同被告。比如，企业法人的分支机构为他人提供担保，发生法律纠纷的，人民法院在审理过程中可以将该企业法人和分支机构列为共同被告参加诉讼。

22. 营利法人如何成立?

根据《民法典》第 77 条的规定，营利法人经依法登记成立，“依法”是指依公司法、公司登记管理条例、企业法人登记管理条例等法律、行政法规。公司法、公司登记管理条例、企业法人登记管理条例对设立有限责任公司、股份有限公司和其他企业法人等营利法人的条件和登记程序等作了明确的规定。

一是设立条件。根据公司法的规定，设立有限责任公司应当具备下列条件：（1）股东符合法定人数；（2）有符合公司章程规定的全体股东认缴的出资额；（3）股东共同制定公司章程；（4）有公司名称，建立符合有限责任公司要求的组织机构；（5）有公司住所。股东认足公司章程规定的出资后，由全体股东指定的代表或者共同委托的代理人向公司登记机关报送公司登记申请书、公司章程等文件，申请设立登记。

根据公司法的规定，设立股份有限公司应当具备下列条件：（1）发起人符合法定的人数；（2）有符合公司章程规定的全体发起人认购的股本总额或者募集的实收股本总额；（3）股份发行、筹办事项符合法律规定；（4）发起人制订公司章程，采用募集方式设立的经创立大会通过；（5）有公司名称，建立符合股份有限公司要求的组织机构；（6）有公司住所。

根据《企业法人登记管理条例》的规定，申请企业法人登记的单位应当具备下列条件：（1）名称、组织机构和章程；（2）固定的经营场所和必要的设施；（3）符合国家规定并与其生产经营和服务规模相适应的资金数额和从业人员；（4）能够独立承担民事责任；（5）符合国家法律、法规和政策规定的经营范围。

二是设立登记程序。《公司法》明确规定，设立公司，应当依法向公司登记机关申请设立登记。符合该法规定的设立条件的，由公司登记机关分别登记为有限责任公司或者股份有限公司。设立股份有限公司，应当由董事会向公司登记机关申请设立登记。以募集方式设立股份有限公司的，应当于创立大会结束后30日内向公司登记机关申请设立登记。

此外，在公司设立登记程序中，还有公司名称预核准这样一个重要的环节。根据《公司登记管理条例》的规定，设立有限责任公司，应当由全体股东指定的代表或者共同委托的代理人向公司登记机关申请名称预先核准；设立股份有限公司，应当由全体发起人指定的代表或者共同委托的代理人向公司登记机关申请名称预先核准。

除有限责任公司、股份有限公司外，其他企业法人的登记适用《企业法人登记管理条例》的相关规定。

23. 什么是“揭开公司的面纱”规则？规定这一规则有什么意义？

公司法的法理基础，就是利用法人独立地位和出资人有限责任充分发挥其作用，提升效率，发展生产力。如果滥用法人独立地位和出资人有限责任，则应对法人债务承担连带责任，这一规则被称为“揭开公司的面纱”，又叫“法人人格否认”。这里的“否认”，并非否认法人资格，而是否认其独立地位，需出资人承担无限连带责任，保护债权人利益。

针对股东采用转移公司财产、将公司财产与本人财产混同等手段，造成公司可以用于履行债务的财产减少，严重损害公司债权人利益的行为，“揭开公司的面纱”规则应运而生。“揭开公司的面纱”是在英美法系国家的司法实践中发展起来的判例规则，意为在具体案例中忽视公司的法人人格，责令背后的股东或公司的内部人员对公司债权人直接承担责任。我国公司法引入了这一规则，规定公司股东应当遵守法律、行政法规和公司章程，依法行使股东权利，不得滥用公司法人独立地位和股东有限责任损害公司债权人的利益。适用这一规则要符合以下三个要素：一是公司股东滥用公司法人独立地位和股东有限责任，逃避债务；二是债权人的利益受到严重损害；三是公司股东滥用公司法人独立地位和股东有限责任的行为与债权人的利益受到损害之间存在因果关系。符合上述三个要素的，则可认定股东滥用法人独立地位和出资人有限责任逃避债务，严重损害法人债权人的利益，应当对法人债务承担连带责任。

《民法典》第 83 条第 2 款也规定了“揭开公司的面纱”规则，明确营利法人的出资人不得滥用法人独立地位和出资人有限责任损害法人债权人的利益。滥用法人独立地位和出资人有限责任，逃避债务，严重损害法人债权人的利益的，应当对法人债务承担连带责任。

24. 营利法人的权力机构、执行机构作出决议的会议召集程序、表决方式违反法律、行政法规、法人章程，或者决议内容违反法人章程的，营利法人的出资人是否可以请求人民法院撤销该决议?

营利法人的权力机构、执行机构违反法律、行政法规或者违反法人章程作出决议包括两种情况：一是程序违反法律、行政法规或者法人章程；二是内容违反法人章程。就第一种情况来说，又包括两种情形：一是作出决议的会议召集程序违反法律、行政法规或者法人章程；二是作出决议的会议表决方式违反法律、行政法规或者法人章程。

《民法典》第85条规定，营利法人的权力机构、执行机构作出决议的会议召集程序、表决方式违反法律、行政法规、法人章程，或者决议内容违反法人章程的，营利法人的出资人可以请求人民法院撤销该决议。但是，营利法人依据该决议与善意相对人形成的民事法律关系不受影响。这一规定旨在保护善意的、不知情的相对人。

在民商事法律关系中，营利法人作为行为主体实施法律行为的过程可以分为两个方面：一是法人内部的意思形成，通常表现为法人权力机构、执行机构，即股东会、股东大会或董事会作出决议；二是法人对外作出意思表示，通常表现为法人对外作出的签订合同等民事法律行为。出于保护善意相对人和维护交易安全的考虑，在法人内部意思形成过程存在瑕疵的情况下，只要对外的意思表示行为不存在无效的情形，法人就应受其表示行为的制约。如转让股权的股东会决议因未经股权所有人同意而不成立，由此产生的股权转让属无权处分行为。如果股权受让人在受让股权时尽了合理的注意义务，且支付了合理对价，则属于善意相对人，可通过善意取得制度获得转让的股权。因此，法院虽然可以撤销法人权力机构、执行机构违反公司章程作出的决议，但并不意味着对法人与善意相对人形成的民事法律关系的必然否定。在营利法人的权力机构或者执行机构所作决议被人民法院的判决撤销后，营利法人依据该决议与相对人之间形成的法律关系是否受到影响，主要是看该相对人是否为善意。如果相对人在与营利法人形成法律关系时不知道或者不应当知道作出决议的会议在召集程序、表决方式方面违反法律、行政法规或者法人章程的规定，或者决议内容违反法人章程的规定，则为善意相对人，其与营利法人依据该决议形成的民事法律关系不受影响；反之，如果相对人在与营利法人形成该法律关系时知道或者应当知道作出决议的会议在召集程序、表决方式方面违反法律、行政法规或者法人章程的规定，或者决议内容违反法人章程的规定，则不能成为善意相对人，无权根据《民法典》第 85 条规定主张相应的利益。

25. 自然人享有哪些具体的人格权？

人格权是存在于民事主体人格上的权利，是民事主体对其特定的人格利益享有的权利，关系到每个人的人格尊严和人身自由，是民事主体最基本、最重要的权利。1986 年民法通则设专节规定了人身权，其中大部分内容都是关于人格权的规定。从人格权的主体看，民法通则区分了自然人的人格权和法人的人格权。民法典继承了民法通则的规定和做法，同时根据近 40 年的发展，进一步丰富了具体人格权的类型。根据《民法典》第 110 条的规定，自然人主要享有以下人格权：

1. 生命权。生命权是指自然人享有的以维护生命安全和生命尊严为内容的权利，其以自然人的生命安全利益为内容，以生命安全和生命维持为客体，以维护人的生命活动延续为基本内容。生命权是自然人享有的最基本的人格权。

2. 身体权。身体权是指自然人享有的以维护身体完整和行动自由为内容的权利，其是自然人保持其身体组织完整并支配其肢体、器官和其他身体组织的权利。

3. 健康权。健康权是指自然人享有的以维护自己的身心健康为内容的权利，其是以自然人维护其机体生理机能正常运作和功能完善发挥为内容的权利。健康是维持人体正常生命活动的基础，健康权是自然人重要的人格权。

4. 姓名权。姓名权是指自然人享有的依法决定、使用、变更或者许可他人使用自己姓名的权利。

5. 肖像权。肖像权是指自然人享有的依法制作、使用、公开或者许可他人使用自己肖像的权利，其体现为自然人对自己的肖像上体现的精神利益和物质利益所享有的权利。

6. 名誉权。名誉权是指自然人、法人和非法人组织就其品德、声望、才能、信用等所获得的社会评价，所享有的保有和维护的权利，也就是说其是自然人就其自身属性和价值所获得的社会评价，所享有的保有和维护的权利。

7. 荣誉权。荣誉权是指民事主体对自己所获得的荣誉及其利益所享有的保持、支配的权利。

8. 隐私权。隐私权是指自然人享有的私人生活安宁与不愿为他人知晓的私密空间、私密活动、私密信息等依法受到保护，不受他人刺探、侵扰、泄露和公开的权利。

9. 婚姻自主权。婚姻自主权是指自然人享有的结婚、离婚自由不受他人干涉的权利。

26. 个人信息是否受法律保护？

信息社会中，人的存在不仅涉及生物体征方面的信息，如身高、性别等，也涉及人作为社会成员的基本社会文化信息，如姓名、职业、宗教信仰、消费倾向、生活习惯等。越来越多的人类活动都有信息形式的记录。个人信息权利是公民在现代信息社会享有的重要权利，明确对个人信息的保护对于保护公民的人格尊严，使公民免受非法侵扰，维护正常的社会秩序具有现实意义。据此，民法典总则编在民事权利一章中单列一条，即《民法典》第111条，对自然人的个人信息受法律保护和其他民事主体对自然人个人信息保护的义务作出明确规定。《民法典》人格权编第1034条至第1039条在总则编的基础上对个人信息保护的基本原则和基本规则作了规定，为下一步个人信息保护法的制定提供了依据，奠定了基本框架。根据总则编的规定，其他民事主体对自然人个人信息保护有以下两个义务：

一是任何组织和个人需要获取他人个人信息的，有依法取得并确保信息安全的义务。

二是不得非法收集、使用、加工、传输他人个人信息，不得非法买卖、提供或者公开他人个人信息。违反个人信息保护义务的，应当依法承担民事责任、行政责任甚至刑事责任。其他法律对其他民事主体对自然人个人信息保护的义务有具体规定。例如，《消费者权益保护法》第29条第1款、第2款规定，经营者收集、使用消费者个人信息，应当遵循合法、正当、必要的原则，明示收集、使用信息的目的、方式和范围，并经消费者同意。经营者收集、使用消费者个人信息，应当公开其收集、使用规则，不得违反法律、法规的规定和双方的约定收集、使用信息。经营者及其工作人员对收集的消费者个人信息必须严格保密，不得泄露、出售或者非法向他人提供。经营者应当采取技术措施和其他必要措施，确保信息安全，防止消费者个人信息泄露、丢失。在发生或者可能发生信息泄露、丢失的情况时，应当立即采取补救措施。刑法还规定了侵犯公民个人信息罪。

27. 数据和网络虚拟财产是否受法律保护?

随着互联网和大数据技术的快速发展，网络虚拟财产、数据等各种新型财产出现。但在民法典编纂过程中，是否规定和如何规定数据和网络虚拟财产，存在较大争议。一种意见认为，数据和网络虚拟财产是民事权利的客体之一。但数据和网络虚拟财产是新兴事物，其概念范畴、保护范围、权利属性、权利和义务的内容等都较为复杂，理论和实践中对这些问题存在较大争议，其他国家和地区对数据和网络虚拟财产的保护也仍然处于探索阶段。民法典未针对民事权利的客体作专门规定，可以将数据和网络虚拟财产纳入现有的各种民事权利中予以保护。另一种意见认为，为了适应信息社会和互联网快速发展的新情况，体现民法典的时代性，有必要对数据和网络虚拟财产等新型民事权利客体作出规定。这有助于解决实践纠纷，为互联网未来的发展提供保障和支持。但鉴于数据和网络虚拟财产的复杂性，限于民法典的篇章结构，如何界定数据和网络虚拟财产，如何明确数据和网络虚拟财产的权利属性和权利内容，应由专门法律加以规定。基于此，《民法典》第 127 条对数据和网络虚拟财产的保护作了原则性规定，即“法律对数据、网络虚拟财产的保护有规定的，依照其规定”。一方面，确立了依法保护数据和网络虚拟财产的原则；另一方面，鉴于数据和网络虚拟财产的权利性质存在争议，需要对数据和网络虚拟财产的权利属性作进一步深入研究，进一步总结理论和司法实践的经验，为以后立法提供坚实基础。

28. 民事法律行为是怎样成立的?

依据不同的标准，民事法律行为可以有不同的分类。依据民事法律行为的行为人数的不同，可以分为单方民事法律行为、双方民事法律行为和多方民事法律行为。不同的民事法律行为，其成立要件和成立时间是不同的。具体包括以下情形：（1）单方民事法律行为。单方民事法律行为是指根据一方的意思表示就能够成立的行为。与双方民事法律行为不同，单方民事法律行为不存在相对方，其成立不需要其他人的配合或者同意，而是依据行为人自己一方的意志就可以产生自己所期望的法律效果。在现实生活中单方民事法律行为不少，这些民事法律行为从内容上划分，主要可以分为两类：一是行使个人权利而实施的单方行为，如所有权人抛弃所有权的行为等，这些单方民事法律行为仅涉及个人的权利变动，不涉及他人的权利变动；二是涉及他人权利变动的单方民事法律行为，如立遗嘱等。（2）双方民事法律行为。双方民事法律行为是指双方当事人意思表示一致才能成立的民事法律行为。双方民事法律行为是现实社会经济生活中存在最多、运用最广的民事法律行为。最为典型的双方民事法律行为是合同。双方民事法律行为与单方民事法律行为最大的区别是行为的成立需要双方的意思表示一致，仅凭一方的意思表示而没有经过对方的认可或者同意不能成立。

(3) 多方民事法律行为。多方民事法律行为是指根据两个以上的民事主体的意思表示一致而成立的行为。多方民事法律行为与双方民事法律行为的相同之处是需要所有当事人意思表示才能成立；不同之处是双方民事法律行为的当事人只有两个，而多方民事法律行为的当事人有两个以上。订立公司章程的行为和签订合伙协议的行为就是较为典型的多方民事法律行为。此外，还有一种较为特殊的民事法律行为，即决议行为。决议行为是两个或者两个以上的当事人基于共同的意思表示而意图实现一定法律效果而实施的行为。决议行为一般并不需要所有当事人意思表示一致才能成立，而是多数人意思表示一致就可以成立。

29. 有相对人的意思表示何时生效?

《民法典》第137条对有相对人的意思表示的生效时间作了规定。有相对人的意思表示按照具体分类确定生效时间规则，具体包括：一是以对话方式作出的意思表示。所谓以对话方式作出的意思表示，是指采取使相对方可以同步受领的方式进行的意思表示，如面对面交谈、电话等方式。在以这种方式进行的意思表示中，表意人作出意思表示和相对人受领意思表示是同步进行的，没有时间差。表意人作出意思表示并使相对人知道时即发生效力。因此，以对话方式作出的意思表示，相对人知道其内容时生效。

二是以非对话方式作出的意思表示。以非对话方式作出的意思表示，是指表意人作出意思表示的时间与相对人受领意思表示的时间不同步，二者之间存在时间差。非对话的意思表示在现实生活中存在的形式多样，如传真、信函等。对于非对话方式作出的意思表示，以到达相对人时生效。需要强调的是，这里“到达”并不意味着相对人必须亲自收到，只要进入相对人通常的地址、住所或者能够控制的地方（如信箱）即可视为到达，意思表示被相对人的代理人收到也可以视为“到达”。送达相对人时生效还意味着即使在意思表示送达相对人前相对人已经知道该意思表示内容的，该意思表示也不生效。

三是以非对话方式作出的采用数据电文形式的意思表示。“数据电文”系指经由电子手段、电磁手段、光学手段或类似手段生成、发送、接收或存储的信息，这些手段包括但不限于电子数据交换、电子邮件、电报、电传或传真。随着互联网技术的发展，数据电文的范围还在扩展，如现在广泛应用于社会交往的文字型微信、微博等。采用数据电文方式作出的意思表示虽然也是以非对话方式进行的，但由于其发出和到达具有自动性、实时性等特点，意思表示发出即到达，其生效规则也与一般的非对话方式作出的意思表示的生效时间有所区别。具体而言，以非对话方式作出的采用数据电文形式的意思表示，相对人指定特定系统接收数据电文的，该数据电文进入该特定系统时生效；未指定特定系统的，相对人知道或者应当知道该数据电文进入其系统时生效；当事人对采用数据电文形式的意思表示的生效时间另有约定的，按照其约定。

30. 无相对人的意思表示何时生效？

无相对人的意思表示由于不涉及意思表示的受领问题，所以一般自意思表示完成时就发生法律拘束力。因此，《民法典》第138条规定，无相对人的意思表示，表示完成时生效。这是无相对人意思表示生效的一般性规则。但有时法律对无相对人的意思表示的生效时间会作出特别规定，例如我国《民法典》继承编就明确规定，遗嘱这种无相对人的意思表示自被继承人死亡时发生效力。所以，如果法律对无相对人意思表示的生效时间另有规定的，依照其规定。

31. 以公告方式作出的意思表示何时生效？

实践中，在意思表示有相对人的情况下，可能会发生意思表示的表意人不知道相对人的具体地址、相对人下落不明的情形。对表意人来说，要通过信函、邮件等方式送达相对人是困难的，其意思表示就有可能迟迟不能生效，从而影响其利益。例如，合同中的一方当事人根据法律或者当事人的约定行使解除权，但找不到另一方当事人，按照传统方式就很难将意思表示送达相对人，这就会严重影响该当事人行使撤销权。对此，必须允许表意人采取特殊方式送达其意思表示。因此，表意人在这种情况下可以公告方式作出意思表示。根据法律规定，对于以公告方式作出的意思表示，公告发布时生效。这里的“公告方式”既可以是在有关机构的公告栏，例如人民法院的公告栏发布公告；也可以是在报纸上刊登公告。以公告方式作出的意思表示，表意人一旦发出公告能够为社会公众所知道，就认为意思表示已经到达，即发生效力。需要注意的是，表意人并不是在任何情况下都可以采用公告方式作出意思表示，只有在表意人非因自己的过错而不知相对人的下落或者地址的情况下才可以采用公告方式作出意思表示，否则对相对人很不公平。在表意人知道相对人下落的情况下，表意人不得采用公告方式作出意思表示，除非相对人同意。

32. 作出意思表示的方式有哪些？

在现实生活中，行为人作出意思表示的方式有很多，归纳起来大体上可以分为两类：一是以明示的方式作出意思表示。所谓明示的意思表示，就是行为人以作为的方式使得相对人能够直接了解到意思表示的内容。以明示方式作出的意思表示具有直接、明确、不易产生纠纷等特征。所以，实践中明示的意思表示是运用得最为广泛的一种形式。比较典型的是表意人采用口头、书面方式直接向相对人作出的意思表示。二是以默示的方式作出意思表示。这种方式又称为行为默示，是指行为人虽没有以语言或文字等明示方式作出意思表示，但以行为的方式作出了意思表示。这种方式虽不如明示方式那么直接表达出意思表示的内容，但通过其行为可以推定出其作出一定的意思表示。在现实生活中，以默示方式作出的意思表示也比较常见。例如，某人向自动售货机投入货币的行为即可推断其作出了购买物品的意思表示。又如，某人乘坐无人售票的公交车时，其投币行为就可以视为其具有缔结运输合同的意思表示。除此之外，在现实生活中也会出现一种特殊情形，即行为人作出意思表示时既无语言等明示方式，也无行为等默示方式，在一定条件下仍可视为意思表示。这种情形就是以沉默的方式作出的意思表示。沉默是一种既无语言表示也无行为表示的纯粹的缄默，是一种完全的不作为，原则上，纯粹的不作为不能视为当事人有意思表示。也就是说，与明示和默示原则上可以作为意思表示的方式不同，沉默原则上不得作为意思表示的方式。根据《民法典》第140条第2款的规定，沉默只有在有法律规定、当事人约定或者符合当事人之间的交易习惯时，才可以视为意思表示。例如，根据有关规定，试用买卖的买受人在试用期内可以购买标的物，也可以拒绝购买。试用期间届满，买受人对是否购买标的物未作表示的，视为购买。在这条规定中，试用期间届满后，买受人对是否购买标的物未作表示就是一种沉默，但这种沉默就可以视为买受人作出了购买的意思表示。

33. 以虚假的意思表示实施的民事法律行为效力如何？

虚假的意思表示，学理上称为“虚伪表示”，是指行为人与相对人都知道自己所表示的意思并非真意，通谋作出与真意不一致的意思表示。虚假表示的特征在于，双方当事人都知道自己所表示出的意思不是真实意思，民事法律行为本身欠缺效果意思，双方均不希望此行为能够真正发生法律上的效力。一般而言，虚假表示在结构上包括内外两层行为：外部的表面行为是双方当事人共同作出与真实意思不一致的行为，也可称作伪装行为；内部的隐藏行为则是被隐藏于表面行为之下，体现双方真实意思的行为，也可称作非伪装行为。比如，双方名为买卖实为赠与，买卖并非双方的真实意思表示，属于表面行为或伪装行为；赠与是双方的真实意思表示，属于隐藏行为或者非伪装行为。尽管隐藏行为的存在与虚伪表示联系在一起，但虚假表示与隐藏行为并不总是一一对应。具体而言，无虚假表示就无所谓隐藏行为，有隐藏行为也就存在虚假表示，但存在虚假表示，并不一定有隐藏行为。比如，以逃避债务为目的的假装财产赠与，赠与行为是虚假表示，但并不存在隐藏行为。

对于以虚假意思表示作出的民事法律行为的效力，根据《民法典》第146条第1款的规定，行为人与相对人以虚假的意思表示实施的民事法律行为无效。之所以对通过虚假表示实施的民事法律行为的效力予以否定，是因为这一“意思表示”所指向的法律效果并非双方当事人的内心真意，双方对此相互知晓，如果认定其为有效，有悖于意思自治的原则。而根据《民法典》第146条第2款的规定，对于行为人以虚假的意思表示隐藏的民事法律行为的效力，则依照有关法律规定处理。具体来说，如果这种隐藏行为本身符合该行为的生效要件，那么就可以生效。如在名为赠与实为买卖的行为中，赠与行为属于双方共同以虚假意思表示实施的民事法律行为，无效；而隐藏于赠与形式之后的买卖则是双方共同的真实意思表示，其效力能否成就取决于其是否符合买卖合同有关的法律规定：如果符合买卖合同生效要件的法律规定，则为有效；反之，则无效。

34. 因重大误解实施的民事法律行为的效力如何?

重大误解，是我国民法自民法通则和合同法以来一直沿用的概念。尽管民法通则和合同法均规定了重大误解制度，但对于如何界定重大误解，法律并未作出规定。《最高人民法院关于贯彻执行〈中华人民共和国民法通则〉若干问题的意见（试行)》第71条规定：“行为人因为对行为的性质、对方当事人、标的物的品种、质量、规格和数量等的错误认识，使行为的后果与自己的意思相悖，并造成较大损失的，可以认定为重大误解。”根据《民法典》第147条的规定，基于重大误解实施的民事法律行为，行为人有权请求人民法院或者仲裁机构予以撤销。

35. 第三人欺诈的民事法律行为效力如何?

民法中的欺诈，是指行为人故意欺骗他人，使对方陷入错误判断，并基于此错误判断作出意思表示的行为。在这一过程中，受欺诈人一定是民事法律行为的一方当事人，其由于欺诈人的欺诈行为陷入错误判断，并据此作出意思表示；但实施欺诈行为的人除民事法律行为的当事人外，还有可能是第三人。这里的第三人，是指民事法律行为的双方当事人之外、与一方存在某种关系的特定人。当事人之外的第三人对其中一方当事人实施欺诈，有可能仅仅是为了帮助对方当事人达成交易，如得知买受人欲购买朋友的二手汽车，便极力劝说，尽管知道该车性能不好、出过事故，但谎称该车性能良好，从未出过事故，买受人遂信以为真，购买了该二手汽车。第三人实施欺诈也有可能最终为实现自己的目的，如第三人为达到使A尽快偿还所欠其债务的目的，劝说B购买A所收藏的仿真画作，谎称该画作为真品，B信以为真，购买了该画作，A用所得的价款偿还了对第三人的债务。由于第三人欺诈的行为同样对受欺诈人的利益造成了损害，因此需要加以规制。根据《民法典》第149

条的规定，第三人实施欺诈行为，使一方在违背真实意思的情况下实施的民事法律行为，对方知道或者应当知道该欺诈行为的，受欺诈方有权请求人民法院或者仲裁机构予以撤销。具体而言：第一，当事人以外的第三人对一方当事人实施了欺诈行为，并致使该当事人陷入错误判断且据此作出了意思表示。欺诈行为的具体形式，有可能是故意告知虚假信息，或者故意隐瞒真实情况，也可能存在其他不同形式，但其根本目的在于使受欺诈人陷入错误认识，作出“若了解真实情况便不会作出的”意思表示。第二，受欺诈人享有对民事法律行为的撤销权，但该撤销权行使须满足一定条件。具体来说，第三人实施欺诈行为，只有在受欺诈人的相对方非属于善意时，受欺诈人才能行使撤销权。相对方的这种非善意表现为，对于第三人的欺诈行为，其知道或者应当知道。实践中，对于第三人实施的欺诈行为，受欺诈人的相对方既可能知情，也可能不知情。例如，在欺诈买受人购买朋友二手车的例子中，二手车的出卖人既可能知道交易的达成系其朋友欺诈买受人的结果，也可能对此并不知情，单纯认为买受人愿意购买自己的二手车。法律仅赋予相对方知情时受欺诈人撤销民事法律行为的权利，体现了对善意相对人的保护。第三，撤销权的行使须通过人民法院或者仲裁机构行使。

36. 以胁迫手段实施的民事法律行为的效力如何?

所谓胁迫，是指行为人通过威胁、恐吓等不法手段对他人在思想上施加强制，由此使他人产生恐惧心理并基于恐惧心理作出意思表示的行为。在民法理论中，胁迫与欺诈一样，都属于意思表示不自由的情形。当事人因受胁迫而作出意思表示，其意思表示并没有产生错误，受胁迫人在作出符合胁迫人要求的意思表示时，清楚地意识到自己意思表示的法律后果，只是这种意思表示的作出并非基于受胁迫人的自由意志。胁迫的构成要件一般应当包括：一是胁迫人主观上有胁迫的故意，即故意实施胁迫行为使他人陷入恐惧以及基于此恐惧心理作出意思表示。二是胁迫人客观上实施了胁迫的行为，即以实施或将要实施某种加害行为威胁受胁迫人，以此使受胁迫人产生心理恐惧。这种加害既可以是对受胁迫人自身的人身、财产权益的加害，也可以是对受胁迫人的亲友甚至与之有关的其他人的人身、财产权益的加害，客观上使受胁迫人产生了恐惧心理。三是胁迫须具有不法性，包括手段或者目的的不法性，反之则不成立胁迫。例如，出租人以向法院起诉为要挟，要求承租人按合同约定及时履行交付租金的义务，此种情形便不属于应受法律调整的胁迫行为。四是受胁迫人基于胁迫产生的恐惧心理作出意思表示。换言之，意思表示的作出与胁迫行为存在因果关系。此处因果关系的判断，应以受胁迫人自身而非其他人为标准。由于胁迫侵害了被胁迫人的自由意志，法律对通过胁迫手段实施的民事法律行为加以规制。根据《民法典》第150条的规定，一方或者第三人以胁迫手段，使对方在违背真实意思的情况下实施的民事法律行为，受胁迫方有权请求人民法院或者仲裁机构予以撤销。具体而言：第一，民事法律行为的一方当事人或者第三人实施了胁迫行为。这种行为的具体方式，既可以是威胁对受胁迫人或其亲友的人身权益造成损害，如以损害受胁迫人的荣誉为要挟；也可以是威胁对受胁迫人或其亲友的财产权益造成损害，如不将房子出租给胁迫人，胁迫人就烧掉房子。实施胁迫行为的主体既包括民事法律行为的一方当事人，也可以是民事法律行为之外的第三人。第二，受胁迫人基于对胁迫行为所产生的恐惧作出了意思表示。受胁迫人尽管作出的意思表示是其真实意思的外在表达，但这种意思表示的作出系受到胁迫人胁迫行为的结果。第三，受胁迫人享有对民事法律行为的撤销权。胁迫是对受胁迫人意志自由的侵害，其效力不应得到法律的承认。从民法理论上讲，胁迫行为具有不法性，且构成对受胁迫人利益的侵害，应当认定因胁迫实施的民事法律行为无效。但考虑到民事活动的复杂性以及意思自治的民事基本原则，受胁迫人在其权益受损时，有权基于自身的利益衡量对民事法律行为的效力作出选择。因此，将因胁迫实施的民事法律行为效力规定为可撤销，同时赋予受胁迫人以撤销权。

37. 显失公平的民事法律行为的效力如何?

根据《民法典》第 151 条的规定，一方利用对方处于危困状态、缺乏判断能力等情形，致使民事法律行为成立时显失公平的，受损害方有权请求人民法院或者仲裁机构予以撤销。具体而言：(1) 主观上民事法律行为的一方当事人利用了对方处于危困状态、缺乏判断能力等情形。这意味着，一方当事人主观上意识到对方当事人处于不利情境，且有利用这一不利情境之故意。所谓危困状态，一般是指因陷入某种暂时性的急迫困境而对于金钱、物的需求极为迫切等。例如，一方利用对方家有重病患者、为治疗病患出卖房产之机，以远低于市场价格购买该房产。所谓缺乏判断能力，是指缺少基于理性考虑而实施民事法律行为或对民事法律行为的后果予以评估的能力，如金融机构的从业人员向文化水平较低的老年人兜售理财产品，由于缺少判断能力，这些老年人以高昂的价格购买了实际收益率较低的理财产品。（2）客观上民事法律行为成立时显失公平。此处的显失公平是指双方当事人在民事法律行为中的权利义务明显失衡、显著不相称。至于“失衡”“不相称”的具体标准，则需要结合民事法律行为的具体情形，如市场风险、交易行情、通常做法等加以判断。需要说明的是，对于显失公平的判断时点，应以民事法律行为成立时为限。由于民事法律行为从成立到实际履行往往有一个过程，这一过程中的许多因素都可能对双方当事人的权利义务产生影响，如果不限定判断的时点，对于显失公平的判定将会缺少客观标准，也无法将原已存在的“权利义务失衡”结果与民事法律行为成立后当事人以外因素对权利义务产生的影响相区分。因此，将显失公平结果的判定限定为民事法律行为成立时。关于显失公平民事法律行为的效力，从尊重权益受损方意思自治的角度，将其规定为可撤销的民事法律行为。受损方可以基于民事法律行为的具体情况，选择是否向法院或者仲裁机构撤销这一行为。

38. 违反法律、行政法规的强制性规定以及违背公序良俗的民事法律行为效力如何?

根据《民法典》第 153 条第 1 款的规定，违反法律、行政法规的强制性规定的民事法律行为无效，但是该强制性规定不导致该民事法律行为无效的除外。法律规范分为强制性规范与任意性规范。任意性规范的目的是引导、规范民事主体的行为，并不具备强制性效力，民事法律行为与任意性规范不一致的，并不影响其效力。任意性规范体现的是法律对主体实施民事法律行为的一种指引，当事人可以选择适用，也可以选择不适用。与任意性规范相对的是强制性规范，后者体现的是法律基于对国家利益、社会公共利益等的考量，对私人意思自治领域所施加的一种限制。民事主体在实施民事法律行为时，必须服从这种对行为自由的限制，否则会因对国家利益、社会公共利益等的侵害而被判定无效。但是，民事法律行为因违反强制性规定无效有一种例外，即当该强制性规定本身并不导致民事法律行为无效时，民事法律行为并不无效。这里实际上涉及对具体强制性规定的性质判断问题。某些强制性规定尽管要求民事主体不得违反，但其并不导致民事法律行为无效。违反该法律规定的后果应由违法一方承担，没有违法的当事人不应承受一方违法的后果。例如，一家经营水果的商店出售种子，农户购买了该种子，该商店违法经营种子，必须承担相应违法责任，但出于保护农户的目的，不宜认定该买卖行为无效。再如，我国台湾地区“民法”第912条规定，典权约定期限不得逾30年，逾30年者，缩短为30年。此种情形下，如果双方约定的典权超过30年，该约定并不无效，只是缩短为30年。

根据《民法典》第153条第2款的规定，违背公序良俗的民事法律行为也是无效的。公序良俗是公共秩序和善良习俗的简称，违反公序良俗的行为类型包括但不限于：（1）危害国家政治、经济、财政、税收、金融、治安等秩序类型；（2）危害家庭关系行为类型；（3）违反性道德行为类型；（4）违反人权和人格尊重行为类型；（5）限制经济自由行为类型；（6）违反公正竞争行为类型；（7）违反消费者保护行为类型；（8）违反劳动者保护行为类型等。同强制性规定一样，公序良俗也体现了国家对民事领域意思自治的一种限制。因此，对公序良俗的违背也构成民事法律行为无效的理由。

39. 恶意串通的民事法律行为的效力如何？

所谓恶意串通，是指行为人与相对人互相勾结，为牟取私利而实施的损害他人合法权益的民事法律行为。恶意串通的民事法律行为在主观上要求双方有互相串通、为满足私利而损害他人合法权益的目的，客观上表现为实施了一定形式的行为来达到这一目的。比如，甲公司生产的一批产品质量低劣，卖不出去，甲公司找到乙公司负责采购的业务人员向其行贿，二者相互串通订立该产品的买卖合同，乙公司将其以合格产品买入。在该例中，甲公司与乙公司采购人员相互勾结签订合同，损害乙公司利益的行为就属于恶意串通的民事法律行为。尽管民法的基本原则中包含自愿原则，即当事人可以按照自己的意思设立、变更、终止民事法律关系，但民事主体却不得滥用民事权利损害国家利益、社会公共利益或者他人合法权益。因此，根据《民法典》第154条的规定，行为人与相对人恶意串通，损害他人合法权益的民事法律行为无效。

40. 民事法律行为部分无效的，其他部分的效力如何？

在传统民法理论中，根据民事法律行为无效原因与整体行为内容之间的关系，可以将民事法律行为的无效分为全部无效以及部分无效。如果无效原因及于整体的民事法律行为，则民事法律行为自然全部无效，这一点没有问题。但是，当无效原因只及于民事法律行为的部分内容，则如何处置其他部分的民事法律行为的效力问题？根据《民法典》第156条的规定，民事法律行为部分无效，不影响其他部分效力的，其他部分仍然有效。具体来说，民事法律行为的无效事由既可以导致其全部无效，也可以导致其部分无效。在部分无效时，如果不影响其他部分的效力，其他部分仍可有效。这意味着，只有在民事法律行为的内容效力可分且相互不影响的情况下，部分无效才不会导致其他部分同时无效。反之，当部分无效的民事法律行为会影响其他部分效力的，其他部分也应无效。具体可包括以下几种情况：（1）民事法律行为的标的数量超过国家法律许可的范围。例如，借贷合同中，双方当事人约定的利息高于国家限定的最高标准，则超过部分无效，不受法律保护，但在国家所限定的最高标准以内的利息仍然有效。又如，遗嘱继承中，被继承人将其全部遗产均遗赠他人，并未给胎儿保留必要的遗产份额，违反了继承相关的法律规定。因此，在遗产的应继份范围内的那部分遗赠是无效的，但其他部分的遗赠仍然有效。（2）民事法律行为的标的可分，其中一项或数项无效。比如，同一买卖合同的标的物有多个，其中一个或数个标的物因属于国家禁止流通物而无效，其他标的物的买卖仍为有效。（3）民事法律行为的非根本性条款因违法或违背公序良俗而无效。例如，雇佣合同中有条款约定“工作期间发生的一切人身伤害，雇主概不负责”。这一条款因违反相关劳动法律以及公序良俗原则而无效，但雇佣合同的其他权利义务条款并不因此无效。

41. 民事法律行为无效、被撤销或者确定不发生效力的后果是怎样的？

民事法律行为无效、被撤销以及确定不发生效力，意味着民事法律行为的目的不能实现，应当恢复到民事法律行为成立或实施之前的状态，就如同这一行为未曾发生一样。这其中包括三种情况：（1）民事法律行为无效，即民事法律行为因具备无效条件而被确定为自始无效、当然无效、绝对无效。（2）民事法律行为被撤销，是指民事法律行为因具备撤销事由，经撤销权人行使撤销权而无效。民事法律行为被撤销前属于有效行为，撤销以后则自始没有法律约束力。（3）民事法律行为确定不发生效力，是指民事法律行为虽已成立，但由于生效条件确定无法具备而不能生效。典型的情形包括两种：一是法律、行政法规规定须经批准生效的民事法律行为，因未经批准而无法生效；二是附条件生效民事法律行为，生效条件确定无法具备。这两种情况下，民事法律行为因双方合意一致已经成立，但却不能生效，属于确定不生效。

民事法律行为无效、被撤销以及确定不发生效力的法律后果包括：（1）返还财产。这是指民事法律行为被确认无效、被撤销或者确定不发生效力后，行为人因民事法律行为所取得的财产应当予以返还，相对人亦享有对已交付财产的返还请求权。(2) 折价补偿。民事法律行为无效、被撤销或者确定不发生效力后，返还财产应当作为恢复原状的原则做法。但是，在有些情况下，返还财产并不具备现实条件或者没有必要，此时应当通过折价补偿的方式来达到使财产关系恢复原状的目的。(3) 赔偿损失。民事法律行为无效、被撤销以及确定不发生效力后，一般而言都存在损失赔偿的问题。如果因无效、被撤销以及确定不发生效力而给对方造成损失，主观上有故意或者过失的当事人应当赔偿对方的损失；双方都有过错的，应当各自承担相应的赔偿责任。

42. 代理的效力是怎样的?

在代理的法律关系中，存在三个主体，即被代理人（本人）、代理人和相对人。根据《民法典》第162条的规定，代理人在代理权限内，以被代理人名义实施的民事法律行为，对被代理人发生效力。这就是说，民事法律行为产生的法律效果是归属于被代理人的，即代理人实施的民事法律行为所设立、变更、终止民事法律关系的一切结果都归属于被代理人。一方面，代理的民事法律行为有效时，形成的权利义务应当由被代理人承受；另一方面，代理的民事法律行为无效时，引起的赔偿损失等民事责任也应当由被代理人承担。当然，代理人实施的民事法律行为并不都能发生代理的效力。代理行为要发生代理效力，必须符合下列两个条件：一是代理人在代理权限内实施民事法律行为。二是代理人必须以被代理人的名义实施民事法律行为。代理人在实施民事法律行为时，必须以被代理人的名义进行，即明确向相对人表明替被代理人来实施该民事法律行为。

43. 代理人不履行或者不完全履行职责的责任如何承担?

代理人行使代理权，应当基于被代理人利益的考虑，忠实履行代理职责，否则，就要承担相应的民事责任。根据《民法典》第164条的规定，代理人不履行或者不完全履行职责，造成被代理人损害的，应当承担民事责任。代理人行使代理权完全是为了被代理人的利益，应当在代理权限内忠实履行代理职责，如果不履行或者不完全履行代理职责，造成被代理人的损害的，自然应当承担民事责任。关于代理人职责的内容，以及如何履行代理职责，在委托代理和法定代理情况下各有不同。委托代理时，被代理人对于代理事项、权限和期间等一般都有明确授权，代理人首先应当根据被代理人的授权来行使代理权，在授权范围内认真维护被代理人的合法权益，想方设法完成代理事项。法定代理时，法律会对代理人的权限及相关职责作明确规定，代理人必须根据法律规定来行使代理权。

44. 委托代理的授权委托书有哪些要求?

委托代理是指按照代理人的委托来行使代理权的代理。在法律、行政法规没有特别规定或者当事人没有约定的情况下，委托代理授权可以采取书面形式、口头形式或者其他形式中的任何一种。其中，书面形式是最主要的一种授权形式，称为授权委托书。在内容方面，授权委托书应当包括代理人的姓名或者名称、代理事项、代理权限、代理期限等，被代理人还应当在授权委托书上签名或者盖章。法律对授权委托书的形式和基本内容作出提示性规定，能够为委托代理的当事人提供形式上的基本指引，有助于减少实践中的纠纷。

45. 代理人能不能自己代理和双方代理？

自己代理，是指代理人以被代理人的名义与自己实施民事法律行为。比如，甲授权乙销售一吨钢材，乙以甲的名义将钢材卖给自己，便构成自己代理。双方代理，是指代理人同时代理被代理人和相对人实施同一民事法律行为。构成双方代理，必须符合两个条件：一是代理人必须既获得被代理人的委托代理授权，又获得相对人的委托代理授权。二是代理人同时代理双方为同一民事法律行为的当事人。比如，甲授权乙销售一吨钢材，丙授权乙购买一吨钢材，乙作为两方的代理人以甲和丙的名义签署一份钢材买卖合同，便构成双方代理。在自己代理的情形下，代理人往往更会注重自己的利益，从而损害被代理人的利益。在双方代理的情形下，一个民事法律行为的双方当事人利益难免冲突，不免会厚此薄彼，很容易损害其中一方当事人的利益。因此，根据《民法典》第 168 条的规定，原则上禁止自己代理和双方代理。当然，如果被代理人觉得没有损害其利益或者愿意承受这种不利益，法律没有必要强行干预。

46. 无权代理的效力如何?

无权代理大致可以分为三种类型：一是没有代理权的无权代理。这是指行为人根本没有得到被代理人的授权，就以被代理人名义从事的代理。比如，行为人伪造他人的公章、合同书或者授权委托书等，假冒他人的名义实施民事法律行为，就是典型的无权代理。二是超越代理权的无权代理。这是指行为人与被代理人之间有代理关系存在，行为人有一定的代理权，但其实施的代理行为超出了代理范围的代理。例如，甲委托乙购买300台电视机，但是乙擅自与他人签订了购买500台电视机的合同；或者甲委托乙购买电视机，但是乙购买了电冰箱，这些都是超越代理权的无权代理。三是代理权终止后的无权代理。这是指行为人与被代理人之间原本有代理关系，由于法定情形的出现使得代理权终止，但是行为人仍然从事的代理。行为人没有代理权却以被代理人的名义实施民事法律行为，不符合被代理人的意愿，法律效果不能直接及于被代理人，本当无效。但是，考虑到行为人实施的民事法律行为并非都是对被代理人不利，有些对被代理人可能是有利的；而且，既然代理行为已经完成，行为人有为被代理人实施民事法律行为的意思表示，相对人有意与被代理人缔约，如果被代理人愿意事后承认，从鼓励交易、维护交易秩序稳定以及更好地保护各方当事人利益的角度出发，也没有必要一概否定其效力。因此，法律规定了一定的条件，如果符合法定条件的，允许行为人实施的民事法律行为对被代理人发生效力。根据《民法典》第171条规定，对于无权代理行为，被代理人可以追认该行为，使之确定地发生法律效力，也可以拒绝追认使之确定地不发生法律效力；善意相对人可以在被代理人追认前行使撤销权使之确定地不发生效力，如果相对人希望尽早确定其效力，可以催告被代理人予以追认。

47. 按份责任中每个责任人承担多大的份额？

按份责任，是指责任人为多人时，各责任人按照一定的份额向权利人承担民事责任，各责任人之间无连带关系。也就是说，责任人各自承担不同份额的责任，不具有连带性，权利人只能请求属于按份责任人的责任份额。《民法典》第177条规定，二人以上依法承担按份责任，能够确定责任大小的，各自承担相应的责任；难以确定责任大小的，平均承担责任。根据这一规定，两个或者两个以上的民事主体依法承担按份责任。每个民事主体应当承担的份额，又分为两种情形：

1. 能够确定责任大小的。两个或者两个以上的民事主体没有依照法律规定或者当事人的约定履行民事义务，可以根据每个民事主体对造成损害的后果的可能性来确定责任份额。判断这种可能性，可以综合每个民事主体的过错程度、未依照法律规定或者当事人约定履行义务的具体行为与法律后果之间的因果关系的紧密程度、公平原则、诚信原则等因素。法律不可能脱离具体案件，事先抽象出各种确定责任份额的标准，只能由人民法院、仲裁机构在具体案件中综合考虑各种因素来确定。

2. 难以确定责任大小的。责任分配的尺度有时很难有一个可以量化的标准，在某些情形下，由于案情复杂，很难分清每一个不依照法律规定或者当事人约定履行民事义务的行为对损害后果的作用力究竟有多大。针对这种情形，法律规定，难以确定责任大小的，每个行为人平均承担民事责任。

48. 连带责任中责任人对外承担多大的责任，内部责任份额怎么划分？

连带责任，是指依照法律规定或者当事人约定，两个或者两个以上当事人对共同产生的不履行民事义务的民事责任承担全部责任，并因此引起内部债务关系的一种民事责任。《民法典》第 178 条第 1 款规定，二人以上依法承担连带责任的，权利人有权请求部分或者全部连带责任人承担责任。据此，对于依法应当承担连带责任的，权利人向一个或者数个连带责任人请求的，被请求的连带责任人就应当承担全部责任。

连带责任人对外承担了责任后，通常需要在内部确定各自的责任。《民法典》第 178 条第 2 款规定，连带责任人的责任份额根据各自责任大小确定；难以确定责任大小的，平均承担责任。实际承担责任超过自己责任份额的连带责任人，有权向其他连带责任人追偿。根据这一规定，责任大小一般依据如下原则确定：一是根据各自的过错。确定责任份额时，应当对每个责任主体在不履行民事义务时的过错进行比较，有故意或者有重大过失等较大过错的，承担的责任份额较大；过错较小的，如只有轻微过失的，可以承担较小的责任份额。二是对原因力进行比较。原因力，是指在构成不履行义务的多个原因中，每一个原因对于结果的发生或者扩大所起的作用。原因力也是确定连带责任人责任数额的一个方面，特别是在无过错责任的情况下，需要对各责任主体在不履行民事义务时所起的作用进行比较，所起的作用较大的，应当承担较大的责任份额；所起的作用较小的，应当承担较小的责任份额。三是平均分担责任份额。如果根据过错和原因力难以确定连带责任人责任大小的，可以视为各连带责任人的过错程度和原因力大小是相当的，在这种情况下应当由连带责任人平均承担责任份额。如三名连带责任人承担连带责任，那么每人分担责任份额的三分之一。

在一个或者数个连带责任人清偿了全部责任后，实际承担责任的人有权向其他连带责任人追偿。行使追偿权的前提是连带责任人实际承担了超出自己责任的份额，没有超出自己责任的份额，不得行使追偿权。

49. 承担民事责任的方式有哪些？

《民法典》第179条规定，承担民事责任的方式主要有：（1）停止侵害；（2）排除妨碍；（3）消除危险；（4）返还财产；（5）恢复原状；（6）修理、重作、更换；（7）继续履行；（8）赔偿损失；（9）支付违约金；（10）消除影响、恢复名誉；（11）赔礼道歉。

根据这一规定，承担民事责任的方式主要有：（1）停止侵害。这主要是要求行为人不实施某种侵害。这种责任方式能够及时制止侵害，防止侵害后果的扩大。例如，某人正在散布谣言诽谤他人，受害人有权请求其停止侵害。（2）排除妨碍。这是指行为人实施的行为使他人无法行使或者不能正常行使人身、财产权益，受害人可以要求行为人排除妨碍权益实施的障碍。例如，某人在他人家门口堆放垃圾，妨碍他人通行，同时污染了他人的居住环境，受害人有权请求行为人将垃圾清除。（3）消除危险。这是指行为人的行为对他人人身、财产权益造成现实威胁，他人有权要求行为人采取有效措施消除这种现实威胁。例如，某人的房屋由于受到大雨冲刷随时有倒塌的可能，危及邻居的人身、财产安全，但房屋的所有人不采取措施。此时，邻居可以请求该房屋的所有人采取措施消除这种危险。（4）返还财产。返还财产责任是因行为人无权占有他人财产而产生。没有法律或者合同根据占有他人财产，就构成无权占有，侵害了他人的财产权益，行为人应当返还该财产。（5）恢复原状。这是指行为人通过修理等手段使受到损坏的财产恢复到损坏发生前的状况的一种责任方式。（6）修理、重作、更换。这主要是违反合同应当承担的民事责任形式，是违反合同后所采取的补救措施。例如，修建的房屋不符合要求，义务人应当无偿地进行修理；加工制作的产品不符合约定，虽经修理也不能使用，义务人就应当重作。（7）继续履行。就是按照合同的约定继续履行义务。当事人订立合同都是追求一定的目的，这一目的直接体现在对合同标的的履行，义务人只有按照合同约定的标的履行，才能实现权利人订立合同的目的。所以，继续履行合同是当事人一方违反合同后应当负的一项重要的民事责任。（8）赔偿损失。这是指行为人向受害人支付一定额数的金钱以弥补其损失的责任方式，是运用较为广泛的一种责任方式。（9）支付违约金。违约金是当事人在合同中约定的或者由法律直接规定的一方违反合同时应向对方支付一定数额的金钱，这是违反合同可以采用的承担民事责任的方式，只适用于合同当事人有违约金约定或者法律规定违反合同应支付违约金的情形。(10) 消除影响、恢复名誉。这是指人民法院根据受害人的请求，责令行为人在一定范围内采取适当方式消除对受害人名誉的不利影响，以使其名誉得到恢复的一种责任方式。(11) 赔礼道歉。这是指行为人通过口头、书面或者其他方式向受害人进行道歉，以取得谅解的一种责任方式。赔礼道歉主要适用于侵害名誉权、荣誉权、隐私权、姓名权、肖像权等人格权益的情形。

50. 不可抗力情形下，是否承担民事责任？

《民法典》第 180 条第 2 款规定，不可抗力是不能预见、不能避免且不能克服的客观情况。不可抗力是独立于人的行为之外，不受当事人意志所支配的现象，是人力所不可抗拒的力量。行为人完全因为不可抗力不能履行民事义务，表明行为人的行为与不履行民事义务之间不存在因果关系，同时也表明行为人没有过错，如果让行为人对自己无法控制的情形承担责任，对行为人来说是不公平的。因此，很多国家和地区都将不可抗力作为免除行为人承担民事责任的事由予以规定。我国《民法典》第 180 条第 1 款明确规定："因不可抗力不能履行民事义务的，不承担民事责任。法律另有规定的，依照其规定。"通常情况下，因不可抗力不能履行民事义务的，不承担民事责任。但法律规定因不可抗力不能履行民事义务，也要承担民事责任的则需要依法承担民事责任。因此法律作了除外规定。具体什么情况下应承担民事责任、承担责任的程度等要依照法律的规定确定。

51. 正当防卫是否要承担责任？

正当防卫，是指本人、他人的人身权利、财产权利遭受不法侵害时，行为人所采取的一种防卫措施。正当防卫应当同时具备以下六个要件：（1）必须是为了使本人、他人的人身、财产权利免受不法侵害而实施的。（2）必须有不法侵害行为发生。所谓不法侵害行为，是指对某种权利或者利益的侵害为法律所明文禁止，既包括犯罪行为，也包括其他违法的侵害行为。（3）必须是正在进行的不法侵害。正当防卫的目的是制止不法侵害，避免危害结果的发生，因此，不法侵害必须是正在进行的，而不是尚未开始，或者已经实施完毕，或者实施者确已自动停止。（4）必须是本人、他人的人身权利、财产权利遭受不法侵害，在来不及请求有关国家机关救助的情况下实施的防卫行为。（5）必须是针对不法侵害者本人实行，即正当防卫行为不能对没有实施不法侵害行为的第三者（包括不法侵害者的家属）造成损害。（6）不能明显超过必要限度造成损害。正当防卫是有益于社会的合法行为，但应受一定限度的制约，即正当防卫应以足以制止不法侵害为限。

正当防卫作为行为人不承担责任和减轻责任的情形，其根据是行为的正当性、合法性，表明行为人主观上没有过错。正当防卫是法律赋予当事人自卫的权利，属于受法律鼓励的行为，目的是保护当事人本人、他人不受侵犯。因此，《民法典》第181条明确规定，因正当防卫造成损害的，不承担民事责任。当然，如果正当防卫超过必要的限度，造成不应有的损害的，正当防卫人应当承担适当的民事责任。如何认定防卫过当呢？通常认为，从权衡各方利益的角度考虑，既要有利于维护防卫人的权益，也要考虑到对不法行为人的合法权益的保护，防卫行为应以足以制止不法侵害为必要限度。从防卫的时间上讲，对于侵害人已经被制伏或者侵害人已经自动停止侵害行为的，防卫人不得再进行攻击行为；从防卫手段来讲，能够用较缓和的手段进行有效防卫的情况下，不允许用激烈的手段进行防卫。对于没有明显危及人身、财产等重大利益的不法侵害行为，不允许采取造成重伤等手段对侵害人进行防卫。

52. 紧急避险是否要承担民事责任？

紧急避险，是指为了使本人或者他人的人身、财产权利免受正在发生的危险，不得已采取的紧急避险行为，造成损害的，不承担责任或者减轻责任的情形。紧急避险应当同时具备以下要件：（1）必须是为了使本人、他人的人身、财产权利免受危险的损害。（2）必须是对正在发生的危险采取的紧急避险行为。倘若危险已经消除或者尚未发生，或者虽然已经发生但不会对合法权益造成损害，则不得采取紧急避险措施。某人基于对危险状况的误解、臆想而采取紧急避险措施，造成他人利益损害的，应向他人承担民事责任。（3）必须是在不得已的情况下采取避险措施。所谓不得已，是指当事人面对突然而遇的危险，不得不采取紧急避险措施，以保全更大的利益，且这个利益是法律所保护的。（4）避险行为不能超过必要的限度。所谓不能超过必要的限度，是指在面临紧急危险时，避险人须采取适当的措施，以尽可能小的损害保全更大的利益，即紧急避险行为所引起的损害应轻于危险所可能带来的损害。

危险有时来自人的行为，有时来自自然原因。不管危险来源于哪儿，紧急避险人避让风险、排除危险的行为都有其正当性、合法性，因此在所有国家都是作为不承担责任和减轻责任的情形之一。根据《民法典》第 182 条第 1 款、第 2 款规定，因紧急避险造成损害的，由引起险情发生的人承担民事责任。危险由自然原因引起的，紧急避险人不承担民事责任，可以给予适当补偿。例如，甲因在河堤上取土致使河堤决口。乙驾驶从丙处借来的农用车正巧从此经过，迫不得已将车推进决口处，决口被成功堵塞。丙的农用车的损失，应由甲承担赔偿责任。如果危险是由自然原因引起的，紧急避险人为了他人的利益而采取了避险行为，造成第三人利益损害的，紧急避险人免予对第三人承担责任。例如，甲、乙、丙是邻居，丙的房子因雷击失火，甲为了引消防车进入灭火，推倒了乙的院墙，使消防车进入后及时扑灭了丙家的大火。按照紧急避险的抗辩事由，甲对乙不承担责任，应由受益人丙对乙给予适当补偿。如果危险是由自然原因引起的，紧急避险人是为了本人的利益而采取了避险行为，造成第三人利益损害的，紧急避险人本人作为受益人，应当对第三人的损害给予补偿。例如，甲、乙是邻居，甲的房子因雷击失火，甲为了引消防车进入灭火，推倒了乙的院墙，使消防车进入后及时扑灭了自己家的大火。甲作为受益人对乙不承担责任，但应对乙给予适当补偿。

53. 为保护他人民事权益而使自己受损的，由谁承担民事责任？

在日常生活中，为保护他人民事权益被侵害而使自己受到损害的情况为数不少。例如，为了防止被抢劫的人的人身、财产遭受损失，阻止抢劫者逃逸，被刺伤。又如，儿童不慎落水，见义勇为者在施救中受伤，等等。为了弘扬社会主义核心价值观，鼓励和支持舍己为人的高尚行为，不让见义勇为者流血又流泪，《民法典》第183条规定，因保护他人民事权益使自己受到损害的，由侵权人承担民事责任，受益人可以给予适当补偿。没有侵权人、侵权人逃逸或者无力承担民事责任，受害人请求补偿的，受益人应当给予适当补偿。

54. 见义勇为造成受助人损害的，救助人是否承担民事责任？

根据《民法典》第184条规定，因自愿实施紧急救助行为造成受助人损害的，救助人不承担民事责任。这一规定包括以下几个要件：第一，救助人自愿实施紧急救助行为。自愿实施紧急救助行为，是指一般所称的见义勇为或者乐于助人的行为，不包括专业救助行为。第二，救助人以救助为目的实施紧急救助行为。这一条所称的救助行为应是在紧急情况下，救助人实施的救助他人的行为。第三，救助人需以“救助”受助人为行为的主观目的。第四，救助人对因救助行为造成受助人的损害不承担民事责任。

55. 我国的普通诉讼时效期间是多长?

《民法典》第188条第1款明确规定:“向人民法院请求保护民事权利的诉讼时效期间为三年。法律另有规定的,依照其规定。”之所以规定3年的普通诉讼时效期间,是因为诉讼时效制度有利于促使权利人及时行使权利,维护交易秩序和安全。任何一种法律制度都需要符合一国的传统,考虑社会百姓的可接受程度,都要具体地、历史地进行分析。中国社会几千年的传统是避诉的,当事人为了亲情和友情,为了社会关系的维持,往往不愿提起诉讼,在婉转表达的权利要求不能实现时,才提起诉讼,这样时间上常常比较晚。此外,近年来,社会生活发生深刻变化,交易方式与类型也不断创新,权利义务关系更趋复杂,要求权利人在2年的普通诉讼时效期间内行使权利,已不适应中国社会现状与司法实践,不利于保护债权人合法权益,不利于建立诚信社会,适当延长普通诉讼时效期间是必要的。但是,同样应当看到,督促权利人在合理期间内行使权利,公平分配权利义务关系等都是诉讼时效制度的重要功能。诉讼时效期间过长,可能使权利人主观上产生错误认识,出现“躺在权利上睡大觉”的情况。在整个社会的宏观层面上降低解决纠纷的效率,使得权利义务关系较长时间地处于不稳定状态,对社会经济的健康发展是不利的。

《民法典》第188条第2款中的“法律另有规定的,依照其规定”,是允许特别法对诉讼时效作出不同于普通诉讼时效期间的规定。市场经济要求加快经济流转,通信手段和交易方式的创新使得行使权利更加便利。在商事领域可能存在需要短于普通诉讼时效期间的情形。法律另有规定时，根据特别规定优于一般规定的原则，优先适用特别规定。

56. 普通诉讼时效期间从何时开始起算？

普通诉讼时效期间的起算规则，主要有两种立法例。一种是客观主义起算规则，即从请求权可以行使时，诉讼时效期间开始起算。另一种是主观主义起算规则，即从权利人知道或者应当知道权利受侵害时，诉讼时效期间开始起算。《民法典》采取普通诉讼时效期间的主观主义起算模式，第188条第2款规定："诉讼时效期间自权利人知道或者应当知道权利受到损害以及义务人之日起计算。法律另有规定的，依照其规定。但是，自权利受到损害之日起超过二十年的，人民法院不予保护，有特殊情况的，人民法院可以根据权利人的申请决定延长。"

57. 诉讼时效期间届满产生什么法律效果？

《民法典》第192条对诉讼时效期间届满的法律后果作了规定："诉讼时效期间届满的，义务人可以提出不履行义务的抗辩。诉讼时效期间届满后，义务人同意履行的，不得以诉讼时效期间届满为由抗辩；义务人已经自愿履行的，不得请求返还。"

诉讼时效期间届满的，义务人可以提出不履行义务的抗辩。这就意味着，权利人享有起诉权，可以向法院主张其已过诉讼时效之权利，法院应当受理。如果义务人不提出时效完成的抗辩，法院将以公权力维护权利人的利益；如果义务人行使抗辩权，法院审查后会依法保护义务人的抗辩权，不得强制义务人履行义务。但是，义务人行使时效抗辩权不得违反诚实信用原则，否则即使诉讼时效完成，义务人也不能取得时效抗辩权。例如，在诉讼时效期间届满前，义务人通过与权利人协商，营造其将履行义务的假象，及至时效完成后，立即援引时效抗辩拒绝履行义务。该种行为违反诚信原则，构成时效抗辩权的滥用，不受保护。

诉讼时效期间届满后，义务人同意履行的，不得以诉讼时效期间届满为由抗辩；义务人已自愿履行的，不得请求返还。诉讼时效期间届满后，权利人虽不能请求法律的强制性保护，但法律并不否定其权利的存在。若义务人放弃时效利益自愿履行的，权利人可以受领并保持，受领不属于不当得利，义务人不得请求返还。诉讼时效期间届满后，义务人同意履行的，不得以诉讼时效期间届满为由抗辩。这是因为诉讼时效届满后，义务人可以处分自己的时效利益。此时义务人同意履行义务，属于对时效利益的放弃。义务人放弃时效利益的行为属于单方法律行为，并且是处分行为，自义务人放弃时效利益的意思表示到达权利人时即发生时效利益放弃的法律效果，不以权利人同意为条件。放弃的意思表示既可以是承认的明示方式，也可以是不主张时效利益的默示方式。对于义务人已经自愿履行的情况，自愿履行意味着义务人自愿解除了债务的自然债务属性，恢复了原本可以获得司法强制执行的可能性，使权利人因时效完成而转化的自然权利回升为法律权利。因此，自愿履行的，不能再请求返还。

58. 期间如何起算?

《民法典》第201条规定:“按照年、月、日计算期间的,开始的当日不计入,自下一日开始计算。按照小时计算期间的,自法律规定或者当事人约定的时间开始计算。”

1. 按照年、月、日计算期间的,期间开始的当日不计入,自下一日开始计算。

按日计算期间的情况。例如,甲乙双方于2017年1月13日签订合同,约定第30日交货,则签订合同的当日即2017年1月13日不算入期间,期间从2017年1月14日开始起算,2017年2月12日为第30日,即交货日期。同样,如果甲乙双方于2017年2月13日签订合同,约定第30日交货,则2017年3月15日为交货日。

按月计算期间的情况。例如,甲乙双方于2017年1月13日签订合同,约定9个月后交货,则期间从2017年1月14日开始计算9个月,到2017年10月13日为交货日。如果甲乙双方于2017年12月31日签订合同,约定9个月后交货,则期间从2018年1月1日起计算9个月,则2018年9月30日为交货日。

因为一年中各自然月的天数不一致,闰年与平年的2月的天数也不一致,所以按日计算期间的情况下,相同的期间长度在不同月份、年份可能产生不同的计算结果。

按年计算期间的情况。例如,甲乙双方于2016年1月13日签订合同,约定3年后交货,则期间从2016年1月14日开始计算3年,则2019年1月13日为交货日;如果约定5年后交货，则2021年1月13日为交货日。

可见，在以年为计算单位的情况下，期间计算的结果不受一年中各自然月天数、闰年与平年的影响。

2. 按照小时计算期间的，自法律规定或者当事人约定的时间开始计算。

按照小时计算期间，可以有两种起算方法：一种是自法律规定的时间开始计算，另一种是自当事人约定的时间开始计算。前一种情况下，如从8时开始计算3个小时，则期间应该到11时结束。又如，从8时30分开始计算26个小时，则期间应该到第二日10时30分结束。后一种情况下，可以允许当事人根据商业交易习惯或者双方都认可的方式约定期间起算方式，如整数计算法，不论期间从何时开始计算，都约定按照最近将要到达的整数时间点开始计算。8时38分达成交易合同，则从9时开始计算期间。

59. 期间结束如何计算？

《民法典》第202条规定："按照年、月计算期间的，到期月的对应日为期间的最后一日；没有对应日的，月末日为期间的最后一日。"在以日定期间的情况下，算足该期间之日即为期间最后一日。在按照年、月计算期间的情况下，期间结束日根据是否按照整月计算，会有两种不同的结果。在不按照整月计算的情况下，如甲乙二人于2017年1月15日签订劳务合同，约定1个月的履行期，则期间开始日为2017年1月16日，期间结束日为2017年2月15日。甲乙二人于2017年2月15日签订劳务合同，约定一个月的履行期，则期间开始日为 2017 年 2 月 16 日，期间结束日为 2017 年 3 月 15 日。由此可见，在不按整月计算的情况下，期间最后一日总是到期月的签订合同的对应日。在按照整月计算的情况下，如果甲乙二人于 2017 年 1 月 31 日签订劳务合同，约定一个月的履行期，则期间开始日为 2017 年 2 月 1 日，期间结束日为 2017 年 2 月 28 日。如果甲乙二人于 2017 年 2 月 28 日签订劳务合同，约定一个月的履行期，则期间开始日为 2017 年 3 月 1 日，期间结束日为 2017 年 3 月 31 日。由此可见，在按整月计算的情况下，期间最后一日总是月末日。

60. 期间的最后一日是法定休假日的，怎么计算期间结束日？

按照《民法典》第 202 条的规定计算出期间最后一日，如果该日是法定休假日，对民事法律行为的产生、变更或者消灭会产生重大影响，因此《民法典》第 203 条第 1 款规定期间顺延到法定休假日结束后的第一日届满。例如，2017 年 8 月 15 日，甲承包的鱼塘中的鱼全部死亡。9 月 30 日，甲得知鱼死亡是村里造纸厂排放废水造成的，其诉讼时效期间开始起算，3 年后的 2020 年 10 月 1 日诉讼时效期间届满。但是，10 月 1 日是国庆节假期，当年国庆节放假为 10 月 1 日至 7 日。甲的诉讼时效期间从 10 月 1 日顺延到 10 月 8 日，即国庆节假期结束后的第一日届满。

第二编　物　权

1. 物权编规范的对象是什么？

《民法典》第205条规定："本编调整因物的归属和利用产生的民事关系。"物的归属是指物归谁所有，物的归属关系就是所有权关系。物的利用是所有权人对其所有物自己使用或者交他人使用，物的利用关系就是物在利用中产生的关系，是所有权人与利用人的关系以及利用人和其他人的关系。《民法典》物权编通过确定归属和利用的规则来调整民事主体之间因物的归属和利用产生的民事关系。需要明确的是，物权编并不一般性地调整所有的物的归属和利用的关系，只调整平等主体之间因物的归属和利用而产生的财产关系，也就是这一条规定的"民事关系"。按照法律部门的划分，物权编属于民法，调整横向的社会关系；经济社会管理活动中管理者与被管理者之间的纵向关系，也涉及财产的归属和利用问题，但此类关系主要是由行政法、经济法调整，不属物权编调整的范围。

2. 什么是物权公示原则?

《民法典》第208条规定:“不动产物权的设立、变更、转让和消灭,应当依照法律规定登记。动产物权的设立和转让,应当依照法律规定交付。”这一条是对物权公示原则的规定。物权公示原则说的是两个方面的问题:第一个方面,物权人享有物权、物权的内容变更或者物权消灭以什么方式确定。比如买房屋或者买电视,买主什么时候拥有该房屋或者电视的所有权,以什么方式确定,以什么方式消灭?这些都是物权的设立、变更、转让和消灭的方式问题,称为物权变动。第二个方面,由于物权具有排他性,要求成千上万的义务人负有不作为的义务,因此必须让广大的义务人清楚地知道谁是权利人,不应该妨碍谁。此外,权利人转让自己的物时,也要让买主知道他有无资格转让该物。这都要求以令公众信服的特定方式确定,让大家很容易、很明白地知道该物是谁的,以维护权利人和社会公众的合法权益。这是物权的公信问题。

3. 不动产登记,由什么机构负责办理?民法典对不动产统一登记是如何规定的?

《民法典》第210条规定:“不动产登记,由不动产所在地的登记机构办理。国家对不动产实行统一登记制度。统一登记的范围、登记机构和登记办法,由法律、行政法规规定。”2014年11月国务院颁布了不动产登记暂行条例,对统一登记的范围、登记机构和登记办法等作出了详细的规定，对不动产统一登记制度的具体实施提供了法律依据。

4. 申请不动产登记应当提供什么材料?

《民法典》第 211 条规定，当事人申请登记，应当根据不同登记事项提供权属证明和不动产界址、面积等必要材料。民法典对此只是原则性地作出衔接性的规定。当事人申请登记所需要提供的具体材料，《不动产登记暂行条例》第 16 条作了详细的规定，包括：（1）登记申请书；（2）申请人、代理人身份证明材料、授权委托书；（3）相关的不动产权属来源证明材料、登记原因证明文件、不动产权属证书；（4）不动产界址、空间界限、面积等材料；（5）与他人利害关系的说明材料；（6）法律、行政法规以及不动产登记暂行条例实施细则规定的其他材料。此外，关于登记申请的其他问题，如具体的不动产物权登记申请是共同申请还是单方申请，提交的申请材料不齐全或者不符合法定形式时该如何处理等，不动产登记暂行条例都作出了具体规定。

5. 不动产登记机构哪些行为是违法的?

《民法典》第 213 条规定，登记机构不得有下列行为：（1）要求对不动产进行评估；（2）以年检等名义进行重复登记；（3）超出登记职责范围的其他行为。

民法典在规定登记机构应当履行的职责的基础上，又作出上述规定，主要是针对在立法调研过程中发现的一些问题。一些地方的不动产登记机构，履行职责态度不端正，管理不严格，不思考如何准确及时登记申请事项、如何为当事人提供便利，而是挖空心思，利用手中职权给当事人设置重重障碍，在为单位和个人牟取私利上做足功夫，炮制出评估、年检等诸多名目，收取高额费用。这些现象在抵押登记领域尤为突出，群众的意见很大。这种情况从另一面也反映出在不动产登记方面法律法规还有待完善。因此，上述规定对这些行为予以明确禁止，在明确列举"要求对不动产进行评估"和"以年检等名义进行重复登记"这两项反映较多的问题的同时，又规定了一项兜底内容，即"超出登记职责范围的其他行为"，以防止这些登记机构改头换面，钻法律的空子，同时，也为当事人在权益受到侵害时提供法律武器。

6. 当事人订立了有关不动产物权的合同，但没有登记，合同是否有效？

《民法典》第 215 条规定，当事人之间订立有关设立、变更、转让和消灭不动产物权的合同，除法律另有规定或者当事人另有约定外，自合同成立时生效；未办理物权登记的，不影响合同效力。

为了设立、变更、转让和消灭不动产物权，当事人之间一般都会签订合同。除非法律有特别规定，合同一经成立，只要不违反法律的强制性规定和社会公共利益，就可以发生效力。合同只是当事人之间的一种合意，并不必然与登记联系在一起。

而不动产物权的变动只能在登记时生效，登记是与物权变动联系在一起的，是物权变动的公示方法。依法成立生效的合同也许不能发生物权变动的结果，这可能是因为客观情势发生变迁，使得物权的变动成为不可能；也可能是物权的出让人“一物二卖”，其中一个买受人先行进行了不动产登记，其他的买受人便不可能取得合同约定转让的物权。如果当事人之间仅就物权的变动达成合意，而没有办理登记，合同仍然有效。例如，当事人双方订立房屋买卖合同之后，合同就已经生效，如果没有办理登记手续，房屋所有权不能发生移转，但买受人基于有效合同而享有的占有权仍然受到保护。违约的合同当事人一方应该承担违约责任。依不同情形，买受人可以请求债务人实际履行合同，即请求出卖人办理不动产转让登记，或者请求债务人赔偿损失。

7. 不动产登记簿有什么法律效力?

《民法典》第216条第1款规定，不动产登记簿是物权归属和内容的根据。在民法典确立了不动产物权登记生效的原则之后，不动产登记簿就自然成为不动产物权的法律根据，这是不动产物权公示原则的当然体现，也是保障物权变动安全的必要手段。这一规定在民法学上一般称为权利正确性推定原则，即在不动产登记簿上记载某人享有某项物权时，推定该人享有该项权利，其权利的内容也以不动产登记簿上的记载为准。

不动产登记簿记载的权利和事实上的权利应当是一致的，法律也要求登记机构正确履行职责，如实记载登记事项，但是由于现实经济生活的复杂性，也会产生两者不相符的情形。由于当事人自己的过错或者登记机关的过错，可能会出现登记的权利和事实上的权利不一致的情况。因此，规定不动产登记簿的正确性推定效力，对实现不动产物权变动中的客观公正有十分重要的意义，正因为登记簿有此效力，第三人依据登记簿取得的权利才受到法律的保护，交易的安全才有了保障。由此可见，法律规定物权的归属和内容以不动产登记簿为根据，目的就是从国家公信力的角度对物权相对人的利益进行保护，从而建立一个能以客观标准衡量的公正的经济秩序。法律在为建立公正安全的交易秩序而保护相对人利益的同时，也为可能的事实权利人提供异议登记、更正登记等救济手段。

8. 不动产权属证书有什么法律效力？它与不动产登记簿是什么关系？

不动产权属证书，即不动产的所有权证、使用权证等，是登记机关颁发给权利人作为其享有权利的证明。根据物权公示原则，完成不动产物权公示的是不动产登记，不动产物权的归属和内容应以不动产登记簿为根据。不动产物权证书只是不动产登记簿所记载内容的外在表现形式。在社会生活和交易过程中，不动产权利人为了证明自己的权利状况，可以出示权属证书。

实践中，个人、组织仍存在重视不动产权属证书而轻视不动产登记簿的现象，这样将削弱不动产物权的公示性，影响不动产交易的安全。因此，《民法典》第217条规定，不动产权属证书是权利人享有该不动产物权的证明。不动产权属证书记载的事项，应当与不动产登记簿一致；记载不一致的，除有证据证明不动产登记簿确有错误外，以不动产登记簿为准。

9. 如何进行不动产更正登记？

《民法典》第220条第1款规定，权利人、利害关系人认为不动产登记簿记载的事项错误的，可以申请更正登记。不动产登记簿记载的权利人书面同意更正或者有证据证明登记确有错误的，登记机构应当予以更正。

更正登记的目的是保护事实上的权利人的物权，实践中不动产登记簿记载的权利因各种原因可能并不真实，要许可真正的权利人或者利害关系人依据真正的权利状态对不动产登记簿记载的内容进行更正，消除登记权利与真正权利不一致的状态，避免第三人依据不动产登记簿取得不动产登记簿上记载的物权。更正登记有两种方式：一种是经权利人（包括登记上的权利人和事实上的权利人）以及利害关系人申请的登记；另一种是登记机关自己发现错误后作出的更正登记。

10. 不动产异议登记有什么效力？

异议登记的法律效力是，登记簿上所记载的权利失去正确性推定的效力，第三人不得主张依照登记所获取的权利受到保护。

异议登记虽然可以对真正权利人提供保护，但这种保护应当是临时性的。由于它同时也给不动产物权交易造成了一种不稳定的状态，为使不动产物权的不稳定状态早日恢复正常，法律必须对异议登记的有效期间作出限制。因此，《民法典》第220条第2款中规定，申请人自异议登记之日起15日内不提起诉讼的，异议登记失效。申请人在异议登记之日起15日内不起诉，说明异议登记的申请人不积极行使其权利，为使登记簿上记载的权利人的利益和正常的交易秩序不致受到严重的影响，法律规定这时该异议登记失去其效力。

由于异议登记可以使登记簿上所记载权利失去正确性推定的效力，同时，异议登记的申请人在提出申请时也无须充分证明其权利受到了损害，因此，如果申请人滥用异议登记制度，可能会给登记簿上记载权利人的利益造成损害。所以，民法典规定，异议登记不当，造成权利人损害的，权利人可以向申请人请求损害赔偿。

11. 预告登记有什么效力?

预告登记的功能是限制房地产开发商等债务人处分其权利，即按照《民法典》第221条第1款的规定，预告登记后，未经预告登记的权利人同意，处分该不动产的，不发生物权效力，以保障债权人将来实现其债权。比如，老百姓购买预售的住房，它涉及公民的基本生存权利，所以法律上承认买受人获得指定的房屋的权利有特殊保护的必要。但是，因为购房人在与开发商订立预售合同后，只享有合同法上的请求权，该项权利没有排他的效力，所以购房人无法防止开发商将房屋以更高的价格出卖给他人即“一房二卖”这种情况的发生，而这种情况发生时购房人只能主张开发商违约，要求损害赔偿，而无法获得指定的房屋。在建立了预告登记制度的情况下，购房人如果将他的这一请求权进行预告登记，因为预告登记具有物权的排他效力，所以开发商违背预告登记内容的处分行为就不能发生法律效力。这些处分行为既包括一房二卖，也包括在已出售的房屋上设定抵押权等行为。这样，购房者将来肯定能够获得约定买卖的房屋。因此，预告登记对解决商品房预售中“一房二卖”这样一些敏感的社会问题有着特殊的作用。依照民法典的规定，预告登记不仅可以针对当事人签订买卖房屋协议的情况，还包括签订其他不动产物权协议的情况。因而，建立预告登记制度，具有广泛的保障债权实现的意义。

12. 登记错误的法律责任由谁承担?

《民法典》第222条规定，当事人提供虚假材料申请登记，造成他人损害的，应当承担赔偿责任。因登记错误，造成他人损害的，登记机构应当承担赔偿责任。登记机构赔偿后，可以向造成登记错误的人追偿。

实践中登记错误的发生主要有两种情况：一是登记机构工作人员因疏忽、过失等原因造成错误；二是登记申请人等采取欺骗手段或者与登记机关的人员恶意串通造成错误。民法典作为民事基本法，对于登记错误责任问题，作出的只是原则性的规定。《民法典》第222条第2款规定，因登记错误，造成他人损害的，登记机构应当承担赔偿责任。登记错误的受害人处于相对弱势的地位，这样规定，是为了对受害人提供更加充分的保护。登记机构赔偿后，可以向造成登记错误的人追偿。

13. 不动产登记费应当如何收取？

《民法典》第223条规定，不动产登记费按件收取，不得按照不动产的面积、体积或者价款的比例收取。

在立法过程中，多数意见认为，登记机构不是营利性组织，目前我国各地的不动产登记机构，从事的登记工作一般也只是对登记申请人提供的有关材料是否符合规定的条件进行审核，在此基础上收取登记费，不宜与不动产的面积、体积或者价款等因素挂钩，把这些作为计费的标准。据此，民法典作出上述规定。立法过程中，有些意见认为，民法典不宜对登记收费问题作规定，登记收费的问题属于具体的程序性问题，可以由将来的不动产登记法去作规定。立法机关经研究认为，民法典关系人民群众的切身利益，为社会各方面普遍关注，对于社会生活中反映较多、与人民群众利益关系较为密切的问题，应当作出适当的规定。

14. 动产物权的设立和转让，自何时发生效力？

《民法典》第224条规定，动产物权的设立和转让，自交付时发生效力，但是法律另有规定的除外。不动产物权以登记为公示手段，与此相对应，动产物权以占有和交付为公示手段。占有主要在静态下，即在不发生物权变动的情况下发挥动产物权的公示作用；而交付主要是在动态下，即在发生物权变动的情况下发挥动产物权的公示作用。

这里的“动产物权的设立和转让，自交付时发生效力”，主要指的是当事人通过合同约定转让动产所有权和设立动产质权两种情况。交付，指的是物的直接占有的转移，即一方按照民事法律行为的要求，将物的直接占有移转给另一方的事实。

这里的“法律另有规定的除外”，主要指的是：第一，物权编第二章第二节对动产物权设立和转让特殊情况的规定，如动产物权设立和转让前，权利人已经占有该动产的，物权自民事法律行为生效时发生效力。动产物权设立和转让前，第三人占有该动产的，负有交付义务的人可以通过转让请求第三人返还原物的权利代替交付。动产物权转让时，当事人又约定由出让人继续占有该动产的，物权自该约定生效时发生效力。第二，物权编第二章第三节对主要是非依法律行为而发生的物权变动问题所作的规定。第三，物权编担保物权分编对动产抵押权和留置权的相关规定。

15. 船舶、航空器和机动车等的物权是否要登记，登记产生什么法律效力？

《民法典》第225条规定，船舶、航空器和机动车等的物权的设立、变更、转让和消灭，未经登记，不得对抗善意第三人。

一些法律对船舶、航空器的物权登记效力问题已有规定。例如，海商法规定，船舶所有权的取得、转让和消灭，应当向船舶登记机关登记；未经登记的，不得对抗第三人。设定船舶抵押权，由抵押权人和抵押人共同向船舶登记机关办理抵押权登记；未经登记的，不得对抗第三人。还有民用航空法等也有类似规定。

上述规定为民法学界普遍认可，实践中也没有什么问题，为了保持法律的稳定性，民法典延续了对这类动产登记对抗主义原则的规定。船舶、航空器和机动车因价值超过一般动产，在法律上被视为一种准不动产，但是船舶、航空器和机动车等本身具有动产的属性，其物权变动并不是在登记时发生效力，依照民法典规定，其所有权转移一般在交付时发生效力，其抵押权在抵押合同生效时设立。但是，法律对船舶、航空器和机动车等动产规定有登记制度，其物权的变动如果未在登记部门进行登记，就不产生社会公信力，不能对抗善意第三人。所谓善意第三人，就是指不知道也不应当知道物权发生了变动的物权关系相对人。例如，甲将其汽车卖给乙并交付，但没有进行登记，这时该汽车所有权已经转移给乙，但如果甲又背着乙将汽车卖给不知情的丙并登记，乙就不能以事先已经取得该汽车所有权而对抗丙，丙获得该汽车的所有权。

16. 人民法院、仲裁机构的法律文书或者征收决定等对物权的设立、变更、转让或者消灭产生的效力如何？

《民法典》第229条规定，因人民法院、仲裁机构的法律文书或者人民政府的征收决定等，导致物权设立、变更、转让或者消灭的，自法律文书或者征收决定等生效时发生效力。

物权的设立、变更、转让或者消灭，依其发生根据可以分为依法律行为而发生的物权变动和非依法律行为而发生的物权变动。依法律行为发生的物权变动，是指以当事人单方意思表示或双方（或多方）当事人共同的意思表示为基础进行的物权变动，此种物权变动必须遵循物权公示的一般原则才能发生效力，即不动产物权要办理变更登记，动产物权要交付。但是物权的设立、变更、转让或者消灭，有时并非基于原权利人的意思表示，而是依照法律的规定直接发生物权变动的效力。这一条主要规定了基于公权力的行使而使物权发生变动的情形：

1. 因国家司法裁判权的行使、仲裁裁决而导致物权的设立、变更、转让或者消灭。此类物权变动中，人民法院、仲裁机构的法律文书的生效时间，就是当事人的物权设立、变动的时间。这里需要说明两点：第一，导致物权变动的人民法院、仲裁机构的法律文书，是指直接为当事人创设或者变动物权的判决书、裁决书、调解书等，例如离婚诉讼中确定当事人一方享有某项不动产的判决、分割不动产的判决、使原所有人恢复所有权的判决等。此类设权或者确权的法律文书本身具有与登记、交付等公示方法相同的效果，因而依据此类法律文书而进行的物权变动，无须再进行一般的物权公示而直接发生效力。第二，由于法院的判决书或者仲裁机构的裁决等，所针对的只是具体当事人而非一般人，对当事人以外的第三人来说公示力和公信力较弱，因此根据《民法典》第 232 条规定，对于依照法院判决或者仲裁裁定而享有的不动产的物权，在处分时，如果法律规定需要办理登记的，不经登记，不发生物权效力。

2. 因国家行政管理权的行使而导致物权的设立、变更、转让或者消灭。此类物权变动，主要是指因人民政府的征收决定等而产生的物权变动。国家征收，是国家取得财产的特殊方式，按照土地管理法的规定，国家征收土地，县级以上人民政府要进行公告，这已起到了公示作用，因此人民政府的征收决定生效之时即发生物权变动的效力。

17. 因继承而取得物权自何时发生效力？

《民法典》第230条规定，因继承取得物权的，自继承开始时发生效力。此类物权变动，也属于非依法律行为而发生的物权变动，可以不依一般的公示原则直接发生效力。继承是导致物权变动的一个重要方式，继承从被继承人死亡时开始。因继承发生的物权变动，继承人自继承开始时，基于法律的直接规定而取得对遗产的所有权。

需要说明的是，根据《民法典》第232条的规定，无论是因法定继承还是因遗嘱继承而取得物权，如果涉及的遗产为不动产，依照法律规定应该办理登记，但继承人或者受遗赠人未办理登记的，其后的处分行为不发生物权效力。

18. 因事实行为而设立或者消灭物权自何时发生效力？

《民法典》第231条规定，因合法建造、拆除房屋等事实行为设立或者消灭物权的，自事实行为成就时发生效力。

首先，要理解什么是“事实行为”，就要从“法律事实”说起。法律事实可分为自然事实和人的行为，其中自然事实包括两种：一是状态，即某种客观情况的持续，如下落不明、未成年人已成年等；二是事件，即某种客观情况的发生，如人的生死、不可抗力事由的出现等。在法律世界中，引起法律后果的自然事实是有限的，仅限于法律的明文规定。能够产生法律后果的事实主要表现为人的行为，而人的行为又可分为法律行为、准法律行为和事实行为。事实行为不以意思表示为要素，即对行为人是否表达了某种心理状态法律不予考虑，只要有某种事实行为存在，法律便直接赋予其法律效果。

其次，具体到物权编的规定，能够引起物权设立或者消灭的事实行为，如用钢筋、水泥等材料建造房屋，用布料缝制衣服，将缝制好的衣物抛弃或者将制作好的家具烧毁等。物权编规定的"自事实行为成就时发生效力"，就是指房屋建成之时、衣服制成之时、衣服被抛弃之时或者家具被烧毁之时，这些物的所有权或为设立或为消灭，即自事实行为成就时发生效力，而不需要遵循一般的物权公示方法。

最后，需要说明一点的是，我国存在许多因合法建造房屋等事实行为设立物权的情况，这种情形下的建房有的虽然缺少登记行为，但不能将这种行为形成的建筑物作为无主财产对待，对其所有权法律承认归建房人所有。比如，农民在其宅基地上建造住房，自建造完成之日，就取得该房屋的所有权。但根据《民法典》第232条的规定，此类合法建造的房屋因建造完成而取得所有权，如果按照法律规定应当办理登记而未登记的，所有权人其后的处分行为，不发生物权效力。

19. 非依法律行为所发生的不动产物权变动，是否还需要登记？

《民法典》第232条规定，处分依照本节规定享有的不动产物权，依照法律规定需要办理登记的，未经登记，不发生物权效力。

物权变动的公示方式，动产一般为交付，不动产一般为登记。通过前述方法，物权变动可以被人们从外部察知，从而保护交易安全。但依照《民法典》第229条至第231条的规定，物权的变动还可因法院判决、政府征收决定、继承以及合法建造房屋等直接发生效力，而不必遵循依法律行为而发生的物权变动应当遵循的一般公示方法，这可能损害交易秩序和交易安全，涉及不动产物权变动时更甚。

考虑到对交易安全的保护，民法典明确，处分依照《民法典》第229条至第231条的规定享有的不动产的物权，依照法律规定需要办理登记的，未经登记，不发生物权效力。举例说明，甲乙向法院诉请离婚，法院判决原甲的房屋归乙所有。在判决生效时，乙取得该房屋的所有权，但尚未去登记机构办理变更登记，此时乙将房屋转卖给丙，丙信赖乙出示的法院判决而与之交易。与此同时，甲将该房屋转卖于丁，丁信赖的是登记簿上甲为所有权人的登记记录。那么乙对房屋的处分行为能否发生物权效力而由丙取得房屋所有权呢？按照民法典的规定，答案是否定的。尽管乙为真正的房屋所有权人，也有权对房屋进行处分，但未经登记，该处分行为不发生所有权转移的效力，丙只能要求乙承担违约责任、返还价款等，房屋的所有权由丁取得。

20. 什么是物权确认请求权?

《民法典》第 234 条规定，因物权的归属、内容发生争议的，利害关系人可以请求确认权利。物权确认请求权是物权保护请求权的一种，物权归属或者内容发生争议时，利害关系人可以请求有关行政机关、人民法院等部门确认。

21. 什么是返还原物权请求权?

《民法典》第 235 条规定，无权占有不动产或者动产的，权利人可以请求返还原物。返还原物权请求权是物权保护的一项基本权利，很多立法对此都有规定。物权人的物被他人侵占，物权人有权请求返还原物，使物复归于物权人事实上的支配。

22. 什么是排除妨害、消除危险请求权?

《民法典》第 236 条规定，妨害物权或者可能妨害物权的，权利人可以请求排除妨害或者消除危险。

请求排除妨害是物权保护的一项基本方式。物权遭受妨害的，物权人有权请求排除妨害。例如，侵权人设置路障妨害通行，物权人可以请求排除妨害。被排除的妨害需具有不法性，倘若物权人负有容忍义务，则无排除妨害请求权。

请求消除危险，又称请求防止侵害。侵害虽未发生，但物权面临遭受侵害的危险，存在被侵害的可能，对于这种可能发生的侵害，物权人有权请求相对人为一定行为或者不为一定行为，防止侵害，消除既存的危险，以避免侵害的发生。

23. 什么是恢复原状请求权？

恢复原状是物权保护的基本方式，修理、重作、更换属于广义的恢复原状。《民法典》第179条第1款规定了承担民事责任的方式，其中第5项为恢复原状，第6项为修理、重作、更换。修理是指物毁损时，通过一定的办法使其恢复到毁损之前的状态；重作是指当物灭失、毁损到不能使用等情形时，重新作相同性质、相同用途的物，使其达到与原物相同的价值；更换是指物毁损并且有与此物相同的种类物存在时，予以更换。不动产或者动产毁损，物权人可以请求恢复原状，包括修理、重作、更换。

24. 什么是损害赔偿请求权？

损害赔偿是物权保护的一项基本方式。物权受到侵害，给物权人造成损失，物权人有权请求赔偿损失。赔偿损失包括金钱赔偿、代物赔偿。例如，将他人的椅子弄坏，赔偿的方式有多种，如修理好椅子，或者赔把新椅子，或者赔偿与椅子价值相当的钱，或者赔偿其他东西折抵。

请求赔偿损失以外的其他民事责任请求权有很多种类。除了赔偿损失，民法典总则编在民法通则的基础上，还规定了其他一些承担民事责任的方式，包括停止侵害、排除妨碍、消除危险、返还财产、恢复原状、修理、重作、更换、继续履行、支付违约金、消除影响、恢复名誉、赔礼道歉。这其中有的责任方式主要适用于违约责任领域，有的主要适用于人身权侵权领域。对于物权受到侵害而言，根据《民法典》第238条的规定，权利人可以依法请求损害赔偿，也可以依法请求承担其他民事责任。

25. 什么是所有权？所有权包括哪些基本内容？

我国《民法典》第240条规定："所有权人对自己的不动产或者动产，依法享有占有、使用、收益和处分的权利。"民法典对所有权规定了四项内容，这些内容在传统理论上被称为所有权的"权能"。虽然不同国家在所有权概念上对所有权权能的规定各有不同，但在理论上通常都认为所有权具有四项基本权能：

1. 占有。占有就是对于财产的实际管领或控制，拥有一个物的一般前提就是占有，这是财产所有者直接行使所有权的表现。

2. 使用。使用是权利主体对财产的运用，发挥财产的使用价值。所有权人自己使用、授权他人使用，都是行使使用权。

3. 收益。收益是通过财产的占有、使用等方式取得的经济效益。使用物并获益是拥有物的目的之一。收益通常与使用相联系，但是处分财产也可以带来收益。收益也包括孳息。

4. 处分。处分是指财产所有人对其财产在事实上和法律上的最终处置。处分权一般由所有权人行使，但在某些情况下，非所有权人也可以有处分权，如对于运输的货物，如果发生紧急情况，承运人也是可以依法进行处分的。

对于所有权有几项权能，在理论上意见并不完全一致，但上述四项权能为学者一致认可。传统民法理论还认为，所有权的权能分为两种：一是积极的权能；二是消极的权能。前述几项权能是积极的权能。所有权的消极权能，是指所有权人在法律限制内，有排除他人干涉的权利。《民法典》第114条第2款对物权的定义也规定了“排他”的性质，这一规定当然适用于所有权。可以认为民法典也规定了所有权的消极权能。

26. 征收中的公共利益如何界定？如何给予补偿？

征收通常都附有严格的条件限制。在我国，由于公共建设任务繁重而征收较多，在征收集体所有土地和城乡居民房屋的过程中，侵害群众利益的问题时有发生，社会对此普遍关注。在物权编制定过程中，对于征收的问题意见较多，主要集中在征收的公共利益和征收补偿两个方面：

1. 关于公共利益。有人认为，应在民法典中明确界定公共利益的范围，以限制有的地方政府滥用征收权力，侵害群众利益。立法专家反复研究认为：在不同领域内、不同情形下，公共利益是不同的，情况相当复杂，民法典难以对公共利益作出统一的具体界定，还是分别由土地管理法、城市房地产管理法等单行法律规定较为切合实际。现行有的法律如信托法、测绘法已经对公共利益的范围作了一些具体界定。因此，《民法典》

第 243 条第 1 款对于征收的公共利益目的和可以征收的财产作了原则规定:“为了公共利益的需要,依照法律规定的权限和程序可以征收集体所有的土地和组织、个人的房屋以及其他不动产。”

2. 关于征收补偿。有人认为,在现实生活中,存在征收土地的补偿标准过低,补偿不到位,侵害群众利益的问题,建议对补偿问题作出明确规定。对于群众反映较大的问题,《民法典》第 243 条第 2 款、第 3 款有针对性地对征收的补偿原则和补偿内容作了明确规定:“征收集体所有的土地,应当依法及时足额支付土地补偿费、安置补助费以及农村村民住宅、其他地上附着物和青苗等的补偿费用,并安排被征地农民的社会保障费用,保障被征地农民的生活,维护被征地农民的合法权益。征收组织、个人的房屋以及其他不动产,应当依法给予征收补偿,维护被征收人的合法权益;征收个人住宅的,还应当保障被征收人的居住条件。”考虑到各地的发展很不平衡,具体的补偿标准和补偿办法,由土地管理法等有关法律依照民法典规定的补偿原则和补偿内容,根据不同情况作出规定。针对现实生活中补偿不到位和侵占补偿费用的行为,《民法典》第 243 条第 4 款明确规定:“任何组织或者个人不得贪污、挪用、私分、截留、拖欠征收补偿费等费用。”

27. 对现实中存在的违法征收、破坏耕地的情况,民法典有什么规定?

我国地少人多,耕地宝贵且后备资源贫乏。国家历来重视对耕地的保护，实行最严格的耕地保护制度，严格控制农用地转为建设用地。为了切实加强对耕地的保护，制止违法违规用地行为，针对现实生活中滥用征收权力、违法征地的行为，《民法典》第244条原则规定："国家对耕地实行特殊保护，严格限制农用地转为建设用地，控制建设用地总量。不得违反法律规定的权限和程序征收集体所有的土地。"

根据《土地管理法》等法律、行政法规的有关规定，有关耕地保护的基本政策是：

1. 严格控制耕地转为非耕地。国家实行土地用途管制制度。国家编制土地利用总体规划，规定土地用途，将土地分为农用地、建设用地和未利用地。严格限制农用地转为建设用地，控制建设用地总量，对耕地实行特殊保护。

建设占用土地，涉及农用地转为建设用地的，应当办理农用地转用审批手续。永久基本农田转为建设用地的，由国务院批准。在土地利用总体规划确定的城市和村庄、集镇建设用地规模范围内，为实施该规划而将永久基本农田以外的农用地转为建设用地的，按土地利用年度计划分批次按照国务院规定由原批准土地利用总体规划的机关或者其授权的机关批准。在已批准的农用地转用范围内，具体建设项目用地可以由市、县人民政府批准。在土地利用总体规划确定的城市和村庄、集镇建设用地规模范围外，将永久基本农田以外的农用地转为建设用地的，由国务院或者国务院授权的省、自治区、直辖市人民政府批准。

2. 实行占用耕地补偿制度。非农业建设经批准占用耕地的，按照"占多少，垦多少"的原则，由占用耕地的单位负责开垦与所占用耕地的数量和质量相当的耕地；没有条件开垦或者开垦的耕地不符合要求的，应当按照省、自治区、直辖市的规定缴纳耕地开垦费，专款用于开垦新的耕地。

省、自治区、直辖市人民政府应当制定开垦耕地计划，监督占用耕地的单位按照计划开垦耕地或者按照计划组织开垦耕地，并进行验收。省、自治区、直辖市人民政府应当严格执行土地利用总体规划和土地利用年度计划，采取措施，确保本行政区域内耕地总量不减少、质量不降低。耕地总量减少的，由国务院责令在规定期限内组织开垦与所减少耕地的数量与质量相当的耕地；耕地质量降低的，由国务院责令在规定期限内组织整治。新开垦和整治的耕地由国务院自然资源主管部门会同农业农村主管部门验收。个别省、直辖市确因土地后备资源匮乏，新增建设用地后，新开垦耕地的数量不足以补偿所占用耕地的数量的，必须报经国务院批准减免本行政区域内开垦耕地的数量，易地开垦数量和质量相当的耕地。

3. 永久基本农田保护制度。国家实行永久基本农田保护制度，对于经国务院农业农村主管部门或者县级以上地方人民政府批准确定的粮、棉、油、糖等重要农产品生产基地内的耕地；有良好的水利与水土保持设施的耕地，正在实施改造计划以及可以改造的中、低产田和已建成的高标准农田；蔬菜生产基地；农业科研、教学试验田；国务院规定应当划为永久基本农田的其他耕地，根据土地利用总体规划划为永久基本农田，实行严格保护。划定永久基本农田主要是为了对耕地实行特殊保护。永久基本农田经依法划定后，任何单位和个人不得擅自占用或者改变其用途。国家能源、交通、水利、军事设施等重点建设项目选址确实难以避让永久基本农田，涉及农用地转用或者土地征收的，必须经国务院批准。

4. 其他。对保护耕地还有许多规定。例如：(1) 提高地力，维护排灌工程设施，防止土地荒漠化、盐渍化、水土流失和土壤污染。(2) 非农业建设的用地原则是，必须节约使用土地，可以利用荒地的，不得占用耕地；可以利用劣地的，不得占用好地。禁止占用耕地建窑、建坟或者擅自在耕地上建房、挖砂、采石、采矿、取土等。禁止占用永久基本农田发展林果业和挖塘养鱼。(3) 禁止闲置、荒芜耕地。已经办理审批手续的非农业建设占用耕地，一年内不用而又可以耕种并收获的，应当由原耕种该幅耕地的集体或者个人恢复耕种，也可以由用地单位组织耕种；一年以上未动工建设的，应当按照省、自治区、直辖市的规定缴纳闲置费；连续二年未使用的，经原批准机关批准，由县级以上人民政府无偿收回用地单位的土地使用权；该幅土地原为农民集体所有的，应当交由原农村集体经济组织恢复耕种。(4) 开发未利用土地。国家鼓励单位和个人按照土地利用总体规划，在保护和改善生态环境、防止水土流失和土地荒漠化的前提下，开发未利用的土地；适宜开发为农用地的，应当优先开发成农用地。国家依法保护开发者的合法权益。(5) 土地复垦。因挖损、塌陷、压占等造成土地破坏，用地单位和个人应当按照国家有关规定负责复垦；没有条件复垦或者复垦不符合要求的，应当缴纳土地复垦费，专项用于土地复垦。复垦的土地应当优先用于农业。

28. 哪些土地属于国家所有?

《民法典》第249条规定:"城市的土地,属于国家所有。法律规定属于国家所有的农村和城市郊区的土地,属于国家所有。"

1. 城市的土地属于国家所有。《宪法》第10条第1款规定:"城市的土地属于国家所有。"《土地管理法》第9条第1款规定:"城市市区的土地属于国家所有。"国家对于城市的土地享有所有权,且城市的土地所有权只属于国家。

2. 法律规定属于国家所有的农村和城市郊区的土地,属于国家所有。《宪法》第10条第2款规定,农村和城市郊区的土地,除由法律规定属于国家所有的以外,属于集体所有。《土地管理法》第9条第2款规定,农村和城市郊区的土地,除由法律规定属于国家所有的以外,属于农民集体所有。

29. 集体所有的不动产和动产主要有哪些?

《民法典》第260条规定:"集体所有的不动产和动产包括:(一)法律规定属于集体所有的土地和森林、山岭、草原、荒地、滩涂;(二)集体所有的建筑物、生产设施、农田水利设施;(三)集体所有的教育、科学、文化、卫生、体育等设施;(四)集体所有的其他不动产和动产。"

《宪法》第6条第1款规定,中华人民共和国的社会主义经济制度的基础是生产资料的社会主义公有制,即全民所有制和劳动群众集体所有制。集体所有根据所有人身份不同,可以分为农村集体所有和城镇集体所有。集体财产是广大人民群众多年来辛勤劳动积累的成果，是发展集体经济和实现共同富裕的重要物质基础。确认集体财产的范围，对保护集体的财产权益、维护广大集体成员的合法财产权益都具有重要意义。因此，《民法典》物权编依据宪法和有关法律的规定，以列举加概括的方式，对集体所有的不动产和动产的范围作出了规定。

这里首先要明确集体财产所有权的主体是集体。集体所有是公有制的一部分，集体的成员不能独自对集体财产行使权利，离开集体时不能要求分割集体财产。集体所有财产主要包括：

1. 法律规定属于集体所有的土地和森林、山岭、草原、荒地、滩涂。土地是人类社会生产和生活的物质基础。《宪法》第10条第2款规定："农村和城市郊区的土地，除由法律规定属于国家所有的以外，属于集体所有；宅基地和自留地、自留山，也属于集体所有。"《土地管理法》也作了相同的规定。关于集体所有的土地，有两点需要说明：一是集体所有的土地的所有者只是农民集体，城镇集体没有土地的所有权。二是集体所有的土地主要包括耕地，也包括宅基地和自留地、自留山。除土地外，根据《宪法》第9条第1款规定，森林、山岭、草原、荒地、滩涂等自然资源，根据法律规定，也可以属于集体所有。

2. 集体所有的集体企业的厂房、仓库等建筑物；机器设备、交通运输工具等生产设施；水库、农田灌溉渠道等农田水利设施；集体所有的教育、科学、文化、卫生、体育等设施。集体所有的财产主要有两个来源：一是集体自己出资兴建、购置的财产；二是国家拨给或者捐赠给集体的财产。

3. 除上述几种常见的集体财产外，集体财产还包括集体企业所有的生产原材料、半成品和成品，村建公路、农村敬老院等集体所有的其他不动产和动产。

30. 哪些事项需要经本农民集体成员决定？

农民集体所有的特征就要求民主管理集体事务，涉及集体成员重大利益的事项，必须依照法定程序经本集体成员决定。《民法典》第261条第2款规定："下列事项应当依照法定程序经本集体成员决定：（一）土地承包方案以及将土地发包给本集体以外的组织或者个人承包；（二）个别土地承包经营权人之间承包地的调整；（三）土地补偿费等费用的使用、分配办法；（四）集体出资的企业的所有权变动等事项；（五）法律规定的其他事项。"

1. 土地承包方案以及将土地发包给本集体以外的组织或者个人承包。土地承包方案以及将土地发包给本集体以外的组织或者个人承包，直接关系到本集体成员的切身利益，直接关系到以家庭承包经营为基础的双层经营体制的长期稳定。根据《农村土地承包法》的规定，土地承包应当按照下列程序进行：首先，由本集体经济组织成员的村民会议选举产生承包工作小组；其次，由该承包工作小组依照法律、法规的规定拟订并公布承包方案；最后，依法召开本集体经济组织成员的村民会议，讨论承包方案。承包方案必须经本集体经济组织成员的村民会议三分之二以上成员或者三分之二以上村民代表同意。将农村土地发包给本集体经济组织以外的单位或者个人承包，应当事先经本集体经济组织成员的村民会议三分之二以上成员或者三分之二以上村民代表的同意，并报乡（镇）人民政府批准。

2. 个别土地承包经营权人之间承包地的调整。原则上，在承包期内发包方不得调整承包地。如果因自然灾害严重毁损承包地等特殊情形需要适当调整的，按照农村土地承包法的规定，必须经本集体经济组织成员的村民会议三分之二以上成员或者三分之二以上村民代表的同意，并报乡（镇）人民政府和县级人民政府农业农村等行政主管部门批准。

3. 土地补偿费等费用的使用、分配办法。征收集体所有的土地，应当支付土地补偿费、安置补助费、土地附着物补偿费等费用。现实中，这部分费用一般支付给被征地的农民集体，其中一部分费用分配给成员、补偿受影响的土地承包经营权人。因为征收集体土地直接影响被征地农民的生产生活，这部分费用的使用和分配办法必须经集体成员通过村民会议等方式决定。

4. 集体出资的企业的所有权变动等事项。实践中，很多农村集体经济组织都投资兴办企业，一方面实现了共同致富，另一方面也解决了大量农业人口的就业问题。集体出资的企业收益属集体成员集体所有。如果将该企业出让或者抵押，也要经过本集体成员讨论决定，不能由该企业负责人或者本集体管理人擅自作主。

5. 法律规定的其他事项。村民委员会组织法规定，本村公益事业的兴办和筹资筹劳方案及建设承包方案；土地承包经营方案；村集体经济项目的立项、承包方案；宅基地的使用方案；征地补偿费的使用、分配方案等涉及村民利益的事项，必须提请村民会议讨论决定，方可办理。

31. 农村集体经济组织、村民委员会或其负责人作出的决定侵害集体成员合法权益的，怎么办？

《民法典》第265条第2款规定："农村集体经济组织、村民委员会或者其负责人作出的决定侵害集体成员合法权益的，受侵害的集体成员可以请求人民法院予以撤销。"

集体所有的财产一般要由集体经济组织经营管理，村民委员会也可以代表集体经营管理村集体所有的财产。因为集体所有的性质，集体所有的财产应当采取民主管理的模式，涉及集体成员重大利益的事项，应当依照法定程序或者章程规定，由本集体成员（或者其代表）来共同决定。本集体成员有权参与集体经济组织的民主管理，监督集体经济组织的各项活动和管理人员的工作。现实中，有的集体经济组织、村民委员会的负责人违反法定程序或者章程规定，擅自决定或者以集体名义作出决定，低价处分、私分、侵占集体所有的财产，严重侵害集体成员的财产权益。针对这种情况，物权编赋予了集体成员请求人民法院撤销集体经济组织、村民委员会或者其负责人作出的不当决定的权利。

关于集体成员的诉权，主要有以下三个内容：一是每个集体经济组织成员都可以针对集体经济组织、村民委员会或者其负责人作出的损害其权益的决定，向人民法院请求撤销该决定。这里的"集体经济组织"不仅仅包括农村集体经济组织，也包括城镇集体经济组织。二是提起诉讼的事由。是集体经济组织、村民委员会或者其负责人作出的决定，侵害了该集体成员的合法财产权益。三是提起诉讼的时间。根据《民法典》的规定，向人民法院请求保护民事权利的诉讼时效期间为三年。诉讼时效期间自权利人知道或者应当知道权利受到损害以及义务人之日起计算。

32. 什么是建筑物区分所有权？

《民法典》第 271 条规定：“业主对建筑物内的住宅、经营性用房等专有部分享有所有权，对专有部分以外的共有部分享有共有和共同管理的权利。”

根据这一条的规定，业主的建筑物区分所有权包括对其专有部分的所有权、对建筑区划内的共有部分享有共有和共同管理的权利。

业主对专有部分的所有权。即这一条规定的，业主对建筑物内的住宅、经营性用房等专有部分享有所有权，有权对专有部分占有、使用、收益和处分。

业主对建筑区划内的共有部分共有的权利。即这一条规定的，业主对专有部分以外的共有部分，如电梯、过道、楼梯、水箱、外墙面、水电气的主管线等享有共有的权利。

业主对建筑区划内的共有部分共同管理的权利。民法典规定，业主可以自行管理建筑物及其附属设施，也可以委托物业服务企业或者其他管理人管理。业主可以设立业主大会，选举业主委员会，共同决定制定和修改业主大会议事规则，制定和修改管理规约，选举业主委员会或者更换业主委员会成员，选聘和解聘物业服务企业或者其他管理人，使用建筑物及其附属设施的维修资金，筹集建筑物及其附属设施的维修资金，改建、重建建筑物及其附属设施，改变共有部分的用途或者利用共有部分从事经营活动等。业主大会或者业主委员会，对任意弃置垃圾、排放污染物或者噪声、违反规定饲养动物、违章搭建、侵占通道、拒付物业费等损害他人合法权益的行为，有权依照法律、法规以及管理规约，请求行为人停止侵害、排除妨害、消除危险、恢复原状、赔偿损失。

33. 业主是否可以以放弃对共有部分的权利为由不履行相应的义务?

《民法典》第273条规定："业主对建筑物专有部分以外的共有部分，享有权利，承担义务；不得以放弃权利为由不履行义务。业主转让建筑物内的住宅、经营性用房，其对共有部分享有的共有和共同管理的权利一并转让。"

业主对专有部分以外的共有部分享有共有权，即每个业主在法律对所有权未作特殊规定的情形下，对专有部分以外的走廊、楼梯、过道、电梯、外墙面、水箱、水电气管线等共有部分，对物业管理用房、绿地、道路、公用设施以及其他公共场所等共有部分享有占有、使用、收益或者处分的权利。但是，如何行使占有、使用、收益或者处分的权利，还要依据民法典及相关法律、法规和建筑区划管理规约的规定。业主对专有部分以外的共有部分的共有权，还包括对共有部分共负义务。同样，业主对共有部分如何承担义务，也要依据民法典及相关法律、法规和建筑区划管理规约的规定。例如，依据《民法典》

第 286 条的规定，业主对共有部分承担的义务有，不得在共有部分任意弃置垃圾、违章搭建，不得随意侵占通道等。

业主对专有部分以外的共有部分不仅享有共有的权利，还享有共同管理的权利，有权对共用部位与共用设备设施的使用、收益、维护等事项行使管理的权利，同时对共有部分的管理也负有相应的义务。由于业主对专有部分以外的共有部分既享有权利，又负有义务，有的业主就可能以放弃权利为由，不履行义务。对此，《民法典》第 273 条明确规定，业主不得以放弃权利为由不履行义务。例如，业主不得以不使用电梯为由，不交纳电梯维修费用；在集中供暖的情况下，不得以冬季不在此住宅居住为由，不交纳暖气费用。

34. 建筑区划内的道路、绿地、其他公共场所、公用设施和物业服务用房归谁所有?

《民法典》第 274 条规定：“建筑区划内的道路，属于业主共有，但是属于城镇公共道路的除外。建筑区划内的绿地，属于业主共有，但是属于城镇公共绿地或者明示属于个人的除外。建筑区划内的其他公共场所、公用设施和物业服务用房，属于业主共有。”

建筑区划内的道路、绿地、其他公共场所、公用设施、物业服务用房作为建筑物的附属设施原则上归业主共有。道路、绿地归业主共有，不是说道路、绿地的土地所有权归业主共有，而是说道路、绿地作为土地上的附着物归业主共有。

35. 建筑区划内的车位、车库归谁所有?

《民法典》第275条规定:“建筑区划内,规划用于停放汽车的车位、车库的归属,由当事人通过出售、附赠或者出租等方式约定。占用业主共有的道路或者其他场地用于停放汽车的车位,属于业主共有。”

由于车库、车位和住宅的配套比例不同、业主之间享有的住宅面积不同、商品房销售的状况不同,如果规定车库、车位归业主共有,很难操作,因此,《民法典》第275条区分不同的情况对车位、车库的归属作了规定。

第一种情况,建筑区划内,规划用于停放汽车的车位、车库的归属,由当事人通过出售、附赠或者出租等方式约定。建筑区划内,规划用于停放汽车的车位、车库,即开发商在开发项目前,经政府核发的建设工程规划许可证批准同意,规划用于停放汽车的车位、车库。此类车位、车库,在开发商开发后,通过出售、附赠或者出租等方式,与当事人约定车位、车库的归属和使用。

第二种情况,占用业主共有的道路或者其他场地用于停放汽车的车位,属于业主共有。规划外的占用业主共有的道路或者其他场地用于停放汽车的车位,由于属于规划外,且是占用业主共有的道路或者其他场地建设的,较易形成属于业主共有的共识,属于业主共有。

关于车位、车库的归属,一些地方性法规作出进一步的规范。如《上海市住宅物业管理规定》第61条第1款规定,物业管理区域内，建设单位所有的机动车停车位数量少于或者等于物业管理区域内房屋套数的，一户业主只能购买或者附赠一个停车位；超出物业管理区域内房屋套数的停车位，一户业主可以多购买或者附赠一个。第2款规定，占用业主共有的道路或者其他场地用于停放机动车的车位，属于业主共有。第3款规定，建设单位所有的机动车停车位向业主、使用人出租的，其收费标准应当在前期物业合同中予以约定。业主大会成立前，收费标准不得擅自调整；业主大会成立后，需要调整的，建设单位应当与业主大会按照公平、合理的原则协商后，向区房屋行政管理部门备案。

36. 车位、车库是否应当首先满足业主的需要？

《民法典》第276条规定："建筑区划内，规划用于停放汽车的车位、车库应当首先满足业主的需要。"

现实生活中，不少小区没有车位、车库或者车位、车库严重不足，有的开发商将车位、车库高价出售给小区外的人停放，有的开发商公示车位、车库只售不租。为规范建筑区划内，规划用于停放汽车的车位、车库的使用，最大限度地保障业主对车位、车库的需要，这一条规定，建筑区划内，规划用于停放汽车的车位、车库应当首先满足业主的需要。

关于"首先满足业主的需要"的含义，2007年物权法和民法典物权编未作明确规定，其含义可以根据总结的实践经验不断完善。在实践中司法解释和地方性法规根据实际情况的发展作出了一些规范和解释。如《最高人民法院关于审理建筑物区分所有权纠纷案件具体应用法律若干问题的解释》第 5 条第 1 款规定，建设单位按照配置比例将车位、车库，以出售、附赠或者出租等方式处分给业主的，应当认定其行为符合《民法典》第 276 条有关“应当首先满足业主的需要”的规定。第 2 款规定，前款所称配置比例是指规划确定的建筑区划内规划用于停放汽车的车位、车库与房屋套数的比例。《上海市住宅物业管理规定》第 62 条第 1 款规定，物业管理区域内的机动车停车位，应当提供给本物业管理区域内的业主、使用人使用。建设单位尚未出售的停车位，应当出租给业主、使用人停放车辆，不得以只售不租为由拒绝出租。停车位不得转让给物业管理区域外的单位、个人；停车位满足业主需要后仍有空余的，可以临时按月出租给物业管理区域外的单位、个人。

37. 哪些事项需要业主共同决定?

《民法典》第 278 条第 1 款规定：“下列事项由业主共同决定：（一）制定和修改业主大会议事规则；（二）制定和修改管理规约；（三）选举业主委员会或者更换业主委员会成员；（四）选聘和解聘物业服务企业或者其他管理人；（五）使用建筑物及其附属设施的维修资金；（六）筹集建筑物及其附属设施的维修资金；（七）改建、重建建筑物及其附属设施；（八）改变共有部分的用途或者利用共有部分从事经营活动；（九）有关共有和共同管理权利的其他重大事项。”

建筑区划内的下列事项需要由业主共同决定：

1. 制定和修改业主大会议事规则。业主大会议事规则是业主大会组织、运作的规程，是对业主大会宗旨、组织体制、活动方式、成员的权利义务等内容进行记载的业主自律性文件，其制定和修改，需要由业主共同决定。

2. 制定和修改管理规约。管理规约是业主自我管理、自我约束、自我规范的规则约定，涉及每个业主的切身利益，应当由全体业主共同制定和修改。

3. 选举业主委员会和更换业主委员会成员。业主通过业主大会选举能够代表和维护自己利益的业主委员会委员，成立业主委员会。对不遵守管理规约、责任心不强的业主委员会的委员，予以更换。

4. 选聘和解聘物业服务企业或者其他管理人。物业服务企业或者其他管理人的物业管理资质如何、管理水平如何，与业主利益有着直接的关系，通过业主大会集体决策，可以较好地选聘和解聘物业服务企业或者其他管理人。

5. 使用建筑物及其附属设施的维修资金。建筑物及其附属设施的维修资金主要用于业主专有部分以外的共有部分的共用部位、共用设施设备保修期满后的维修、更新、改造、维护等，涉及业主的切身利益。使用建筑物及其附属设施的维修资金，属于有关共有和共同管理权利的重大事项，应当由业主共同决定。

6. 筹集建筑物及其附属设施的维修资金。筹集维修资金关系业主的切身利益，是否筹集以及如何筹集，属于有关共有和共同管理权利的重大事项，应当由业主共同决定。

7. 改建、重建建筑物及其附属设施。建筑物及其附属设施的改建、重建，涉及业主建筑物区分所有权的行使，涉及费用的负担，需要业主共同决定。

8. 改变共有部分的用途或者利用共有部分从事经营活动。鉴于改变共有部分的用途或者利用共有部分从事经营活动，关于业主的切身利益，属于有关共有和共同管理权利的重大事项，应当由业主共同决定。

9. 有关共有和共同管理权利的其他重大事项。除上述所列事项外，对建筑区划内有关共有和共同管理权利的其他重大事项，也需要由业主共同决定。例如，如何对物业服务企业的工作予以监督，如何与居民委员会协作以便维护好建筑区划内的社会治安等。

38. 业主如何决定共有和共同管理的重大事项?

《民法典》第 278 条第 2 款规定：“业主共同决定事项，应当由专有部分面积占比三分之二以上的业主且人数占比三分之二以上的业主参与表决。决定前款第六项至第八项规定的事项，应当经参与表决专有部分面积四分之三以上的业主且参与表决人数四分之三以上的业主同意。决定前款其他事项，应当经参与表决专有部分面积过半数的业主且参与表决人数过半数的业主同意。”

一是表决程序要有专有部分面积占比三分之二以上的业主且人数占比三分之二以上的业主参与表决。因此，参与表决的业主需同时满足两个条件：（1）参与表决的业主的专有部分面积占比三分之二以上；（2）参与表决的业主人数占比三分之二以上。

二是决定该条第1款第6项至第8项规定的事项，应当经参与表决专有部分面积四分之三以上的业主且参与表决人数四分之三以上的业主同意。根据该规定，这三类事项决定的作出，必须同时具备两个条件，才为有效的决定：（1）经参与表决专有部分面积四分之三以上的业主；（2）参与表决人数四分之三以上的业主同意。

三是除筹集建筑物及其附属设施的维修资金，改建、重建建筑物及其附属设施，改变共有部分的用途或者利用共有部分从事经营活动外的有关共有和共同管理权利之外的其他事项，属于建筑区划内的一般性、常规性事务，其决定的作出，应当经参与表决专有部分面积过半数的业主且参与表决人数过半数的业主同意。根据这一规定，建筑区划内的一般性、常规性事务，必须同时符合如下两个条件：（1）经参与表决专有部分面积过半数的业主的同意；（2）参与表决人数过半数的业主同意。

39. 业主是否可以将住宅改变为经营性用房?

《民法典》第279条规定："业主不得违反法律、法规以及管理规约，将住宅改变为经营性用房。业主将住宅改变为经营性用房的，除遵守法律、法规以及管理规约外，应当经有利害关系的业主一致同意。"

将住宅改变为经营性用房，使原本用于居住的房屋改为用于经营的房屋，住宅的性质、用途则由居住变为商用。这一改变将带来许多弊端，危害性大，主要表现有：一是干扰业主的正常生活，造成邻里不和，引发矛盾，这是当前物业小区的主要矛盾之一。二是造成小区车位、电梯、水、电等公共设施使用紧张。三是容易产生安全隐患，例如，来往小区人员过多，造成楼板的承重力过大，外来人员流动快且杂，增加了小区不安全、不安定的因素，防火防盗压力大，隐患多。四是使城市规划目标难以实现。本来某个地区的住宅原本规划为居住的，但由于将住宅大量改为经营性用房，用于商业目的，结果造成该地区交通拥堵、人满为患。五是造成国家税费的大量流失。因此，《物业管理条例》第 49 条规定，物业管理区域内按照规划建设的公共建筑和共用设施，不得改变用途。业主依法确需改变公共建筑和共用设施用途的，应当在依法办理有关手续后告知物业服务企业；物业服务企业确需改变公共建筑和共用设施用途的，应当提请业主大会讨论决定同意后，由业主依法办理有关手续。随着这方面实践经验的不断积累和完善，国家有关部门还将对这一问题作出具体的规定。另外，作为业主自我管理、自我约束、自我规范的管理规约也可以依法对此问题作出规定。业主将住宅改变为经营性用房的，除遵守法律、法规以及管理规约外，应当经有利害关系的业主一致同意。

如何确定业主为有利害关系的业主，因改变住宅为经营性用房的用途不同，影响的范围、程度不同，要具体情况具体分析。总之，不论是否为相邻或者不相邻的业主，凡是因住宅改变为经营性用房受到影响的业主，均是这一条所说的有利害关系的业主。《最高人民法院关于审理建筑物区分所有权纠纷案件具体应用法律若干问题的解释》第 11 条规定，业主将住宅改变为经营性用房，本栋建筑物内的其他业主，应当认定为民法典第 279 条所称“有利害关系的业主”。建筑区划内，本栋建筑物之外的业主，主张与自己有利害关系的，应证明其房屋价值、生活质量受到或者可能受到不利影响。

40. 业主大会或者业主委员会作出的决定对业主有约束力吗？

《民法典》第280条规定："业主大会或者业主委员会的决定，对业主具有法律约束力。业主大会或者业主委员会作出的决定侵害业主合法权益的，受侵害的业主可以请求人民法院予以撤销。"

业主大会依据法定程序作出的决定，反映了建筑区划内绝大多数业主的意志与心声。业主委员会是由业主大会从热心公益事业、责任心强、具有一定组织能力的业主中选举产生出来的，作为业主的代表履行对建筑物及其附属设施的具体管理职责，为全体业主服务的组织。业主委员会作为业主大会的执行机构，具体实施业主大会作出的决定。业主大会或者业主委员会作为自我管理的权力机关和执行机关，其作出的决定，对业主应当具有法律约束力。因此，第280条第1款规定，业主大会或者业主委员会的决定，对业主具有法律约束力。

对业主具有约束力的业主大会或者业主委员会的决定，必须是依法设立的业主大会、业主委员会作出的，必须是业主大会、业主委员会依据法定程序作出的，必须是符合法律、法规及规章，不违背公序良俗，不损害国家、公共和他人利益的决定。业主大会或者业主委员会的决定，对业主具有法律约束力。

现实中，可能有的业主大会或者业主委员会不遵守法律、法规、管理规约，或者不依据法定程序作出某些决定，侵害业主的合法权益，针对这一情形，为了切实保护业主的合法权益，第 280 条第 2 款规定，业主大会或者业主委员会作出的决定侵害业主合法权益的，受侵害的业主可以请求人民法院予以撤销。这一规定，赋予了业主请求人民法院撤销业主大会或者业主委员会作出的不当决定的权利。业主在具体行使这一权利时，还要依据民法典总则编、民事诉讼法等法律的规定。例如，撤销的请求，要向有管辖权的人民法院提出，要有明确的诉讼请求和事实、理由等。

41. 建筑物及其附属设施的维修基金归谁所有，如何使用？

《民法典》第 281 条第 1 款规定："建筑物及其附属设施的维修资金，属于业主共有。经业主共同决定，可以用于电梯、屋顶、外墙、无障碍设施等共有部分的维修、更新和改造。建筑物及其附属设施的维修资金的筹集、使用情况应当定期公布。"

建筑物及其附属设施的维修资金属于业主共有。但是维修资金的使用涉及业主能否正常使用建筑物及其附属设施，关系每个业主的切身利益，因此，《民法典》第 281 条第 1 款规定，维修资金的使用应当经业主共同决定，并根据民法典第 278 条的规定程序共同决定。

关于维修资金的用途，《民法典》第 281 条第 1 款规定主要用于业主专有部分以外的共用部分的维修。例如，电梯、水箱等的维修。至于业主专有部分以外的哪些部分为共有部分，哪些设施为建筑物的附属设施，要根据每一栋建筑物、每一个建筑区划的不同情况具体分析。根据《住宅专项维修资金管理办法》，共用部位，是指根据法律、法规和房屋买卖合同，由单幢住宅内业主或者单幢住宅内业主及与之结构相连的非住宅业主共有的部位，一般包括：住宅的基础、承重墙体、柱、梁、楼板、屋顶以及户外的墙面、门厅、楼梯间、走廊通道等。共用设施设备，是指根据法律、法规和房屋买卖合同，由住宅业主或者住宅业主及有关非住宅业主共有的附属设施设备，一般包括电梯、天线、照明、消防设施、绿地、道路、路灯、沟渠、池、井、非经营性车场车库、公益性文体设施和共用设施设备使用的房屋等。

为便于业主及时了解建筑物及其附属设施维修资金的筹集情况，应依法监督维修资金的使用，《民法典》第281条第1款还明确规定，维修资金的筹集、使用情况应当定期予以公布。

42. 利用业主的共有部分产生的收入，归谁所有?

《民法典》第282条规定："建设单位、物业服务企业或者其他管理人等利用业主的共有部分产生的收入，在扣除合理成本之后，属于业主共有。"例如，很多小区会在业主的共有部分设置广告，这些广告收入，在扣除合理成本之后，应该属于业主共有。再如，占有业主共有的道路或者其他场地设置的车位，出租车位的租金收入，在扣除合理的成本之后，也应该属于业主共有。《最高人民法院关于审理建筑物区分所有权纠纷案件具体应用法律若干问题的解释》第17条规定，本解释所称建设单位，包括包销期满，按照包销合同约定的包销价格购买尚未销售的物业后，以自己名义对外销售的包销人。《物业管理条例》第 54 条规定，利用物业共用部位、共用设施设备进行经营的，应当在征得相关业主、业主大会、物业服务企业的同意后，按照规定办理有关手续。业主所得收益应当主要用于补充专项维修资金，也可以按照业主大会的决定使用。

43. 业主如何分担建筑物及其附属设施的费用?

《民法典》第 283 条规定：“建筑物及其附属设施的费用分摊、收益分配等事项，有约定的，按照约定；没有约定或者约定不明确的，按照业主专有部分面积所占比例确定。”

为保证建筑物及其附属设施能够正常运转和使用，保证业主的正常生活，需要对建筑物及其附属设施进行养护和维修，这就带来了费用如何产生，业主如何负担的问题。建筑物共有部分及其附属设施不仅存在着养护、维修的问题，还存在着经营收益如何分配的问题。例如，业主大会决定，将建筑物楼顶出租给企业做广告后，广告收入如何分配，是居住顶层的业主多拿一些，还是业主平均分配；是作为业主大会、业主委员会的活动经费，还是作为维修资金用于建筑物及其附属设施的维修。《物业管理条例》第 54 条规定，利用物业共用部位、共用设施设备进行经营的，应当在征得相关业主、业主大会、物业服务企业的同意后，按照规定办理有关手续。业主所得收益应当主要用于补充专项维修资金，也可以按照业主大会的决定使用。

民法典对这一问题的规定：一是建筑物及其附属设施的费

用分摊，有约定的按照约定；没有约定或者约定不明确的，按照业主专有部分面积所占比例确定。二是建筑物及其附属设施的收益分配，有约定的按照约定；没有约定或者约定不明确的，按照业主专有部分面积所占比例确定。

44. 对损害业主合法权益的行为应当如何处理?

《民法典》第 286 条第 2 款规定："业主大会或者业主委员会，对任意弃置垃圾、排放污染物或者噪声、违反规定饲养动物、违章搭建、侵占通道、拒付物业费等损害他人合法权益的行为，有权依照法律、法规以及管理规约，请求行为人停止侵害、排除妨碍、消除危险、恢复原状、赔偿损失。"

遵守法律、法规以及管理规约是居住于建筑区划内的业主应当履行的最基本的义务。目前，有些建筑区划内的个别业主，不遵守法律、法规和管理规约的规定，任意弃置垃圾、排放污染物或者噪声、违反规定饲养动物、违章搭建、侵占通道、拒付物业费，损害了部分业主甚至是全体业主的合法权益，对这些行为应如何处理，《民法典》第 286 条第 2 款作了规定，即业主大会和业主委员会，有权依照法律、法规以及管理规约，请求行为人停止侵害、排除妨碍、消除危险、恢复原状、赔偿损失。业主对侵害自己合法权益的行为，可以依法向人民法院提起诉讼。这一规定表明，对建筑区划内侵害他人合法权益的行为处置的办法有三种：一是，业主大会、业主委员会依照法律、法规和管理规约的规定，要求其停止侵害、排除妨碍、消除危险、恢复原状、赔偿损失。二是，受到侵害的业主个人依据民事诉讼法等法律的规定，向人民法院提起诉讼。三是，共同受到侵害的业主，推选代表人，依据民事诉讼法等法律的规定，向人民法院提起诉讼。

此外，《民法典》第287条规定，业主对建设单位、物业服务企业或者其他管理人以及其他业主侵害自己合法权益的行为，有权请求其承担民事责任。

45. 不动产权利人建造、修缮建筑物能否临时使用相邻的土地?

《民法典》第292条规定："不动产权利人因建造、修缮建筑物以及铺设电线、电缆、水管、暖气和燃气管线等必须利用相邻土地、建筑物的，该土地、建筑物的权利人应当提供必要的便利。"

相邻不动产权利人难免需要临时或长期利用邻地，调节这种因利用邻地而产生的权利义务关系，是相邻关系的重要内容。如果没有法律规范邻里之间的这种行为，极易在邻里之间产生纠纷。不动产权利人，特别是土地的权利人因建造、修缮建筑物暂时而且有必要使用相邻的土地、建筑物的，相邻的土地、建筑物的权利人应当提供必要的便利。例如，甲要在自己的建设用地使用权范围内建自己的房屋，有必要将脚手架临时搭在相邻的乙的土地范围内，乙不能阻拦，而应提供必要的便利。不动产权利人利用相邻不动产的，应当尽量避免对相邻的不动产权利人造成损害。

46. 民法典对相邻建筑物的通风、采光和日照的相邻关系是如何规定的?

《民法典》第293条规定:“建造建筑物,不得违反国家有关工程建设标准,不得妨碍相邻建筑物的通风、采光和日照。”

通风、采光和日照是衡量一个人居住质量的重要标准。随着城市化的发展,在现代都市,建筑物的通风、采光和日照问题日益成为社会关注的问题。由于城市土地价值的提升,导致建筑物之间的距离缩小,高层建筑进一步增多,这些变化使得建筑物之间通风、采光和日照的矛盾越来越多。因此,民法典有必要对通风、采光和日照的问题作出规定。

由于我国地域辽阔,各地经济发展很不平衡,所以在民法典中很难规定具体的标准;又由于以某个社会发展阶段,对建设工程标准的要求也有所不同,因此不宜在民法典中规定具体的标准。所以《民法典》第293条只是原则性地规定,建造建筑物,不得违反国家有关工程建设标准,不得妨碍相邻建筑物的通风、采光和日照。具体的工程建设标准,还得参照相关部门发布的规定和标准。

47. 按份共有人如何对共有物进行管理?

1. 按份共有人对共有物的保存。

对共有物的保存是指以维持共有物的现状为目的,保持共有物的完好状态,通过相应的管理措施,避免共有物的毁损、灭失。

2. 按份共有人对共有物的使用方法。

按份共有人对共有物的使用与按份共有人决定对共有物的使用方法是两个性质不同的问题。按份共有人对共有物的使用及收益分配是《民法典》第298条调整的内容，即各共有人按照其份额对共有物享有所有权。而按份共有人商定对共有物的使用方法则属于对共有物管理的内容。对共有物的使用方法决定着共有物的状态及使用寿命。

3. 按份共有人对共有物的简易修缮。

对共有物的简易修缮与对共有物的重大修缮不同。对共有物的简易修缮是出于对共有物的保存目的，即保持共有物现有的状态。例如，给共有的房屋破损的玻璃换上好的玻璃等。而对共有物作重大修缮，目的往往是增加共有物的效用或价值。例如，将共有居住房屋改造成商业用房出租。对共有物的重大修缮，往往需费过巨，依照《民法典》第301条的规定，需要在按份共有人间实行多数决定通过。而对共有物的简易修缮，往往需费甚少，依照《民法典》第302条的规定，只需共有人按约定办理。如果没有约定或者约定不明确的，各共有人都有义务对共有物作简易修缮。

48. 按份共有人如何对共有物进行处分?

民法典在对按份共有物的处分问题上兼顾效益原则和公平原则，在对共有物的处分问题上，实行“绝对多数决”原则。根据《民法典》第301条的规定，经占份额三分之二以上的按份共有人同意，即可处分共有物。传统民法从公平原则出发，规定只有在全体按份共有人同意的前提下，才能对共有物进行处分。在我国物权法的起草过程中，经过对此问题深入细致地研究，认为传统民法的规定存在一定弊端，并不能适应新时代对物尽其用的要求。全体同意原则不仅使按份共有人间易滋生矛盾，丧失合作信心，也会阻碍物之及时有效的利用。在当今社会，机会稍纵即逝，很多情况下，等到每个共有人都首肯，机会早已丧失，物则不能尽其用。因此，我国物权法在对按份共有的共有物处分问题上采用“绝对多数决”的原则。本次民法典编纂沿用了物权法的规定，未作修改。但如果按份共有人约定对共有物的处分应经全体共有人一致同意，则应当依照约定行事。

49. 按份共有人如何对共有物进行重大修缮?

按份共有人对共有物的重大修缮，是指在不改变共有物性质的前提下，提高共有物的效用或者增加共有物的价值。例如，甲乙丙兄弟三人决定将共有的房屋重建。由于对共有物的重大修缮较对共有物的保存而言需费较大，需要各共有人按照自己所占共有物份额的比例支付重大修缮费用，因此为维护多数共有人的利益，《民法典》第 301 条规定占份额三分之二以上按份共有人同意，即可对共有物进行重大修缮。应当说这样规定是有其合理性的，既能体现物尽其用的原则，又能兼顾多数共有人的利益，可以说是兼顾了效率原则与公平原则。

50. 共同共有人如何对共有物进行处分？

共同共有根据共同关系而产生，以共同关系的存在为前提。共同共有最重要的特征之一就是各共有人平等地对共有物享有权利并承担义务。因此，处分共有物必须经全体共同共有人同意。例如，甲乙二人为夫妻关系，甲乙二人共同共有一辆汽车。在对这辆汽车的转让问题上，必须在甲乙二人一致同意转让的前提下，才能进行。

法律规定对共有物的处分须经全体共同共有人同意，但共有人另有约定的除外。例如，甲乙二人为夫妻关系，甲乙二人可以对共有财产约定一个各自可以处分的财产范围，如对价值100 元以下的共有财产的处分，可以不经过另一共有人的同意。如果双方有此约定，则依约定行事。

共同共有最重要的特征之一就是各共有人平等地对共有物享有权利并承担义务。《民法典》第 1062 条第 2 款规定："夫妻对共同财产，有平等的处理权。"

51. 共同共有人如何对共有物进行重大修缮？

无论是夫妻共有财产，还是家庭共有财产，对共有财产作重大修缮，特别是对价值较大的共有财产作重大修缮，往往事关各共有人的利益，一般需要从共有财产中支付费用，还可能基于修缮而使共有人在一段时间内不能使用，或者影响共有物所创造的价值。所以《民法典》第 301 条规定，在对共有物作重大修缮的，须经全体共同共有人一致同意，但共有人另有约定的除外。

共同共有最重要的特征之一就是各共有人平等地对共有物享有权利和承担义务。共同共有以法律规定的或者合同约定的共同关系为前提，而这种共有关系的当事人之间在多数情况下具有一定的人身关系，如婚姻关系或者亲属关系。家庭是社会的细胞，家庭成员之间除了具有人身关系之外，还具有一定的财产关系，而共同共有则是家庭财产的一个常态。法律为了维护家庭关系的稳定，有必要对夫妻共有、家庭共有等共有形式的共有人之间的权利义务作出明确规定，在保护各共有人利益的同时，也维护共有人之间的和睦。

52. 共有人如何承担共有物的管理费用？

《民法典》第302条规定："共有人对共有物的管理费用以及其他负担，有约定的，按照其约定；没有约定或者约定不明确的，按份共有人按照其份额负担，共同共有人共同负担。"

对共有物的管理费用主要包括以下几项：

第一，对共有物的保存费用，即为保持共有物免于毁损、灭失，处于良好安全状态或使用状态而支付的费用。例如，对共有的汽车在一年中支付的保险费、养路费、车船使用税、保养费、存放费等。

第二，对共有物作简易修缮或者重大修缮所支出的费用。如修理共有的电视机所支付的修理费；装修共有房屋所支付的费用。

对共有物的其他负担，例如因为共有物对共有人以外的人造成损害，而向受害人支付的赔偿金。如共有的房屋倒塌造成他人损害，而向受害人赔偿的医疗费、误工损失费等。

在按份共有中，对共有物的管理费用以及其他负担，有约定的，按照约定；没有约定或者约定不明确的，按份共有人按照其份额负担。

在共同共有中，对共有物的管理费用以及其他负担，原则上由共同共有人共同负担，即从其他的共有财产，如共有的积蓄中支付，但是共同共有人另有约定的，依照其约定。

53. 分割共有财产的原则有哪些?

《民法典》第303条规定："共有人约定不得分割共有的不动产或者动产，以维持共有关系的，应当按照约定，但是共有人有重大理由需要分割的，可以请求分割；没有约定或者约定不明确的，按份共有人可以随时请求分割，共同共有人在共有的基础丧失或者有重大理由需要分割时可以请求分割。因分割造成其他共有人损害的，应当给予赔偿。"

这一条规定了分割共有财产的三种基本原则：

1. 依据共有人约定分割的原则。

无论是按份共有，还是共同共有，共有人对共有财产的分割有约定的依其约定。共有人约定不得分割共有的不动产或者动产，以维持共有关系的，应当按照约定，但共有人有重大理由需要分割的，可以请求分割。

2. 依法分割的原则。

共有人对共有财产是否可以分割，在什么情况下可以分割没有约定，或者约定不明确的，应当依据民法典的规定予以分割。即这一条规定的，按份共有人可以随时请求分割，共同共有人在共有的基础丧失或者有重大理由需要分割时可以请求分割。

（1）按份共有人可以随时请求分割。按份共有是各共有人按照确定的份额对共有财产享有权利承担义务的共有。按份共有人对其应有份额享有相当于分别所有的权利。因此，按份共有关系存续期间，按份共有人有权请求从共有财产中分割出属于自己的份额。这种请求不需要征得其他共有人的同意，只要共有人提出请求，就会产生分割的后果。

（2）共同共有人在共有的基础丧失或者有重大理由需要分割时可以请求分割。共同共有是共有人对全部共有财产不分份额地享有权利承担义务的共有。在共有关系存续期间，各共有人对共有财产没有确定的份额，无论在权利的享有上还是在义务的负担上都无份额比例之分。那么，在共有人对共有财产的分割没有约定的情况下，通常共有人只有在共同共有关系消灭时才能协商确定各自的财产份额，对共有财产予以分割。因此，这一条规定共同共有人在共有的基础丧失或者有重大理由需要分割时可以请求分割共有财产。共同共有人共有的基础丧失，如夫妻财产的共同共有，因婚姻关系的解除而失去了共有的基础，在这种情况下，夫或者妻一方可以请求分割共有的财产。有重大理由需要分割，如在婚姻关系存续期间，夫妻二人约定由原来的夫妻共同财产制，改变为夫妻个人财产制，在这种情况下，夫或者妻一方也可以请求分割共有的财产。《民法典》第1066条增加规定婚姻关系存续期间，夫妻一方可以向人民法院请求分割共同财产的情形。

3. 损害赔偿的原则。

共有财产关系的客体为一项特定的统一的财产，如图书馆，其功能、作用、价值是确定的。因某些法定的特殊原因，共有人分割共有财产，会使共有财产的功能丧失或者削弱，降低它的价值，还有可能给其他共有人造成损害，因此这一条规定，因分割对其他共有人造成损害的，应当给予赔偿。

54. 共有物分割可以采取哪些方式？

《民法典》第304条规定："共有人可以协商确定分割方式。达不成协议，共有的不动产或者动产可以分割且不会因分割减损价值的，应当对实物予以分割；难以分割或者因分割会减损价值的，应当对折价或者拍卖、变卖取得的价款予以分割。共有人分割所得的不动产或者动产有瑕疵的，其他共有人应当分担损失。"

分割共有的不动产或者动产，可以采取各共有人间协商确定的方式。协商的内容，由共有人自由决定，当然须得共有人全体的同意。当无法达成协议时，共有人可提请法院进行裁判分割。裁判分割应遵循这一条规定的关于实物分割、变价分割或者折价赔偿的原则：（1）实物分割。在不影响共有物的使用价值和特定用途时，可以对共有物进行实物分割。（2）变价分割。如果共有物无法进行实物分割，如甲乙共有一头牛或者一辆汽车，实物分割将减损物的使用价值或者改变物的特定用途时，应当将共有物进行拍卖或者变卖，对所得价款进行分割。还有一种情形，也适用变价分割的方式，即各共有人都不愿意接受共有物，这时也可以采取将共有物出卖，分割价金的方式。（3）折价赔偿。折价赔偿的分割方式主要存在于如下情形，即对于不可分割或者分割将减损其价值的共有物，如果共有人中的一人愿意取得共有物，可以由该共有人取得共有物，并由该共有人向其他共有人作价赔偿。

这一条第2款规定，共有人分割所得的不动产或者动产有瑕疵的，其他共有人应当分担损失，即所谓的瑕疵担保责任，包括权利的瑕疵担保责任和物的瑕疵担保责任。前者指共有人应担保第三人就其他共有人分得之物不得主张任何权利；后者指共有人对其他共有人应担保其分得部分于分割前未隐含瑕疵。本款的规定是为了防止共有物分割后，共有人发现权利或者利益受到侵害而得不到赔偿的情况发生。此种瑕疵担保责任，应同于合同编中出卖人对买受人所负的瑕疵担保责任。

55. 按份共有人转让其享有的份额是否需要经过其他共有人同意？

在一般情况下，按份共有人转让其享有的共有份额，无须得到其他共有人同意。但各共有人不得侵害其他共有人的利益，并受法律的限制。法律有特别规定的，共有人处分其份额应遵守法律的规定。如《海商法》第16条第1款规定："船舶共有人就共有船舶设定抵押权，应当取得持有三分之二以上份额的共有人的同意，共有人之间另有约定的除外。"此外，在共有关系中有禁止共有人出让其份额的约定的，对共有人应当具有约束力。共有人之一不按照约定处分自己应有份额的，应当无效。

但是这种约定是对所有关系的特别限制，不能对抗善意第三人，如果第三人受让其份额为善意无过失，发生共有份额所有权转移的后果。

56. 共有人对外如何享有权利，承担义务？

《民法典》第307条规定："因共有的不动产或者动产产生的债权债务，在对外关系上，共有人享有连带债权、承担连带债务，但是法律另有规定或者第三人知道共有人不具有连带债权债务关系的除外……"

这一条第一句中规定了因共有财产产生的债权债务关系的对外效力。按照该规定，不论是按份共有还是共同共有，只要是因共有的不动产或者动产产生的债权债务，在对外关系上，共有人对债权债务享有连带债权、承担连带债务，但法律另有规定或者第三人知道共有人不具有连带债权债务关系的除外。连带的方法，是共有人享有连带债权时任一共有人都可向第三人主张债权，共有人承担连带债务时，第三人可向任一共有人主张债权。

这一条对因共有财产产生的债权债务关系的对外效力不区分按份共有和共同共有，是为了保护善意第三人的权益，对于第三人来说，很难获知共有人的共有关系的性质，此种情形下若不使各共有人承担连带义务，很容易发生共有人推托履行义务的可能，对债权人不利。在第三人不知道共有人内部关系的情况下，法律规定共有人对其享有连带债权、承担连带债务，第三人可向共有人中的任何一个共有人主张其债权，从而保护了善意第三人的权利。

但是，当法律另有规定或者第三人知道共有人不具有连带债权债务关系时，共有人不用承担连带责任而是按照约定或者共有人享有的份额各自享有债权、承担债务。

57. 共有人对共有物没有约定是按份共有还是共同共有，或者约定不明确的，怎么办？

《民法典》第308条规定：“共有人对共有的不动产或者动产没有约定为按份共有或者共同共有，或者约定不明确的，除共有人具有家庭关系等外，视为按份共有。”

共同共有是指共有人对全部共有财产不分份额地享有权利并承担义务的共有。共同共有的共有人只有在共有关系消灭时才能协商确定各自的份额。当共有人对共有的不动产或动产没有约定为按份共有或者共同共有，或者约定不明确的，如果推定为共同共有，共有人对共有财产的份额还是不明确。因此，民法典规定，共有人对共有的不动产或者动产没有约定为按份共有或者共同共有，或者约定不明确的，除共有人具有家庭关系等外，视为按份共有。这样规定，在共有人对共有的不动产或者动产没有约定为按份共有或者共同共有，或者约定不明确时，就能很明确地确定各共有人享有的份额。

58. 按份共有人对共有的物所享有的份额，没有约定或者约定不明确的怎么办？

《民法典》第309条规定：“按份共有人对共有的不动产或

者动产享有的份额，没有约定或者约定不明确的，按照出资额确定；不能确定出资额的，视为等额享有。”

份额是抽象的，并不是指共有物具体的或实体的部分，它既不是对共有物在量上的划分，也不是就共有物划分使用部分。份额是对共有物的所有权在观念上的划分，只是确定各共有人行使权利的比例或者范围而已。各按份共有人有权依其应有份额对共有物的全部行使权利。如两人共同出资购买了一套房屋，每人的应有份额为二分之一，并非每人对这套房屋享有所有权，而是在这套房屋上只有一个所有权，每人对这套房屋都享有二分之一的所有权。又如A、B二人共有一头羊，二者的份额相等，不能说羊头和腿属于A，羊的其他部分属于B，只能是在羊的利用上，二者享有同等权利或平均分配卖羊所得的价金。

按份共有人对共有的不动产或者动产享有的份额，有约定时，按照其约定确定份额，没有约定或者约定不明确时，首先按照出资额确定按份共有人享有的份额，在不能确定出资额的情况下，推定为等额享有。按份共有依共有人意思而成立，共有人应有份额依共有人的约定而定；没有特别约定，但共有关系基于有偿行为而发生的，按其出资比例而确定。既然共有关系的成立是当事人意思自治的结果，那么各共有人应有份额也应贯彻同样的原则，即由当事人约定，当事人没有约定应有份额时则依出资比例确定共有份额，在不能确定出资额的情况下，推定为等额享有，不仅易于操作，且能简化当事人之间的法律关系，符合社会生活中最基本的公平准则。

59. 什么是善意取得?

善意取得，是指受让人以财产所有权转移为目的，善意、对价受让且占有该财产，即使出让人无转移所有权的权利，受让人仍取得其所有权。善意取得中的受让人需是善意的，即不知出让人是无处分权人，否则不构成善意取得。

善意取得是所有权特别取得的重要方式，善意取得的条件包括：第一，受让人需是善意的，不知出让人是无处分权人。第二，受让人支付了合理的价款。第三，转让的财产应当登记的已经登记，不需要登记的已经交付给受让人。三项条件必须同时具备，否则不构成善意取得。

善意取得既适用于动产，又可适用于不动产。当事人出于善意，从无处分权人手中购买了房屋并登记过户，善意人取得房屋所有权。

有意见认为善意取得对所有权人保护不利。善意取得对所有权人有一定限制，但善意取得基于占有的公信力，旨在维护交易安全，这项制度存在是必要的。

60. 拾得遗失物要不要返还?

《民法典》第314条规定：“拾得遗失物，应当返还权利人。拾得人应当及时通知权利人领取，或者送交公安等有关部门。”

遗失物是非故意抛弃而丢失的物品。遗失物与废弃物不同，废弃物是故意抛弃之物。丢失遗失物的人，称遗失物丢失人。拾得遗失物，是发现并占有遗失物。拾得遗失物的人，称拾得人。

拾得人拾得遗失物，知道遗失物所有人的，应当及时通知其领取，或者送交遗失物；不知道遗失物丢失人的，可以张贴招领告示，寻找遗失物丢失人；也可以将遗失物上缴公安机关或者有关单位，如学生将捡到的手套交到学校。

61. 拾得人拾得遗失物能向遗失物丢失人请求报酬吗？

《民法典》第317条规定："权利人领取遗失物时，应当向拾得人或者有关部门支付保管遗失物等支出的必要费用。权利人悬赏寻找遗失物的，领取遗失物时应当按照承诺履行义务。拾得人侵占遗失物的，无权请求保管遗失物等支出的费用，也无权请求权利人按照承诺履行义务。"

路不拾遗、拾金不昧是崇高的道德风尚，立法要有价值取向，弘扬中华传统美德。拾得人因拾得遗失物、寻找遗失物丢失人、保管遗失物而实际支付的费用，可以按无因管理请求遗失物所有人偿还。无人认领的，由公安机关在上缴国库前支付。

拾得人隐匿遗失物据为己有的，构成侵犯所有权。遗失物所有人可以请拾得人偿还，公安机关可以责令拾得人交出。拾得人丧失报酬和费用请求权。

62. 拾得漂流物、发现埋藏物或者隐藏物该如何处理？

《民法典》第319条规定："拾得漂流物、发现埋藏物或者隐藏物的，参照适用拾得遗失物的有关规定。法律另有规定的，依照其规定。”

对于这个问题，除了民法典之外，还有一些法律、行政法规等都作了相关规定，如《刑法》第270条规定，将代为保管的他人财物非法占为已有，数额较大，拒不退还的，处二年以下有期徒刑、拘役或者罚金；数额巨大或者有其他严重情节的，处二年以上五年以下有期徒刑，并处罚金。将他人的遗忘物或者埋藏物非法占为已有，数额较大，拒不交出的，依照前款的规定处罚。本条罪，告诉的才处理。《城镇国有土地使用权出让和转让暂行条例》第2条第1款规定，国家按照所有权与使用权分离的原则，实行城镇国有土地使用权出让、转让制度，但地下资源、埋藏物和市政公用设施除外。

漂流物、埋藏物和隐藏物的现实问题非常复杂，应当分情况区别处理：

1. 拾得漂流物或者失散的饲养动物，应当归还失主，因此而支出的费用由失主偿还。拾得漂流物、失散的饲养动物，可参照拾得遗失物的相关规定。

2. 发现埋藏物。埋藏物品的人，称埋藏人。发现埋藏物的人，称发现人。发现人发现埋藏物，可视情况分别处理：一是能够判定埋藏人，且埋藏物不易为他人发现，发现人可以不挖取埋藏物，并将埋藏物继续掩埋好，且将发现情况告知埋藏人。二是能够判定埋藏人，且埋藏物易为他人发现，发现人可依前种情形处理，也可以将埋藏物挖出，交还埋藏人。三是不能判定埋藏人，且埋藏物不易为他人发现，发现人可以不挖取埋藏物，并将埋藏物继续掩埋好。发现人可以将发现情况告知有关单位或者公安机关。四是不能判定埋藏人，且埋藏物易为他人发现，发现人可依前种情形处理，也可以挖取埋藏物，按拾得不知遗失物丢失人的遗失物的办法处理。发现人发现的埋藏物倘若是文物，应依文物保护法处理。

3. 发现隐藏物。隐藏物是隐藏于它物之中的物品，如隐藏于夹墙中的物品。隐藏物品的人，称隐藏人，发现隐藏物的人，称发现人。发现隐藏物适用发现埋藏物的相关规定。

63. 民法典对孳息归属是如何规定的？

《民法典》第321条规定："天然孳息，由所有权人取得；既有所有权人又有用益物权人的，由用益物权人取得。当事人另有约定的，按照其约定。法定孳息，当事人有约定的，按照约定取得；没有约定或者约定不明确的，按照交易习惯取得。"

孳息是与原物相对而言的，指由原物而产生的物，包括天然孳息与法定孳息：

1. 天然孳息的概念和归属。天然孳息是指依物的自然属性所产生的物。天然孳息的范围非常广，主要来源于种植业和养殖业，如耕作土地获得粮食和其他出产物，种植果树产生果实，养殖牲畜获得种子畜和奶产品等。天然孳息是原物的出产物，一方面，人们占有使用原物并对其进行生产劳动，其目的就是获得出产物、收获物，因此法律规定天然孳息的归属，实际上就是对劳动的保护；另一方面，日常生活中也常发生原物在脱离所有权人的情况下而产生孳息的情形，因此确定孳息的归属尤显必要。

天然孳息，自从与原物脱离后，会立即产生归属的问题。

天然孳息归属的基本规则，是在承认原物的所有权人有取得权利的大前提下，同时许可他人享有排斥原物所有权人的取得权利。他人的这一权利可以基于物权产生，例如基于用益物权；也可因债权产生，例如因当事人约定而取得孳息。

2. 法定孳息的概念和归属。法定孳息是指依一定的法律关系由原物所生的物，是原物的所有权人进行租赁、投资等特定的民事法律活动而应当获得的合法收益。如房屋出租所得的租金，依股本金所得的股息等。

法定孳息（利息、租金等）按照一般的交易规则，利息应由债权人取得，租金应由出租人取得，但也不排除其他情形的存在。因此关于法定孳息的归属，原则更为变通。民法典因此规定，当事人有约定的，按照约定取得；没有约定或者约定不明确的，按照交易习惯取得。

64. 因征收、征用使用益物权消灭或影响用益物权行使的，用益物权人有权获得补偿吗？

《民法典》第327条规定："因不动产或者动产被征收、征用致使用益物权消灭或者影响用益物权行使的，用益物权人有权依据民法典第二百四十三条、第二百四十五条的规定获得相应补偿。"

用益物权是当事人依照法律规定，对他人所有的不动产或者动产享有占有、使用和收益的权利。用益物权虽由所有权派生出来，但它是一项独立的物权。用益物权人是对他人所有的物享有占有、使用和收益的权利人，虽然不是物的所有权人，但也是具有独立物权地位的权利人。在他人的不动产或者动产被征收、征用致使所有权消灭或者影响所有权行使的，应当依法给予所有权人补偿。同时，因他人的不动产或者动产被征收、征用致使用益物权消灭或者影响用益物权行使的，用益物权人也有权依法获得相应的补偿。

《宪法》第10条第3款规定："国家为了公共利益的需要，可以依照法律规定对土地实行征收或者征用并给予补偿。"这一规定表明征收和征用，应当遵循三个原则：

一是公共利益需要的原则。实施征收、征用，必须是出于公共利益的需要，这是征收、征用的前提条件。公共利益通常是指全体社会成员的共同利益和社会的整体利益。

二是依照法定程序的原则。征收、征用在一定程度上限制了他人的财产权。为了防止这种手段的滥用，平衡他人财产保护和公共利益需要的关系，征收、征用必须严格依照法律规定的程序进行。

三是依法给予补偿的原则。尽管征收和征用是为了公共利益需要，但都不能采取无偿剥夺的方式，必须依法给予补偿。

65. 承包期限有多长？

《民法典》第332条第1款规定："耕地的承包期为三十年。草地的承包期为三十年至五十年。林地的承包期为三十年至七十年。"

土地承包经营权是一种他物权，他物权与所有权的一个差别就是，他物权一般都是有期限的物权，这一条规定的就是土地承包经营权的期限，即承包期限。承包期限是指农村土地承包经营权存续的期间，在此期间内，承包方享有土地承包经营权，依照法律的规定和合同的约定，行使权利、承担义务。根据《农村土地承包法》和《民法典》物权编的规定，不同的土地类型承包期是不一样的。耕地是指种植农作物的土地，包括灌溉水田、望天田（又称天水田）、水浇地、旱地和菜地；草地是指生长草本植物为主，用于畜牧业的土地，包括天然草地、改良草地和人工草地；林地是指生长乔木、竹类、灌木、沿海红树林的土地，包括林地、灌木林地、疏林地、未成林造林地等。

66. 二轮承包到期后，是否可以继续承包？

保持土地承包关系稳定并长久不变，有利于坚持和完善农村基本经营制度，坚持农村土地集体所有，坚持家庭经营基础性地位。党的十九大提出，保持土地承包关系稳定并长久不变，第二轮土地承包到期后再延长30年。耕地承包期届满后再延长30年，是保持土地承包关系稳定并长久不变的重大举措，彰显了党中央坚定保护农民土地权益的决心，给广大农民吃上了“定心丸”。

因此，《民法典》第332条第2款规定：“前款规定的承包期限届满，由土地承包经营权人依照农村土地承包的法律规定继续承包。”所谓“依照农村承包的法律规定”所指的就是《农村土地承包法》的有关规定。《农村土地承包法》第21条第2款首先规定“前款规定的耕地承包期届满后再延长三十年……”即第二轮土地承包到期后再延长30年。土地承包期再延长30

年，就使我国农村土地承包关系从第一轮承包开始保持稳定长达75年。根据此规定，第二轮土地承包到期后，不得将承包地打乱重分，应当由农户继续承包，将耕地承包期再延长30年。再延长的30年期限，以各地第二轮土地承包到期为起点计算。同时规定“草地、林地承包期届满后依照前款规定相应延长”。因此，草地、林地的承包期届满后，比照耕地承包期届满后再延长30年的规定，作相应延长。例如，如果草地、林地的现承包期为40年，该承包期届满后再延长40年；如果草地、林地的现承包期为50年，该承包期届满后再延长50年。

67. 承包人可以转让土地承包经营权吗？

《民法典》第334条规定：“土地承包经营权人依照法律规定，有权将土地承包经营权互换、转让……”

土地承包经营权转让，是指土地承包经营权人将其拥有的未到期的土地承包经营权以一定的方式和条件移转给他人的行为。《农村土地承包法》第34条规定：“经发包方同意，承包方可以将全部或者部分的土地承包经营权转让给本集体经济组织的其他农户，由该农户同发包方确立新的承包关系，原承包方与发包方在该土地上的承包关系即行终止。”土地承包经营权转让不同于土地承包经营权互换。互换土地承包经营权，承包方与发包方的关系虽有变化，但互换土地承包经营权的双方只不过是对土地承包经营权进行了置换，并未丧失该权利。而转让土地承包经营权，承包方与发包方的土地承包关系即行终止，转让方也不再享有土地承包经营权。

根据《农村土地承包法》第34条的规定，转让土地承包经营权的条件是：

第一，程序上，转让土地承包经营权需要征得发包方的同意。征得发包方同意，是完全有必要的。首先，从合同原理而言，承包方转让土地承包经营权，意味着其与发包方所签订的承包合同的权利义务要一并转移给他人，是需要征得相对方同意的。其次，从土地所有权的角度而言，发包方作为集体土地所有权的代表方，代表集体行使土地所有权，用益物权人发生变动，征得其同意也是合理的。最后，从管理的角度看，为了避免转让方与受让方日后因为转让发生争议，经过发包方同意确认双方转让了土地承包经营权，也有助于避免纠纷。

第二，主体上，转让方为承包方，受让方必须是本集体经济组织的其他农户。因此，不允许再将土地承包经营权转让给本集体经济组织以外的人。

第三，后果上，受让方与发包方成立新的承包关系，转让方与发包方的原承包关系终止。土地承包经营权转让后，意味着承包方将土地承包合同的所有权利义务转移给受让方，承包方与发包方之间的权利义务关系也就终止了。土地承包经营权转让后，出让方的全部权利义务转移给受让方，在受让方和发包方之间形成新的承包关系。

68. 承包人可以将自己的承包地卖给他人盖房吗？

《民法典》第334条规定：“土地承包经营权人依照法律规定，有权将土地承包经营权互换、转让。未经依法批准，不得将承包地用于非农建设。”土地承包经营权转让，应当按照土地的原有用途使用土地，不得借流转而改变承包地的原有用途。承包地应当用于种植业等农业生产，不得改变农用土地的用途，将其用于非农业建设。比如不得在承包地上建窑、建坟或者擅自在承包地上建房、挖砂、采石、取土等。

69. 在什么情况下才可以调整承包地?

《民法典》第336条第2款规定：“因自然灾害严重毁损承包地等特殊情形，需要适当调整承包的耕地和草地的，应当依照农村土地承包的法律规定办理。”

如此规定，主要是考虑到在几十年的承包期内，农村的情况会发生很大的变化，完全不允许调整承包地也难以做到。如果出现个别农户因自然灾害严重毁损承包地等特殊情形，仍然不允许对承包地进行小调整，将使一部分农民失去土地，在农村的社会保障制度尚不健全、实现非农就业尚有困难的情况下，将使这部分农民失去最基本的生活来源，既有悖于社会公平，也不利于社会稳定。因此，在特殊情形下，应当允许按照法律规定的程序对个别农户之间的承包地进行必要的小调整。

《农村土地承包法》第28条第2款的规定：“承包期内，因自然灾害严重毁损承包地等特殊情形对个别农户之间承包的耕地和草地需要适当调整的，必须经本集体经济组织成员的村民会议三分之二以上成员或者三分之二以上村民代表的同意，并报乡（镇）人民政府和县级人民政府农业农村、林业和草原等主管部门批准。承包合同中约定不得调整的，按照其约定。”因此，即使调整承包地，也得依法办理：第一，调整的事由。关于在哪些情况下可以调整承包地，本款规定是“因自然灾害严重毁损承包地等特殊情形”，即只有在特殊情形下，才可以适当调整承包地。这里的“特殊情形”，主要是指部分农户因自然灾害严重毁损承包地的。第二，调整的范围。调整指的是对个别农户之间承包的土地进行小范围的适当调整，调整只限于个别农户，不能对所有农户进行普遍调整。第三，调整的对象。允许进行必要的调整的土地仅限于耕地和草地，对于林地，即使在上述特殊情形下，也不允许调整。第四，调整的程序。调整还应当经过法定程序，未经法定程序不得进行调整。法定程序就是，经本集体经济组织成员的村民会议三分之二以上成员或者三分之二以上村民代表的同意，并报乡（镇）人民政府和县级人民政府农业农村、林业和草原等主管部门批准。第五，合同约定优先。因特殊情形需要对个别农户之间的承包地进行调整，而承包合同中又约定不得调整的怎么办？对此，《农村土地承包法》第28条第2款规定：“……承包合同中约定不得调整的，按照其约定。”即如果承包合同中约定不得调整的，也不得调整。这样规定既符合承包人的意愿，也有利于维护承包关系的长期稳定。当然，如果发包人和承包人尤其是承包人自愿协商变更的，可以按照变更后的承包合同办理。

70. 承包地被征收了，承包人有权获得补偿吗？

土地承包经营权是在集体所有的土地上派生出来的用益物权，土地承包经营权人是享有用益物权的权利人。农村土地承包法规定，承包方的权利之一就是，承包地被依法征收、征用、占用的，有权依法获得相应的补偿。因此，《民法典》第338条规定："承包地被征收的，土地承包经营权人有权依据本法第二百四十三条的规定获得相应补偿。"

71. 可以采取哪些方式流转土地经营权？

《民法典》第339条规定："土地承包经营权人可以自主决定依法采取出租、入股或者其他方式向他人流转土地经营权。"承包方取得土地承包经营权后可以通过与他人签订合同，将土地经营权流转给他人，由他人经营。土地经营权是从土地承包经营权中派生出来的新的权利。

根据法律规定，土地经营权流转的方式主要有三种：

一是出租。出租就是承包方以与非本集体经济组织成员的受让方签订租赁合同的方式设立土地经营权，由受让方在合同期限内占有、使用承包地，并按照约定向承包方支付租金。

二是入股。入股就是承包方将土地经营权作为出资方式，投入农民专业合作社、农业公司等，并按照出资协议约定取得分红。承包方以土地经营权入股后，即成为农民专业合作社的成员或者公司的股东，享有法律规定的合作社成员或公司股东的权利，可以参与合作社、公司的经营管理，与其他成员、股东一道共担风险、共享收益。

三是其他方式。其他方式就是出租、入股之外的方式，比如根据《农村土地承包法》第47条规定，承包方可以用承包地的土地经营权向金融机构融资担保。这也是一种设立土地经营权的方式。在当事人以土地经营权设定担保物权时，一旦债务人未能偿还到期债务，担保物权人就有权就土地经营权优先受偿。

72. 什么是建设用地使用权?

《民法典》第344条规定：“建设用地使用权人依法对国家所有的土地享有占有、使用和收益的权利，有权利用该土地建造建筑物、构筑物及其附属设施。”

建设用地使用权是用益物权中的一项重要权利。出让人通过设立建设用地使用权，使建设用地使用权人对国家所有的土地享有了占有、使用和收益的权利，建设用地使用权人可以利用该土地建造建筑物、构筑物及其附属设施。建设用地包括住宅用地、公共设施用地、工矿用地、交通水利设施用地、旅游用地、军事设施用地等。建筑物主要是指住宅、写字楼、厂房等。构筑物主要是指不具有居住或者生产经营功能的人工建造物，比如道路、桥梁、隧道、纪念碑、水池、水塔等。附属设施主要是指附属于建筑物、构筑物的一些设施。

73. 设立建设用地使用权是否需要办理登记手续?

《民法典》第349条规定：“设立建设用地使用权的，应当向登记机构申请建设用地使用权登记。建设用地使用权自登记时设立。登记机构应当向建设用地使用权人发放权属证书。”

建设用地使用权登记是指登记机构将土地的权属、用途、面积等基本情况登记在登记簿上，并向建设用地使用权人颁发使用权证书。设立建设用地使用权，建设用地使用权人应当向登记机构申请建设用地使用权登记，经登记设立。登记机构应当向建设用地使用权人发放建设用地使用权证书。建设用地使用权适用登记生效的原则。

以划拨方式设立建设用地使用权的，根据目前的规定当事人不需要签订合同，而是通过“国有土地划拨决定书”的形式，将建设用地使用权划拨给建设用地使用权人。但是，划拨土地也应当按照规定办理登记手续。

74. 建设用地使用权在流转方面有哪些限制？

为保护和合理利用土地资源，维护房地产交易秩序，法律、行政法规对建设用地使用权的流转还作了一定的限制。《民法典》第353条规定的除外条款指的就是这些限制性规定，主要包括以下两个方面：

1. 关于以出让方式取得的建设用地使用权流转的限制。

根据法律和行政法规的规定，即便是以出让方式取得的建设用地使用权，在有些情况下也是不能直接进入流转的。例如，《城市房地产管理法》第38条规定：“下列房地产，不得转让：（一）以出让方式取得土地使用权的，不符合本法第三十九条规定的条件的；（二）司法机关和行政机关依法裁定、决定查封或者以其他形式限制房地产权利的；（三）依法收回土地使用权的；（四）共有房地产，未经其他共有人书面同意的；（五）权属有争议的；（六）未依法登记领取权属证书的；（七）法律、行政法规规定禁止转让的其他情形。”第39条规定：“以出让方式取得土地使用权的，转让房地产时，应当符合下列条件：（一）按照出让合同约定已经支付全部土地使用权出让金，并取得土地使用权证书；（二）按照出让合同约定进行投资开发，属于房屋建设工程的，完成开发投资总额的百分之二十五以上，属于成片开发土地的，形成工业用地或者其他建设用地条件。转让房地产时房屋已经建成的，还应当持有房屋所有权证书。”总之，建设用地使用权的流转及其限制，在有关法律、行政法规中已经有了比较完备的规定。在这一条的贯彻和执行中要注意吸取已有规定在贯彻实施中的成果和经验，使建设用地使用权的流转更为有序，实现地尽其利。

2. 关于划拨取得的建设用地流转的限制。

根据法律、行政法规的规定，对于划拨取得的建设用地，要通过行政审批，并交纳相应的土地出让金或者土地收益，才能流转。

75. 建设用地使用权流转合同应当如何订立?

《民法典》第354条规定：“建设用地使用权转让、互换、出资、赠与或者抵押的，当事人应当采用书面形式订立相应的合同。使用期限由当事人约定，但是不得超过建设用地使用权的剩余期限。”

关于合同形式，书面形式的合同属于一种要式合同，要式合同一般适用于交易复杂，涉及利益巨大的情形。建设用地使用权涉及对土地这一重要自然资源的利用，关系国家、社会和用地个人的重大利益，要求采用书面形式可以有效地明确权利、义务，避免潜在争议。不仅我国现有法律作了这样的规定，其他国家和地区关于土地等不动产的交易也都要求采用书面形式。

关于使用期限，《城市房地产管理法》第 43 条规定："以出让方式取得土地使用权的，转让房地产后，其土地使用权的使用年限为原土地使用权出让合同约定的使用年限减去原土地使用者已经使用年限后的剩余年限。"其他国家关于地上权的规定中也有类似的时间限制。建设用地使用权本身就是一种有时限的权利，从理论上说，建设用地使用权人不可能超过自己权利范围流转权利。在现实中也不允许用益物权人这样扩张权利，侵害作为所有人的国家的利益。所以在建设用地使用权期间确定的情况下，建设用地使用权的流转也必须受到这一期间的限制。这也是符合现有法律规定和国际通行做法的。

76. 建设用地使用权流转的，该土地上的建筑物等是否一并处分?

《民法典》第 356 条规定："建设用地使用权转让、互换、出资或者赠与的，附着于该土地上的建筑物、构筑物及其附属设施一并处分。"

根据法律、行政法规的规定，建设用地使用权流转时，其地上建筑物和其他附着物同时流转。《城市房地产管理法》第 32 条规定："房地产转让、抵押时，房屋的所有权和该房屋占用范围内的土地使用权同时转让、抵押。"《城镇国有土地使用权出让和转让暂行条例》第 23 条规定："土地使用权转让时，其地上建筑物、其他附着物所有权随之转让。”第 33 条第 1 款规定：“土地使用权抵押时，其地上建筑物、其他附着物随之抵押。”

在我国，建筑物、其他附着物的归属虽然具有相对独立性，但在转让中必须实行“房地一致”原则，以避免出现“空中楼阁”的尴尬局面。“房随地走”作为实现房地一致的方式之一，已经在法律实践和社会生活中得到普遍接受。这一条规定与已有法律制度是一致的，也符合社会生活实际。

77. 建筑物等流转的，相应的建设用地使用权如何处理？

《民法典》第 357 条规定：“建筑物、构筑物及其附属设施转让、互换、出资或者赠与的，该建筑物、构筑物及其附属设施占用范围内的建设用地使用权一并处分。”这条是关于建设用地使用权随建筑物、构筑物及其附属设施的流转而一并处分的规定。

在理解和适用这一条规定时，要特别注意和《民法典》第 356 条的衔接，这两条实际上是作为一个整体，只要建设用地使用权和地上房屋有一个发生了转让，另外一个就要相应转让。从法律后果上说，不可能也不允许把“房”和“地”分别转让给不同的主体。此外，这一条中所讲的附属设施占用范围内的建设用地使用权有可能是一宗单独的建设用地使用权，也有可能是共同享有的建设用地使用权中的份额，特别是在建筑物区分所有的情况下。转让占用范围内的建设用地使用权不可能也不应该导致对业主共同享有的建设用地使用权的分割。在这种情况下，除这一条外，还要依据业主的建筑物区分所有权的有关规定，才能全面确定当事人的权利义务。

78. 住宅建设用地使用权是否可以自动续期?

《民法典》第359条第1款规定："住宅建设用地使用权期限届满的，自动续期。续期费用的缴纳或者减免，依照法律、行政法规的规定办理。"

国家通过出让的方式，使建设用地使用权人获得一定期间内利用土地的权利。根据《城镇国有土地使用权出让和转让暂行条例》第12条的规定，土地使用权出让的最高年限为：居住用地70年；工业用地50年；教育、科技、文化、卫生、体育用地50年；商业、旅游、娱乐用地40年、综合或者其他用50年。

建设用地使用权期间届满后，就面临建设用地使用权如何续期的问题。建设用地使用权续期的问题，确实和老百姓的利益息息相关，应当保障老百姓安居乐业，使有恒产者有恒心。如果规定住宅建设用地需要申请续期，要求成千上万的住户办理续期手续，不仅难以操作，加重了老百姓的负担，也增加了行政管理的成本，不利于社会的安定。因此，《民法典》对住宅建设用地使用权作出了规定，明确规定住宅建设用地使用权期间届满的，自动续期。

79. 住宅建设用地使用权的续期费用如何缴纳或者减免?

《民法典》第359条第1款规定："住宅建设用地使用权期

限届满的，自动续期。续期费用的缴纳或者减免，依照法律、行政法规的规定办理。”

2018 年 8 月第十三届全国人大常委会第五次会议《关于〈民法典各分编（草案）〉的说明》中提到住宅建设用地使用权期间届满续期问题。2016 年 11 月，《中共中央、国务院关于完善产权保护制度依法保护产权的意见》提出，要研究住宅建设用地等土地使用权到期后续期的法律安排，推动形成全社会对公民财产长久受保护的良好和稳定预期。根据党中央批准的有关工作安排，该项工作由国务院有关部门研究。目前，国务院有关部门尚未正式提出方案和修法议案。《民法典》根据《物权法》第 149 条、《城市房地产管理法》第 22 条的规定，对此先作出一个原则性规定，即住宅建设用地使用权期间届满的，自动续期。续期费用的缴纳或者减免，依照法律、行政法规的规定办理。国务院正式提出修改有关法律的议案后，再进一步做好衔接。

80. 非住宅建设用地使用权期满后，建筑物归谁所有？

关于建设用地使用权期满后建筑物归属的问题，《城镇国有土地使用权出让和转让暂行条例》第 40 条规定，土地使用权期满，土地使用权及其地上建筑物、其他附着物所有权由国家无偿取得。有人提出，建设用地使用权期满，应当根据公平的原则来确定建筑物等归属，而不宜一律规定归国家所有。现实中也有法律对于非住宅建设用地使用权期满后该土地上的厂房等不动产归属的问题作出规定。因此，对于非住宅建设用地到期后地上物归属的问题，解决的办法是，有约定的，应当按照约定，比如按照合同的约定处理等；没有约定或者约定不明确的，应当按照有关法律规定办理。

81. 民法典对宅基地使用权的取得、行使和转让是怎样规定的？

《民法典》第363条规定："宅基地使用权的取得、行使和转让，适用土地管理的法律和国家有关规定。"这条是衔接性规定，现行法律和国家有关规定中对宅基地使用权的取得、行使和转让作了如下规定：

根据《土地管理法》第62条的规定："农村村民一户只能拥有一处宅基地，其宅基地的面积不得超过省、自治区、直辖市规定的标准。人均土地少、不能保障一户拥有一处宅基地的地区，县级人民政府在充分尊重农村村民意愿的基础上，可以采取措施，按照省、自治区、直辖市规定的标准保障农村村民实现户有所居。农村村民建住宅，应当符合乡（镇）土地利用总体规划、村庄规划，不得占用永久基本农田，并尽量使用原有的宅基地和村内空闲地。编制乡（镇）土地利用总体规划、村庄规划应当统筹并合理安排宅基地用地，改善农村村民居住环境和条件。农村村民住宅用地，由乡（镇）人民政府审核批准；其中，涉及占用农用地的，依照本法第四十四条的规定办理审批手续。农村村民出卖、出租、赠与住宅后，再申请宅基地的，不予批准。国家允许进城落户的农村村民依法自愿有偿退出宅基地，鼓励农村集体经济组织及其成员盘活利用闲置宅基地和闲置住宅。国务院农业农村主管部门负责全国农村宅基地改革和管理有关工作。”

此外，中共中央、国务院通过有关文件，多次强调农村居民建住宅要严格按照所在的省、自治区、直辖市规定的标准，依法取得宅基地。农村居民每户只能有一处不超过标准的宅基地，多出的宅基地，要依法收归集体所有。同时禁止城镇居民在农村购置宅基地。

82. 对因自然灾害失去宅基地的村民还能重新分配宅基地吗?

《民法典》第364条规定：“宅基地因自然灾害等原因灭失的，宅基地使用权消灭。对失去宅基地的村民，应当依法重新分配宅基地。”这条规定包含以下内容：

首先，因自然灾害导致宅基地灭失的，应当重新分配宅基地。这里的宅基地灭失是指宅基地无法再用于居住的情况。

自然灾害等原因可能使土地不再适用某种用途，如由于河流改道，原来的住宅和宅基地有可能完全被淹没而成为水面；又如由于山体滑坡，原来住宅所在的土地不能再建房居住。在发生这类自然灾害，原有宅基地不可能再用于建设住宅的情况下，就必须对丧失居住条件的集体成员提供新的宅基地以维持生计。

其次，可以享受重新分配宅基地的权利人应当是集体成员。宅基地使用权是基于集体成员身份享有的一种保障性的权利。所以重新分配宅基地时，应当按照规定的标准分配给属于本集体且丧失基本居住条件的村民。

最后，重新分配宅基地应当按照国家有关规定，注意节约利用和保护耕地。根据《土地管理法》第62条和国家的有关规定，宅基地应当符合乡（镇）土地利用总体规划，尽可能利用原有的宅基地和村内空闲地。尽量珍惜每一寸土地，特别是要严格限制对耕地的占用。

83. 居住权合同包括哪些内容？

《民法典》第367条第2款规定："居住权合同一般包括下列条款：（1）当事人的姓名或者名称和住所；（2）住宅的位置；（3）居住的条件和要求；（4）居住权期限；（5）解决争议的方法。"

1. 当事人的姓名或者名称和住所。当事人的姓名或者名称和住所，是合同中最基本的要件。如果不写明当事人，合同由谁履行就不明确，当事人的权利和义务更无从谈起。居住权合同的当事人一般为住宅的所有权人和居住权人。

2. 住宅的位置。居住权合同中应当明确住宅的具体位置，以确定当事人设立居住权的住宅。一般情况下，合同中明确的住宅位置应与住宅房屋产权证上的位置一致。

3. 居住的条件和要求。居住权合同中可以约定居住的条件和要求，主要包括当事人的权利义务。设立居住权的合同应当尽可能清晰地确定当事人之间的权利义务关系，避免纠纷的发生，或者在发生纠纷时有明确的规则可供遵循。权利方面，当事人可以协商约定居住权人占有、使用的具体权利，如是否可以与其家属共同居住，是否可以让其所雇佣的保姆等为其生活所需的服务、护理人员居住。义务方面，当事人可以协商约定双方的义务，如不得改变房屋的结构、用途，保管房屋的义务，承担房屋的日常负担及返还房屋等。

4. 居住权期限。居住权制度创设初始，为达到保护居住权人的目的，具有长期性的特点，一般持续至居住权人终生。为保障当事人设立居住权的意思自由，扩大居住权制度的适用性，根据民法典规定，当事人可以就居住权的存续期限作出约定。当事人可以根据不同情况、不同需求在居住权合同中约定居住权的期限。如给未成年人设立居住权的，可以约定居住权期限存续至未成年人成年之时。如果当事人未对居住权期限作出约定，根据民法典规定，居住权人死亡的，居住权消灭。

5. 解决争议的方法。居住权合同可以就合同履行发生争议的解决方法作出约定。因履行居住权合同发生争议的，所有权人和居住权人可以双方协商解决，协商不成的，提交双方当事人指定的仲裁委员会仲裁，或者依法向人民法院起诉。

需要注意的是，这一条所规定的内容并非全部都是居住权合同必须约定的内容。其中第 1 项“当事人的姓名或者名称和住所”、第 2 项“住宅的位置”作出明确约定，如果欠缺这两项内容将导致居住权的主体和客体不明，不可能设立居住权。其他各项均非合同必须约定的内容，如果当事人未作确定，不影响居住权的设立。

84. 设立居住权的住宅是否可以出租?

《民法典》第 369 条中规定，设立居住权的住宅不得出租，但是当事人另有约定的除外。

设立居住权的住宅不得出租。居住权是居住权人占有、使用他人住宅的权利，其目的是满足权利人生活居住的需要。因此，在一般情况下，居住权人对设立居住权的住宅不享有收益权。这一条规定，设立居住权的住宅不得出租，但是当事人另有约定的除外。在一般情形下，居住权人不可将住宅出租给他人以收取租金，但如果当事人根据需要，双方达成协议的，也可以将设立居住权的住宅出租。

85. 担保合同被确认无效后，债务人、担保人和债权人是否承担民事责任？

在主债权债务合同无效导致担保合同无效时，虽然不存在履行担保义务的问题，但债务人、担保人或者债权人并非不承担任何法律后果。根据《民法典》第157条的规定，民事法律行为无效后，行为人因该行为取得的财产，应当予以返还；不能返还或者没有必要返还的，应当折价补偿。有过错的一方应当赔偿对方由此所受到的损失；各方都有过错的，应当各自承担相应的责任。法律另有规定的，依照其规定。同样的道理，在主债权债务合同无效，担保合同也无效的情况下，如果债务人、担保人或者债权人对合同的无效有过错的，应当根据其过错各自承担相应的民事责任。这里的“相应的民事责任”是指当事人只承担与其过错程度相当的民事责任。例如，担保合同无效完全是由于主债权债务合同违背公序良俗导致的，过错完全在债务人与债权人，责任应完全由债务人和债权人自己承担。

需要强调的是，导致担保合同无效的原因有很多，主债权债务合同无效导致担保合同无效只是原因之一。在主债权债务合同有效的情况下，担保合同也可能无效。例如，担保合同因违反法律、行政法规的强制性规定而无效，因担保人为无民事行为能力人而无效，等等。也就是说，判断担保合同是否有效，不能仅以主债权债务合同是否有效为标准，还要看担保合同本身是否具有民法典规定的合同无效情形。在主债权债务合同有效，担保合同无效的情形下，债务人、担保人或者债权人对担保合同无效有过错的，也应当各自承担相应的民事责任。在这种情况下，如果债务人为担保人，主债权债务合同仍然有效，只是主债权失去担保，其对担保合同无效有过错的，应当对债权人承担过错责任；如果第三人为担保人的，担保人不再承担责任，但是担保人对担保合同无效有过错的，其对债务未能履行的部分，承担相应的过错责任。

86. 担保物权的担保范围是什么？

担保物权的担保范围是指担保人所承担的担保责任范围。《民法典》第389条规定："担保物权的担保范围包括主债权及其利息、违约金、损害赔偿金、保管担保财产和实现担保物权的费用。当事人另有约定的，按照其约定。"根据这一规定，担保物权的担保范围包括：

1. 主债权。主债权是指债权人与债务人之间因债的法律关系所发生的原本债权，如金钱债权、交付货物的债权或提供劳务的债权。主债权不包括利息以及其他因主债权而产生的附随债权。

2. 利息。利息是指实现担保物权时主债权所应产生的一切收益。利息可以按照法律规定确定，也可以由当事人自己约定，但当事人不能违反法律规定约定过高的利息，否则超过部分的利息无效。

3. 违约金。违约金是指按照当事人的约定，一方当事人违约时，应当根据违约情况向另一方支付的一定数额的金钱。在担保行为中，只有因债务人的违约行为导致产生支付违约金的义务时，违约金才可以纳入担保物权的担保范围。此外，当事人约定了违约金，一方违约时，应当按照该约定支付违约金。如果约定的违约金低于或高于造成的损失时，当事人可以请求人民法院或仲裁机构予以调整，此时应当以人民法院或仲裁机构最终确定的违约金数额为准。

4. 损害赔偿金。损害赔偿金是指一方当事人因违反合同或因其他行为给债权人造成的财产、人身损失而给付的赔偿额。损害赔偿金的范围可以由法律直接规定，或由双方当事人约定，在法律没有特别规定或当事人没有约定的情况下，应按照完全赔偿原则确定具体赔偿数额。赔偿全部损失，既包括赔偿直接损失，也包括赔偿可得利益损失。

5. 保管担保财产的费用。保管担保财产的费用是指债权人在占有担保财产期间因履行善良保管义务而支付的各种费用。在担保期间，质权人和留置权人有妥善保管担保财产的义务，但保管的费用应当由债务人或提供担保的第三人承担，该费用可以纳入担保物权的担保范围。

6. 实现担保物权的费用。实现担保物权的费用是指担保物权人在实现担保物权过程中所花费的各种实际费用，如对担保财产的评估费用、拍卖或变卖担保财产的费用、向人民法院申请强制变卖或拍卖的费用等。

对担保物权所担保的债权范围，当事人之间可以自行约定。上述“主债权及其利息、违约金、损害赔偿金、保管担保财产和实现担保物权的费用”属于担保物权的法定担保范围，当事人约定的效力优先于法定担保范围。

87. 债权人未经担保人同意允许债务人转移债务的，有什么法律后果?

第三人提供担保一般是基于其与债务人之间的信任关系或者对债务人的资产、信誉有所了解。在担保关系中，一旦未经担保人同意，债务人擅自转移债务的，将给担保人带来较大风险，因为担保人对新的债务人可能一无所知。因此，《民法典》第391条规定：“第三人提供担保，未经其书面同意，债权人允许债务人转移全部或者部分债务的，担保人不再承担相应的担保责任。”

正确理解这一条应当注意以下几点：一是该条只适用于第三人提供担保财产的情况，如果担保财产是由债务人自己提供的，除非债权人明确放弃担保物权或者债务的受让人明确表示愿意代为提供新的担保，否则债权人同意债务人转移债务的行为并不意味着债务人担保责任的免除。二是债权人允许债务人转移债务必须要经提供担保的第三人的书面同意。设立担保需要以书面形式，担保人如果继续为新的债务人担保，这种变更也应当秉承书面形式的原则，否则视为不存在担保人的同意。三是该条规定的债务转移不但包括债务人将债务全部转移给他人，也包括将部分债务转移给他人。债权人许可债务人部分转移的，原债务人并不退出债务关系，只是其所应承担的债务额减少，新债务人与原债务人共同向债权人承担债务。部分转移债务的也必须经担保人同意，否则担保人对转移出去的部分债务不承担担保责任。四是未经担保人书面同意，债权人许可债务人转移全部债务的，可以免除担保人全部担保责任；债权人许可债务人转移部分债务的，可以免除担保人部分的担保责任，担保人还要对债务人未转移的债务承担担保责任。

88. 什么是抵押权？

抵押权是指为担保债务的履行，债务人或者第三人不转移财产的占有，将该财产抵押给债权人，债务人不履行到期债务或者发生当事人约定的实现抵押权的情形时，债权人有权就该财产优先受偿的权利。

抵押法律关系的当事人为抵押人和抵押权人，客体为抵押财产。抵押人是指为担保债务的履行而提供抵押财产的债务人或者第三人。抵押权人是指接受抵押担保的债权人。抵押财产指抵押人提供的用于担保债务履行的特定的物。

抵押权具有以下几个特征：

1. 抵押权是担保物权。

抵押权以抵押财产作为债权的担保，抵押权人对抵押财产享有的权利，可以对抗物的所有人以及第三人。这主要体现在抵押权人对抵押财产有追及、支配的权利。追及权，表现在抵押财产转让的，抵押权不受影响。支配权，表现在抵押权人在抵押财产担保的债权已届清偿期，或发生当事人约定的实现抵押权的情形时，有权依法以抵押财产折价或以拍卖、变卖抵押财产的价款优先受偿。

2. 抵押权是债务人或者第三人以其所有的或者有权处分的特定的财产设定的物权。

作为抵押权客体的财产，必须是债务人或第三人所有的或者依法有权处分的财产。债权人自己所有的财产不能作为抵押财产。抵押财产可以为不动产和动产，用于抵押的财产应当是特定的，即确定的或是有具体指向的。

3. 抵押权是不转移标的物占有的物权。

抵押权设定后，抵押人不必将抵押财产转移于抵押权人占有，抵押人仍享有对抵押财产的占有、使用、收益和处分的权利，这是抵押权区别于质权、留置权的特征。抵押权无需转移抵押财产，具有下列优势：一是设定抵押权后，抵押人仍能占有抵押财产而进行使用、收益和处分；二是抵押权人无须承担保管抵押财产的义务；三是由于抵押财产仍然保存在抵押人处，抵押人可以对其抵押财产进行保值增值，充分发挥物的价值。

4. 抵押权人有权就抵押财产优先受偿。

优先受偿，是指当债务人有多个债权人，其财产不足以清偿全部债权时，有抵押权的债权人，可以优先于其他无抵押权的债权人而受到清偿。

实现抵押权应当具备以下条件之一：一是债务清偿期限届满，债务人不履行义务。二是发生当事人约定的实现抵押权的情形。当双方约定的实现抵押权的条件成就，即使债务清偿期限没有届满，抵押权人也有权实现抵押权。

89. 哪些财产可以抵押?

根据《民法典》第 395 条第 1 款的规定，可以抵押的财产包括：

1. 建筑物和其他土地附着物。建筑物包括住宅、体育馆等，但并非所有的建筑物都可以抵押，只有抵押人有权处分的建筑物才可以抵押。例如，依照《城市房地产管理法》，依法取得的房屋所有权可以设定抵押权。其他土地附着物，是指附着于土地之上的除房屋外的不动产，包括桥梁、隧道、大坝、道路等构筑物，以及林木、庄稼等。

2. 建设用地使用权。建设用地使用权是权利主体依法对国家所有的土地享有的占有、使用和收益的权利。按照现行法律规定，取得建设用地使用权主要有以下几种方式：（1）通过无偿划拨取得。（2）通过出让取得。（3）通过有偿转让取得。建设用地使用权取得的方式不同，权利人享有的处分权也不同，建设用地使用权可否抵押，取决于法律是否赋予权利人处分的权利。比如，依照《城市房地产管理法》，依法取得的房屋占用范围内的土地使用权，以及以出让方式取得的土地使用权，可以设定抵押权。

3. 海域使用权。海域属于国家所有，国家是海域所有权的唯一主体。单位和个人使用海域，必须依法取得海域使用权。海域使用权是一种用益物权，民法典规定，依法取得的海域使用权受法律保护。根据《海域使用管理法》，海域使用权取得的方式主要有三种：一是单位和个人向海洋行政主管部门申请；二是招标；三是拍卖。海域使用权作为一项重要的财产权利，可以依法转让、继承、抵押。

4. 生产设备、原材料、半成品、产品。生产设备包括：工业企业的各种机床、计算机、化学实验设备、仪器仪表设备、通讯设备，海港、码头、车站的装卸机械，拖拉机、收割机、脱粒机等农用机械等。原材料是指用于制造产品的原料和材料，如用于炼钢的铁矿石，用于造纸的纸浆，用于生产家具的木料，用于制作面粉的小麦，用于建设工程的砖、瓦、沙、石等。半成品是指尚未全部生产完成的产品，如尚未组装完成的汽车，尚未缝制纽扣的服装，尚未成熟的农作物等。产品是指生产出来的物，如汽车、轮船等交通工具，仪表、仪器、机床等生产设备，电视机、电冰箱、大米、白面等生活用品。

5. 正在建造的建筑物、船舶、航空器。实践中，建设工程往往周期长、资金缺口大，以正在建造的建筑物、船舶、航空器作为贷款的担保，对于解决建设者融资难，保证在建工程顺利完工具有重要作用。

6. 交通运输工具。交通运输工具包括：飞机、船舶、火车、各种机动车辆等。

7. 法律、行政法规未禁止抵押的其他财产。这是一项兜底性规定，以适应不断变化的经济生活需要。

90. 禁止抵押的财产有哪些？

根据《民法典》第399条规定，下列财产不得抵押：

1. 土地所有权。

土地所有权包括国有土地的所有权和集体所有土地的所有

权。我国法律没有规定国有和集体所有的土地所有权可以抵押。如果允许土地所有权抵押，实现抵押权后，必然带来土地所有权归属的改变，从而违反宪法和法律关于我国土地只能归国家或集体所有的规定，因此，土地所有权不得抵押。

2. 宅基地、自留地、自留山等集体所有土地的使用权。

宅基地是农民生活的必需和赖以生存的所在，特别是农民一户只有一处宅基地，农民出卖、出租住房后再申请宅基地的不予批准，这一点与城市居民是不同的。农民一旦失去住房及其宅基地，将会丧失基本的生存条件，影响社会稳定。因此，宅基地使用权不得抵押。自留地、自留山是农民的基本生产资料，带有社会保障性质，从保护广大农民根本利益出发，禁止以自留地、自留山的使用权抵押。虽然宅基地、自留地、自留山等集体所有土地的使用权不得抵押，但也有一些集体所有的土地的使用权依法可以抵押。例如，《土地管理法》规定的通过出让等方式取得的集体经营性建设用地使用权等，因此，法律规定可以抵押的集体所有土地的使用权可以依法抵押。

3. 学校、幼儿园、医疗机构等为公益目的成立的非营利法人的教育设施、医疗卫生设施和其他公益设施。

对于为公益目的成立的属于非营利法人的学校、幼儿园、医疗机构等的教育设施、医疗卫生设施和其他公益设施不得抵押，主要理由为：属于非营利法人的学校、幼儿园、医疗机构等不论是公办的，还是民办的，都是为社会公益目的而设立的。如果允许以教育设施、医疗卫生设施抵押，一旦实现抵押权，不仅公益目的难以达到，严重的还可能造成学生失学、公众无法看病就医，影响社会安定。而对于属于营利法人的民办学校、民办医疗机构等，其教育设施、医疗卫生设施等可以依法抵押。

除学校、幼儿园、医疗机构外，其他以公益为目的成立的非营利法人的社会公益设施也不得抵押。比如，不得将公共图书馆、科学技术馆、博物馆、少年宫、敬老院等用于社会公益目的的设施抵押。

4. 所有权、使用权不明或者有争议的财产。

如果一项财产的所有权或使用权不明确，甚至是有争议的，将其抵押不仅可能侵犯所有权人或使用权人的合法权利，而且可能引起矛盾和争议，危害交易安全。因此，所有权、使用权不明或者有争议的财产不得抵押。

5. 依法被查封、扣押、监管的财产。

依法查封、扣押财产，是指人民法院或行政机关采取强制措施将财产就地贴上封条或运到另外的处所，不准任何人占有、使用或处分。依法监管的财产，是指行政机关依照法律规定监督、管理的财产。依法被查封、扣押、监管的财产，其合法性处于不确定状态，法律不能予以确认和保护。因此，禁止以依法被查封、扣押、监管的财产抵押。

6. 法律、行政法规规定不得抵押的其他财产。

这是一项兜底性规定。除上述五项所列不得抵押的财产外，在设定抵押权时，还要看其他法律、行政法规有无禁止抵押的规定。

91. 抵押合同要采取哪种形式订立？

设立抵押权是抵押人与抵押权人之间的法律行为，该种行为不仅要求当事人双方意思表示一致，还要求通过一定的法律形式表现出来，该种法律形式就是合同。合同有口头和书面之分，口头合同一般适用于数额不大或者即时结清的民事法律行为，对于比较重大、容易发生纠纷或者需经一段时间才能终结的民事法律行为，则应当采用比较严格的书面形式。抵押涉及的财产数额较大，法律关系比较复杂，而且要在一段时间内为债权担保，因此，《民法典》第400条第1款明确规定："设立抵押权，当事人应当采用书面形式订立抵押合同。"

92. 什么是流押条款？流押条款的效力如何？

流押条款，是指债权人在订立抵押合同时与抵押人约定，债务人不履行债务时抵押财产归债权人所有。对于流押条款的效力，《民法典》第401条规定："抵押权人在债务履行期限届满前，与抵押人约定债务人不履行到期债务时抵押财产归债权人所有的，只能依法就抵押财产优先受偿。"根据这一条规定，当事人订立流押条款的，发生实现抵押权的情形时，抵押财产不能直接归债权人所有，而是应当根据民法典中实现抵押权的规定就抵押财产优先受偿。抵押人与抵押权人可以就实现抵押权的方式协议，当事人可以采用以抵押财产折价或者拍卖、变卖抵押财产的方式对抵押财产优先受偿。折价实际上就是将抵押财产的所有权转让给抵押权人，在以抵押财产折价时，抵押财产的价格要参照当时的市场价格确定，这比流押条款依订立时的抵押财产价格确定更公平合理，因而也更容易为双方当事人接受。当事人就抵押权的实现方式达不成协议的，抵押权人可以直接请求人民法院拍卖、变卖抵押财产。

当事人之间订有流押条款的，债权人依法就抵押财产优先受偿，需要满足抵押权设立的前提条件，即不动产抵押权经登记设立；动产抵押权经抵押合同生效设立，未登记的不得对抗善意第三人。

93. 不动产抵押权何时设立？

财产抵押是重要的民事法律行为，法律除要求设立抵押权要订立书面合同外，还要求对某些财产办理抵押登记，不经抵押登记，抵押权不发生法律效力。这类财产主要是不动产，民法典规定，不动产物权的设立、变更、转让和消灭，经依法登记，发生效力；未经登记，不发生效力，但是法律另有规定的除外。根据《民法典》第402条的规定，需要进行抵押登记的财产主要为不动产，包括：（1）建筑物和其他土地附着物；（2）建设用地使用权；（3）海域使用权；（4）正在建造的建筑物。抵押权的效力，除了要求抵押合同合法有效这一要件以外，还必须符合的公示原则。对于上述条文规定的不动产设立抵押的，应当办理抵押登记，抵押权自登记时设立。

94. 动产抵押权何时设立？

根据《民法典》第403条的规定，以动产抵押的，抵押权自抵押合同生效时设立；未经登记，不得对抗善意第三人。对于动产抵押，抵押权不以登记为生效要件，登记仅具有对抗效力，主要原因在于：第一，对于某些交通运输工具的抵押，如民用航空器、船舶等，有关法律都采用了登记对抗制度。对于其他价值相对较小的动产抵押，更没有必要实行登记生效主义。第二，如果对动产抵押要求抵押登记才能生效，可能会对当事人造成不便，增加抵押人的交易成本。此外，动产具有便于移动、流动性强的特点，即使办理了抵押登记，也不能保证所有权人不将已抵押的动产转让给他人。因此，民法典对以动产抵押的没有采用登记生效制度。

生产设备、原材料、半成品、产品，正在建造的船舶、航空器，交通运输工具等动产都可以成为抵押的客体。此外，企业、个体工商户、农业生产经营者还可以以现有的以及将有的生产设备、原材料、半成品、产品抵押。当事人以这些动产抵押的，可以办理抵押登记，也可以不办理抵押登记，抵押权不以登记为生效条件，而是自抵押合同生效时设立。合同生效后，即使当事人没有办理登记，债务人不履行债务时，抵押权人仍然可以就实现抵押权的价款优先受偿。但是，办理与不办理抵押登记的法律后果是不同的，未办理抵押登记的，不得对抗善意第三人。善意第三人，是指不知道也不应当知道该财产已经被抵押的事实的人。所谓不得对抗善意第三人，包括两个方面的含义：一是合同签订后，如果抵押人将抵押财产转让，对于善意取得该财产的第三人，抵押权人无权追偿，抵押权人将失去在该财产上的抵押权。二是抵押合同签订后，如果抵押人以该财产再次设定抵押或质押，而后位抵押权人进行了抵押登记或后位质权人因交付取得了对该动产的占有，那么，实现抵押权时，后位抵押权人和质权人可以优先于前面未经抵押登记的抵押权人受偿。办理抵押登记的，抵押权具有对抗第三人的法律效力，也就是说，抵押财产登记后，不论抵押财产转移到谁手中，抵押权都具有追及效力，在满足实现抵押权的条件时抵押权人可以就该抵押财产实现抵押权。同时在受偿顺序上，已登记的抵押权优先于未登记的抵押权、后设立的抵押权和质权受偿。

95. 如何处理同一财产上的抵押权和租赁权？

为了保护承租人尤其是不动产承租人的利益，现代各国民法都逐渐采取增强租赁权的做法，规定了“买卖不破租赁”的规则，即租赁关系成立后，即使出租人将租赁物转卖给第三人，该原已存在的租赁关系仍然对买受人有效，承租人仍然可以向受让人主张租赁权，受让人取得的是一项有租赁关系负担的财产所有权。设定抵押也属于处分行为，在实现抵押权时会导致租赁物所有权的变动，可能影响到事先存在的租赁关系，为了保障承租人权利，落实“买卖不破租赁”原则，《民法典》第405条规定：“抵押权设立前，抵押财产已经出租并转移占有的，原租赁关系不受该抵押权的影响。”根据这一条规定，因实现抵押权而将抵押财产转让时，在抵押权设立前已经存在的租赁关系不当然终止，承租人可以在租赁合同的有效期内继续享有承租的权利。在判断租赁关系受不受抵押权的影响时，要看在抵押权设立前抵押财产是否已出租并转移占有。不动产抵押权在登记时设立，动产抵押权在订立抵押合同时设立，认定抵押权设立的时间分别以抵押登记和订立合同的时间为准。要求已出租的抵押财产须在抵押权设立前转移占有，主要是考虑到保护承租人的权利要以承租人对租赁物有一定的支配利益为前提，如果承租人尚未取得对租赁物的占有，在设定抵押时债权人没有理由知道该租赁关系的存在，此时如果主张在先订立的租赁关系不受抵押权的影响则对抵押权人不公平。

在抵押权成立在先租赁权成立在后时，出于物权的公示效力，抵押权经登记当然优先于后设立的租赁关系，该租赁关系不能对抗抵押权，抵押权实现时租赁关系应当终止。对于未登记的动产抵押权，可以适用动产抵押权未经登记不得对抗善意第三人的规则。

96. 抵押期间抵押人是否可以转让抵押财产?

对于抵押期间，抵押人能否转让抵押财产，《民法典》第406条规定："抵押期间，抵押人可以转让抵押财产。当事人另有约定的，按照其约定。抵押财产转让的，抵押权不受影响。抵押人转让抵押财产的，应当及时通知抵押权人。抵押权人能够证明抵押财产转让可能损害抵押权的，可以请求抵押人将转让所得的价款向抵押权人提前清偿债务或者提存。转让的价款超过债权数额的部分归抵押人所有，不足部分由债务人清偿。"

根据这一条规定，抵押人对其所有的抵押财产享有占有、使用、收益、处分的权利，抵押期间抵押人可以转让抵押财产，而不需要经过其他人的同意。如果抵押权人与抵押人在设立抵押权时约定抵押人在抵押期间不得转让抵押财产，那么抵押人不能转让抵押财产，但是该约定不得对抗善意受让人。抵押财产转让的，抵押权不受影响，即无论抵押财产转让到哪里，也无论抵押财产的受让人是谁，抵押权人对该抵押财产都享有抵押权，在实现抵押权的条件成就时，可以追及该抵押财产并就抵押财产进行变价和优先受偿。

由于抵押权人并不占有、控制抵押财产，因此，对于抵押财产的状态和权属状况不可能随时知悉，因此，抵押人在转让抵押财产时负有及时通知抵押权人的义务。抵押人如果在转让抵押财产时未及时通知抵押权人，虽然不影响抵押权的效力，但是如果因未及时通知造成抵押权人损害的，应当承担赔偿责任。抵押人转让抵押财产的，抵押权人虽然对该财产具有追及效力，但是在一些情况下抵押财产的转让有可能损害抵押权人的利益。例如，某甲将其日常生活所用的汽车抵押给某乙并进行了登记，后来又将该汽车转让给某丙用于营业用途，由于汽车用途的改变会加大汽车的损耗，汽车的价值也会相应降低，尽管汽车转让后某乙对该汽车仍享有抵押权，但是在其实现抵押权时，汽车的价值可能已经贬损到不能完全清偿其债权。在这种情况下，抵押权人能够证明抵押财产转让可能损害抵押权的，可以请求抵押人将转让所得价款提前清偿债务或者提存。在这种情况下，抵押权的效力及于抵押财产转让的价款上，抵押权人可以要求以该价款实现其抵押权，转让的价款超过债权数额的部分归抵押人所有，不足部分由债务人清偿，抵押权因得到实现而消灭。

97. 抵押权是否可以单独转让或者作为其他债权的担保?

作为担保物权的一种，抵押权以其所担保的债权存在为前提，没有债权，就不可能有抵押权，抵押权失去了债权，也就失去了存在的意义。由于抵押权不具有独立存在的特性，因此，《民法典》第407条规定："抵押权不得与债权分离而单独转让或者作为其他债权的担保……"根据这一规定，抵押权人转让抵押权的，抵押权应当与其所担保的债权一同转让；抵押权人以抵押权向他人提供担保的，抵押权应当与其所担保的债权一同向他人提供担保。单独转让抵押权或者单独以抵押权作为其他债权担保的行为无效。

这里所讲的抵押权不得与债权分离而单独转让，是指抵押权人不得将抵押权单独让与他人而自己保留债权。例如，甲向乙借款100万元，以价值120万元的房屋抵押担保债务的履行，乙不能仅将该房屋的抵押权转让给丙而不转让债权，由于抵押权就其担保的债权而言所具有的附随性，没有债权，丙得到的抵押权是空的，是没有价值的。同样道理，抵押权人也不得单独将抵押权作为其他债权的担保而自己保留债权，抵押权只有在与其所担保的债权一同作为其他债权的担保时才有意义。

98. 债权转让的，抵押权是否一并转让？

由于抵押权具有附随性，被担保的债权转让的，抵押权也应当随被担保债权的转让而移转于受让人，因此，《民法典》第407条规定，"债权转让的，担保该债权的抵押权一并转让"。需要注意的是，关于这一规定，还有一项但书规定，"但是法律另有规定或者当事人另有约定的除外"。对于"法律另有规定"，如《民法典》第421条规定，最高额抵押担保的债权确定前，部分债权转让的，最高额抵押权不得转让。对于“当事人另有约定”，既可以是抵押权人在转让债权时，与受让人约定，只转让债权而不转让担保该债权的抵押权，这种情形大多发生在债权的部分转让时；也可以是第三人专为特定的债权人设定抵押的，该第三人与债权人约定，被担保债权的转让未经其同意的，抵押权因债权的转让而消灭。在上述情形下，债权转让的，担保该债权的抵押权不一并转让。

99. 抵押人的行为足以使抵押财产价值减少时，如何处理？

抵押权设立后，抵押权人并不实际占有抵押财产，抵押财产仍由抵押人占有、使用和收益，在抵押期间，有可能由于抵押人的行为致使抵押财产价值减少，损害抵押权人的利益。抵押人使抵押财产价值减少的行为主要包括两个方面：一是抵押人采取积极的行为致使抵押财产价值减少，如砍伐抵押的林木、拆除抵押的房屋、驾驶抵押的机动车因操作不当造成车辆损坏；二是抵押人消极的不作为致使抵押财产价值减少，如对抵押的危旧房屋不做修缮、对抵押的机动车不进行定期的维修保养、有库房却任由抵押的机器设备在室外风吹雨淋。

抵押权是为抵押权人的利益而设定的，当抵押人的行为侵害抵押权人的利益时，应当给予抵押权人保全抵押财产价值、维护抵押担保效力的权利。因此，《民法典》第408条规定，抵押人的行为足以使抵押财产价值减少的，抵押权人有权请求抵押人停止其行为。抵押权人可以要求抵押人停止砍伐林木或者拆除房屋，加紧房屋修缮或者对车辆定期保养。抵押人对抵押权人的要求不予理睬、不停止其行为的，抵押权人可以请求人民法院强制抵押人停止其侵害行为。

实践中，即使抵押人停止其行为，也已经造成抵押财产价值减少，使抵押权人的利益受到损害，基于此，《民法典》第408条规定："……抵押财产价值减少的，抵押权人有权请求恢复抵押财产的价值，或者提供与减少的价值相应的担保。抵押人不恢复抵押财产的价值，也不提供担保的，抵押权人有权请求债务人提前清偿债务。"根据这一规定，抵押权人有权要求抵押人恢复抵押财产的价值，如将破旧的房屋修缮好，将损坏的车辆修理好。抵押财产的价值难以恢复或者恢复的成本过高的，抵押权人也可以要求抵押人提供与减少的价值相应的担保，如抵押人砍伐的林木价值约为10万元，抵押权人有权要求抵押人提供价值相当于10万元的新的抵押财产或者质押财产，或者由第三人对这10万元的债务提供保证担保。经抵押权人要求，抵押人不恢复抵押财产的价值也不提供担保的，抵押权人为保护自己的利益，防止抵押财产的价值进一步减少，有权要求债务人提前清偿债务。

需要注意的是，抵押财产价值减少是由于抵押人的行为造成，即只有抵押人对抵押财产价值减少有过错的，才按照上述规定处理。对于抵押人对抵押财产价值减少无过错时如何处理的问题，《民法典》第408条没有作出规定。对于非可归责于抵押人的原因致使抵押财产价值减少的，如果请求抵押人恢复抵押财产的价值或者提供与减少的价值相当的担保，对抵押人有失公正。如果抵押人因抵押财产的毁损、灭失获得了赔偿金、保险金等，根据《民法典》第390条的规定，抵押权人可以就获得的保险金、赔偿金等优先受偿，被担保债权的履行期限未届满的，也可以提存该保险金、赔偿金等。当然，此时原抵押财产仍应当作为债权的担保。对于非因抵押人的过错致使抵押财产价值减少，抵押人又不能获得保险金、赔偿金的情形，抵押权人不能请求抵押人恢复抵押财产的价值或者提供与减少的价值相应的担保，更不能请求债务人提前清偿债务，还是应当以原抵押财产作为债权的担保。

100. 抵押权人能否放弃抵押权和抵押权的顺位？

抵押权作为抵押权人享有的一项权利，《民法典》第409条明确规定，抵押权人可以放弃抵押权从而放弃其债权就抵押财产优先受偿的权利。抵押权人不行使抵押权或者怠于行使抵押权的，不得推定抵押权人放弃抵押权。抵押权人放弃抵押权，不必经过抵押人的同意。抵押权人放弃抵押权的，抵押权消灭。

抵押权的顺位是抵押权人优先受偿的顺序，《民法典》第414条对确定抵押权优先受偿顺序的原则作了规定。抵押权的顺位作为抵押权人享有的一项利益，《民法典》第409条明确规定，抵押权人可以放弃其顺位，即放弃优先受偿的次序利益。抵押权人放弃抵押权顺位的，放弃人处于最后顺位，所有后顺位抵押权人的顺位依次递进。但在放弃人放弃抵押权顺位后新设定的抵押权不受该放弃的影响，其顺位仍应在放弃人的抵押权顺位之后。

但在被担保的债权既有以债务人自己的财产作抵押担保又有其他担保的情形下，为了保护保证人等其他担保人的合法利益，《民法典》第409条同时规定，债务人以自己的财产设定抵押，抵押权人放弃该抵押权、抵押权顺位的，其他担保人在抵押权人丧失优先受偿权益的范围内免除担保责任，但是其他担保人承诺仍然提供担保的除外。

101. 当事人协议实现抵押权时损害其他债权人利益的，其他债权人怎么办？

抵押权人与抵押人协议处理抵押财产时，可能涉及抵押人的其他债权人的利益，如果抵押财产折价过低或者拍卖、变卖的价格远低于市场价格，如一套抵押住房的市场价格为 100 万元，抵押权人与抵押人却仅以 50 万元的价格协议变卖，在该抵押权人就变卖所得价款优先受偿后，可供后顺位的抵押权人以及其他债权人实现其债权的数额就会大大减少，从而损害他们的利益。为保障其他债权人的利益，《民法典》第 410 条规定，协议损害其他债权人利益的，其他债权人可以请求人民法院撤销该协议。根据《民法典》第 152 条的规定，其他债权人应当自知道或者应当知道撤销事由之日起一年内请求人民法院撤销该协议。这里规定的“一年”是一个固定期间，不得中止、中断。

102. 抵押财产变现后，其价款超过债权数额或者不足以清偿债权时如何处理？

抵押权的实现是抵押权的根本效力所在，也是抵押权人最重要的权利。抵押权的实现就是将抵押财产的交换价值兑现，抵押权人以变价款优先受偿。抵押财产价值的最初估算与最终的变价款可能并不一致，这与当事人在设定抵押权时对抵押财产价值的估值是否准确以及市场价格不断变化有关。因此，抵押财产按照《民法典》第410条规定的方式和程序折价或拍卖、变卖后，其价款可能超出其所担保的债权数额或不足以清偿债权。但是，无论抵押财产的变价款如何，设定抵押权时的主债权是清楚的，实现抵押权应当以清偿抵押担保范围的债权为界。抵押财产作为债权的担保，仅以最终实现债权为目的，抵押财产折价或拍卖、变卖所得的价款如果超过债权数额，由于债权已经得到清偿，超过部分应当归抵押人所有。如果抵押财产的变价款不足以清偿债权，抵押权人也只能以该变价款优先受偿，不能要求抵押人恢复抵押财产的价值或提供与减少的价值相应的担保，除非抵押财产的价值减少是由抵押人的行为造成的。在抵押权人实现抵押权后，抵押人已就其抵押财产承担了担保责任，抵押权因实现而消灭，但是未清偿的部分债权，仍然在债权人与债务人之间存在，只是不再是抵押权担保的债权，债务人仍然负有清偿债务的义务，如果债务人与抵押人不是同一人，抵押财产的变价款不足以清偿的债务由债务人承担，抵押人不再承担责任。

103. 同一财产向两个以上债权人抵押的，数个抵押权是什么清偿顺序?

《民法典》第414条第1款规定，同一财产向两个以上债权人抵押的，拍卖、变卖抵押财产所得的价款按照下列规定清偿：

首先，抵押权已登记的，按照登记的时间先后确定清偿顺序。民法典规定，以不动产抵押的，应当办理抵押登记，抵押权自登记时发生效力。以动产抵押的，抵押权自抵押合同生效时发生效力；未经登记，不得对抗善意第三人。这一条规定的按照抵押权登记的时间先后确定清偿顺序的原则，既适用于不动产抵押，也适用于动产抵押，数个已登记的抵押权，都按照登记的先后顺序清偿。

其次，抵押权已登记的先于未登记的受偿。这一原则是针对动产抵押而言的。根据《民法典》第403条的规定，当事人以动产抵押的，可以自愿办理抵押登记，而不要求必须办理登记，动产抵押权自抵押合同生效时发生效力。但是，当事人是否办理抵押登记，在法律效力上还是有差别的，办理抵押登记的，抵押权人可以对抗第三人。这是因为办理抵押登记的，公示性较强，所以法律给予已登记的抵押权以特别的保护。在清偿顺序的问题上，抵押权已登记的先于未登记的受偿。

最后，抵押权未登记的，按照债权比例清偿。这一原则也是针对动产抵押而言的。在同一抵押财产上设定数个抵押权时，各抵押权人互为第三人，为保障其清偿顺位应当及时进行登记。如果每一个抵押权都没有办理登记，那么无论各抵押权设立先后，相互间均不得对抗。因此，各抵押权人对抵押财产拍卖、变卖所得的价款享有同等的权利，按照各自的债权的比例受偿。

104. 同一财产上存在其他可以登记的担保物权的，如何确定其清偿顺序？

一些权利质权在办理出质登记时设立，这些以登记为公示方法的权利质权的清偿顺序如何确定，《民法典》第414条第2款规定：“其他可以登记的担保物权，清偿顺序参照适用前款规定。”需要注意的是，本款规定的是在同一财产上存在多个其他可以登记的担保物权的清偿顺序，即参照已经登记的按照登记的时间先后确定清偿顺序、已经登记的先于未登记的受偿、未登记的按照债权比例清偿的规则来确定。

105. 同一财产既设立抵押权又设立质权的，如何确定其清偿顺序?

动产既可以成为抵押权的标的也可以成为质权的标的。由于动产抵押不需要转移标的物的占有，且在抵押合同生效时设立，与动产质权的设立要件不同，因此，同一动产上可能既设有抵押权又设有质权。同一财产上存在不同类型的担保物权时，需要确立担保物权优先次序所应遵循的原则，理顺担保物权竞合时的清偿顺序。

《民法典》第415条规定，同一财产既设立抵押权又设立质权的，拍卖、变卖该财产所得的价款按照登记、交付的时间先后确定清偿顺序，即以权利公示的时间先后决定清偿顺序。这一条在具体适用时，主要有以下两种情况：

1. 先质押后抵押的情形。

在动产上先设立质权后设立抵押权的，由于质权以动产的交付作为生效要件，并且交付具有公示效力，因此，先设立的质权应当优先受偿，后设立的抵押权无论是否登记都不影响在先设立的质权的优先受偿顺序。在动产质权和动产抵押权中，交付和登记都是公示方式，本身并不存在效力强弱之分，都具有对抗后产生的权利的效力。质权因交付行为设立并取得对抗效力，而抵押权因抵押合同生效设立，如果进行登记则取得向后的对抗效力，由于质权的公示时间即动产交付的时间先于抵押权的设立时间，质权优先于抵押权受偿。

2. 先抵押后质押的情形。

在动产上先设立抵押权后设立质权的，抵押权和质权的清偿顺序会因先设立的抵押权是否登记而有所不同。

（1）已登记的动产抵押权与动产质权。

如果在先设立的抵押权进行了抵押登记，该抵押权便具有了对抗第三人的效力，而质权是设立在后的权利，虽然动产的交付也具有公示效力，但该质权不能对抗设立在先的具有对抗效力的抵押权人。抵押权登记时间在前，质权的交付时间在后，根据上述规定，抵押权优先于质权受偿。

（2）未登记的动产抵押权与动产质权。

如果在签订抵押合同后未进行抵押登记，之后在该动产上设立质权的，由于同一财产上并存的抵押权和质权的清偿顺序取决于权利公示的时间先后，抵押权没有登记即没有公示，质权因交付行为而设立并取得公示效力，质权优先于抵押权受偿。抵押权人在取得动产抵押权后应当及时进行登记，否则可能会失去优先清偿的顺位。

106. 买卖价款抵押权是什么？

现代商业社会中，以赊购或贷款方式购买生产设备、原材料、半成品、产品等动产的商业活动非常普遍，这种方式对于增加生产、促进资金融通有巨大作用。为了保障在上述买卖活动中提供融资的出卖人或贷款人的债权，特别是平衡该类债权人与债务人的其他担保物权人之间的优先受偿顺位，《民法典》第416条参考国外的相关制度，规定了买卖价款抵押权制度。买卖价款抵押权，是指为了担保债务人买入动产时对出卖人或贷款人支付价款的债务的履行，在买入的该动产上为出卖人或贷款人设定的，经依法登记取得法律规定的优先受偿权的抵押权。由于买卖价款抵押权人可以优先于债务人在该动产上的除留置权人外的其他担保物权人受偿，因此，在国外的相关制度以及学术理论中被称为“超级优先权”。

107. 以建设用地使用权抵押的，实现抵押权时有什么特别规定？

依照《民法典》第395条和第397条的规定，债务人或者第三人有权处分的建设用地使用权可以抵押。以建设用地使用权抵押的，该土地上现有的建筑物一并抵押；抵押人未一并抵押的，未抵押的建筑物视为一并抵押。建设用地使用权抵押，是指抵押人以其依法取得的建设用地使用权用不转移占有的方式向抵押权人提供债务履行担保的行为；当债务人到期不履行债务时，抵押权人有权以处分该建设用地使用权所得的价款优先受偿。建设用地使用权抵押后，抵押人仍然有权依法对该土地进行开发，建造建筑物。对于该土地上新增的建筑物，由于其不在抵押合同约定的抵押财产的范围内，因此不属于抵押财产。

为了实现抵押权，需要处分抵押的建设用地使用权时，如果该土地上已存在建筑物，一般来讲，只有将建筑物与建设用地使用权一并处分，才能实现建设用地使用权的使用价值和交换价值，这就是为什么在实践中要遵循“房随地走”的原则。因此，《民法典》第417条规定，处分抵押的建设用地使用权实现抵押权时，虽然新增的建筑物不属于抵押财产，仍可以将其与建设用地使用权一并处分。但处分后，由于新增的建筑物不属于抵押财产，处分新增建筑物所得的价款，抵押权人没有优先受偿的权利，只能以处分建设用地使用权所得的价款优先受偿。

108. 以集体所有土地的使用权抵押的，其抵押权实现有什么特别规定？

根据我国法律规定，可以依法抵押的集体所有土地的使用权有农村土地的土地经营权，乡镇、村企业的建设用地使用权，集体经营性建设用地使用权。以家庭承包或其他方式承包的农村土地，属于农民集体所有或国家所有，依法由农民集体使用，乡镇、村企业的建设用地、集体经营性建设用地属于农民集体所有。为了保护我国农村集体土地，防止农业用地的流失，促进农村经济的发展，集体所有土地的使用权的流转应当坚持土地所有权的性质和土地用途不变的原则。《民法典》第418条规定，以集体所有土地的使用权抵押的，实现抵押权后，未经法定程序，土地的所有权不得转移，仍归国家所有或集体所有，也不得擅自改变土地的原有用途，即对农村土地的土地经营权实现抵押权时，未经依法批准不得将承包地用于非农建设；对依照法律可以抵押的集体建设用地使用权实现抵押权时，不得改变土地利用总体规划、城乡规划确定的土地用途。

109. 抵押权的存续期间是多久？

考虑到随着市场经济的快速运转，如果允许抵押权一直存续，可能会使抵押权人怠于行使抵押权，不利于发挥抵押财产的经济效用，制约经济的发展。规定抵押权的存续期间，能够促使抵押权人积极行使权利，促进经济的发展。为此，《民法典》第419条规定："抵押权人应当在主债权诉讼时效期间行使抵押权；未行使的，人民法院不予保护。"

需要注意的是，该条规定的是抵押权人在主债权诉讼时效期间内未行使抵押权的，人民法院不予保护。也就是说，过了主债权诉讼时效期间后，抵押权人丧失的是抵押权受人民法院保护的权利即获得司法强制执行的权利，而抵押权本身并没有消灭，如果抵押人自愿履行担保义务的，抵押权人仍可以行使抵押权。

110. 什么是动产质权？

动产质权，是指债务人或者第三人将其动产移转给债权人占有作为债权的担保，当债务人不履行到期债务或者当事人约定的实现质权的情形出现时，债权人享有以该动产折价或者就拍卖、变卖该动产的价款优先受偿的权利。

质押法律关系的当事人为质押人和出质人，客体为质押财产。出质人是指为担保债务的履行而提供质押财产的债务人或者第三人。质权人是指接受质押担保的债权人。质押财产是指出质人提供的用于担保债务履行的特定的动产。

质权具有以下法律特征：

一是动产质权是担保物权。债务人或第三人将质押财产交由债权人占有，是为了担保债权的实现。质权人占有质押财产实际上是取得了质押财产上的交换价值。在一般情况下，其只能占有质押财产，而不能使用、收益。质权是为了保证特定债权的实现而设定，附随于债权而存在。

二是动产质权是在他人的财产上设立的物权。动产质权是在债务人或第三人的动产上设定的担保物权，因此，属于他物权。质权的标的可以是债务人自己的财产，也可以是第三人的财产。

三是动产质权以债权人占有质押财产为生效条件。质权人只有占有质押财产才享有质权，移转质押财产的占有是质权与抵押权的根本区别。

四是动产质权是就质押财产价值优先受偿的权利。由于动产质权的设定是以担保特定债权的实现为目的，因此，当债务履行期限届满或出现当事人约定的实现质权的情形时，质权人有权就质押财产折价或以拍卖、变卖该质押财产的价款优先受偿。

111. 哪些动产禁止出质？

《民法典》第 426 条规定：“法律、行政法规禁止转让的动产不得出质。”因此，可以出质的动产除需要符合一般的物的特征外，还必须是依法可以流通和让与的动产，如果以法律、行政法规禁止转让的动产出质的，则该设立质权的民事法律行为无效。可以设定质权的动产应当是十分宽泛的。但是，法律、行政法规规定禁止流通的动产不得设定质权，如毒品、管制枪支。设定动产质权是一种民事权利，对于禁止性的限定是十分严格的。规定禁止转让的动产的依据只能是全国人大及其常委会制定的法律、国务院制定的行政法规。其他规范性文件，不能作为规定禁止转让动产的依据。

112. 质权合同要采取哪种形式订立？

设定质权的行为为要式行为，应当采用书面的形式进行。虽然口头合同简单、易行，但一旦发生争议，不易证明其存在及具体内容，为了便于确定当事人的权利义务、民事责任等法律关系，减少纠纷的发生，《民法典》第 427 条规定，应当采用书面形式订立质押合同。

对于设立动产质押合同未采用书面形式的，依据《民法典》第 490 条第 2 款的规定，法律、行政法规规定或者当事人约定合同应当采用书面形式订立，当事人未采用书面形式但是一方已经履行主要义务，对方接受时，该合同成立。

113. 动产质权合同一般包括哪些内容？

当事人在订立质押合同时，对权利义务应尽可能约定清楚、明确。《民法典》第 427 条规定了质押合同一般包括的条款，但该条关于合同内容的规定是指导性的。合同的内容是当事人双方真实意思的表示，应当由当事人自己确定，如果双方签订的质押合同的条款与该条规定不一致，不会必然导致质押合同无效。根据该条规定，动产质押合同一般包括的内容主要有：

1. 被担保债权的种类和数额。被担保债权，通常被称为主债权。担保合同是为主债权的实现而订立的。主债权的种类，有金钱债权、特定物给付债权、种类物给付债权以及以作为或不作为为标的的债权等。数额是指主债权是以金钱来衡量的数量；不属于金钱债权的，可以明确债权标的额的数量、价款等。被担保债权的种类和数额，是确定质权发生的依据，也是质权人实现质权时优先受偿的范围的确定基础。

2. 债务人履行债务的期限。债务人履行债务的期限，是指债务人偿付债务的时间。质押合同订立后，在主债权清偿期限届满前，质权人享有的只是占有质押财产的权利。其优先受清偿的权利虽然已经成立，但此间质权人实际享有的只是与主债权价值相当的优先受偿的期待权。质权人对质押财产的变价受偿必须要等到债务履行期限届满且债务人没有履行债务，或者出现了当事人在合同中约定的实现质权的情形，才能进行。质押合同规定债务人履行债务的期限，可以准确确定债务人清偿债务的时间，明确质权人实现质权的时间，保证债权人及时实现质权。

3. 质押财产的名称、数量等情况。质押财产是设立动产质权的关键所在。没有质押财产，则不可能产生质权。动产质押合同，是为担保质权人的债权而在债务人自己的或者第三人的财产上设定质权的担保合同，质权最终要以质押财产的变价来实现。所以在动产质押合同中要对质押财产的相关情况有所描述，包括质押财产的名称、数量等情况，以确定质押财产为何种物以及价值量。

4. 担保的范围。动产质权担保的范围，是指质权人实现质权时可以优先受偿的范围。质权担保的范围应当由当事人协商确定。但是当事人对担保范围未作约定或者约定不明确时，质权的担保范围包括主债权及其利息、违约金、损害赔偿金、保管担保财产和实现担保物权的费用。

5. 质押财产交付的时间、方式。质押财产交付的时间是质押合同中的重要内容，质押财产的交付直接关系质权的生效。当事人在质押合同中约定质押财产的交付时间，就可以明确出质人应当在何时将质押财产移转给质权人，质权人在何时接受质押财产，以确定质权的效力。质押财产交付的方式除了现实交付以外，还有简易交付、指示交付等方式，约定质押财产的交付方式可以明确质押合同的履行方式，有利于保障质权人债权的实现，维护交易安全，减少纠纷。

114. 动产质权何时设立？

动产质权的标的是动产。动产具有易于转移、难以控制的特点。为了保障动产质权的实现，也为了保护善意第三人的合法权益，《民法典》第429条规定：“质权自出质人交付质押财产时设立。”出质人与质权人订立动产质押合同，该合同自成立时生效。但是在移转质押财产的占有之前，并不发生担保物权的效力；出质人只有将质押财产通过交付的形式实际移转给质权人占有时，质权才发生效力。根据上述条文的规定，质押财产是否移转是质权是否生效的判断标准，当事人没有移转质押财产，质权无效。其质押合同是否有效要根据民法典合同编的有关规定判断，质权无效并不当然导致合同无效，不应将质权有效与否与质押合同的效力合二为一混同判断。

115. 质权人是否有权收取质押财产的孳息？

《民法典》第430条第1款规定，质权人有权收取质押财产的孳息，但是合同另有约定的除外。根据该规定，质权人能否收取孳息有两种情况：一是如果当事人在合同中明确约定质权人无权收取质押财产所产生的孳息，则质权人不能收取质押财产的孳息作为债权的担保；二是如果当事人对质权人能否收取孳息没有约定或约定不明的，质权人有权依照上述条文的规定收取质押财产所产生的孳息。质押财产所产生的孳息包括自然孳息和法定孳息。质权人依法收取孳息时，并不当然取得所有权，而是取得对孳息的质权，孳息成为质权的标的。如果孳息是金钱，质权人可以直接用于清偿；如果孳息是物，可以由质权人与出质人协议将该孳息折价或拍卖、变卖，以所得价款优先受偿。

依法收取的孳息首先应当充抵收取孳息的费用，其次充抵主债权的利息和主债权。例如，以母牛作为质押财产的，如果母牛产幼畜，债务清偿期限届满，债务人没有清偿债务，那么质权人可以将幼畜折价或拍卖、变卖，所得价款先充抵幼畜的接生费用等。

116. 质权人可否使用、处分质物?

《民法典》第431条规定，质权人在质权存续期间，未经出质人同意，擅自使用、处分质押财产，造成出质人损害的，应当承担赔偿责任。当事人设定质权的目的在于担保质权人的债权能够得到清偿，质权人取得质押财产、控制质押财产是为了质押财产不被出质人随意处分而使担保落空，质权人使用、处分质押财产显然不是设定质权的目的。因此，质权人非经出质人同意不得擅自使用、处分质押财产。质权人未经出质人同意，擅自使用质押财产、处分质押财产，一旦造成质押财产毁损、灭失给出质人造成损害的，质权人要根据法律规定承担民事责任。

117. 质权人是否有妥善保管质物的义务?

根据《民法典》第432条的规定，质权人在占有质押财产的同时即产生妥善保管质押财产的义务。质权人该项义务的承担，一是因为质押财产虽然依据动产质押合同归质权人占有，但是其所有权仍是出质人的，在质权人占有质押财产期间，因质权人未尽妥善保管义务致使质押财产灭失或者毁损，是对出质人的质押财产所有权的侵害；二是因为质权人占有质押财产是为了自己债权的实现，如果质押财产毁损、灭失，不仅侵害出质人的利益，同时也影响了自己的权益。

所谓妥善保管，即以善良管理人的注意义务加以保管。善良管理人的注意义务，是指依照一般交易上的观念，认为有相当的知识经验及诚意的人所应负的注意义务，即以一种善良的心和应当具备的知识来保管质押财产。例如，对于字画的保管应当注意防潮、防虫蛀、防灰尘等。如果达不到应当注意的保管标准的，就不是妥善保管。质权人违反保管义务造成质押财产毁损、灭失的，应当承担赔偿责任，该项赔偿责任是基于出质人的所有权而产生的请求权。

118. 因不能归责于质权人的事由可能使质押财产毁损或者价值明显减少时，质权人有什么权利？

因不能归责于质权人的事由可能使质押财产毁损或者价值明显减少，是指质押财产可能毁损或者价值明显减少不是由于质权人的保管不善所导致的，而是由于自然原因等导致的。这种可能使质押财产毁损和价值明显减少的事由应当是已经发生的事实；价值减少的状态应当是明显的，因为一般的物都存在价值减少的可能，正常的价值减少应当在质权人的预想之内。

《民法典》第433条规定，当质押财产可能存在毁损或者价值明显减少的事实足以危害质权人的权利时，质权人为保全其质权不受损害，可以要求出质人提供相应的担保。规定质押财产的替代担保，主要是由于质押是以质押财产所具有的交换价值确保债权的实现。如果质押财产的价值可能明显减少或者质押财产毁损，将直接危害到质权人的利益，法律应当赋予质权人维护其担保利益的救济手段，允许质权人要求出质人提供相应的担保。“相应的担保”是指与毁损或者价值明显减少的数额相当的担保。

当质押财产有可能毁损或者价值明显减少的情况出现时，质权人请求出质人提供相应的担保，但出质人不提供的，质权人可以拍卖或者变卖质押财产，并与出质人通过协议将拍卖或者变卖所得的价款提前清偿债权，也可以将处分质押财产的价款提存。此时质权人拍卖、变卖质押财产无须经过出质人同意。拍卖、变卖所得的价款，性质上属于质押财产的替代物，质权人不当然取得价款的所有权，出质人可以用该价款提前向质权人清偿债务；如果以该价款提存的，则要等债务履行期限届满，以提存的价款清偿债务。

119. 质权人可否将质押财产转质?

质权人为担保自己或他人的债务，在占有的质押财产上再次设定质权的行为称为转质，所成立的质权为转质权。因转质而取得质权的人为转质权人。转质既可以适用于动产质权，也可以适用于权利质权。民法典不提倡转质，也没有禁止转质，事实上是允许转质的。但是为了保护出质人的利益，《民法典》第434条规定了质权人转质时应当承担的法律责任："质权人在质权存续期间，未经出质人同意转质，造成质押财产毁损、灭失的，应当承担赔偿责任。"

120. 什么情况下质权人应当返还质押财产?

债务人于债务履行期限届满时履行了债务或者出质人提前清偿了所担保的债权，质权消灭，质权人对其占有的质押财产负有返还给出质人的义务。质权人依质押合同有权占有质押财产，但是在质权消灭时，质权人就丧失了继续占有质押财产的依据，应当将质押财产返还出质人。出质人因清偿债务，将质押财产上存在的担保物权负担消灭，出质人可以依法请求质权人返还质押财产；质权人拒不返还的，应当承担民事责任。

质权人返还质押财产的对象为出质人，出质人可以是债务人，也可以是第三人。当出质人不是债务人而是第三人时，债务人虽然清偿了债务，但是由于用于担保的质押财产的所有权是第三人的，所以应当返还给第三人而非债务人。

121. 什么情况下质权人可以实现质权?

质权人实现质权，是指在债权已届清偿期而债务人不履行债务或发生当事人约定的实现质权的情形时，处分占有的质押财产并优先受偿的行为。质押担保的目的在于确保债权的清偿。当债务人不履行债务或者违约时，质权人有权将占有的质押财产以折价、拍卖、变卖等方式变价后优先受偿。

折价是指债务人在履行期限届满未履行其债务时，经出质人与质权人协议，依据质押财产的品质、市场价格等因素，把质押财产的所有权由出质人转移给质权人，从而实现质权的一种方式。折价必须由出质人与质权人协商一致，否则只能拍卖或变卖。折价与流质不同：折价是发生在债务履行期限届满，债务人不履行债务，质权人实现质权时；流质是债权人在债务履行期间届满前与出质人约定，债务人届期不履行债务时质押财产归债权人所有。

拍卖是指按照拍卖程序，以公开竞价的方式将质押财产卖给出价最高者的买卖。变卖是指直接将质押财产变价卖出的行为，变卖没有公开竞价等形式与程序上的限制，方便、快捷、变价成本小。《民法典》第436条规定，实现质权时，仅要求质押财产折价时双方当事人达成协议，没有要求拍卖、变卖质押财产需要协议，也没有对拍卖、变卖质押财产的主体作出限定。在实现质权时，质权人可以自行拍卖、变卖其占有的质押财产。

与拍卖财产相比，对财产进行折价或者变卖由于没有公开的竞价模式，可能会与财产的实际价值偏离较大。为了保护出质人的利益，避免出质人的财产以较低价格折价或者变卖，《民法典》第436条第3款规定，对质押财产折价或者变卖的，应当参照市场价格。

122. 质权人怠于行使质权，应负什么责任？

质押财产存在着毁损、灭失以及价值下跌的风险。因此，一旦债务履行期限届满，而债务人未清偿债务的，质权人应当及时行使质权，以免给出质人造成损失，出质人也有权请求质权人行使权利。质权人怠于行使权利致使质押财产价格下跌，或者发生其他毁损、灭失等情形，质押财产无法获得与原有价值相当的变价款。在此情形下，质权人对于出质人的损失要承担赔偿责任。需要注意的是，根据《民法典》第437条第2款规定，出质人首先要有请求质权人及时行使质权的行为；其次要有证据证明造成损害是由于质权人怠于行使质权造成的，损害的事实应当与质权人怠于行使质权有直接因果关系。

123. 质权实现后的价款如何处理?

质权的实现是质权的根本效力所在，也是质权人最重要的权利。质权实现就是将质押财产的交换价值兑现，质权人以变价款优先受偿。质押财产价值的最初估算值与最终的变价值可能并不一致，这与当事人在设定质权时对质押财产的估算是否准确以及市场价格不断变化有关。但是，无论质押财产的变价款如何，设定质权时的主债权都是清楚的。因此，实现质权应当以清偿质押担保范围的债权为界，质押财产折价、拍卖、变卖后，超过所担保的债权数额的，超出部分归出质人所有；不足部分由债务人清偿。

根据《民法典》第 438 条的规定，质权人在实现质权时，应当注意以下三种情况：

首先，如果数个可分的质押财产为同一债权担保时，各个质押财产都担保债权的全部，但在实现质权时，如果质权人折价、拍卖或者变卖部分质押财产的价款足以清偿质押担保范围的债权，则应停止折价、拍卖或者变卖其余的质押财产。因为质押财产的所有权归出质人，出质人只是以质押财产担保质权人的债权，一旦债权受清偿，质权也就消灭了，剩余的质押财产应当归还出质人。

其次，如果以一个质押财产作为债权担保的，质押财产的变价款超出所担保的债权的，应当将剩余价款还给出质人。

最后，如果质押财产的变价款不足以清偿所担保的债权的，出质人以全部变价款交给质权人后，质权消灭。担保债权未清偿的部分，仍然在债权人与债务人之间存在，但不再是质权担保的债权，而是无质权担保的普通债权，债务人仍负有清偿债务的义务。如果债务人和出质人不是同一人时，未偿还的债务由债务人承担，出质人不再承担责任。

124. 哪些权利可以出质?

权利质权的标的是出质人提供的作为债权担保的权利。但并不是所有的权利都可以作为权利质权的标的，可以出质的权利必须是财产权、具有让与性且必须是适于设定质权的权利。按照《民法典》第440条的规定，可以出质的权利包括：

1. 汇票、本票、支票。

汇票是指出票人签发的，委托付款人在见票时或者在指定日期无条件支付确定的金额给收款人或者持票人的票据。

本票是指出票人签发的，承诺自己在见票时无条件支付确定的金额给收款人或者持票人的票据。

支票是指出票人签发的，委托办理支票存款业务的银行或者其他金融机构在见票时无条件支付确定的金额给收款人或者持票人的票据。

2. 债券、存款单。

债券是指由政府、金融机构或者企业为了筹措资金而依照法定程序向社会发行的，约定在一定期限内还本付息的有价证券。

存款单是指存款人在银行或者储蓄机构存了一定数额的款项后，由银行或者储蓄机构开具的到期还本付息的债权凭证。

3. 仓单、提单。

仓单是指仓储保管人应存货人的请求而填发的提取仓储物的凭证。仓单是提取仓储物的凭证。存货人或者仓单持有人在仓单上背书并经保管人签字或者盖章的，可以转让提取仓储物的权利。

提单是指用以证明海上货物运输合同和货物已经由承运人接收或者装船，以及承运人保证据以交付货物的单证。

4. 可以转让的基金份额、股权。

基金份额是指向投资者发行的，表示持有人按其所持份额对基金财产享有收益分配权、清算后剩余财产取得权和其他相关权利，并承担相应义务的凭证。

股权是指股东因向公司直接投资而享有的权利。在我国，公司包括有限责任公司和股份有限公司。有限责任公司股东的股权是通过公司签发的出资证明书来体现的，股份有限公司股东的股权是通过公司签发的股票来体现的。出资证明书和股票就是股东享有股权的法定凭证，股东凭此证券就可以享有相应的股权。

只有可以转让的基金份额和股权才可以作为权利质权的标的；有的基金份额和股权依法不得转让，则不能出质；有的基金份额和股权有转让限制，这些股票和基金份额在出质时也需要遵守相应的限制。

5. 可以转让的注册商标专用权、专利权、著作权等知识产权中的财产权。

知识产权是指人们对于自己的创造性智力活动成果和经营管理中的标记所依法享有的权利，包括注册商标专用权、专利权和著作权等。知识产权主要是一种财产权利；但某些知识产权如著作权既具有人身权部分又具有财产权部分，只有财产权部分才能作为权利质权的标的。

注册商标专用权是指注册商标所有人依法对注册商标享有的独占使用权。根据商标法的规定，注册商标所有人享有注册商标转让权和注册商标许可权。这两者都是注册商标专用权中的财产权，都可以作为权利质权的标的。

专利权是指由国家专利主管机关授予专利申请人或其继受人在一定期限内实施其发明创造的专有权，包括发明专利权、实用新型专利权及外观设计专利权。根据专利法的规定，专利权人享有专利转让权和专利实施许可权。这两者都是专利权中的财产权，都可以作为权利质权的标的。

著作权是指文学、艺术和科学作品的创作者对其创作完成的作品所享有的权利。根据著作权法的规定，著作权可分为人身权和财产权两部分。人身权包括发表权、署名权、修改权和保护作品完整权。财产权是指著作权人对作品的使用权和获得报酬权。只有著作权中的财产权才可以作为权利质权的标的。

6. 现有的以及将有的应收账款。

应收账款是指权利人因提供一定的货物、服务或者设施而获得的要求义务人付款的权利，不包括因票据或者其他有价证券而产生的付款请求权。应收账款实质上属于一般债权，包括尚未产生的将来的债权，但仅限于金钱债权。应注意的是，应收账款的概念中包括了“公路、桥梁等收费权”。本项用了“现有的以及将有的应收账款”表述，意在明确将来发生的债权可以作为质押的客体。

7. 法律、行政法规规定的可以出质的其他财产权利。

这是对可以出质的权利作的兜底规定。随着经济的发展和融资需求的扩大，在平衡风险和利益的前提下，可用于担保的财产范围也会发生变化。上述前6项规定并不能涵盖所有可以出质的权利范围，为此《民法典》第440条作了一个授权性规定，根据现实需要、权利质押的可行性、市场风险等因素，法律、行政法规可以规定其他权利可以出质；只要在法律、行政法规中明确规定可以出质的，也适用权利质权的有关规定。

125. 债权人可以留置债务人的任何财产吗？

《民法典》第448条规定，债权人留置的动产，应当与债权属于同一法律关系，但是企业之间留置的除外。法律首先明确规定，债权人留置的动产，应当与债权属于同一法律关系。因此，一般而言，留置财产的范围仅限于与债权属于同一法律关系的动产。所谓同一法律关系，就是留置财产应当与债权所形成的债权债务关系属于同一个民事法律关系。根据债法的基本原理，债通常包括合同之债，还包括侵权之债，以及不当得利、无因管理之债。同一法律关系最为常见的就是因合同产生的债权债务关系。如甲将手表交由乙修理，手表修理好后，甲拒绝支付修理费，乙依法可以留置该手表。此时，因定作人甲与承揽人乙之间形成了承揽合同关系，基于此承揽关系乙占有了甲交付的动产即手表，甲未支付的修理费也是基于双方的承揽关系产生的报酬，乙留置的动产与乙享有的债权（即甲所欠报酬）就属于同一承揽合同关系。同一法律关系还可以是因侵权形成的同一债权债务关系。如甲开着货车运输货物，途中由于货物捆绑不严，其中一箱货物遗落将乙砸伤，甲未向乙支付合理的医疗费用，乙遂将该箱货物留置，要求甲支付医疗费用方肯返还。此时，乙要求支付医疗费用的侵权债权，与甲遗落的货物（造成侵权的原因），即属于同一侵权法律关系。

法律同时规定，企业之间留置的除外。因此，在一般民事主体之间留置财产与债权应属于同一法律关系，而在企业之间行使留置权，留置财产与债权则没有此限制，这意味着企业之间，只要债权人合法占有债务人的动产，债务人不履行债务，债权人即可留置其动产，而不论该动产是基于何种法律关系占有。这么规定，主要是考虑到，在商业实践中，企业之间相互交易频繁，追求交易效率，讲究商业信用，如果严格要求留置财产必须与债权的发生具有同一法律关系，则有悖交易迅捷和交易安全原则。比如，甲运输公司与乙贸易公司经常有业务往来，因乙公司欠了甲公司一笔运费，后丙公司支付运费后委托甲公司将一批货物运给乙公司，甲公司为了实现催要运费的目的，遂将该批货物扣留，要求乙公司支付此前所欠运费方肯交货。在此种情况下，虽然甲公司所承运的货物与乙公司所欠的运费之间并不属于同一法律关系，但是根据这一条但书的规定，甲公司仍有权行使留置权。

126. 当事人之间在合同中明确约定不得留置的财产，一方可以行使留置权吗？

《民法典》第449条规定，法律规定或者当事人约定不得留置的动产，不得留置。根据此规定，在以下两种情况下，当事人不得行使留置权：

1. 法律规定不得留置的动产，不得留置。(1) 如果法律明确规定，对特定动产，任何人不得留置，民事主体从事民事活动时，就有义务遵守法律的此类规定，不得对此类动产行使留置权。(2) 行使留置权，也不能违反公序良俗。比如，因当地发生重大传染病疫情，甲公司遂紧急从外地采购大量医疗物资用于本公司办公场所防治疫情，并委托乙运输公司将该等医疗物资运回，尚未支付运费。医疗物资运抵后，乙公司欲留置所承运的医疗物资。由于甲公司采购的医疗物资属于防治传染病疫情所急需的物资，如果乙公司留置该等物资，势必影响公共卫生秩序，危及公共卫生安全，有悖公序良俗，故乙公司不得行使留置权。

2. 当事人约定不得留置的动产，不得留置。根据此规定，当事人已经明确约定不得留置的动产，都不能成立留置权。原因在于，留置权属于法定担保物权。法律之所以规定留置权，主要是基于公平原则，为了保护债权人的利益，确保债权人债权的实现，并不涉及公共利益或者其他第三人的利益。如果债权人基于意思自治而自愿放弃这种法律规定的民事权利，法律自然不会予以干涉。比如，承揽合同当事人事先在合同中约定排除留置权，则在定作人未向承揽人支付报酬或者材料费等价款时，承揽人也不得留置完成的工作成果，而应当依债权本身的效力提起追索价款及违约金的诉讼。当事人约定的方式，既可以在订立合同之时约定，并写入合同条款，也可以在合同履行过程中达成协议。既可以是书面方式约定，也可以是口头约定。当然，从利于举证的角度而言，当事人约定限制留置权的行使条款，最好以书面方式在相关合同中明确规定。

127. 留置财产的数量或者金额有限制吗？

《民法典》第450条规定，留置财产为可分物的，留置财产的价值应当相当于债务的金额。需要从以下三个方面把握：

第一，可分物与不可分物的划分。这是从物的分割是否影响其价值或效用的角度对物进行的划分。不可分物就是将其分割的话将影响其价值或者失去其效用的物。如一块手表，如果将手表拆分成零件，将失去手表作为计时器的功能。可分物是指经分割而不损害其经济用途或者失去其价值的物。如一袋大米，将其分割成数小袋，大米的经济价值和作为粮食的效用并不会受到影响。正因为可分物和不可分物在是否可以分割属性上的差异，在行使留置权时，有必要加以区分，针对物的不同属性，设计更为合理的权利义务结果，确保留置权的行使更加公平合理。

第二，对可分物行使留置权。根据法律规定，留置财产为可分物的，留置财产的价值应当相当于债务的金额。因此，如果涉案动产为可分物，债权人在行使留置权时，就需要受到这一条的限制，即行使留置权时，仅能留置与债务金额相当价值的财产，而不得超越此范围行使留置权，否则构成权利滥用。

第三，对不可分物行使留置权。如果留置财产为不可分物，由于该物的分割会减损其价值，留置权人可以留置整个物。比如，甲公司提供原材料，委托乙公司定作特制锅炉一台，约定定作费用为 50 万元。该台锅炉制作完成后，市场价值约 1000 万元。因甲公司未向乙公司支付报酬，故欲留置该锅炉。虽然加工承揽合同的标的物价值远远超出甲公司所欠的费用，乙公司仍有权留置该锅炉。因为锅炉属于不可分物，如果分割将失去其应有的效用，价值也将大大减损，因此不能适用这一条的规定。对于不可分物，债权人可以将其全部留置。

128. 留置权人对留置财产需要承担什么义务？

行使留置权的前提是债权人合法占有债务人的不动产。因此，留置财产此时已经脱离了债务人的控制，而由债权人合法控制。民事主体享有权利的同时，也应当履行法律规定或者合同约定的义务。债权人在行使留置权的同时，也是如此。留置权人占有、控制着债务人的动产，由于留置财产的所有权仍属于债务人，作为所有权人，债务人对留置财产享有利益。因此，法律有必要为留置权人设定义务，避免留置财产陷于灭失风险之中，危及债务人的所有权。留置财产毁损或者灭失，不仅损害债权人的所有权，也不利于实现留置权。因此，《民法典》第 451 条规定，留置权人负有妥善保管留置财产的义务。

129. 留置权人未妥善保管留置财产，造成损失需要赔偿吗？

《民法典》第 451 条还规定，因保管不善致使留置财产毁损、灭失的，留置权人应当承担赔偿责任。根据此规定，如果留置权人未保管好留置财产，是需要承担赔偿责任的。比如，甲公司从某市购买了一批粮食，委托乙运输公司运输，由于甲公司未按约定支付运费，乙公司遂留置了部分承运的粮食，并将留置的粮食存放在该公司仓库。由于乙公司的仓库并非专业粮仓，导致所留置的粮食全部发霉变质，无法再行销售。乙公司作为专业的运输公司，知道储存粮食应具有相应的条件，未按照粮食的通常储存方式存放所留置的粮食，不能说是尽到了妥善保管的义务。因此，乙公司应当赔偿甲公司的损失。当然，如果留置权人尽到了妥善保管义务，因保管不善之外的其他原因造成留置财产的损失的，则不应承担赔偿责任。

130. 留置财产的孳息由谁收取？

《民法典》第452条规定，留置权人有权收取留置财产的孳息。这主要是考虑到留置财产由债权人控制，留置财产的孳息由其收取更为便利，更为可行。

首先，收取留置财产的孳息属于留置权人的权利。既然是留置权人的权利，那么留置权人既可以行使，也可以放弃。只有在留置权人放弃不行使时，债务人才可以自行收取留置财产的孳息。在特殊情形下，妥善收取孳息也是留置权人保管义务的内容。

其次，留置权人收取的孳息仅限于留置财产的孳息，不能超出此范围收取。留置权人既可以收取留置财产的法定孳息，也可以收取留置财产的天然孳息。

最后，留置权人的权利仅仅是收取孳息，并非直接能获得孳息的所有权。所谓收取，就是通过事实行为或者法律行为获得并控制留置财产的孳息。收取之后，留置财产的孳息所有权归属需要根据法律的规定或者当事人的约定判断。《民法典》对孳息的归属作了规定，第321条第1款规定，天然孳息，由所有权人取得；既有所有权人又有用益物权人的，由用益物权人取得。当事人另有约定的，按照其约定。第2款规定，法定孳息，当事人有约定的，按照约定取得；没有约定或者约定不明确的，按照交易习惯取得。因此，除非法律另有规定或者当事人有约定外，留置财产的孳息的所有权归属应该根据物权编的此规定确定。如果债务人和留置权人并未就留置财产的孳息的归属作出明确约定，孳息的所有权应当属于债务人。

131. 留置权人是否可以随时行使留置权？

根据《民法典》第453条的规定，留置权人实现留置权必须具备两个条件：第一，留置权人须给予债务人以履行债务的宽限期。债权已届清偿期债务人仍不履行债务，留置权人并不能立即实现留置权，而必须经过一定的期限后才能实现留置权。这个一定的期限，称为宽限期。根据实践经验和公平原则，这一条规定，留置权人与债务人应当约定留置财产后的债务履行期限；没有约定或者约定不明确的，留置权人应当给债务人60日以上履行债务的期限，但是鲜活易腐等不易保管的动产除外。第二，债务人于宽限期内仍不履行义务。债务人在宽限期内履行了义务，留置权归于消灭，留置权人当然不能再实现留置权。

如果债务人仍不履行义务，留置权人便可以按法律规定的方法实现留置权。债务人未履行债务，包括债务人不完全履行债务。比如，债务人本应偿还100万元，实际只偿还80万元。

132. 可以通过哪些方式实现留置权?

根据《民法典》第453条的规定，留置权实现的方法有三种，即折价、拍卖和变卖。第一种是折价。折价是指留置权人与债务人协议确定留置财产的价格，留置权人取得留置财产的所有权以抵销其所担保的债权。这种方法比较简单，但必须双方当事人协商一致，否则就应当采取拍卖或者变卖的方法。第二种是拍卖。拍卖是指依照拍卖法规定的拍卖程序，于特定场所以公开竞价的方式出卖留置财产的方式。拍卖的公开性和透明度都比较高，但同时费用也较高。第三种是变卖。变卖是指以一般的买卖形式出卖留置财产的方式。由于拍卖的费用较高，有的双方当事人不愿意负担这一费用，因此，采取费用较为低廉的变卖方式。

133. 债权人迟迟不行使留置权，债务人该怎么办?

如果留置权人长期持续占有留置财产而不实现，不符合“物尽其用”的原则，也会对社会、经济生活产生不利影响。而且，在有的情况下，留置财产会有自然损耗或者贬值的可能，如果长期不实现留置权，留置财产的价值会受影响，对债务人不利。因此，为避免留置权人无限期地占有、控制留置财产而不行使留置权，有必要适当限制留置权人的权利。故《民法典》第454条规定，债务人可以请求留置权人在债务履行期限届满后行使留置权；留置权人不行使的，债务人可以请求人民法院拍卖、变卖留置财产。

根据此规定，债务人有权请求留置权人行使留置权。比如，甲因为乙公司未按时支付修理费，留置了乙公司所有的贵重设备，该设备的价值远远高于应支付的修理费。乙公司已陷入经营困难，无法支付修理费。乙公司所有的设备在市场上很畅销，如果甲不及时处置所留置的设备，可能造成该设备贬值，会大大影响乙公司利用该设备变现的能力，从而导致乙公司资金损失。当然，债务人请求留置权人行使留置权必须是债务履行宽限期届满后。因为在债务履行宽限期，留置权人尚无法判断债务人是否能够履行其债务。债务人请求留置权人行使留置权后，留置权人应当在合理期限行使留置权，而不能仍迟迟不作为，损害债务人利益。

为了防止留置权人怠于行使留置权。法律进一步规定，留置权人不行使的，债务人可以请求人民法院拍卖、变卖留置财产。因此，如果留置权人不及时行使留置权，债务人可以依法请求法院实现债权人的留置权，法院即可以依法拍卖或者变卖留置财产。

134. 留置财产价值超过债权数额的，剩余部分归谁？

《民法典》第455条规定，留置财产折价或者拍卖、变卖后，其价款超过债权数额的部分归债务人所有，不足部分由债务人清偿。留置财产的价值是变动的，在留置财产被折价或者拍卖、变卖后，可能出现三种情况：一是留置财产的价值与债权金额相等，即留置财产折价或者被拍卖、变卖所得的价款刚好满足留置权人的债权，留置权的债权完全得以实现，两者的债权债务关系以及担保关系均告消灭。二是留置财产的价值高于债权金额，即留置财产折价或者被拍卖、变卖所得的价款超过了留置权人的债权数额，超过的部分应当归债务人所有。如果是留置权人处分留置财产的，留置权人在扣除自己应得部分后，应当将剩余部分返还给债务人。三是留置财产的价值低于债权金额，即留置财产折价或者被拍卖、变卖所得的价款不足以清偿留置权人的债权。由于留置财产不能完全满足留置权人的债权，所以留置权人与债务人之间的债权债务关系并不因实现留置权而完全消灭，留置权人仍可以就留置财产不足以清偿的部分要求债务人偿还。

135. 同一动产上，先有了抵押权，后被留置的，抵押权人和留置权人谁享有优先受偿权？

留置权行使的对象为动产。动产由于其可以移动性，且根据我国法律规定，动产的很多物权公示不以登记为要件，因此，难免存在同一动产上设定了相互冲突的物权。在同一动产上，可能同时存在不同性质的担保物权，在权利相互冲突时，需要法律规则明确不同权利之间的效力关系。比如，同一动产上已设立了抵押权或者质权，该动产又被留置的，应当如何处理留置权与抵押权或者质权的关系？《民法典》第456条规定，同一动产上已经设立抵押权或者质权，该动产又被留置的，留置权人优先受偿。因此，同一动产同时存在留置权与抵押权或者质权的，留置权的效力优先于抵押权或者质权。这样规定，主要是基于以下考虑：（1）总结了我国立法经验和司法实践经验。我国的一些法律已明确规定，同一标的物上同时存在抵押权与留置权的，留置权优先于抵押权。例如，我国《海商法》第25条规定，船舶优先权先于船舶留置权受偿，船舶抵押权后于船舶留置权受偿。上述所称船舶留置权，是指造船人、修船人在合同另一方未履行合同时，可以留置所占有的船舶，以保证造船费用或者修船费用得以偿还的权利。人民法院的审判实践也承认了留置权优先于抵押权这一原则。（2）从法理上讲，留置权属于法定担保物权，其直接依据法律规定而产生，而抵押权与质权均为约定担保物权。法定担保物权优先于约定担保物权为公认的物权法原则。

需要注意的是：

一是留置权的效力绝对优先。在同一动产上，无论留置权是产生于抵押权或者质权之前，还是产生于抵押权或者质权之后，留置权的效力都优先于抵押权或者质权。也就是说，留置权对抵押权或者质权的优先效力不受其产生时间的影响。

二是留置权对抵押权或者质权的优先效力不受留置权人在留置动产时是善意还是恶意的影响。理论上，有的观点认为，为了防止当事人利用留置权的优先效力，恶意在已设有抵押权的动产上行使留置权，妨碍或者排除动产上抵押权的行使，提出应当明确规定，同一动产上留置权产生于抵押权或者质权之后的，只有留置权人属于善意时，留置权效力才优先于已存在的抵押权或者质权。需要指出的是，这里的“善意”是指留置权人对同一动产已存在的抵押权或者质权不知情；与之相对应的“恶意”是指留置权人对同一动产上已存在的抵押权或者质权知情，而并非恶意串通的意思。留置权产生的基础是公平原则，在适用留置权规则的许多情况下，留置权人一般都使被留置动产的价值得到保全，且留置权人的债权与被留置动产的价值相比往往是微不足道的。在这种情况下，仅仅以留置权人知道或者应当知道该动产上存在抵押权或者质权就否定其优先效力，对留置权人是不公平的。实践中，留置权人留置某一动产时往往知道该动产上存在抵押权或者质权。例如，某一汽车所有人将该汽车送到某一修理厂修理，修理厂可能对该汽车上存在抵押权是知情的，但这并不妨碍修理厂在汽车所有人不支付修理费的情况下留置该汽车且以该留置权对抗存在的抵押权或者质权。基于以上考虑，这一条并没有强调留置权优先于抵押权或者质权的效力以留置权人善意作为前提。当然，如果留置权人与债务人恶意串通成立留置权，其目的就是排除在动产上的抵押权或者质权，这已经超出了“恶意和善意”的范畴，属于严重违反诚实信用原则的恶意串通行为。在这种情况下，不但留置权不能优先于抵押权或者质权，该留置权也应当视为不存在。

136. 占有关系应根据什么法律规定处理?

《民法典》第 458 条规定，基于合同关系等产生的占有，有关不动产或者动产的使用、收益、违约责任等，按照合同约定；合同没有约定或者约定不明确的，依照有关法律规定。理解这一条，可以从两个问题入手：

1. 占有过程中，被占有的不动产或者动产的使用、收益以及损害赔偿责任该如何确定。对此，因有权占有和无权占有的区别而存在差别。对于因合同等债的关系而产生的占有，这一条明确规定，有关被占有的不动产或者动产的使用、收益、违约责任等，按照合同约定；合同没有约定或者约定不明确的，依照合同法等有关法律的规定。比如，甲承租乙的商业房产用于经营，交付后，甲即有权占有乙所有的房产。对于甲在经营过程中，如何使用此房产、如何获得收益，由双方当事人根据租赁合同约定即可。当事人如果没有约定的，则可以根据法律规定确定。如《民法典》第720条规定，在租赁期限内因占有、使用租赁物获得的收益，归承租人所有，但是当事人另有约定的除外。关于无权占有情形下，有关不动产或者动产的使用、收益及损害赔偿责任等，《民法典》第459条至第461条作了具体规定，无权占有是本编规定的重点。

2. 被占有的不动产或者动产被侵夺的，该如何处理？对此，不因有权占有和无权占有的区别而有所不同，它们都可适用《民法典》第462条的规定，即占有的不动产或者动产被侵占的，占有人有权请求返还原物；对妨害占有的行为，占有人有权请求排除妨害或者消除危险；因侵占或者妨害造成损害的，占有人有权依法请求损害赔偿。

137. 占有人造成占有物损害的，是否需要承担赔偿责任？

占有人占有动产或者不动产，在使用过程中必然会发生损耗或者损害，这种风险需要在当事人之间合理分配。《民法典》第 459 条规定，占有人因使用占有的不动产或者动产，致使该不动产或者动产受到损害的，恶意占有人应当承担赔偿责任。因此，需要区分不同的情况：

第一，有权占有时的责任分担。在有权占有的情况下，如基于租赁或者借用等正当法律关系而占有他人的不动产或者动产时，当事人双方多会对因使用而导致不动产或者动产的损害责任作出约定。大多数情况下，对于因正常使用而导致不动产或者动产的损耗、折旧等，往往由所有权人负担，因为有权占有人所支付的对价就是对不动产或者动产因正常使用而发生损耗的补偿。

实践中，在有权占有情况下，被占有的不动产或者动产因使用而产生损害，其责任确定和解决方法并不棘手。按照一般的惯例，如果要把自己的不动产或者动产租给他人使用，应当先收取一定的押金，作为不动产或者动产被他人损坏后的担保。此外，相关的法律也会对特定情形下占有物损害的责任作出规定。如《民法典》第 784 条规定，承揽人应当妥善保管定作人提供的材料以及完成的工作成果，因保管不善造成毁损、灭失的，应当承担赔偿责任。

第二，无权占有时的责任承担。对于无权占有时，无权占有人需要承担何种责任，就需要根据无权占有的具体情况判断。

根据占有人的主观状态，可以分为善意占有和恶意占有。所谓善意占有就是占有人在主观上认为自己有权占有标的物。所谓恶意占有，是指明知或者因重大过失不知自己为无权占有而仍然进行的占有。法律作了规定，即占有人因使用占有的不动产或者动产，致使该不动产或者动产受到损害的，恶意占有人应当承担赔偿责任。

第三编 合 同

1. 当事人订立合同，可以采用哪些形式?

根据《民法典》第469条的规定，当事人订立合同可以采用书面形式、口头形式或者其他形式。所谓书面形式是指可以有形地表现所载内容的形式，包括合同书、信件、电报、电传、传真等。以电子数据交换、电子邮件等方式能够有形地表现所载内容，并可以随时调取查用的数据电文，视为书面形式。书面形式明确肯定，有据可查，对于防止争议和解决纠纷、保障交易安全有积极意义。口头形式是指当事人以面对面的谈话或者以电话交流等方式达成协议。以口头形式订立合同的特点是直接、简便、快速，数额较小或者现款交易通常采用口头形式，如在自由市场买菜、在商店买衣服等。除了书面形式和口头形式，合同还可以以其他形式订立。例如，可以根据当事人的行为或者特定情形推定合同的成立，也被称为默示合同。此类合同是指当事人未用语言或者文字明确表示成立，而是根据当事人的行为推定合同成立。如租赁房屋的合同，在租赁房屋的合同期满后，出租人未提出让承租人退房，承租人也未表示退房而是继续交房租，出租人仍然接受租金。根据双方当事人的行为，我们可以推定租赁合同继续有效。再如，当乘客乘上公共汽车并到达目的地时，尽管乘车人和承运人之间没有形成书面形式或者口头形式的合同，但可以依当事人的行为推定双方的运输合同成立。

2. 合同订立方式有哪些?

合同本质上是一种合意。使合同得以成立的合意是指当事人对合同必备条款达成一致意见。合同订立方式，就是当事人达成合意的方式。

《民法典》第471条规定："当事人订立合同，可以采取邀约、承诺方式或者其他方式。"要约、承诺方式是最为典型的合同订立方式。当事人合议的过程，是对合同内容协商一致的过程，很多都是经过要约、承诺完成的。向对方提出合同条件作出签订合同的意思表示称为"要约"，而另一方如果表示接受就称为"承诺"。一般而言，一方发出要约，另一方作出承诺，合同就成立了。但是，有时要约和承诺往往难以区分。许多合同是经过了一次又一次的讨价还价、反复协商才得以达成。

除要约、承诺这一典型的合同订立方式外，实践中还存在其他缔约方式。例如，证券场内交易，每一瞬间都有大量的买方和卖方的报价发出，交易系统按照价格优先、时间优先的规则由电脑自动撮合、逐笔不断成交，这种缔约方式就有别于要约、承诺方式。

3. 什么是要约?

要约是希望与他人订立合同的意思表示。要约在不同的情况下可以称为“发盘”“发价”等，发出要约的人称为“要约人”，接收要约的人称为“受要约人”。

一项订约的意思表示要成为一个要约，要取得法律效力，必须具备一定的条件。如不具备这些条件，作为要约在法律上就不能成立。根据《民法典》第472条的规定，要约应当符合下列条件：

一是要约的内容具体确定。要约的内容必须具备足以使合同成立的主要条件，这要求要约的内容必须是具体的和确定的，必须明确清楚，不能模棱两可、产生歧义。要约的效力在于，一经受要约人承诺，合同即可成立。因此，如果一个订约的意思表示含混不清、内容不具备一个合同的最根本的要素，是不能构成一个要约的。即使受要约人作出承诺，也会因缺乏合同的主要条件而使合同无法成立。一项要约的内容可以很详细，也可以较为简明，一般法律对此并无强制性要求。只要其内容具备使合同成立的基本条件，就可以作为一项要约。但究竟怎样才算具备了使合同成立的基本条件，如果法律有类似规定的要依据规定进行判断，最重要的是要根据具体情况进行判断。

二是要约必须表明经受要约人承诺，要约人即受该意思表示约束。这一点很重要，很多类似订约意思表示的表达实际上并不表示如果对方接受就成立了一个合同，如“我打算5000元把我的钢琴卖掉”，尽管是特定当事人对特定当事人的陈述，也不构成一个要约。能否构成一个要约要看这种意思表示是否表达了与被要约人订立合同的意愿。这要根据特定情况和当事人所使用的语言表达来判断。当事人在合同中一般不会采用诸如“如果承诺，合同就成立”这样明确的词语来表示。“要约必须表明经受要约人承诺，要约人即受该意思表示约束”中的“表明”，并不是要有明确的词语进行说明，而是整个要约的内容表明了这一点。

4. 什么是要约邀请?

要约邀请又称要约引诱，是邀请或者引诱他人向自己发出要约的表示，可以是向特定人发出的，也可以是向不特定的人发出的。要约邀请在实践中较为常见。要约邀请只是邀请他人向自己发出要约，自己再视情况予以承诺。要约邀请处于合同的准备阶段，虽然也是一种表示行为，但本身不具有使民事法律关系发生变动的内心意图，也不产生民法上的效果，没有法律约束力。但要约邀请也并不是单纯地建议他人与自己进行有关合同的讨论，而是明确提出订立合同的建议，只不过没有提出合同的具体内容。虽然在理论上，要约邀请与作为意思表示的要约有很大区别，如要约具有内容具体确定、受要约人的承诺对要约人具有约束力等特点，但事实上在很多情况二者往往很难区分。当事人可能原意是发出要约，但由于内容不确定只能被看作是一个要约邀请。当事人可能原意是发出要约邀请，但由于符合了要约的条件而会被认定为是一个要约。

5. 要约邀请的类型有哪些?

根据《民法典》第473条的规定，要约邀请的主要类型有：

1. 拍卖公告。拍卖是一种特殊买卖方式。一般认为，在拍卖活动中，竞买人的出价为要约，拍卖人击槌（或者以其他方式）拍定为承诺。拍卖人在拍卖前刊登或者以其他形式发出拍卖公告，对拍卖物及其价格进行宣传介绍等，属于要约邀请。

2. 招标公告。招标投标是一种特殊的订立合同的方式，广泛应用于货物买卖、建设工程、土地使用权出让与转让、技术转让等领域。这种方式的好处是，能够在最接近公平、合理的价格上达成交易、订立合同。对于招标公告或者招标通知，一般都认为属于要约邀请，不是要约。而投标是要约，招标人选定中标人，为承诺。

3. 招股说明书、债券募集办法和基金招募说明书。招股说明书是股份有限公司发起人向社会公开募集股份时或者公司经批准向社会公开发行新股时，向社会公众公开的说明文书。按照我国公司法的规定，发起人向社会公开募集股份，必须公告招股说明书，并制作认股书。法律规定要制定招股说明书并向社会公告，其目的是让社会公众了解发起人或者公司的情况和认股人所享有的权利和承担的义务。招股说明书是向社会发出的要约邀请，邀请公众向公司发出要约，购买公司的股份。

债券募集办法与基金招募说明书是应实践需求在合同法基础上新增加的要约邀请类型。公司发行公司债券，应当按照规定公告公司债券募集办法，对投资者作出投资决策有重大影响的信息予以记载并披露。投资者根据债券募集办法记载的情况决定是否购买债券。基金招募说明书是基金发起人公开发售基金时，为基金投资者提供的对基金情况进行说明的文件。投资者根据基金招募说明书载明的情况判断是否申购基金。债券募集办法和基金招募说明书，在性质上与招股说明书类似，都是具有法律意义的说明性文件，归属于要约邀请。

4. 商业广告和宣传。商业广告是指商品经营者或者服务提供者通过一定媒介和形式直接或者间接地介绍自己所推销的商品或者服务的广告。实践中，商品经营者或者服务提供者除通过商业广告外，还通过其他一些形式对商品或者服务进行宣传。商业广告和宣传的目的在于宣传商品或者服务的优点，并以此引诱顾客购买商品或者接受服务，为要约邀请。但法律并不排除商业广告和宣传如果符合要约的条件也可以成为要约。

一般的商业广告和宣传并不能构成一个要约，但也不排除有些内容确定的商业广告和宣传构成要约。依照《民法典》第472条规定，一项意思表示构成要约应当符合下列条件：一是内容具体确定；二是表明经受要约人承诺，要约人即受该意思表示约束。认定一项商业广告或者商业宣传是否符合要约的条件，需要根据实际情况进行判断。例如，一项商业广告称："我公司现有某型号的水泥1000吨，每吨价格200元，在10月1日前保证现货供应，欲购从速。"该商业广告的内容具体确定，"在10月1日前保证现货供应"的内容可能会被认定为其表明了一经承诺即受约束的意思，从而被视为要约。

5. 寄送的价目表。寄送的商品价目表是商品生产者或者销售者推销商品的一种方式。这种方式当然表达行为人希望订立合同的意思，但并不表明他人表示承诺就立即达成一个合同，自然不符合要约的条件，只能视作要约邀请。

6. 要约何时生效？

《民法典》第137条对有相对人的意思表示的生效时间作了专门规定。要约属于有相对人的意思表示，要约生效的时间自然应当适用《民法典》第137条规定。《民法典》第137条区分以对话方式作出的意思表示与以非对话方式作出的意思表示，对其生效时间分别作出规定，并对以非对话方式作出的采用数据电文形式的意思表示时间作了专门规定。

依照《民法典》第137条的规定，要约生效的时间可以从以下三个方面理解：

一是以对话方式发出的要约。所谓以对话方式发出的要约是指要约人采取使相对方可以同步受领的方式进行意思表示，如面对面交谈、电话等方式。在以这种方式进行的意思表示中，要约人作出意思表示和相对人受领意思表示是同步进行的，没有时间差。因此，要约人作出意思表示，相对人知道其内容时，要约生效。

二是以非对话方式发出的要约。对于以非对话方式发出的要约，要约人作出意思表示的时间与相对人受领意思表示的时间不同步，二者之间存在时间差。以非对话方式作出的意思表示在现实生活中存在的形式多样，如传真、信函等。《民法典》第137条规定以非对话方式作出的意思表示，到达相对人时生效。要约也属于一种意思表示，那么以非对话方式发出的要约，自然是到达相对人时生效。

三是以非对话方式作出的采用数据电文形式的要约。依照《民法典》第 137 条第 2 款规定，可以分三个层次对以数据电文形式发出的要约的生效时间予以理解：

第一，对以非对话方式发出的采用数据电文形式的要约，相对人指定特定系统接收数据电文的，该数据电文进入该特定系统时生效。这里的“特定系统”是指由某一方特别指定的接收系统。例如，一项要约明确指定了承诺应当发回的系统。如果只是在文件中显示了电子邮件或者传真印件的地址，但没有特别指定，则不应视为明确指定的一个信息系统。“进入”概念用以界定数据电文的收到时间。所谓一项数据电文进入一个信息系统，其时间是在该信息系统内可投入处理的时间。

第二，未指定特定系统的，相对人知道或者应当知道该数据电文进入其系统时生效。

第三，当事人对采用数据电文形式发出的要约的生效时间另有约定的，按照其约定。这是对《民法典》第 5 条自愿原则的贯彻落实，体现了民事活动对当事人意愿的尊重。

7. 什么是承诺?

《民法典》第 479 条规定：“承诺是受要约人同意要约的意思表示。”从性质上来说，承诺与要约一样，都属于意思表示。意思表示是指行为人为了产生一定民法上的效果而将其内心意思通过一定方式表达于外部的行为，是实现当事人意思自治的工具。承诺的表意人即受要约人具有使合同得以成立的意图。

承诺应当以通知或者其他适当的方式作出，并在承诺期限内到达要约人。符合生效要件的承诺可以发生受要约人预期的法律效果，使合同得以成立。在商业交易中，与要约称作“发盘”“发价”相对称，承诺称作“接受”。

对承诺的定义，可以从以下三个方面理解：

一是承诺须由受要约人作出。要约是要约人向受要约人发出的，受要约人是要约人选定的交易相对方，只有受要约人才具有作出承诺的资格，受要约人以外的第三人不具有承诺的资格。因此，第三人进行承诺不是承诺，只能视作对要约人发出了要约。但如果订约的意思表示是向不特定人发出的，并且该订约的意思表示符合要约条件构成要约的，则不特定人中的任何人均可以作出承诺，其一旦作出承诺，受要约人即为特定。

二是承诺须向要约人作出。承诺是对要约的同意，受要约人意在与要约人订立合同，当然要向要约人作出。如果承诺不是向要约人作出，则作出的承诺意思表示不视为承诺，不能达到与要约人订立合同的目的。

三是承诺的内容须与要约的内容保持一致。这是承诺最核心的要件，承诺必须是对要约完全的、单纯的同意。因为受要约人如想与要约人订立合同，必须在内容上与要约的内容保持一致，否则要约人就可能拒绝受要约人而使合同不能成立。如果受要约人在承诺中对要约的内容加以扩张、限制或者变更，便不能构成承诺，并可能构成一项新的要约。判断承诺的内容是否与要约的内容一致并非易事，受要约人对要约简单地回答同意并不多见，因此必须对受要约人的承诺进行分析。如果仅仅是表述的形式不同，而不是实质的不一致，则不应当否定承诺的效力。如果承诺中提出了一些新的条件，就要分析这些新的条件是否从实质上改变了要约的内容。如果没有从实质上改变要约的内容，则应当认为是对要约的承诺。如果从实质上改变了要约的内容，则不应认为是一项承诺，而构成了一项新要约。

8. 承诺何时生效?

承诺生效具有重要的法律意义。依照合同编的规定，承诺生效时，合同即成立，合同一成立即对当事人双方都产生法律约束力。承诺何时生效还直接影响承诺生效地点的确定。《民法典》第 492 条规定，承诺生效的地点为合同成立的地点。因此，承诺何时生效与合同成立的地点密切相关，与管辖法院的确定等都有密切联系。《民法典》第 484 条区分以通知方式作出的承诺与通过行为作出的承诺，对承诺的生效时间分别作了规定。

一是关于以通知方式作出的承诺的生效时间。《民法典》第 137 条对有相对人的意思表示的生效时间作了规定。承诺是一种有相对人的意思表示，以通知方式作出的承诺自然应当适用《民法典》第 137 条的规定。《民法典》第 137 条规定区分意思表示是以对话方式作出的还是以非对话方式作出的，分别对意思表示的生效时间作了规定。据此，对于以通知方式作出的承诺的生效时间，也应当区分承诺是以对话方式作出的还是以非对话方式作出的，分别对待。

1. 承诺是以对话方式作出的，即受要约人通过面对面交谈、电话等方式向要约人作出承诺的，受要约人作出承诺和要约人受领承诺是同步进行的，没有时间差。受要约人作出承诺并使要约人知道时即发生效力。

2. 承诺是以非对话方式作出的，如受要约人通过信函、传真、电子邮件等方式向要约人作出承诺的，受要约人作出承诺的时间与要约人受领承诺的时间不同步，二者之间存在时间差。以非对话方式作出的承诺的生效时间应当为“到达要约人时”。例如，实践中如果由于邮局等原因导致承诺通知延误的，在承诺仍为有效的前提下，承诺生效的时间应当为实际到达要约人时，不能以投递承诺通知时为准，也不能以邮局通常情形下会实际送达到要约人的时间为准。以非对话方式作出的采用数据电文形式的承诺，要约人指定特定系统接收数据电文的，该数据电文进入该特定系统时生效；未指定特定系统的，要约人知道或者应当知道该数据电文进入其系统时生效。要约人与受要约人对采用数据电文形式的承诺的生效时间另有约定的，按照其约定。

二是通过行为作出承诺的生效时间。承诺不需要通知的，根据交易习惯或者要约的要求作出承诺的行为时，承诺生效。举例说明：为建立一个数据库，甲要求乙编写一套专门的程序。在未给甲发出承诺通知的情况下，乙开始编写程序，并在完成后要求甲根据要约中所开列的条件付款。这种情况下，乙无权要求付款，因为乙从未通知甲，乙对要约的所谓承诺没有生效。但如果甲在其要约中通知乙随后的两周甲不在，如果乙有意承诺该要约，为节省时间，应立即着手编写程序。这种情况下，一旦乙开始编写工作，合同即告成立，即便乙未将承诺立即通知甲或在以后阶段通知甲。

9. 逾期承诺会产生什么样的法律效果?

根据《民法典》第 486 条规定，对逾期承诺的法律效果可以从两个方面理解：

一是逾期承诺视为新要约。“承诺期限”不但指要约人在要约中确定的承诺期限，还指要约人未确定承诺期限，而根据实际情况推断的合理期限。逾期承诺包括两类情形：第一类情形是，受要约人超过承诺期限发出承诺。这种情况下，承诺到达要约人时肯定也已经超过承诺期限。第二类情形是，承诺虽然是在承诺期限内发出的，按照通常情形不能及时到达要约人，并且也确实没有在承诺期限内到达要约人。在以上两类情形下，承诺到达要约人时，要约的承诺期限已过，受要约人发出的承诺对要约人不产生约束力，此承诺已不能作为一项有效承诺，只能作为一项新的要约。对该项新要约，原受要约人成为新要约的要约人，原要约人成为新要约的受要约人，双方位置互换，可以按照要约、承诺规则作新的处理。

二是虽然承诺已经迟延到达要约人，但是如果要约人及时通知受要约人该承诺有效的，该承诺仍为有效。这体现了对要约人意愿的尊重，也符合受要约人的利益，有利于促进交易。何谓“及时”，要根据交易的实际情况予以判断。

《民法典》第 487 条还对因传递迟延造成的逾期承诺的法律效果作了专门规定。依照《民法典》第 487 条规定，受要约人在承诺期限内发出承诺，按照通常情形能够及时到达要约人，但是因其他原因致使承诺到达要约人时超过承诺期限的，该承诺有效，但允许要约人及时否定该承诺的效力，即如果要约人及时通知受要约人因承诺超过期限不接受该承诺的，则该承诺对要约人不产生约束力。

10. 承诺对要约内容作出变更会产生什么法律效果？

根据承诺对要约内容作出的是实质性变更还是非实质性变更，将会产生不同的法律效果。

依照《民法典》第 488 条规定，受要约人对要约的内容作出实质性变更的，不产生承诺的效力，只能作为一项新要约。有关合同标的、数量、质量、价款或者报酬、履行期限、履行地点和方式、违约责任和解决争议方法等的变更，是对要约内容的实质性变更。该条对于实质性条款项目的开列具有提示性质，在实际交易的具体合同中，哪些条款内容的变更构成实质性变更，还需就个案进行具体分析。

依照《民法典》第 489 条规定，承诺对要约的内容作出非实质性变更的，除要约人及时表示反对或者要约表明承诺不得对要约的内容作出任何变更外，该承诺有效，合同的内容以承诺的内容为准。

11. 法律、行政法规规定或者当事人约定合同应当采用书面形式订立，当事人未采用书面形式，该合同是否成立？

法律、行政法规规定或者当事人约定合同应当采用书面形式订立，一般来说，主要是考虑到有些合同类型各方权利义务关系比较复杂，采用书面形式订立合同对明确各方当事人的权利义务、责任至关重要，对促进合同履行、预防和处理纠纷都具有重要意义。如果法律、行政法规规定或者当事人约定合同应当采用书面形式订立，当事人就应当采用书面形式订立合同。但是，并不能反推说，当事人未采用书面形式的，合同一定不成立。《民法典》第 490 条第 2 款规定就属于当事人未按照规定或者约定采用书面形式但合同仍成立的一种情形。依照该款规定，即使合同没有按照法律、行政法规规定或者当事人约定采用书面形式订立，但是一方已经履行主要义务，对方接受时，应视为合同成立符合双方当事人的共同意愿，该合同成立。

12. 什么是预约合同?

《民法典》第 495 条对预约合同的定义作了界定，即当事人约定在将来一定期限内订立合同的认购书、订购书、预订书等，构成预约合同。预约合同最本质的内涵是约定将来一定期限内订立合同。当事人就将来一定期限内订立合同达成合意，即可构成预约合同。将来应当订立的合同称为本约或者本约合同，约定订立本约的合同称为预约或者预约合同。对此，应当着重把握三点：一是预约合同的成立，必须是双方当事人达成了合意，对双方当事人均具有约束力。例如，甲、乙约定，甲将于两个月期满后，把自己的房子以市场价格优先卖给乙，乙届时应当购买。该约定不仅对甲具有约束力，对乙也有约束力，甲、乙之间的约定构成预约合同。此外，预约合同也可能是多方当事人达成的，如甲、乙二人拟合伙经营某一共同事业，还想再邀请丙加入，为确保将来合伙合同能够成立，甲、乙二人可以先与丙订立预约合同，约定将来一定期限内订立合伙合同。二是预约合同当事人合意的内容是将来订立本约，就将来订立本约的意思表示达成一致。如果当事人只是就将来达成某一交易进行磋商甚至已经就部分条款达成初步合意，但没有将来订立本约的意思表示，仍然不成立预约合同。三是将来订立本约应当是确定的。当事人在约定的期限内确定要订立合同。如果是否订立本约并不确定，如当事人约定两个月期满后再“考虑”订立本约，此种情形下将来订立本约并没有成为当事人的一项确定性义务，也就不构成预约合同。

预约合同与本约合同有所区别。是否要另行订立合同，是预约合同与本约合同最显著的区别。预约合同的目的在于订立本约合同，预约合同当事人的义务就是在一定期限内订立本约合同，订立本约合同是预约合同得到履行的结果。本约合同当事人可直接履行各自义务（例如，一方交付货物、另一方支付货款），实现合同目的，无须再另行订立合同。

当事人签订的认购书、订购书、预订书并不是确定无疑一定构成预约合同，其是否构成预约合同，关键还是要看当事人是否对将来一定期限内订立本约合同达成合意。如果认购书、订购书、预订书等不符合预约合同的这一本质内涵，就不能构成预约合同。另外，即使属于这一条没有列举的其他形式，如有的意向书，只要符合预约合同的这一本质内涵，也属于预约合同。

13. 如何理解格式条款提供方对格式条款所负有的提示、说明义务?

格式条款是优势一方当事人单方提供的，并没有经过与相对方的充分磋商，相对方对条款的内容并不充分了解，对与自己有重大利害关系的条款并不一定能注意到，即使注意到了，也不一定真正理解。为了让相对人在缔约时，能够充分注意并理解格式条款的内容，从而对合同订立的效果作出合理的判断，《民法典》第 496 条第 2 款规定了格式条款提供方对与对方有重大利害关系条款的提示、说明义务。依照该规定，格式条款提供方应当采取“合理的方式”提示对方注意免除或者减轻其责任等与对方“有重大利害关系的条款”，还要按照对方的要求，对该条款予以说明、解释，使相对方真正理解该条款的含义。采用“合理的方式”，目的在于使相对方充分注意。例如，实践中一些格式条款采用特别的字体予以提示。对于采取“合理的方式”具体指应当采用什么方式，要视具体情况而定，要能引起相对方的注意。“有重大利害关系的条款”，一般来说主要包括但不限于格式条款提供方免除或者减轻其责任、加重对方责任、限制或者排除对方主要权利等。“有重大利害关系的条款”的认定要视格式条款的具体情况而定。例如，对于经营者单方提供的与消费者之间的格式条款，“有重大利害关系的条款”就不能仅限于以上几类，对消费者权益有重大影响的内容都要提示、说明。消费者权益保护法还对此作了特别规定。《消费者权益保护法》第 26 条第 1 款规定：“经营者在经营活动中使用格式条款的，应当以显著方式提请消费者注意商品或者服务的数量和质量、价款或者费用、履行期限和方式、安全注意事项和风险警示、售后服务、民事责任等与消费者有重大利害关系的内容，并按照消费者的要求予以说明。”

14. 什么是悬赏广告？

悬赏广告在经济社会中较为常见。依据《民法典》第499条规定，悬赏广告的构成要满足以下三个条件：一是要以公开的方式作出声明。公开的具体方式，可以是通过广播电视、报纸期刊或者互联网等媒介发布，也可以是在公众场所发传单、在公开的宣传栏张贴广告等。二是悬赏人在声明中提出明确的要求，即要完成特定行为。声明对于该要求，要有具体、明确的表达，不能含混不清。三是悬赏人具有支付报酬的意思表示，即对完成特定行为的人给付一定报酬。悬赏人应当对报酬的形式、给付方式等作出明确的表达；如果报酬是给付金钱，应当明确金钱的币种、数额等。对于满足以上条件的悬赏广告，完成该特定行为的人可以请求悬赏人支付报酬，悬赏人不得拒绝。

15. 当事人承担缔约过失责任，应当赔偿对方哪些损失？

在合同订立过程中，当事人基于对对方的信赖，为合同的成立做了一些前期准备工作，根据《民法典》第500条的规定，对方当事人若假借订立合同，恶意进行磋商；故意隐瞒与订立合同有关的重要事实或者提供虚假情况；有其他违背诚信原则的行为，造成当事人损失的，应当承担赔偿责任。缔约过失责任的赔偿范围以受损害的当事人的信赖利益的损失为限，包括直接利益的减少，如谈判中发生的费用，还包括受损害的当事人因此失去与第三人订立合同机会的损失。具体的损失额根据案件实际情况进行计算，但不得超过合同履行利益即合同成立并得到履行后所获得的利益。

16. 当事人在订立合同过程中是否负有保密义务？

当事人在合同订立过程中，可能会知悉对方的商业秘密或者其他应当保密的信息，《民法典》第501条明确规定，当事人对此负有保密义务，将其作为当事人的一项法定义务。

依照《民法典》第501条规定，无论合同是否成立，当事人均不得泄露或者不正当地使用应当保密的信息。按照我国《反不正当竞争法》第9条第4款的规定，商业秘密是指不为公众所知悉、具有商业价值并经权利人采取相应保密措施的技术信息、经营信息等商业信息。商业秘密中的技术信息涉及有关技术数据、技术知识，表现为产品配方、工艺流程、设计图纸等，可以给权利人带来很大的经济利益。商业秘密中的经营信息涵盖广泛，包括管理方法、销售策略、发展规划、客户名单等，对其经营活动意义重大，往往是其立足市场、保持竞争力的重要基础。当事人为达成协议，可能会将自身掌握的商业秘密告知对方，但一般也会提醒对方不得泄露、使用。在这种情况下，对方当事人负有不予泄露的义务，也不能不正当使用。在有些情况下，虽然一方当事人没有明确告知对方当事人有关信息是商业秘密，但基于此种信息的特殊性质，按照一般的常识，对方当事人也不得泄露或者不正当地使用，否则有悖诚信原则。比如，乙与丙是两个主要的轿车生产商。甲有意与乙或者丙达成一项合资企业协议。在与乙的谈判过程中，甲收到了乙关于新型车设计方案的详细资料。尽管乙没有明确要求甲将该信息作为商业秘密予以保密，但因为这是一种新型车的设计方案，甲负有不向丙披露的义务，也不能将该设计方案用于自己的生产程序。

此外，还有其他一些信息虽然不构成商业秘密，但也对当事人的经营活动具有重大意义，也属于应当保密的信息。根据诚信原则，当事人在订立合同过程中知悉这些信息的，无论合同是否成立，也不得泄露或者不正当地使用。当然在有些情况下，当事人双方在合同谈判的过程中交换的信息可能很有用、也很有价值，但也不一定都属于应当保密的信息。比如，当事人要购买一种机器，可以向很多生产或者出售这种机器的商家发出要约邀请，邀请他们发出要约，介绍所生产或者出售的机器的价格、性能、技术指标等基本信息。在这个过程中，当事人会了解到这些基本信息，这些基本信息对于更好地选择商家订立合同很有价值，但一些情况下也可能不属于应当保密的信息。

当事人泄露、不正当地使用该商业秘密或者其他应当保密的信息造成对方损失的，应当承担赔偿责任。违法泄露或者不正当地使用商业秘密的，不仅限于承担民事赔偿责任，还有可能承担行政责任甚至刑事责任。

17. 无权代理人以被代理人的名义订立合同，被代理人已经开始履行合同义务或者接受相对人履行的，会产生什么法律效果？

行为人无代理权却以被代理人的名义实施民事法律行为，不符合被代理人的意愿，法律效果不能直接及于被代理人，本应对被代理人不发生效力，但是考虑到行为人实施的民事法律行为并非都是对被代理人不利的，有些可能是对被代理人有利的。而且，既然代理行为已经完成，如果被代理人事后愿意承认，从鼓励交易、维护交易秩序稳定以及更好地保护各方当事人利益的角度出发，也没有必要一概否定其效力。

无权代理人以被代理人的名义订立合同后，被代理人对该无权代理行为享有追认的权利。一般情况下，被代理人实际进行追认的，都是以口头或者书面等明示的方式作出追认的意思表示。但在一些情况下，被代理人没有以明示的方式作出追认或者拒绝的意思表示，但已经开始履行合同义务或者接受相对人履行。被代理人开始履行合同义务或者接受相对人履行的行为，是对无权代理行为的正面反馈，属于一种积极的作为。《民法典》第503条对此作出明确规定，被代理人已经开始履行合同义务或者接受相对人履行的，视为对合同的追认。

18. 法定代表人或者负责人超越权限订立合同，会产生什么效力？

在日常经济社会生活中，法人或者非法人组织的民事活动是经过其法定代表人、负责人进行的。但是实践中存在一些法定代表人、负责人超越权限订立合同的情形，如何对待此类合同的效力？法人的法定代表人或者其他组织的负责人是代表法人或者其他组织行使职权的，一般来说，法人的法定代表人或者其他组织的负责人本身就是法人或者其他组织的组成部分，法定代表人的行为或者其他组织负责人的行为就是法人或者其他组织的行为，因此，他们执行职务的行为所产生的法律后果都应当由法人或者其他组织承受。对此，《民法典》第 61 条第 2 款作了明确规定，法定代表人以法人名义从事的民事活动，其法律后果由法人承受。法人的法定代表人或者非法人组织的负责人以法人或者其他组织的名义与相对人订立合同的，相对人一般认为法定代表人或者其他组织的负责人就是代表法人或者其他组织，相对人往往并不知道也难以知道，一般也没有义务知道法定代表人或者其他组织负责人的权限到底有多大，法人或者其他组织的内部管理规定也不应对合同的相对人形成约束力。如果法人的法定代表人或者其他组织的负责人超越权限而订立合同的，代表行为无效，所订立的合同对法人或者非法人组织不发生效力，将会严重损害合同相对人的利益，不利于保护交易的安全，也会助长一些法人或者其他组织借此逃避责任，谋取不当利益。

依照《民法典》第 504 条规定，法人的法定代表人或者非法人组织的负责人超越权限订立合同的，一般情况下代表行为有效，所订立的合同对法人或者非法人组织发生效力。但如果合同的相对人在订立合同时知道或者应当知道法人的法定代表人或者其他组织的负责人的行为是超越权限的，而仍与之订立合同，则具有恶意，此时没有对合同的相对人加以保护的必要，即该合同对法人或者非法人组织不发生效力。

19. 市场主体超越经营范围订立的合同有效吗?

经营范围是市场主体从事经营活动的业务范围。我国在相当一段时间内对市场主体经营范围的管控还是比较严格的。1986 年公布、1987 年施行的《民法通则》第 42 条规定，企业法人应当在核准登记的经营范围内从事经营。第 49 条规定，企业法人超出登记机关核准登记的经营范围从事非法经营的，除法人承担责任外，对法定代表人可以给予行政处分、罚款，构成犯罪的，依法追究刑事责任。1993 年颁布的《公司法》第 11 条规定“公司应当在登记的经营范围内从事经营活动”，对经营范围的管理仍然比较严格。相应地，超越经营范围而订立的合同往往会被认定为无效合同。随着我国社会主义市场经济的快速发展，这种做法越来越不能适应实践需求，不利于保障交易安全，不利于促进市场交易和激发市场活力。1999 年合同法颁布后，司法实践对超出经营范围订立的合同的效力作了进一步探索。1999 年最高人民法院公布施行的《最高人民法院关于适用〈中华人民共和国合同法〉若干问题的解释（一）》第 10 条规定：“当事人超越经营范围订立合同，人民法院不因此认定合同无效。但违反国家限制经营、特许经营以及法律、行政法规禁止经营规定的除外。”该规定原则上确立了当事人超越经营范围订立合同一般不影响合同效力。2005 年全面修订后的《公司法》第 12 条规定，公司的经营范围由公司章程规定，并依法登记。公司可以修改公司章程，改变经营范围，但是应当办理变更登记。至此，我国对于公司法人的经营范围已经基本放开。理论和实务中对于超越经营范围订立的合同的效力也取得了趋于一致的认识，即合同效力一般不因超越经营范围而受到影响。

《民法典》第505条对当事人超越经营范围订立的合同的效力问题予以明确，即当事人超越经营范围订立的合同的效力，应当依照民法典总则编第六章第三节和合同编的有关规定确定，不得仅以超越经营范围确认合同无效。民法典总则编第六章第三节和合同编对合同的效力问题作了全面、系统的规定。对当事人超越经营范围订立的合同效力的判断，应当依照这些规定确定，如要看是否有违反法律、行政法规强制性规定的情形等，而不得仅以超越经营范围确认合同无效。

20. 哪些免责条款是无效的?

合同中的免责条款是指合同中的双方当事人在合同中约定的免除或者限制一方或者双方当事人责任的条款。一般来说，当事人经过充分协商确定的免责条款，只要是完全建立在当事人自愿的基础上，免责条款又不违反社会公共利益，法律是承认免责条款的效力的。但是对于严重违反诚信原则和社会公共利益的免责条款，法律是禁止的，否则不但将造成免责条款的滥用，而且还会严重损害一方当事人的利益，也不利于保护正常的合同交易。

《民法典》第506条规定了以下两种免责条款无效：一是造成对方人身伤害的条款无效。对于人身的健康和生命安全，法律是给予特殊保护的。如果允许免除一方当事人对另一方当事人人身伤害的责任，那么就无异于纵容当事人利用合同形式对另一方当事人的生命健康进行摧残，这与保护公民的人身权利的宪法原则是相违背的。在实践当中，这种免责条款一般也都是与另一方当事人的真实意思相违背的。所以对于这类免责条款应当加以禁止。二是因故意或者重大过失给对方造成财产损失的免责条款无效。之所以将免除因故意或者重大过失造成对方财产损失的条款确认无效，是因为这种条款严重违反了诚信原则，如果允许这类条款的存在，就意味着允许一方当事人利用这种条款不公平对待对方当事人，损害对方当事人的权益，这是与合同制度的设立目的相违背的。

21. 合同约定不明时，如何确定合同内容？

合同内容一般包括合同主体即当事人的姓名或者名称和住所、标的、数量、质量、价款或者报酬、履行期限、履行地点和方式等。一般来说，合同的标的、数量是合同的必备条款，需由当事人明确约定。当事人对合同的标的、数量没有约定或者约定不明确的，合同内容无法确定，合同不成立。但当事人就质量、价款或者报酬、履行期限、履行地点和方式等没有约定或者约定不明的，一般并不影响合同成立，可以就这些内容进行补充。这也体现了合同法应当尽可能鼓励交易、促成交易达成的立法目的。

依照《民法典》第510条规定，合同生效后，当事人就质量、价款或者报酬、履行地点等内容没有约定或者约定不明确的，第一，可以协议补充。按照民法自愿原则，当事人有权自主决定合同内容。在当事人就合同有关内容没有约定或者约定不明确时，由当事人通过协商的方式达成补充协议，是对民法自愿原则的体现和落实，也是最有效地补充合同内容、保障合同得以履行的方式。第二，如果当事人就有关内容不能达成补充协议，则按照合同相关条款或者交易习惯确定。合同各条款都是当事人协商一致的结果，体现了当事人的真实意愿。合同条款与条款之间在表达上往往存在一定的关联，在合同欠缺有关内容或者对有关内容约定不明确时，可以结合相关条款探寻当事人真实的意图，进而补充所欠缺的内容或者将不明确的内容予以明确。交易习惯在一定范围内被普遍接受和采用，或者在特定当事人之间经常使用。在合同欠缺有关内容或者对有关内容约定不明确时，交易习惯也可以用来对合同内容进行补充。

22. 某一连带债务人向债权人承担债务后，如何向其他连带债务人追偿？

连带债务人向债权人履行债务后，债权相应消灭，连带债务人与债权人之间的外部关系转化为该连带债务人与其他连带债务人之间的内部关系。《民法典》第519条规定，连带债务人实际承担的债务须超过自己的债务份额，才能向其他连带债务人行使追偿权，并且行使追偿权的范围限于实际承担债务超过自己份额的部分。连带债务在内部关系上表现为各债务人按照各自的份额分担债务。基于此，连带债务人应当就实际承担债务超过自己份额的部分，在其他连带债务人未履行的份额范围内行使追偿权，即只能主张其他连带债务人各自应当承担的债务份额内未履行的部分，而不是就该超出部分要求其他债务人承担连带债务。例如，债权人甲对连带债务人乙、丙、丁享有150万元的债权，乙、丙、丁约定平均分担该笔债务，即就内部关系而言每人的债务份额为50万元。现乙向甲清偿了全部债务，乙就超过自己份额的部分即100万元有权向丙、丁追偿，就这100万元丙、丁并不对乙承担连带债务，而是每人只承担各自份额50万元，乙也无权要求丙或者丁各自承担超过50万元的债务部分。

《民法典》第519条还规定，连带债务人在向其他连带债务人追偿时，相应地享有债权人的权利。连带债务人所享有的债权人的权利，比较典型的是债权所附的担保等从权利。连带债务人之一通过清偿债务使债权人对连带债务人的债权消灭的，由作出清偿的连带债务人在一定范围内取得原债权人的地位，取得原债权人所享有的担保权等权利。同时考虑到连带债务规则设立的目的主要是保护债权人，为了合理平衡债权人与享有追偿权的连带债务人之间的利益，《民法典》第519条还规定，实际承担债务的连带债务人享有债权人的权利，但是不得损害债权人的利益。举一例予以说明：某一债权人对连带债务人A、B、C享有100万元债权，连带债务人A、B、C内部约定了各自份额，A承担50万元、B承担30万元、C承担20万元，D还就自己的财产为债务人B就连带债务向债权人设定了抵押。现A向债权人清偿了70万元债务，B、C未向债权人清偿。依照这一条规定，A不仅享有追偿权，还享有债权人的权利，即A就超过自己份额的部分即20万元有权向B、C追偿，同时还取得了债权人对 D 提供的抵押财产所享有的抵押权。但是，本案中债权人还有 30 万元未获清偿，依照这一条规定，连带债务人享有债权人的权利不得损害债权人的利益，那么债权人就未获清偿的 30 万元债务对 D 提供的抵押财产所享有的抵押权，在顺位上要优先于 A 就抵押财产所取得的抵押权。

此外，为了合理平衡享有追偿权的连带债务人与其他连带债务人之间的利益，《民法典》第 519 条还规定，其他连带债务人对债权人的抗辩，可以向该债务人主张。比如，其他连带债务人对债权人的债权数额有异议的，本可以向债权人提出抗辩，现就可以向享有追偿权的连带债务人提出抗辩。再如，实际承担债务的连带债务人甲向其他连带债务人乙追偿，并行使债权人对连带债务人乙所享有的抵押权时，为债权人设定抵押的连带债务人乙认为抵押权未依法设立、已经变更或者消灭的，本可以向债权人提出抗辩，现就可以向进行追偿的连带债务人甲主张抗辩。

23. 某一连带债务人在向其他连带债务人进行追偿时，如果其他连带债务人之一发生了破产等情形致使不能履行其应当分担的份额的，如何处理？

实际承担债务超过自己份额的连带债务人在向其他连带债务人进行追偿时，只能要求其他连带债务人在各自未履行的份额范围内分担债务。如果其他连带债务人之一发生了破产等情形致使不能履行其应当分担的份额的，实际承担债务的连带债务人的追偿权就难以全部实现。《民法典》第 519 条第 3 款基于公平考虑，规定被追偿的连带债务人不能履行其应分担份额的，其他连带债务人应当在相应范围内按比例分担。该规定中的“其他连带债务人”是指除了不能履行其应分担份额的连带债务人之外的所有连带债务人，包括实际承担债务后行使追偿权的连带债务人。举例如下：连带债务人A、B、C、D对债权人E负200万元债务，连带债务人内部平均分担债务，即每个连带债务人的内部分担份额为50万元。A向E清偿了200万元债务，使连带债务人对债权人的债务全部消灭，A就自己实际承担的债务超出自己份额的部分即150万元享有向B、C、D的追偿权，B、C、D各自向A分担50万元。现B破产，A向B只追偿到20万元，B应分担的另外30万元份额已经不能履行。此时，依照这一条规定，B不能履行的30万元份额，由A、C、D三个连带债务人按照比例（50∶50∶50）分担，每人分担10万元份额，即A就B不能履行的30万元债务，自己承担10万元，可以向C、D每人主张10万元。

24. 债权人免除部分连带债务人的债务的，其他连带债务人是否还需要向债权人履行债务？

依照《民法典》第520条规定，债权人免除其中一个或者部分连带债务人的债务的，债权人仍可向其他债务人请求履行，但是其他债务人承担的连带债务数额要扣除被免除的连带债务人应当承担的内部份额。例如，债权人对连带债务人甲、乙、丙享有100万元债权，就连带债务人内部而言，甲承担20万元、乙承担30万元、丙承担50万元。现债权人表示免除甲的债务。此时，债权人仍可向乙、丙主张债权，但是要扣除甲承担的份额 20 万元，即乙、丙对债权人只承担 80 万元连带债务。

25. 对于连带债权，实际受领债权的连带债权人是否应当向其他连带债权人返还？

依照《民法典》第 521 条规定，实际受领债权的连带债权人，应当按比例向其他连带债权人返还，返还的数额按照连带债权人的份额比例计算。例如，连带债权人甲、乙、丙对债务人享有 300 万元连带债权，连带债权人甲、乙、丙内部份额比例为 5∶2∶3。债务人向甲给付 100 万元债权。这种情况下，债权人应当按照比例 5∶2∶3 向连带债权人乙、丙返还，即向乙返还 20 万元，向丙返还 30 万元，甲留下自己的债权比例部分 50 万元。

26. 什么是由第三人履行的合同？

由第三人履行的合同，又称第三人负担的合同，指双方当事人约定债务由第三人履行的合同。例如，甲、乙约定，甲欠乙的钱由丙偿付，即由第三人履行的合同；再如，某一产品的经销商与买受人订立买卖合同，双方约定由该产品的生产商直接向买受人交付产品，也属于比较典型的由第三人履行的合同。由第三人履行的合同，往往具有减少交易环节、提高交易效率的功能。《民法典》第 523 条对由第三人履行的合同作了规定，即当事人约定由第三人向债权人履行债务，第三人不履行债务或者履行债务不符合约定的，债务人应当向债权人承担违约责任。根据该条规定，由第三人履行的合同，具有三个特点：

一是合同是在债权人与债务人之间订立，以债权人、债务人为合同双方当事人，第三人不是合同当事人。第三人向债权人履行债务的原因，可能基于第三人与债务人之间存在的法律关系（例如，第三人与债务人存在交易、委托等合同关系），也可能基于非法律关系（例如，第三人基于与债务人之间的情谊，自愿向债权人履行债务）等。第三人向债权人履行债务是基于什么原因，不属于由第三人履行合同的问题，不影响由第三人履行合同的成立和生效。

二是合同标的是第三人向债权人的履行行为。由第三人履行的合同，不是由债务人直接向债权人履行债务，而是由第三人向债权人履行债务。根据合同相对性原则，合同仅对合同当事人产生法律约束力。对于由第三人履行的合同，虽然合同债权人与债务人约定由第三人向债权人履行债务，但是由于第三人不是合同当事人，合同对该第三人并没有法律约束力。第三人不向债权人履行债务的，可能会向债务人承担责任，但这是基于债务人与第三人的约定，而不是基于由第三人履行的合同。

三是第三人不履行债务的违约责任，由债务人承担，而不是由第三人承担。债务人是合同当事人，而不是第三人的代理人。第三人不履行债务或者履行债务不符合约定的，由债务人向债权人承担违约责任。

需要注意的是，《民法典》第523条规定的由第三人履行的合同没有突破合同相对性，不解决债权人是否具有直接请求第三人履行的问题。债权人是否享有直接请求第三人履行的权利，属于真正利益第三人合同的范畴，要看债务人与第三人之间是否订有以债权人为受益人的真正利益第三人合同。例如，某一产品的经销商甲与买受人乙订立买卖合同，甲、乙之间约定由该产品的生产商丙直接向买受人乙交付产品，甲、乙之间的该约定属于由第三人（丙）履行的合同，乙不能依据由第三人履行的合同请求丙直接向其履行。但同时，经销商甲又与生产商丙订立了真正利益第三人合同，约定买受人乙可以直接请求丙向其履行的，乙取得了直接请求丙向其履行的权利，丙不履行或者履行不符合约定的，乙可以依法要求丙承担违约责任。

27. 什么是同时履行抗辩权？

同时履行抗辩权是指在没有先后履行顺序的双务合同中，一方当事人在对方当事人未履行或者履行不符合约定的情况下，享有拒绝对待给付的权利。同时履行抗辩权针对的是当事人互负债务，但是没有先后履行顺序的情况。从公平角度考虑，这种情况下当事人应当同时履行，当事人可以行使同时履行抗辩权对抗对方当事人的履行请求权。《民法典》第525条对同时履行抗辩权作了明确规定。根据该条规定，同时履行抗辩权的成立，要具备以下四个要件：

一是须基于同一双务合同互负债务，在履行上存在关联性。例如，买卖合同中，卖方负有交付货物的义务，买方负有交付货款的义务。租赁合同中，出租人负有提供租赁物的义务，承租人负有交付租金的义务。单务合同仅一方负有债务，另一方享有债权，自然不适用同时履行抗辩权。

二是当事人的债务没有先后履行顺序。如果当事人互负债务，但是按照当事人约定等能够确定先后履行顺序的，自无同时履行抗辩权的适用余地，可能会适用的是后履行抗辩权和不安抗辩权制度。

三是须双方所负的债务均已届履行期。如果一方当事人的债务尚未到期，在对方当事人请求履行时，该当事人可以主张债务履行期尚未届至的抗辩，无须适用同时抗辩权制度。

四是对方当事人未履行自己所负的债务或者履行债务不符合约定仍然提出履行请求。履行债务不符合约定的情况，包括部分履行、瑕疵履行等。例如，1 万吨大米的买卖合同，卖方交付了 8000 吨大米，尚缺 2000 吨，抑或卖方交付的 1 万吨大米的质量不符合约定，但卖方仍然要求买方支付全部货款。再如，房屋租赁合同的出租人提供的房屋，存在屋顶漏水等严重问题，仍然请求承租人支付全部租金。

关于同时履行抗辩权的效力，《民法典》第 525 条规定，对于对方不履行债务的，当事人在对方履行之前有权拒绝其履行请求。对于对方履行债务不符合约定的，当事人有权拒绝其相应的履行请求。例如，前面举的例子，1 万吨大米的买卖合同，卖方交付了 8000 吨大米，尚缺 2000 吨，买方可以只支付 8000 吨大米的货款，有权拒绝支付尚缺的 2000 吨大米的货款。

同时履行抗辩权属延期的抗辩权，只是暂时阻止对方当事人请求权的行使，而非永久的抗辩权。对方当事人完全履行了合同义务，同时履行抗辩权消灭，当事人应当履行自己的义务。当事人行使同时履行抗辩权致使合同迟延履行的，该当事人不承担违约责任。

28. 什么是后履行抗辩权?

后履行抗辩权是指在双务合同中应当先履行的一方当事人未履行或者履行债务不符合约定的，后履行的一方当事人享有拒绝对方履行请求或者拒绝对方相应履行请求的权利。

《民法典》第526条对后履行抗辩权的成立要件及效力作了规定。依照这一条规定，后履行抗辩权的成立，需具备以下要件:

一是需基于同一双务合同。双方当事人因同一合同互负债务，在履行上存在关联性。后履行抗辩权不适用于单务合同。

二是当事人的债务有先后履行顺序。当事人互负债务，并且能够确定先后履行顺序。这种履行顺序的确立，或依法律规定，或按当事人约定，或按交易习惯。一些法律对双务合同的履行顺序作了规定。当事人在双务合同中也可以约定履行顺序，谁先履行，谁后履行。在法律未有规定、合同未有约定的情况下，双务合同的履行顺序可依交易习惯确立。例如，在饭馆用餐，先吃饭后交钱。在旅店住宿，先住宿后结账。合同也可采用其他一些方法确立谁先履行。例如，在一项买卖合同中，谁也不愿先履行，卖方不愿先交货，怕买方收货不交钱。在这种情况下，当事人可以约定由银行协助双方履行，买方先将货款打入银行，由银行监管此款，卖方即行发货，买方验收后，银行将款项拨付卖方。合同按此顺序履行。

三是应当先履行的当事人不履行债务或者履行债务不符合约定。例如，对于应先交付租赁物再付租金的租赁合同，出租方不按时交付租赁物或者交付的租赁物不符合约定。再如，对于先供货再付款的买卖合同，供货方不交付商品或者交付的商品不符合约定。

四是后履行一方当事人的债务已届履行期。如果后履行一方当事人的债务尚未到期，在对方当事人请求履行时，后履行一方当事人可以主张债务履行期尚未届至的抗辩，无须适用后履行抗辩权制度。

符合上述条件，后履行的一方当事人可以行使后履行抗辩权，对抗应先履行债务的对方当事人的履行请求。应先履行合同债务的当事人不能行使后履行抗辩权。

关于后履行抗辩权的效力，后履行抗辩权属延期的抗辩权，只是暂时阻止对方当事人请求权的行使，非永久的抗辩权。对方当事人履行了合同义务，后履行抗辩权消灭，当事人应当履行自己的义务。后履行一方当事人行使后履行抗辩权致使合同迟延履行的，该当事人不承担违约责任，迟延履行的责任由对方承担。后履行一方当事人行使后履行抗辩权，不影响追究应当先履行一方当事人的违约责任。

29. 什么是不安抗辩权?

双务合同中，在后履行债务一方丧失或者可能丧失债务履行能力的情况下，仍然要求应先履行债务一方先作出给付，有悖公平，因此法律设立不安抗辩权制度，赋予应先履行债务一方在这些情况下中止履行债务的权利。依照《民法典》第527条规定，不安抗辩权的成立需具备以下要件：

一是当事人需基于同一双务合同互负债务。这也是合同编规定的三大抗辩权，即同时履行抗辩权、后履行抗辩权和不安抗辩权共同的成立要件。三大抗辩权均不适用于单务合同。

二是当事人互负的债务有先后履行顺序。这也是不安抗辩权和后履行抗辩权共同的成立要件，只是不安抗辩权应当由先履行债务的一方当事人享有，后履行抗辩权由后履行债务的一方当事人享有。当事人互负的债务没有先后履行顺序的，属于同时履行抗辩权的成立要件。

三是后履行的当事人发生了丧失或者可能丧失债务履行能力的情形。这些情形包括经营状况严重恶化，转移财产、抽逃资金以逃避债务，丧失商业信誉，以及其他丧失或者可能丧失履行债务能力的情形。例如，某商业银行根据其与某企业之间的借款合同发放贷款前，由于市场骤然变化致使该企业产品难以销售，很可能导致无力还贷，商业银行有权行使不安抗辩权，中止发放贷款。又如，某娱乐文化公司邀请一明星歌手演唱，约定先付演出费若干，因歌手生病住院可能难以如期演唱，娱乐文化公司即可以行使不安抗辩权，不向歌手预付约定的演出费。

对于后履行的当事人发生了丧失或者可能丧失债务履行能力的情形，应先履行债务的当事人必须要有确切的证据证明。如果有确切的证据证明，则属于正当行使不安抗辩权，可以中止履行顺序在先的债务；如果没有确切的证据证明而中止履行的，则属于违约行为，应当先履行债务的当事人要承担违约责任。由此可以看出，有无确切的证据证明是非常关键的因素，直接决定中止履行行为是正当行使不安抗辩权，还是属于违约行为。“有无确切的证据证明”，不是由先履行债务的当事人单方决定的。如果事后双方当事人对“有无确切的证据证明”产生争议，应当由应先履行债务的一方当事人承担举证责任，由仲裁机构或者法院作出最终裁断。因此，应当先履行债务的当事人要根据自己掌握的对方丧失或者可能丧失债务履行能力的证据情况谨慎为之，慎重行使不安抗辩权，不能凭空推测或凭借主观臆想而断定对方丧失或者可能丧失债务履行能力，没有确切证据证明而单方中止履行合同的，应当承担违约责任。

30. 债务人是否可以提前履行债务?

民法典合同编将全面履行作为合同履行的原则，当事人应当按照约定全面履行自己的义务，包括按照约定的履行期限履行债务。履行期限是债权人和债务人双方根据自身经济活动的情况和需要而作出的约定，属于合同的重要内容。债务人提前履行债务，属于违反合同约定的行为，可能会给债权人带来不便，甚至会损害债权人利益。例如，甲订购了乙家具公司的沙发、桌椅用于新购住房使用，并约定了送货日，现乙家具公司要提前送货，而此时甲新购住房仍然在装修中，乙家具公司提前履行债务的行为就会损害债权人利益。

从贯彻合同全面履行的原则和保护债权人利益的角度考虑，《民法典》第530条规定，债权人可以拒绝债务人提前履行债务。提前履行债务，是相对于合同约定的履行期限而言的。例如，合同约定6月6日履行，债务人6月5日履行即为提前履行。但如果合同约定6月履行，没有具体到6月的哪一天履行，则债务人在6月的任何一天履行都不算提前履行。

基于诚信原则，如果债务人提前履行不损害债权人利益的，债权人应当接受债务人提前履行，不得拒绝，《民法典》第530条对此予以明确规定。但是，债务人提前履行给债权人增加额外的费用，如仓储费用等，由债务人负担。例如，甲与乙约定，由乙于3月15日向甲交付货物，但乙于3月10日提前向甲交付货物，提前交付货物除导致甲要支付额外的储存费用外并不会损害甲的利益，甲接受了乙3月10日交付货物，那么甲因乙提前交货而额外支付的5天储存费用，要由乙承担。

31. 债务人是否可以部分履行债务？

合同编将全面履行作为合同履行的原则，当事人应当按照约定全面履行自己的义务，包括按照约定履行全部债务。债务人履行部分债务，属于违反合同约定的行为，原则上属于违约行为。

如果债务人部分履行不损害债权人的利益，基于诚信原则，债权人应当接受债务人部分履行债务，不得拒绝。《民法典》第531条对此予以明确规定。例如，一家航空公司承诺在某一确定日期一次性地将10辆汽车从A地运往B地。履行期限到来时，某些情况使得该航空公司很难（尽管不是不可能）在一次航班中找到足够的舱位。航空公司提议在一周内连续两次将这批汽车运走。有证据表明，航空公司这样做并不会对汽车购买人造成不方便，因为在下个月之前并不需要实际使用这些汽车。在这种情况下，债权人拒绝部分履行没有合法理由。

债权人接受债务人部分履行，可能会额外增加一些费用，这些费用由债务人负担。例如，以上所举的例子中，汽车购买人分两次到机场提货承担的额外费用，应当由航空公司承担。

32. 当事人的姓名、名称发生变更或者法定代表人、负责人、承办人发生变动，当事人是否可以以此为由不履行合同义务？

合同生效后，当事人的姓名变更、法人或者非法人组织的名称变更，并没有实质上改变合同主体。法人或者非法人组织的法定代表人、负责人、承办人，是代表法人或者非法人组织从事民事活动，合同的权利义务由法人或者非法人组织承受，合同一方当事人是法人或者非法人组织，而不是其法定代表人、负责人、承办人。

《民法典》第532条明确规定，合同生效后，当事人不得因姓名、名称的变更或者法定代表人、负责人、承办人的变动而不履行合同义务。当事人以此为由不履行合同义务的，应当承担违约责任。

33. 什么是情势变更制度？

情势变更制度是指合同依法成立后，客观情况发生了无法预见的重大变化，致使原来订立合同的基础丧失或者动摇，如继续履行合同则对一方当事人明显不公平，因此允许变更或者解除合同以维持当事人之间的公平。《民法典》第533条明确规定了情势变更制度，对情势变更制度的适用条件及法律效果作了规定。依照该条规定，情势变更制度的适用需要满足以下基本条件：

一是合同成立后，合同的基础条件发生了重大变化。第一，这种重大变化是一种客观情况，要达到足以动摇合同基础的程度。哪些客观情况能称为该“重大变化”，要根据客观情况本身及其对合同基础的影响等进行具体判断。第二，这种重大变化应发生在合同成立后至履行完毕前的期间内。如果这种重大变化发生在履行完毕后，合同的权利义务因履行完毕而终止，自然没有调整合同权利义务的必要和可能。第三，这种重大变化应当是当事人在订立合同时无法预见的。如果当事人在订立合同时能够预见或者应当预见但没有预见到，或者虽然预见到但没有反映到合同权利义务关系的设定上，由此产生的不利后果均由该当事人自己承受，不能适用情势变更制度对合同关系进行调整。第四，这种重大变化不能属于商业风险。对于合同履行过程中的商业风险，按照独立决定、独立负责的原则，遭受不利的当事人应当自行承担不利后果。某一客观情况的变化是属于正常的商业风险，还是属于可引起情势变更制度适用的“重大变化”，法律无法划定统一的标准，只能在具体个案中综合各方面情况作具体判断，不能单纯以价格涨跌幅度大小、合同履行难易等作简单判断。

二是继续履行合同对于当事人一方明显不公平。当事人之间的合同是双方当事人意思自治的产物，应当得到双方当事人严格遵守。情势变更制度是为了实现合同正义，对当事人意思自治所作的调整，但这种调整必须限制在非常必要的情形内。合同严守是原则，情势变更制度只能是例外。只有在继续履行合同对于一方当事人明显不公平时，才可能适用情势变更制度，对当事人之间的权利义务关系进行干预和调整。

满足以上情势变更制度适用条件的，可以产生以下法律效果：

一是受不利影响的当事人有权请求与对方重新协商。对于因情势变更造成的双方权利义务严重失衡的状态，受不利影响的当事人请求与对方协商的，对方应当积极回应，参与协商。双方当事人应依诚信原则，本着公平原则，重新调整权利义务关系，变更或者解除合同。

二是双方当事人在协商过程中，就合同的变更或者解除达不成一致意见，协商不成的，当事人可以请求法院或者仲裁机构作最终裁断。人民法院或者仲裁机构应当结合案件的实际情况，判断是否符合情势变更制度的适用条件，对此人民法院或者仲裁机构应当严格掌握，避免当事人以情势变更制度作为逃避履行合同的借口，损害合同的效力和权威，破坏正常的交易秩序。符合情势变更制度适用条件的，人民法院应当根据公平原则，就变更合同还是解除合同，变更合同、解除合同后的法律后果等作出裁断。

需要注意的是，情势变更制度是对当事人权利义务显著失衡状态所作的必要调整，当事人本身并不享有实体法意义上的合同解除权或者变更权，当事人仅在程序上可以向法院或者仲裁机构提出请求，仅是对变更或者解除合同存有一种可能性，最终是否变更或者解除合同，是否有必要对当事人的权利义务进行调整，如何调整，由人民法院或者仲裁机构审酌判定。

34. 债权人行使撤销权要满足哪些条件?

民法典将债务人积极减少责任财产的不当行为分为两种类型，分别对债权人撤销权的成立要件予以规定。一种类型的撤销权主要是针对债务人无偿处分财产的行为，另一种类型的撤销权主要是针对债务人有偿处分财产的行为。

《民法典》第538条对债务人无偿处分财产情形下撤销权的成立要件作了规定：一是债务人要有无偿处分财产的行为。实践中比较典型的无偿处分财产的行为有债务人放弃其债权、放弃债权担保、无偿转让财产等。无偿转让财产的行为，既包括无偿转让动产或者不动产等有形财产的行为，也包括无偿转让股权、债权、知识产权、网络虚拟财产等财产权益的行为。除以上几种比较典型的无偿处分财产行为外，债务人实施的其他各种无偿处分财产的行为，债权人均可以撤销。此外，债务人恶意延长其到期债权的履行期限的行为，债权人也可以撤销。但对于债务人的身份行为，如结婚、离婚、收养等，也可能会影响到债务人的财产状况，但不能成为撤销权行使的对象，否则就构成了对债务人人身权利的不当限制。二是债务人的行为要影响债权人债权的实现。债务人无偿处分财产等行为，要影响到债权人债权的实现，方有予以撤销的必要。该条规定的是债务人的行为是无偿情形下撤销权的成立要件，不要求利益受到影响的债务人的相对人主观上存在过错，不管债务人的相对人对于其与债务人之间的行为影响债权人的债权实现是否知情，都不影响撤销权的成立。至于如何认定“影响债权人债权的实现”要结合债权人的债权情况、债务人的责任财产状况等在个案中予以具体判断，不可僵化理解，既要防止对债务人行为的不当、过分干预，也要防止设定过于严苛的条件损害撤销权的正常行使。

《民法典》第539条对债务人的行为是有偿行为情形下撤销权的成立要件作了规定：一是要有以明显不合理的低价转让财产、以明显不合理的高价受让他人财产或者为他人的债务提供担保的行为。债务人以明显不合理的低价转让财产、以明显不合理的高价受让他人财产的，虽然债务人的相对人也付出了一定代价，但因其明显不合理，实际上减少了债务人的责任财产，可以成为撤销权的行使对象。至于何谓“明显不合理的低价”“明显不合理的高价”，需要结合具体交易情况，在个案中作具体判断。“为他人的债务提供担保的行为”，既包括为他人的债务担任保证人，也包括为他人的债务以自己的财产设定抵押、质押等，这些行为也会对债权人的债权实现造成重大影响，因此将其纳入撤销权的行使对象。二是债务人的行为影响债权人的债权实现。债务人以明显不合理的低价转让财产、以明显不合理的高价受让他人财产或者为他人的债务提供担保的行为，要在客观上影响债权人债权的实现，方能撤销。三是债务人的相对人主观上存在恶意，即债务人的相对人知道或者应当知道其与债务人之间的行为影响债权人的债权实现。这一要件是与债务人的行为是无偿行为时行使撤销权所不同之处。

当事人只能以提起诉讼的方式行使撤销权。原因在于撤销权是对债务人行为自由的干预，打破了合同相对性原则，直接影响到第三人的利益，由法院对撤销权的行使予以审查，有利于防止撤销权的不当使用，并有利于使各方的法律关系及时得以明确，使被打破的秩序及时稳定下来。

35. 撤销权的行使范围如何确定?

债权人向人民法院提起诉讼，行使撤销权的目的在于恢复债务人的责任财产而保全债权，这在一定程度上限制了债务人自由处分财产的权利，突破了合同相对性原则，也会对债务人的相对人的利益产生一定影响。因此，债权人行使撤销权的范围不宜过宽。

《民法典》第540条规定，撤销权的行使范围以债权人的债权为限。依照该规定，债权人行使撤销权的范围应以自己的债权为限。例如，债权人对债务人享有50万元的金钱债权，债务人无偿或者低价处分财产的行为有多项，既将自己价值50万元的汽车赠与他人，又将房产以低于市价50万元的价格出售于他人，那么债权人应当在债务人减少责任财产50万元的额度范围内请求撤销债务人的行为，可以选择撤销债务人的汽车赠与行为或者低价出售房产的行为之一，但不得请求将汽车赠与行为和低价出售房产行为这两项行为一并撤销。当然，如果债务人的行为是无法分割的，即使债务人减少责任财产的数额超过了债权人的债权额，债权人也可以撤销。两个或者两个以上债权人同时提起撤销权诉讼，请求撤销债务人的行为的，人民法院可以合并审理，以各债权人为原告，债务人为被告，此时撤销权的行使范围以作为原告的各债权人的债权额总和为限。债权人行使撤销权会支付一定的费用。依照《民法典》第540条规定，债权人行使撤销权的必要费用，由债务人负担。

36. 当事人行使撤销权的期限有无限制？

债权人行使撤销权，是对债务人行为的限制，债务人影响债权人的债权实现的行为被撤销的，自始没有法律约束力。因此，债权人撤销权的行使足以改变既存秩序，也会对交易安全制度带来一定的挑战。为了保持社会秩序的相对稳定，应当对撤销权的行使期间作一定的限制。

《民法典》第541条对撤销权的行使期间作了规定。依照该规定，撤销权原则上应在债权人知道或者应当知道撤销事由之日起1年内行使，但自债务人的行为发生之日起5年内没有行使的，撤销权消灭。将撤销权行使期间起算点规定为“债权人知道或者应当知道撤销事由之日起”，有利于保护债权人的利益，防止其因不知撤销事由存在而错失撤销权的行使。同时规定“自债务人的行为发生之日起5年”的客观期间，有助于稳定民事法律关系，维护交易秩序。

37. 合同成立后，合同内容需要调整的，当事人可以变更合同吗？

《民法典》第543条规定：“当事人协商一致，可以变更合同。”

合同的变更是指合同成立后，当事人对合同的内容进行修改或者补充。合同是当事人经协商一致达成的，合同成立后，就对当事人具有法律约束力，任何一方未经对方同意，都不得改变合同的内容。但是，当事人在订立合同时，有时无法对涉及合同的所有问题都作出明确的约定；合同订立后，也会出现一些新的情况，导致合同内容需要调整。因此，当事人可以本着协商的原则，依据合同成立的规定，确定是否就变更事项达成协议。如果双方当事人就变更事项达成了一致意见，变更后的内容就取代了原合同的内容，当事人就应当按照变更后的内容履行合同。

合同变更，首先，要求存在已成立的有效合同关系，这是合同变更的前提，无效、被撤销、确定不发生效力的合同不能被变更。

其次，要求对合同的内容进行变更。合同变更可能是数量的增加或者减少；可能是履行地点的变更，如由北京改为上海，也可能是履行方式的变更，如由出卖人送货改为买受人自己提货；可能是合同履行期的提前或者延期，也可能是违约责任的重新约定；当事人给付价款或者报酬的调整更是常发生的合同变更事项；合同担保条款以及解决争议方式的变化也会导致合同的变更。以增加新的合同条款方式补充合同，尽管原合同内容没有发生变化，但增加了新的合同条款，所以合同也同样发生变更。

最后，要求当事人就变更事项协商一致，根据《民法典》第136条第2款的规定，一方当事人非依法律规定或者未经对方当事人同意不得擅自变更合同的内容，否则，变更后的内容不仅对另一方没有约束力，而且这种擅自改变合同的做法也是一种违约行为，当事人应当承担违约责任。当事人的协商一致，可能是事先协商约定一定条件下的变更权，也可能是事后协商。

如果双方当事人就变更事项达成了一致意见，变更后的内容就取代了原合同的内容，当事人就应当按照变更后的内容履行合同，合同没有发生变更的部分对当事人仍具有法律约束力。但是，除非当事人另有约定，合同变更原则上仅对合同未履行的部分具有约束力，如果当事人在合同变更前已经作出了履行，则除当事人另有明确约定外，合同的变更不具有溯及力，当事人所作出的履行仍然有效。当事人协商一致的合同变更原则上不影响当事人要求赔偿损失的权利，除非当事人有免除或者改变对方违约责任的明确意思。

同时，当事人之间的合同变更，未经第三人同意，不得对该第三人产生不利影响，否则对第三人不发生效力。例如，《民法典》第422条规定："最高额抵押担保的债权确定前，抵押权人与抵押人可以通过协议变更债权确定的期间、债权范围以及最高债权额。但是，变更的内容不得对其他抵押权人产生不利影响。"又如，《民法典》第695条、第765条的规定等。

合同的变更不仅可以通过当事人协商一致的民事法律行为实现，还可以通过人民法院的判决或者仲裁机构的仲裁裁决实现，如《民法典》第533条第1款规定，构成情势变更的情况下，当事人可以请求人民法院或者仲裁机构变更合同。另外，当事人也可以在符合法律规定的前提下单方变更合同，如第777条规定的定作人单方变更、第805条规定的发包人变更、第829条规定的托运人变更和第922条规定的受托人情况紧急情形下的单方变更委托人指示。判决、仲裁裁决变更和当事人单方变更必须以符合法律的规定为前提。

38. 债权人甲和债务人乙约定甲不得转让债权，甲违反约定未经乙同意把债权转让给丙，丙能否取得债权？

此时要根据债权种类以及丙的善恶意予以不同处理。《民法典》第 545 条第 2 款规定：“当事人约定非金钱债权不得转让的，不得对抗善意第三人。当事人约定金钱债权不得转让的，不得对抗第三人。”考虑到债务人利益保护和债权流通性之间的平衡，在通过民事法律行为转让该类债权时，如果被转让的债权是非金钱债权，区分受让人的善恶意予以不同处理。在受让人为善意时，受让人取得债权，债务人不能对受让人主张债权禁止转让的抗辩，以保护善意的受让人并保障债权的流通价值；在受让人为恶意时，受让人仍然取得债权，但债务人有权向受让人主张债权禁止转让的抗辩。如果被转让的债权是金钱债权，金钱债权的转让对债务人所造成的影响较小，而金钱债权的流通性价值在实践中却非常重要，其与融资之间的关系更为密切，实践中的债权转让也主要是金钱债权的转让。此时，无论受让人善意还是恶意，都能取得债权，债务人不能对受让人主张债权禁止转让的抗辩，债务人因此所遭受的损失，有权请求让与人承担违约损害赔偿责任。

39. 甲把自己对乙的债权转让给丙，但没有将此事告诉乙，丙请求乙履行债务，乙可以拒绝吗？

《民法典》第 546 条第 1 款规定：“债权人转让债权，未通知债务人的，该转让对债务人不发生效力。”债权转让通知的目的是保护债务人，据此，是否通知债务人不影响受让人对转让债权的取得。在让与人和受让人之间的关系上，受让人取得转让债权不以通知债务人作为条件，债权转让合同效力不因未通知债务人而受影响。如果转让债权已经存在，则除非让与人和受让人另有约定，受让人在债权转让合同生效时即取得债权；如果被转让的权利是将来债权或者尚不具备可转让性的债权，则在债权转让合同生效之后，转让债权成为现存权利或者具备可转让性时，受让人才取得债权。但是，为保护债务人，债权转让未通知债务人，该转让对债务人不发生效力，即使受让人取得了债权，债务人也有权拒绝受让人的履行请求；债务人向让与人履行债务的，债权消灭。即本标题案例中，甲把自己对乙的债权转让给丙，但没有将此事告诉乙。丙请求乙履行债务的，乙可以拒绝。如果债权转让通知了债务人，则债权转让对债务人发生效力，此时债务人即对受让人负有履行义务，并且有权以此拒绝让与人的履行请求；如果债务人仍然向让与人履行，则不发生债权消灭的效力。这样规定一方面尊重了债权人对其权利的行使，有利于保障债权的流通性；另一方面也防止债务人的利益受到损害，同时债权转让通知作为保护债务人的客观时点，避免了考察债务人主观因素所可能导致的不确定性进而过分增加债务人的审查成本和难度。

40. 甲把自己对乙的债权转让给丙，并通知了乙，甲可否未经丙同意撤销债权转让的通知？

《民法典》第 546 条第 2 款规定："债权转让的通知不得撤

销，但是经受让人同意的除外。”债权转让通知债务人后，按照有效的债权转让合同，为保护受让人的利益，让与人对受让人负有不得撤销转让通知的义务。如果让与人在转让通知后有权随意单方撤销转让通知，则债务人有权拒绝受让人的履行请求，在债务人向让与人作出履行后，债务人的债务消灭，此时受让人仅能向让与人请求，会因此而遭受讼累、承受让与人的破产风险等不利益，不利于受让人地位的保障和债权的流通。因此，原债权人无权撤销转让权利的通知，只有在受让人同意的情况下，才能撤销其转让权利的通知。即，甲把自己对乙的债权转让给丙，并通知了乙，甲不能未经丙同意撤销债权转让的通知。同时，这也同样有助于保护债务人的利益，避免债权人单方撤销转让通知时债务人的审查困难。

41. 甲把自己对乙的债权转让给丙，并通知了乙，乙所享有的对甲的抗辩，能否对丙主张？

《民法典》第548条规定：“债务人接到债权转让通知后，债务人对让与人的抗辩，可以向受让人主张。”债权人转让债权，不需要经债务人同意，因此债务人的利益不应因债权人转让权利的行为而遭受损害，受让人所享有的权利也不应优于让与人曾经享有的权利，而是享有和让与人同样的权利；同时，受让人较之债务人也更有能力控制由此所产生的风险。为了保护债务人利益，根据这一条规定，债务人接到债权转让通知后，债务人对让与人的抗辩，可以向受让人主张。因此，甲把自己对乙的债权转让给丙，并通知了乙，乙所享有的对甲的抗辩，能对丙主张。但是在受让人取得债权后，在债务人接到转让通知后因债务人和让与人之间的民事法律行为所产生的债务人对让与人的抗辩，未经受让人同意，一般对受让人不能发生效力。

债务人接到债权转让通知后，可以行使抗辩来保护自己的利益，债务人的抗辩并不随债权的转让而消灭，所以，在债权转让的情况下，债务人可以向作为新债权人的受让人行使该抗辩。这些抗辩包括阻止或者排斥债权的成立、存续或者行使的所有事由所产生的一切实体抗辩以及程序抗辩，包括诉讼时效完成的抗辩，债权不发生的抗辩，债权因清偿、提存、免除、抵销等而消灭的抗辩，基于双务合同产生的同时履行抗辩权、不安抗辩权和先履行抗辩权，先诉抗辩权以及程序上的抗辩等。债务人可以行使这些抗辩对抗新债权人的请求。债权让与后，债务人还可能因某项事实产生新的抗辩。比如，附解除条件的合同权利转让后，合同规定的解除条件成就时，债务人可以向受让人提出终止合同的抗辩。

42. 甲把自己对乙的债权转让给丙，并通知了乙；乙对甲也享有债权，且该债权比甲对乙的债权先到期，乙能否向丙主张抵销？

《民法典》第549条规定：“有下列情形之一的，债务人可以向受让人主张抵销：（一）债务人接到债权转让通知时，债务人对让与人享有债权，且债务人的债权先于转让的债权到期或者同时到期；（二）债务人的债权与转让的债权是基于同一合同产生。”债权人转让权利不需要经债务人同意，因此债务人的利益不应因债权人转让权利的行为而遭受损害。如果债务人对债权人也享有债权，那么，在这种情况下，债务人可以依照法律的规定向受让人行使抵销权。即甲把自己对乙的债权转让给丙，并通知了乙，乙对甲也享有债权，且该债权比甲对乙的债权先到期，乙能向丙主张抵销。抵销是债权债务终止的情形之一，根据《民法典》第 568 条第 1 款规定，当事人互负债务，该债务的标的物种类、品质相同的，任何一方可以将自己的债务与对方的到期债务抵销；但是，根据债务性质、按照当事人约定或者依照法律规定不得抵销的除外。

根据《民法典》第 549 条第 1 项的规定，债务人对受让人主张抵销权的条件如下。首先，债务人必须对让与人享有债权，且标的物种类、品质相同。其次，债务人对让与人享有债权的法律原因必须在债务人接到债权转让通知时已经存在。这是为了避免债务人在接到债权转让通知后才紧急从他人处低价取得对让与人的债权，进而损害受让人的利益，受让人此时也无法预防此种情形的出现。最后，债务人对让与人的债权先于转让的债权到期或者同时到期。例如，债务人于 7 月 1 日接到债权转让通知，债务人对让与人的债权是 8 月 1 日到期，而转让的债权是同年 8 月 1 日或者 9 月 1 日到期，此时债务人就可以向受让人主张抵销。

根据《民法典》第 549 条第 2 项的规定，债务人对受让人主张抵销权的条件如下。首先，债务人必须对让与人享有债权，且标的物种类、品质相同。其次，债务人对让与人的债权与转让债权是基于同一合同产生的。由于这两个债权是基于同一合同产生的，因此具有密切的联系，受让人就应当认识到债务人对让与人可能基于该合同享有债权，因此受让人能够在订立债权转让合同时对这种抵销可能性进行预先的安排。例如，甲作为卖方和乙签订货物买卖合同，甲在交完货之后将其对乙的支付价款的债权转让给丙，并通知了乙。丙向乙请求支付价款时，乙以甲交的货有质量瑕疵为由，主张以乙对甲享有的违约赔偿债权抵销该支付价款债权。此时，转让债权与乙对甲的违约赔偿债权都是基于该货物买卖合同产生的，乙可以向丙主张抵销。

应当注意的是，如果债务人在接到债权转让通知时，债务人的抵销权依照法律规定已经产生，其可以行使抵销权但尚未行使，即使在债权转让后，债务人原本可以主张抵销的利益此时也应加以保护，因此在债务人接到转让通知后，仍可以向受让人主张该抵销。例如，转让的债权于 8 月 1 日到期，债务人对让与人的债权于同年 9 月 1 日到期，而债务人于 9 月 15 日接到转让通知。债务人接到债权转让通知时，债务人已经依据《民法典》第 568 条第 1 款的规定取得抵销权，在其接到债权转让通知后，仍然可以向受让人主张之前已经产生的抵销权。

债务人向受让人主张此种抵销的，应当依据《民法典》第 568 条第 2 款的规定通知受让人，并且抵销不得附条件或者附期限。

43. 甲是债权人，乙是债务人，乙可否在未经甲同意的情况下把自己对甲的债务转移给丙？

《民法典》第 551 条规定：“债务人将债务的全部或者部分转移给第三人的，应当经债权人同意。债务人或者第三人可以催告债权人在合理期限内予以同意，债权人未作表示的，视为不同意。”即，甲是债权人，乙是债务人，乙不能在未经甲同意的情况下把自己对甲的债务转移给丙。债务转移是指不改变债务的内容，债务人将债务全部或者部分转让给第三人。正如债权人可以全部或者部分转让债权一样，债务人也可以依照法律规定将债务全部或者部分转移给第三人。债务转移分为以下两种情况：一种情况是债务的全部转移，在这种情况下，新的债务人完全取代了原债务人，新的债务人负责全面地履行债务；另一种情况是债务的部分转移，即原债务人和新债务人负有按份债务。

但是，尤其是在债务中最为主要的合同债务中，债权人和债务人的合同关系是产生在相互了解的基础上，在订立合同时，债权人一般要对债务人的资信情况和偿还能力进行了解，而对于取代债务人或者加入债务人中的第三人的资信情况及履行债务的能力，债权人不可能完全清楚。所以，如果债务人不经债权人的同意就将债务转让给了第三人，那么，对于债权人来说显然是不公平的，不利于保障债权人合法利益的实现。债务人不论转移的是全部债务还是部分债务，都需要征得债权人同意。未经债权人同意，债务人转移债务的行为对债权人不发生效力。债权人有权拒绝第三人向其履行，同时有权要求债务人履行义务并承担不履行或者迟延履行债务的法律责任。转移债务要经过债权人的同意，这也是债务转移制度与债权转让制度最主要的区别。

在债务转移中，首先，要求存在债务。债务原则上具有可转移性，但根据债务的性质、当事人的约定或者法律规定也存在不得被转移的情形。例如，著名画家作画的义务、演员演出的义务、保管义务、当事人约定不得转移的义务等。但是，债务转移需要债权人的同意，这些原则上不得被转移的债务，如果目的是保护债权人的利益，则债权人同意本身已经保护了债权人自己的利益，债权人同意债务转移本身就使得这些债务具有了可转移性。其次，要求有效的债务转移合同。最为常见的是债务人和第三人之间签订债务转移合同，该债务转移合同适用民事法律行为和合同的一般规定。如果法律、行政法规规定应当办理批准等手续才生效的，应依法办理这些手续。最后，按照第551条第1款的规定，该债务转移需要经过债权人的同意。如果债务人与第三人订立的债务转移合同未征得债权人同意，则此时可以认为是由第三人代为履行债务而非债务转移，债务人仍负有向债权人履行的义务，债权人仍有权向债务人请求履行债务，但不能请求第三人履行债务。在债务转移经过债权人同意后，第三人向债权人履行债务时，债权人不能拒绝受领。债务人、第三人可以和债权人三方共同签订债务转移合同。债权人的同意也可以事先作出，此时债务转移仅需要通知债权人即可对债权人发生效力。债权人的同意可以采取明示或默示的方式，如债权人未明确表示同意，但他已经将第三人作为其债务人并请求其履行，可以认为债权人已经同意债务转移。同时，为了保护债权人的利益，对于债权人的单纯沉默应当作出特别规定。第551条第2款规定债务人或者第三人可以催告债权人在合理期限内予以同意，债权人未作表示的，视为不同意。

应当注意的是，债务转移合同也有可能是债权人和第三人之间签订。此时，该合同一般情况下对债务人是有利的，但是，也有可能出现债务人对此不存在利益的情形，甚至债务人有合理的理由要求履行债务，如债务人考虑到其被取代对声誉的影响，或者无法通过履行债务训练团队以吸引未来的业务，甚至可能已经和他人签订辅助性的合同以履行债务，此时可能要被迫解除这些合同。因此，该类债务转移合同至少应当通知债务人，债务人应当能够拒绝债权人和第三人之间签订的债务转移合同对其发生效力。这类似于《民法典》第 522 条第 2 款规定的真正的利益第三人合同的构建方案。当然，债权人也可以通过将其对债务人的债权依法转让给第三人，实现同样的交易目的。

除另有约定外，全部债务被转移后，第三人作为新债务人完全取代原债务人的地位，成为新的债务人，债权人有权请求该第三人履行债务，并在第三人不履行债务或者不完全履行债务时请求第三人承担责任；债务被部分转移的，除另有约定外，第三人和债务人对债权人负有按份债务。除另有约定外，债务人对第三人的履行能力不负有担保义务。至于第三人履行债务后与债务人之间的关系，依据第三人与债务人之间的约定或者第三人履行后的后果而处理。

44. 甲是债权人，乙是债务人，丙可否与乙约定自己加入债务，成为新债务人与乙一起向甲负有债务？

《民法典》第 552 条规定："第三人与债务人约定加入债务并通知债权人，或者第三人向债权人表示愿意加入债务，债权人未在合理期限内明确拒绝的，债权人可以请求第三人在其愿意承担的债务范围内和债务人承担连带债务。"即，甲是债权人，乙是债务人，丙可以与乙约定自己加入债务，符合法律规定的条件下成为新债务人与乙一起向甲负有债务。债务加入，即第三人加入债务中，作为新债务人和原债务人一起向债权人负有连带债务。债务加入与债务转移之间的区别在于，债务转移中，原则上原债务人不再作为债务人，而由第三人作为债务人，因此债务转移又被称为免责的债务转移；但债务加入中，第三人和原债务人一起对债权人负有连带债务，因此债务加入也被称为并存的债务转移。可以看出，较之债务转移，债务加入对债权人更为有利。在究竟是债务转移还是债务加入意思不清晰时，考虑到债权人对债务人资力和履行能力的信赖，基于保护债权人利益的价值，债务人不应轻易地从债务中摆脱，可以推定为债务加入。

同样应当区分的是债务加入和连带保证。两者均增加了担保债权实现的责任财产，但不同在于：第一，保证债务是债务人不履行债务时，保证人承担保证责任的从属性债务，而债务加入时第三人作为连带债务人，没有主从关系；第二，连带保证具有保证期间和诉讼时效的限制，而债务加入后产生的连带债务仅具有诉讼时效的限制；第三，连带保证人承担保证责任后，可以向债务人追偿，而债务加入人作为连带债务人履行债务后，是否对债务人有追偿权，取决于其与债务人之间的约定。

在债务加入中，同样要求存在债务，还要求存在债务加入合同。该债务加入合同可以是第三人和债务人约定，也可以是第三人直接向债权人表示愿意加入。考虑到债务加入一般对债权人不会造成损失，但是，任何人均有权拒绝获利，且在例外情形中也可能对债权人增加不便，因此这一条规定，债权人有权在合理期限内对此予以明确拒绝。债务人、第三人也可以和债权人三方共同签订债权转移合同，此时债权人已经表示了同意。当然，在第三人向债权人表示愿意加入债务，或者债权人和第三人之间签订债务加入合同，与债务转移合同中的情形相同，该类债务加入合同至少应当通知债务人，债务人应当能够拒绝债权人和第三人之间签订的债务转移合同对其发生效力，这同样类似于《民法典》第 522 条第 2 款规定的真正的利益第三人合同的构建方案。

构成债务加入后，除另有约定外，第三人和债务人负有同一内容的债务，但债务人并不因此而免负债务，而是与第三人一起对债权人负有连带债务，当然，连带债务的范围应当限制在第三人愿意承担的债务范围内。此时，民法典关于连带债务的规定应当在债务加入中被适用。同时，《民法典》第 553 条和第 554 条关于新债务人的抗辩、抵销权和承担有关从债务的规定，在债务加入中，也应当被适用。但需要注意的是，由于在债务加入中，债务人并未被取代而摆脱债务，仍然要对债权人负有债务，因此，为债务人提供的担保并不因第三人加入债务而受到影响，但该担保仍然仅对债务人发生担保效力，而对加入的第三人不发生担保效力。例如，《民法典》第 697 条第 2 款就规定，第三人加入债务的，保证人的保证责任不受影响。

应当指出的是，当事人也可以通过约定作出不同于连带债务的其他选择，如可以约定，债权人应当先对新债务人请求履行债务，但是如果新债务人不履行或者不完全履行债务的，原债务人的债务没有消灭，债权人仍有权请求原债务人履行，即将原债务人作为次级债务人，原债务人此时更类似于保证人的地位，虽然仍然存在是否受到保证期间限制等一些不同。

45. 工厂因地震被摧毁，致使供货方无法生产订购的货物，供货方可否要求解除合同？

供货方可以要求解除合同。《民法典》第563条第1款第1项规定，因不可抗力致使不能实现合同目的的，当事人可以解除合同。所谓不可抗力，《民法典》第180条第2款规定，不可抗力是不能预见、不能避免且不能克服的客观情况。不能预见，是指行为人主观上对于某一客观情况的发生无法预测。对于某一客观情况的发生可否预见，因人的认知能力不同，科学技术的发展水平各异，预见能力必然有差别。因此，不能预见，应以一般人的预见能力作为判断标准。某些事件的发生，在过去不能预见，但随着科学技术水平的发展，现在就可以预见。例如，现在天气预报的准确率已达到了90%以上，人们对狂风暴雨的规避能力已大大提高。不能避免并不能克服，表明某一事件的发生和事件所造成的后果具有必然性。不能避免，是指当事人尽了最大的努力和采取一切可以采取的措施，仍然不能避免某种事件的发生并不能克服事件所造成的后果。客观情况，是指独立于当事人行为之外的客观情况。

不可抗力事件的发生，对履行合同的影响可能有大有小，有时只是暂时影响到合同的履行，可以通过延期履行实现合同的目的，对此不能行使法定解除权。只有不可抗力致使合同目的不能实现时，当事人才可以解除合同，且此时双方当事人都有权解除合同。

46. 甲与乙签订合同，约定甲将1件元青花古董卖给乙，乙交付定金。后来因丙出价更高，甲便将这件元青花古董卖给了丙，并在收钱后交给了丙。乙可以解除合同吗?

乙可以解除合同。《民法典》第563条第1款第2项规定，在合同履行期限届满前，当事人一方明确表示或者以自己的行为表明不履行主要债务的，对方当事人可以解除合同。当事人一方明确表示或者以自己的行为表明不履行主要债务，当然要求其不享有履行抗辩权等正当理由的，并且不履行的是主要债务，因此是根本性。预期违约分为明示违约和默示违约。所谓明示违约，是指合同履行期到来之前，一方当事人明确肯定地向另一方当事人表示他将不履行主要债务。所谓默示违约，是指合同履行期限到来前，一方当事人有确凿的证据证明另一方当事人在履行期限到来时，明显将不履行主要债务。预期违约，降低了另一方享有的合同权利的价值，如果在一方当事人预期违约的情况下，仍然要求另一方当事人在履行期间届满才能主张补救，将给另一方造成损失。允许受害人解除合同，受害人对于自己尚未履行的合同可以不必履行，有利于保护受害人的合法权益。

47. 甲公司与乙公司签订合同，约定乙公司在3个月内向甲公司供应铁矿石10万吨。乙公司供货1万吨后即不再供货。甲公司一再发函要求乙公司立即供货，乙公司毫无反应。甲公司可以解除合同吗?

甲公司可以解除合同。《民法典》第563条第1款第3项规定，当事人一方迟延履行主要债务，经催告后在合理期限内仍未履行的，对方当事人可以解除合同。迟延履行，是指债务人无正当理由，在合同约定的履行期间届满，仍未履行合同债务；或者对于未约定履行期限的合同，应当根据《民法典》第510条予以确定，如果仍然无法确定，根据《民法典》第511条第4项的规定，债务人在债权人提出履行请求并且给对方必要的准备时间届满后仍未履行。债务人迟延履行债务是违反合同约定的行为，但并非就可以因此解除合同。只有符合以下条件，才可以解除合同：

1. 迟延履行主要债务。

所谓主要债务，应当依照合同的个案进行判断，一般来说，影响合同目的实现的债务，应为主要债务。如买卖合同，在履行期限内交付的标的物只占合同约定的很少一部分，不能满足债权人的要求，应认为迟延履行主要债务。有时，迟延履行的部分在合同中所占比例不大，但却至关重要，如购买机械设备，债务人交付了所有的设备，但迟迟不交付合同约定的有关设备的安装使用技术资料，使债权人不能利用该设备，也应认为是迟延履行主要债务。

2. 经催告后债务人仍然不履行债务。

债务人迟延履行主要债务的，债权人一般应当催告债务人履行。合同的解除将导致合同权利义务关系的终止，一旦解除将会消灭一项交易，如果允许债权人在债务人任何迟延履行主要债务的情况下都可以直接解除合同，会造成财产的不必要的损失和浪费，因此，债权人一般应当先进行催告，并且指定一个确定的合理期间。在该合理期间内，当事人可以请求违约责任的承担，但不得解除合同。该合理期间根据债务履行的难易程度和所需要时间的长短确定，超过该合理期间债务人仍不履行的，表明债务人没有履行合同的诚意，或者根本不可能再履行合同，在此情况下，如果仍要债权人等待履行，不仅对债权人不公平，也会给其造成更大的损失，因此，债权人可以依法解除合同。如果债权人通知指定的期间短于合理期间，则并不需要再次作出通知，债权人在通知后经过合理期间即可解除合同。

民法典据此规定了许多具体的情形。例如，《民法典》第722条规定，承租人无正当理由未支付或者迟延支付租金的，出租人可以请求承租人在合理期限内支付；承租人逾期不支付的，出租人可以解除合同。

48. 甲公司与乙公司签订合同，约定甲公司在中秋节之前向乙公司供应5000盒月饼。中秋节之后，甲公司才向乙公司交货，乙公司可以解除合同吗？

乙公司可以解除合同。《民法典》第563条第1款第4项规定，一方当事人迟延履行债务或者有其他违约行为致使不能实现合同目的的，另一方当事人可以解除合同。

迟延履行债务致使不能实现合同目的，是指履行期限对于债权的实现至关重要，超过了合同约定的期限履行合同，合同目的就将落空。如果迟延履行致使合同目的不能实现，则不需要经过催告，而可以直接解除合同。通常以下情况可以认为构成根本违约的迟延履行：（1）当事人在合同中明确约定超过期限履行合同，债权人将不接受履行，而债务人履行迟延。（2）履行期限构成合同的必要因素，超过期限履行将严重影响订立合同所期望的经济利益。比如，季节性、时效性较强的标的物，像中秋月饼，过了中秋节交付，就没有了销路。(3) 继续履行不能得到合同利益。比如，由于债务人迟延时间过长，市场行情发生重大变化，继续履行将使债权人蒙受重大损失，应允许解除合同。

致使不能实现合同目的的其他违约行为，主要指违反的义务对合同目的的实现十分重要，如一方不履行这种义务，将剥夺另一方当事人根据合同有权期待的利益。该种违约行为主要包括：(1) 不能履行主要债务。在不能履行主要债务的场合下，如果不能履行是由不可抗力导致的，则通过这一条第 1 款第 1 项解决；其他场合下的不能履行主要债务，债权人依据本项规定可以解除合同且无须催告。(2) 拒绝履行，即债务人拒绝履行合同义务，包括债务人在履行期限届满前明示或者默示地拒绝履行非主要债务致使不能实现合同目的，或者履行期限届满后拒绝履行主要债务或拒绝履行其他合同义务致使不能实现合同目的。(3) 履行质量与约定严重不符，无法通过修理、替换、降价的方法予以补救，致使不能实现合同目的。比如，约定交付的标的物是一级棉花，但交付的却是买方根本无法使用的等外品。(4) 履行主要债务之外的其他合同义务不适当，致使不能实现合同目的。比如，《民法典》第 778 条规定，承揽工作需要定作人协助的，定作人有协助的义务。定作人不履行协助义务致使承揽工作不能完成的，承揽人可以催告定作人在合理期限内履行义务，并可以顺延履行期限；定作人逾期不履行的，承揽人可以解除合同。

判断合同目的是否能实现，可以考虑以下情况：

第一，违约是否实质上剥夺了另一方当事人根据合同有权期待的利益，除非另一方当事人并未预见而且也不可能合理地预见到此结果。此时可以考虑违约部分的价值或者金额与整个合同价值或者金额之间的比例。例如，在履行不符合约定时，如果卖方交付的不符合约定的标的物的价值占全部合同金额的大部分，一般可以认为构成违约导致不能实现合同目的；还可以考虑违约部分对合同目标实现的影响程度。在某些案件中，尽管违约部分的价值并不高，但对合同的实现有着重大影响。例如，在成套设备中，某一部件或配件的瑕疵可能导致整套设备无法正常运转，此时，这一违约也可以认定为违约导致不能实现合同目的；还可以考虑违约的后果及损害能否得到修补，即使违约行为十分严重，但如果这种违约是可以修补的，也可以不认定产生法定解除权。此外，还可能结合合同履行状况和合同类型考量其他因素。例如，股权转让合同中，法律关系的稳定、对第三人利益的影响、债权人寻求其他救济的可能性（如债务人尚有资力，可通过继续履行债务满足债权人的期待利益）都是需要考量的因素。

第二，对被违反义务的严格遵守是否是合同的实质性约定。

第三，违反义务是否导致不能信赖其将来的履行，如果一方当事人分期履行义务，并且在某一次先履行中出现的瑕疵很明显将要在整个履行中重复，尽管先期履行中的瑕疵本身并不构成解除合同的依据，另一方当事人仍然可以解除合同。如果违约是故意的，且使得另一方有充分的理由认为不能期待后续的履行，另一方有权解除全部合同关系；当然，如果违反义务即使是故意但却是微不足道的，仍然不能解除合同。

第四，合同解除是否导致违反义务人因已经做出的准备或者履行而遭受不相称的损失。比如，甲和乙约定甲向乙交付专为其制造的软件，约定的交付时间是12月31日之前，但甲在次年1月31日才交付，此时乙仍然需要该软件，并且甲无法将该软件出售给其他客户，乙这时可以请求甲承担违约责任，但不能解除合同。

49. 一方提出解除合同，需要通知对方吗?

《民法典》第565条规定："当事人一方依法主张解除合同的，应当通知对方。合同自通知到达对方时解除；通知载明债务人在一定期限内不履行债务则合同自动解除，债务人在该期限内未履行债务的，合同自通知载明的期限届满时解除。对方对解除合同有异议的，任何一方当事人均可以请求人民法院或者仲裁机构确认解除行为的效力。当事人一方未通知对方，直接以提起诉讼或者申请仲裁的方式依法主张解除合同，人民法院或者仲裁机构确认该主张的，合同自起诉状副本或者仲裁申请书副本送达对方时解除。"

当事人一方行使解除合同的权利，必然引起合同的权利义务的终止。但是，解除权产生之后，并不导致合同自动解除，为了防止一方当事人因不确定对方已行使合同解除权而仍为履行的行为，避免债权人的消极反应使得债务人误解债权人会接受其履行，从而对己方给付作出必要的安排以避免遭受损害，解除权人必须行使解除权才能使得合同解除。这一条规定，当事人根据约定解除权和法定解除权主张解除合同的，应当通知对方。

解除权是一种形成权，其仅需要通知对方即可，而无须取得对方的同意。行使解除权也是一种民事法律行为，适用民法典总则编关于民事法律行为和意思表示的一般规定。解除通知不限于书面形式，只要享有解除权的一方将解除合同的意思表示通知对方即可，并且解除通知中必须能够表明解除权人有解除合同的意思表示。为了避免争议，解除通知中最好写明解除原因并附有初步证据。

实践中，解除权产生后，解除权人为了给对方一个纠正自己违约的机会，可能会向对方发出催告，载明要求对方履行，并且在合理期限内对方仍不履行的话，合同就自动解除。这对对方当事人并不会产生任何不利，反而是对其有利，获得了纠正自己违约的机会。此时，如果对方在催告要求的合理期间内仍然未履行，合同就自动解除，无须解除权人在此之后另发一份解除通知。

解除权的行使可以直接向对方发出解除通知，而无须一定要通过人民法院或者仲裁机构行使，以避免造成时间拖延和当事人在最终确定前的不确定状态，而产生一些不必要的损失。但是，毕竟诉讼和仲裁能够最终确定当事人之间的关系，避免发生争议。因此，如果一方当事人向对方当事人发出了解除通知，对方对解除合同有异议，认为解除通知的发出人不享有解除权的，为防止随意解除合同导致对方利益受损，避免进一步争议的发生，对方自然可以请求人民法院或者仲裁机构确认解除合同的效力。解除通知发出人为了使得争议最终确定，也可以在向对方发出解除通知之后，再请求人民法院或者仲裁机构确认解除行为的效力，由人民法院或者仲裁机构判断发出人是否享有解除权，如果认为发出人享有解除权，则人民法院或者仲裁机构确认合同自解除通知到达对方时解除。在一方当事人向对方当事人发出解除通知之后，对方对解除表示了异议，认为解除通知的发出人不享有解除权的，但对方不向人民法院或者仲裁机构请求确认解除合同效力的，此时，为了使得当事人之间的法律关系确定，解除通知的发出人也可以在收到对方的异议后，请求人民法院或者仲裁机构确认解除行为的效力。

当然，解除权人也可以在解除权产生后，不向对方发出解除通知，而直接以提起诉讼或者申请仲裁的方式依法主张解除合同，否则，如果要求解除权人必须先行发出解除通知，就解除的法律后果再行起诉或者申请仲裁，将增大守约方的维权成本。如果人民法院或者仲裁机构确认解除权人享有解除权，则解除权人提起诉讼或者申请仲裁是解除权人意思表示的一种表达方式，只不过不是解除权人直接通知对方解除合同，而是通过法院或者仲裁机构向对方送达载明解除合同的意思表示的法律文书，均应产生合同解除的法律效果。因此，当事人一方未通知对方，而是直接以提起诉讼或者申请仲裁的方式依法主张解除合同，人民法院或者仲裁机构确认该主张的，合同自起诉状副本或者仲裁申请书副本送达对方时解除。

50. 甲曾向乙借款 10 万元，一直未还。后甲将古董卖给乙，乙未付款。乙可以不付款，而要求以甲所欠债款抵销古董价款吗？

《民法典》第 568 条规定：“当事人互负债务，该债务的标的物种类、品质相同的，任何一方可以将自己的债务与对方的到期债务抵销；但是，根据债务性质、按照当事人约定或者依照法律规定不得抵销的除外。当事人主张抵销的，应当通知对方。通知自到达对方时生效。抵销不得附条件或者附期限。”因此，在标题案例中，符合法律规定的抵销条件的，乙可以不付款，而要求以甲所欠债款抵销古董价款。

抵销是指当事人双方互负债务，各以其债权充抵债务的履行，双方各自的债权和对应债务在对等额内消灭。抵销因其产生的根据不同，可分为法定抵销和约定抵销。法定抵销，是指法律规定抵销的条件，具备条件时依当事人一方的意思表示即发生抵销的效力。抵销使得债权人无须诉讼、判决或者强制执行，即可实现债权；在未履行的情况下，当事人不必相互履行，节省双方互相履行所发生的费用，消灭债权债务；同时也具有担保的功能，如当事人一方只行使自己的债权，不履行自己的债务，那么，对方当事人就不能确保自己债权的实现，特别是在一方当事人财产状况恶化不能履行债务时，对方当事人行使抵销权就能够确保自己的债权相应实现。比如，某人在银行存款，又在同一银行借款，这两项债务都到期以后，如果该借款人信用不佳，则将有可能发生信用风险，此时，如果赋予银行抵销权，就可以担保其债权的实现，及时地化解风险。

法定抵销应当具备以下条件：

1. 当事人双方互负有效的债务、互享有效的债权。

抵销发生的基础在于当事人双方既互负有效的债务，又互享有效的债权，只有债务而无债权或者只有债权而无债务，均不发生抵销。双方当事人互负的债权债务，可能会因同一个法律关系而发生，也可能基于两个或两个以上的法律关系而发生。比如，甲欠乙建设工程款200万元，乙第一次向甲购货欠款150万元，第二次购货欠款50万元。甲可以以乙两次共欠其的200

万元货款债权，抵销其欠乙的200万元工程款。其中，提出抵销的一方所享有的债权，称为主动债权；被抵销的债权，称为被动债权。当事人应当对用以抵销的债权具有处分权。比如，提出抵销的一方用于抵销的债权上已经设立质权，未经质权人同意，不能发生抵销效力。同时，附有抗辩权的债权，也不得将之作为主动债权用以抵销，否则即为剥夺相对人的抗辩权。

2. 被抵销一方的债务已经到期。

抵销具有相互清偿的作用，因此只有在提出抵销的一方所享有的主动债权的履行期限届至时，才可以主张抵销。否则，等于强制债务人提前履行债务，牺牲其期限利益。在符合其他条件的情况下，如果双方的债务均已经到期，则双方均可主张抵销；如果主动债权对应的债务履行期限届至，而被动债权对应的债务履行期限未届至，主动债权人此时应当也可以主张抵销，这实际上是其放弃了期限利益而提前履行，只要主动债权一方提前履行不损害另一方当事人的利益。

但在特殊情况下，未届履行期债权可以视为到期债权，依法抵销。比如，《企业破产法》第46条规定："未到期的债权，在破产申请受理时视为到期。附利息的债权自破产申请受理时起停止计息。"

3. 债务的标的物种类、品质相同。

种类相同，是指合同标的物本身的性质和特点一致。比如，都是支付金钱，或者交付同样的种类物。品质相同，是指标的物的质量、规格、等级无差别，如都是一级天津大米。债务种类品质不相同，原则上不允许抵销，除非法律另有规定。债务的标的物种类品质相同还表明，用以抵销的债务的标的应当是物而非行为，因为行为具有特定的人身性质，不具有可比性，很难使双方债权在对等额内消灭。履行地点不属于种类和品质的范畴，因此履行地点不同的同种类、同品质的债务，也可以抵销，但主张抵销的债务人应当赔偿相对人因抵销而遭受的损失。

当事人互负债务，该债务的标的物种类、品质相同的，任何一方均可以将自己的债务与对方的到期债务抵销，但下列情况除外：

1. 根据债务性质不得抵销的。

根据债务性质不得抵销的情形主要有：（1）必须履行的债务不得抵销。如应当支付给下岗工人的生活保障金，不得用以抵销工人欠企业的债务。（2）具有特定人身性质或者依赖特定技能完成的债务，以及相互提供劳务的债务，不得相互抵销。如根据教学合同，乙校的张老师应去甲校讲授数学课 1 个月，而甲校的李老师也负有在乙校讲授 1 个月数学课的义务，讲课报酬相同。虽然是同种类债务，时间、报酬都相同，但由于张、李两人的讲授方法不可能相同，因此，双方的讲课债务不能抵销。（3）不作为债务不得相互抵销，此种债务不经过相互实际履行，就无法实现债权的目的。（4）故意侵权所产生的债务，作为债务人的侵权人不得主张抵销，避免债权人任意侵犯债务人的人身和财产权利，如果允许抵销，有违公序良俗，且会诱发故意的侵权行为。（5）约定应当向第三人履行的债务，债务人不得以自己对于对方当事人享有的债权而主张抵销。（6）相互出资的义务不得抵销，即使仅存在两个出资人。

2. 按照当事人约定不得抵销的。

当事人之间特别约定不得抵销的，基于自愿原则，应当承认此种约定的效力，当事人不得主张抵销。但是，如果当事人之一将其债权转让给第三人的，此种不得抵销的特约不得对抗善意的受让人，以保护债权善意受让人的利益。

3. 依照法律规定不得抵销的。

法律规定不得抵销的债务，当事人不得主张抵销。比如，《民事诉讼法》第243条第1款规定："被执行人未按执行通知履行法律文书确定的义务，人民法院有权扣留、提取被执行人应当履行义务部分的收入。但应当保留被执行人及其所扶养家属的生活必需费用。"这一规定的目的是保护债务人（被执行人），因此对方当事人不得将债务人的生活必需费用债权用以抵销债务。

另外，《民法典》第569条对约定抵销作出了规定："当事人互负债务，标的物种类、品质不相同的，经协商一致，也可以抵销。"约定抵销，是指当事人双方协商一致，使自己的债务与对方的债务在对等额内消灭，约定抵销标的物的种类、品质可以不同。例如，甲公司与乙公司签订合同，约定由甲公司给乙公司供应价值100万元的钢材。后双方又签订合同，约定乙公司向甲公司供应100万元的煤炭，甲公司和乙公司协商一致后可以进行抵销。

51. 甲、乙双方签订合同，约定乙向甲供应货物。合同约定的交货期到后，乙公司按约定将货物运至甲公司所在地，但甲公司毫无理由拒不收货。乙公司该如何处理？

乙公司可以将货物提存。《民法典》第570条规定："有下列情形之一，难以履行债务的，债务人可以将标的物提存：

（一）债权人无正当理由拒绝受领；（二）债权人下落不明；（三）债权人死亡未确定继承人、遗产管理人，或者丧失民事行为能力未确定监护人；（四）法律规定的其他情形。标的物不适于提存或者提存费用过高的，债务人依法可以拍卖或者变卖标的物，提存所得的价款。”提存，是指由于法律规定的原因导致债务人难以向债权人履行债务时，债务人将标的物交给提存部门而消灭债务的制度。除此种以消灭债权债务为目的的清偿提存外，还有以保管或者担保为目的的提存，后者在《民法典》第390条、第406条、第432条、第433条、第442－445条有规定。

债务的履行往往需要债权人的协助，债务人已经按照约定履行债务，应当产生债务消灭的法律效力，但债权人拒绝受领或者不能受领，在此情形下虽然因债权人受领迟延可以减轻债务人的责任，但债务不能消灭。让债务人无期限地等待履行，并且要随时准备履行，对物予以保管，同时为履行提供的担保也不能消灭，承担债权人不受领的后果，显失公平。为此，民法典将提存作为一种履行的替代，构成债权债务终止的原因之一，对提存制度作了规定。

第一，债权人无正当理由拒绝受领，是指在债务履行期届至后，债务的履行需要债权人受领时，债务人提出了履行债务的请求，债权人能够接受履行，却无正当理由不予受领。构成拒绝受领的正当理由可以是：（1）债权人受到了不可抗力的影响。（2）债权人遇到了难以克服的意外情况，无法受领。如得了传染病入院治疗，又无可代为受领人。（3）债务人交付的标的物存在严重质量问题，甚至与合同约定根本不符。（4）债务人迟延交付致使不能实现合同目的。(5)合同被解除、被确认无效，等等。如果债权人拒绝受领提出了正当理由，债务人不能将标的物提存。如果债务人没有提出履行请求，则不能构成债权人拒绝受领。债权人无正当理由拒绝受领，包括债权人无正当理由明确或者以自己的行为表明拒绝受领，也包括债权人无正当理由长期迟延受领。

第二，债权人下落不明是指当事人离开自己的住所、不知去向，或因为债权人地址不详等原因无法查找。债权人下落不明，即使未被宣告失踪，债务人也无法履行，为消灭债权债务关系，债务人可以将标的物提存。债权人下落不明也包括债权人的代理人下落不明，如果债权人下落不明但其代理人确定，此时债务人可以向其代理人履行以清偿债务，不得将标的物提存。

第三，债权人死亡或者丧失民事行为能力，并不必然导致债务人债务的消灭。当债权人死亡时，由于该债权人的继承人可以继承其债权，因此，债务人应当向债权人的继承人、遗产管理人履行债务。如果债权人死亡以后其继承人、遗产管理人未确定，造成债务人无法履行其债务的，债务人可以将标的物提存。如果债权人因为丧失民事行为能力导致其在法律上不能受领，应由其监护人代理。如果债权人的监护人未确定，造成债务人无法履行其债务的，债务人也可以将标的物提存。

除上述三种由于债权人的原因导致难以履行债务的事由外，还存在法律规定的其他事由。这主要指债务人非因过失而无法确切地知道谁是债权人，也即债权人不明的其他情形。比如，债权人和债权人的受让人之间就债权转让发生争议，此时债务人无法确知谁是真正的债权人，债务人就可以提存。

具备提存的上述情形之一的，除法律另有规定外，必须是导致债务人难以履行债务的才可以提存。所谓难以履行，是指债权人不能受领给付的情形不是暂时的、无法解决的，而是不易克服的。以下情况不能认为是难以履行：（1）债权人虽然迟延受领但迟延时间很短。（2）下落不明的债权人有财产代管人可以代为接受履行。（3）债权人的继承人、遗产管理人或者监护人很快可以确定。

提存的标的物主要是货币、有价证券、票据、提单、权利证书、贵重物品等适宜提存的标的物。标的物不适于提存或者提存费用过高的，债务人依法可以拍卖或者变卖标的物，提存所得的价款。所谓标的物不适于提存，是指标的物不适于长期保管或者长期保管将损害价值的，如易腐、易烂、易燃、易爆等物品。所谓标的物提存费用过高，一般指提存费与所提存的标的物价额不成比例，如需要特殊设备或者人工照顾的动物。标的物不适于提存或者提存费用过高有悖设立提存制度的目的，但不提存，债务人又达不到使得债务消灭的目的，为此，可以依照我国拍卖法等有关法律规定，拍卖或者变卖标的物，提存所得的价款。

52. 甲与乙签订合同，约定甲将自己的古董卖给乙，乙付款后即死去，甲也未能找到乙的继承人接收，遂不得不将古董交公证机构提存。古董在地震中灭失。乙的继承人能否要求甲退款？

《民法典》第573条规定：“标的物提存后，毁损、灭失的风险由债权人承担。提存期间，标的物的孳息归债权人所有。

提存费用由债权人负担。”因此，标题案例中，乙的继承人不能要求甲退款。

标的物提存后，不论债权人是否领取，都视为债务人在其提存范围内已经交付标的物。按照《民法典》第604条的规定，标的物毁损、灭失的风险，在标的物交付之前由出卖人承担，交付之后由买受人承担，但是法律另有规定或者当事人另有约定的除外。既然标的物提存后，即视为债务人在其提存范围内已经交付标的物，因此，标的物毁损、灭失的风险就由债权人承担。《民法典》第605条规定，因买受人的原因致使标的物未按照约定的期限交付的，买受人应当自违反约定时起承担标的物毁损、灭失的风险。第608条规定，出卖人按照约定或者依据本法第603条第2款第2项的规定将标的物置于交付地点，买受人违反约定没有收取的，标的物毁损、灭失的风险自违反约定时起由买受人承担。这一条适用于上述两条规定情形之外的其他情形。标的物提存后，因不可抗力、标的物的自然变化、第三人的原因或者提存人保管不当，都可能引起标的物的毁坏、损失，甚至标的物不复存在。标的物毁损、灭失的风险由债权人承担，一方面由债权人承担因不可抗力、标的物自身性质而产生的毁损、灭失的后果。另一方面债权人有权对造成标的物毁损、灭失责任的第三人或者提存部门索赔，比如，提存期间，提存标的物因为提存部门未履行保管职责造成毁损、灭失的，提存部门负有赔偿责任，由债权人向提存部门索赔。

标的物的孳息是指由标的物产生的收益，包括自然孳息和法定孳息。自然孳息是指依物的用法所产生的作为独立物的收益。法定孳息是指依法律关系产生的收益，如金钱所产生的利息，有价证券产生的股息、红利。债权人对提存物享有收益的权利，提存期间，标的物的孳息归债权人所有。在提存期间，提存部门负责提存的收取。具体而言，提存的存款单、有价证券、奖券需要领息、承兑、领奖的，提存部门应当代为承兑或领取，所获得的本金和孳息在不改变用途的前提下，按不损害提存受领人利益的原则处理；无法按原用途使用的，应以货币形式存入提存账户；定期存款到期的，原则上按原来期限将本金和利息一并转存；股息红利除用于支付有关的费用外，剩余部分应当存入提存专用账户；提存的不动产或其他物品的收益，除用于维护费用外剩余部分应当存入提存账户。

提存费用由债权人负担。提存费用并非债务人履行债务所必要的费用，故应由债权人负担，除非债权人和债务人另有约定。提存费用包括提存公证费、公告费、邮电费、保管费、评估鉴定费、代管费、拍卖变卖费、保险费，以及为保管、处理、运输提存标的物所支出的其他费用。债权人应当支付提存费用，未支付提存费用前，提存人有权留置价值相当的提存标的物。但是，在债务人依据《民法典》第 574 条第 2 款依法取回标的物时，提存费用由债务人负担。

53. 甲与乙签订合同，约定甲将自己的古董卖给乙，乙付款后即死去，甲也未能找到乙的继承人接收，遂不得不将古董交公证机构提存。乙的继承人能在什么时间领取该古董？

《民法典》第 574 条对债权人领取提存物的权利进行了规

定:“债权人可以随时领取提存物。但是,债权人对债务人负有到期债务的,在债权人未履行债务或者提供担保之前,提存部门根据债务人的要求应当拒绝其领取提存物。债权人领取提存物的权利,自提存之日起5年内不行使而消灭,提存物扣除提存费用后归国家所有。但是,债权人未履行对债务人的到期债务,或者债权人向提存部门书面表示放弃领取提存物权利的,债务人负担提存费用后有权取回提存物。”因此,标题案例中,乙的继承人可以自提存之日起5年随时领取该古董。

标的物提存后,视为债务人在其提存范围内已经交付标的物。但是,债权人基于债权有权取得该标的物,此时提存可以被认为是为债权人利益的保管,债权人有权随时领取提存物。债权人领取提存标的物时,应当提供身份证明、提存通知书或公告,以及有关债权的证明,并承担因提存所支出的费用。委托他人代领的,还应提供有效的授权委托书。由其继承人领取的,应当提交继承的有效法律文书。因债权的转让、抵销等原因需要由第三人领取提存标的物的,该第三人应当提供已取得提存之债债权的有效法律文书。

如果债权人对债务人也负有对待给付的义务,则当事人双方均需要履行各自的义务,债务人虽然依法将标的物提存,但与其互负到期债务的债权人并未履行对待给付的义务。为避免先行履行可能发生的风险,保证债务人债权的实现,债务人针对债权人所享有的债权可以行使抗辩,也可以针对债权人领取提存物的权利行使。因此,债务人申办提存时,可以列明提存物给付的条件,对提存部门给付提存物的行为附条件,即只有在债权人履行了对债务人的对等债务,或者为履行提供相应的担保后，才能领取提存物。提存部门应根据债务人的要求，按提存人所附条件给付提存标的物。债权人未履行债务或者提供担保而不符合所附条件的，提存部门应当拒绝债权人领取提存物。如果提存部门未按列明的给付条件而直接向债权人给付提存标的物，给当事人造成损失的，提存部门负有赔偿责任。比如，甲、乙二公司订立了购买电视机的合同，甲公司负有交付电视机的义务，乙公司负有支付价款的义务。债务履行期届满，乙公司长期迟延受领，也未支付货款，甲公司依法将标的物提存。为保证收回货款，甲公司提存时声明，只有乙公司支付了电视机价款或者提供了付款担保后，才能允许乙公司领取电视机。如果在乙公司没有支付价款也没有提供担保的情况下，提存部门将提存物交付给了乙公司，一旦乙公司领取提存物后不能支付甲公司的价款，提存部门要承担赔偿责任。

债权人虽然可以随时领取提存物，但该权利长期不行使，不仅使权利长期处于不稳定状态，也会给提存部门增加负担，同时也不符合物的有效利用的原则。因此，民法典规定了领取提存物的权利的存续期间，即债权人领取提存物的权利，自提存之日起5年内不行使而消灭。债权人领取提存物的权利因5年内不行使消灭的，提存物扣除提存费用后归国家所有，债权人不能再对提存物主张权利。但是，即使债权人领取提存物的权利因期间届满已经消灭，但债务人依据本款规定行使取回权的，不适用该款前句规定。

54. 甲与乙签订合同，约定甲将自己的古董卖给乙，甲在交付古董时乙无正当理由拒绝受领，甲不得不将古董交公证机构提存。甲提存后，乙到期未支付价款，甲可否将提存的古董取回？

甲可以将提存的古董取回。《民法典》第 574 条第 2 款规定，债权人未履行对债务人的到期债务，或者债权人向提存部门书面表示放弃领取提存物权利的，债务人负担提存费用后有权取回提存物。

若完全不承认债务人的取回权，则在对债权人利益并无损害却可能损害债务人利益的情形中，可能使得债务人无法摆脱提存关系的约束而取回提存物，不利于实现债权人和债务人利益的平衡，因此，这条第 2 款增加规定了债务人取回提存物的权利，同时明确规定了具体的条件，以避免损害债权人的利益。根据第 2 款中的规定，债务人行使取回提存物权利的前提是符合以下两种情形之一：（1）债权人未履行对债务人的到期债务，债务人取回提存物。此时，债务人的履行利益并未得到满足，其行使取回权实质上是不通过提存部门而自己行使履行抗辩权，且此时并无保护债权人利益的必要。如果债权人已经履行了对债务人的到期债务，债务人就没有取回权，避免造成对债权人利益的损害。（2）债权人领取提存物的权利也可能因为债权人向提存部门书面放弃领取提存物权利而消灭，此时，债务人享有取回提存物的权利。符合上述条件，债务人行使取回提存物的权利，取回提存物的，视为未提存。因此产生的费用由债务人承担。“负担提存费用后有权取回提存物”这个表述表明，债务人未支付提存费用前，提存部门有权留置价值相当的提存标的。同时，提存物的孳息也归债务人所有。应当注意的是，虽然债权人尚未领取提存物，但债务和债权已经因另为履行、抵销、免除等其他原因而消灭，债权人已经不再享有债权，债权人自然也丧失了领取提存物的权利，此时，也应当允许债务人取回提存物。

55. 甲欠乙 10 万元，后来乙跟甲说不需要还钱了，甲还需要还吗?

甲不需要还了。《民法典》第 575 条规定：“债权人免除债务人部分或者全部债务的，债权债务部分或者全部终止，但是债务人在合理期限内拒绝的除外。”免除，指债权人抛弃债权，从而全部或者部分消灭债权债务。免除多对债务人有利，债务人一般不会反对，如果认为免除必须经过双方当事人的明确同意才可以，这可能是不效率的；但是，基于自愿原则，债务人在合理期限内明确拒绝的，应当尊重债务人拒绝的意思，尤其是免除在一些情况下还会影响到债务人的利益。比如，债务人和投资人约定，如果债务人保持在一定的资产负债率的情况下，资产负债率不能太高也不能太低，投资人就给债务人投资，但是债权人的免除可能影响到债务人的资产负债率，进而影响到债务人获得投资的利益。因此，在《合同法》第 105 条（这一条规定，债权人免除债务人债务的，无须债务人明确同意，即可发生免除效力）的基础上，增加了但书规定“但是债务人在合理期限内拒绝的除外”，即如果债务人在合理期限内拒绝的，免除效力自始不发生。

免除也是意思表示，而且是有相对人的意思表示，因此应当适用意思表示的一般规定。债权人免除债务，不论是为了赠与、和解，还是别的什么原因，都不影响免除的效力。免除债务表明债权人放弃债权，不再要求债务人履行义务，因此，债务人不必为免除为相应的对价，免除是无偿的民事法律行为。免除发生债权消灭的后果，需要债权人具有处分权，且不得损害第三人的利益，否则对第三人不发生免除效力。比如，如果债权人已经将该债权出质，则不能对质权人发生免除的法律后果。免除债务不必有特定形式，口头、书面，明示、默示都无不可。如债权人以口头或者书面形式通知债务人不必再履行债务，是以明示方式免除债务。

免除可以附条件或者附期限。附生效条件的免除，如债权人表示只要债务人在合同履行期归还本金，可以免除利息。附解除条件的免除，如在赠与合同生效后，受赠人表示，如果赠与人经济状况恶化，赠与合同不再履行。附生效期限的免除，如出租人通知承租人下月 1 号开始不必再支付房租。附终止期限的合同，如出卖人通知买受人，其售予买受人商品的 8 折优惠月底终止。

免除使债权债务消灭。债权人免除部分债务的，债权债务部分消灭；免除全部债务的，债权债务全部消灭。债权人免除部分债务，如债务人乙欠债权人甲 100 万元货款，甲通知乙只要偿还 80 万元，免除 20 万元债务。债权人免除部分债务的，免除的部分不必再履行，但尚未免除的部分仍要履行。债权人免除全部债务，如服装加工部向服装定作人表明不收取服装加工费。免除全部债务的，全部债务不必再履行，债权债务因此终止。在债务被全部免除的情况下，有债权证书的，债务人可以请求返还。同时，根据《民法典》第559条的规定，债权债务终止时，债权的从权利同时消灭，但是法律另有规定或者当事人另有约定的除外。因此债权因免除消灭的，从属于债权的担保权利、利息权利、违约金请求权等也随之消灭。比如，甲免除了乙的债务，为乙提供履行担保的丙的保证责任没有了存在基础，必然一同消灭。根据《民法典》第520条第2款的规定，部分连带债务人的债务被债权人免除的，在该连带债务人应当承担的份额范围内，其他债务人对债权人的债务消灭。

56. 甲与乙签订买卖合同，甲不履行合同义务或者履行合同义务不符合约定，应当向乙承担什么责任？

甲应当承担继续履行、采取补救措施或者赔偿损失等违约责任。《民法典》第577条规定："当事人一方不履行合同义务或者履行合同义务不符合约定的，应当承担继续履行、采取补救措施或者赔偿损失等违约责任。"

违约责任，即违反合同的民事责任，也就是合同当事人因违反合同义务所承担的责任。违约责任是当事人一方不履行合同义务或者履行合同义务不符合约定所应当承担的后果，违约责任以合同义务的存在为前提，违约责任是合同义务的转化和延伸，合同义务是第一性义务，而违约责任是第二性义务，两者具有同一性，无合同义务即无违约责任。但是，违约责任是国家凭借法律之力，强制债务人履行债务或者承担其他责任，与诉权联系在一起，以确保合同权利的实现，包含了责任的国家强制性，是对债务人行为的否定性评价。因此，有时虽然存在合同义务，但不产生违约责任，出现债务人和责任的分离。违约责任是一种财产责任，并非人身责任，因此不能采取非法拘禁、扣押人身的责任方式，而只能是继续履行、采取补救措施或者赔偿损失等财产责任方式。

违约责任，一是要求合同义务的有效存在。不以合同义务的存在为前提所产生的民事责任，不是违约责任，这使违约责任与侵权责任、缔约过失责任区分开，后两者都不是以合同义务的存在为必要前提。二是要求债务人不履行合同义务或者履行合同义务不符合约定。这包括履行不能、履行迟延和不完全履行等，还包括瑕疵担保、违反附随义务和债权人受领迟延等可能与合同不履行发生关联的制度。

合同义务的违反，可以从被违反的义务角度区分为违反主给付义务、从给付义务、附随义务和不真正义务。主给付义务，指债的关系中所固有、必备，并以之决定债之类型的基本义务。从给付义务是指补助主给付义务以确保债权人利益能获得最大满足的义务。附随义务是指根据诚信原则产生的顾及对方当事人法益和利益的义务。不真正义务是指债权人的受领义务或者采取适当措施防止损害扩大的义务。例如，通过网络交易购买一台空调，卖方交付空调并转移空调所有权是主给付义务；卖方交付质保书、发票的义务是从给付义务；卖方不得将其所获知的买方的个人信息泄露是附随义务；买方在空调出现问题而漏水时尽量采取措施减少损失扩大是不真正义务。

《民法典》第577条按照违约行为的具体形态，将违约行为区分为不履行合同义务和履行合同义务不符合约定。不履行合同义务，即债务人不为当为之事，包括履行不能和履行拒绝。履行不能是债务人在事实上、法律上和经济上不能履行，有永久不能和一时不能、自始不能和嗣后不能、主观不能和客观不能、全部不能和部分不能的区别。比如，在以提供服务为标的的合同中，债务人丧失提供服务的能力；在以提供特定物为标的的合同中，特定物已经毁损、灭失；在以提供种类物为标的的合同中，种类物全部毁损、灭失。即使自始客观不能也并非合同无效的原因，而仅仅是违约的原因。履行拒绝，即债务人能够履行合同义务却无正当理由拒绝履行，拒绝可以是明示的，也可以是默示的。比如，债务人将应交付的特定标的物有效处分给第三人，可以认为是拒绝履行。

履行合同义务不符合约定，即债务人为不当为之事，也就是债务人虽然履行了债务，但其履行不符合约定，包括一般的瑕疵履行和加害履行。一般的瑕疵履行有数量不足、质量不符、履行方法不当、履行地点不当、履行时间不当等多种表现形式。当事人履行合同除有一般瑕疵外，还造成对方当事人的其他财产、人身损害的，为加害履行。加害履行的特征是往往造成违约与侵权行为竞合。例如，甲到乙饭店吃火锅，但乙提供的火锅因为不合格而爆炸，导致甲的人身损失，乙饭店的履行就是加害履行。加害履行也是一种瑕疵履行，故将与其对应的其他瑕疵履行称为一般瑕疵履行。

违约责任的形式包括继续履行、采取补救措施或者赔偿损失等。具体而言，包括：（1）继续履行；（2）修理、重作、更换；（3）采取其他补救措施，包括退货、减少价款或者报酬等；（4）赔偿损失，包括法定的赔偿损失和违约金、定金等约定的赔偿损失。

57. 甲与乙签订买卖合同，约定甲将古董卖给乙，1个月后交货。半个月后，甲明确表示不会向乙交付古董，此时乙可以让甲承担违约责任吗？

此时乙可以让甲承担违约责任。《民法典》第578条规定："当事人一方明确表示或者以自己的行为表明不履行合同义务的，对方可以在履行期限届满前请求其承担违约责任。"违约行为发生于合同履行期限届满之前的，为预期违约，又称为先期违约。在履行期限届满之前，当事人一方明确表示或者以自己的行为表明不履行合同债务，当然要求其不享有履行抗辩权等正当理由的，才构成预期违约。预期违约包括明示预期违约和默示预期违约。所谓明示预期违约，是指合同履行期限届满之前，一方当事人明确肯定地向另一方当事人表示他将不履行合同义务。所谓默示预期违约，是指合同履行期限届满之前，一方当事人以自己的行为表明不履行合同债务。应当注意的是，这一条规定的预期违约的违约责任，不同于《民法典》第563条第1款第2项所规定的预期违约的解除，在预期违约的解除中，当事人一方明确表示或者以自己行为表明其不履行的是主要债务，一般只有主要债务的不履行才会致使不能实现合同目的，此时当事人才有法定解除权。但是，这一条规定的预期违约包括当事人一方明确表示或者以自己行为表明其不履行合同义务，无论该合同义务是否是主要义务，即使是从给付义务或者附随义务等，对方都有权请求其承担违约责任。

预期违约降低了另一方享有的合同权利的价值，构成对债权人权利的侵害和对合同关系的破坏，必将影响交易的正常进行。如果在一方当事人预期违约的情况下，仍然要求另一方当事人在履行期限届满后才能请求违约责任，将给另一方造成损失。因此，当事人一方明确表示或者以自己的行为表明不履行合同义务的，即使在履行期限届满前，对方也可以请求其承担违约责任，而无须等到履行期限届满后，这有利于保护守约方的合法权益。

58. 甲公司与明星乙签订演出合同，约定在甲公司年会时乙到会场献歌一曲。乙未按约定到场演出，甲公司可以强制要求乙演出吗?

甲公司可以请求乙履行，也可以请求其承担赔偿损失等其他民事责任，但不能强制要求乙演出。《民法典》第580条第1款规定："当事人一方不履行非金钱债务或者履行非金钱债务不符合约定的，对方可以请求履行，但是有下列情形之一的除外：（一）法律上或者事实上不能履行；（二）债务的标的不适于强制履行或者履行费用过高；（三）债权人在合理期限内未请求履行。"

所谓继续履行，也称为实际履行，就是按照合同的约定继续履行义务。当事人订立合同都是追求一定的目的，这一目的直接体现在对合同标的的履行，义务人只有按照合同约定的标的履行，才能实现权利人订立合同的目的。所以，继续履行合同是当事人一方违反合同后应当承担的一项重要的民事责任。对合同一方当事人不能自觉履行合同的，另一方当事人有权请求违约方继续履行合同或者请求人民法院、仲裁机构强制违约当事人继续履行合同。例如，没有交付商品的，应当交付合同约定的商品。继续履行是违约责任的一种形式，具有国家强制性，不是单纯的合同义务的履行。继续履行能够使得债权人尽可能实现其利益，避免了赔偿损失计算的困难，强调了合同的法律约束力。

如果当事人一方不履行非金钱债务或者履行非金钱债务不符合约定，且非金钱债务能够继续履行，守约方可以请求违约方继续履行，除此之外，还可以请求违约方承担赔偿损失等其他民事责任。债权人请求继续履行，必须以非金钱债务能够继续履行为前提，如果非金钱债务不能继续履行，对方就不能请求继续履行，或者其提出继续履行的请求，债务人能够依据《民法典》第580条第1款提出抗辩。当然，即使债权人不能请求债务人继续履行，但其仍然有权依法请求债务人承担其他违约责任，尤其是赔偿损失。不能请求继续履行具体包括以下情形：

1. 法律上或者事实上不能履行。

所谓法律上不能履行，指的是基于法律规定而不能履行，或者履行将违反法律的强制性规定。比如，甲将其房屋卖给乙，但未交付和办理移转登记，之后甲又将同一个房屋卖给丙，并将房屋交付给丙，并且办理了移转登记，此时由于甲已经丧失了所有权，因此在法律上无处分权，无法履行甲对乙所负有的移转房屋所有权的合同义务，这即属于法律上不能履行，乙此时不能请求甲继续履行，而只能请求甲赔偿损失。又如，如果一定合同的履行行为必须经过有关机关的批准，在未批准前，不得请求继续履行。所谓事实上不能履行，是指依据自然法则已经不能履行。比如，合同标的物是特定物，该特定物已经毁损、灭失。但是，如果仅仅是暂时不能履行，或者债务人作出一定的努力仍可以履行合同义务的，那么合同仍然可以继续履行。人民法院或者仲裁机构应当对是否存在法律上或者事实上不能履行的情形进行审查。

2. 债务的标的不适于强制履行或者履行费用过高。

债务的标的不适于强制履行，指依据债务的性质不适合强制履行，或者执行费用过高。比如：（1）基于高度的人身依赖关系而产生的合同，如委托合同、合伙合同等，如果是因高度信任对方的特殊技能、业务水平、忠诚等所产生的，并且强制债务人履行义务会破坏此种高度的人身依赖关系，则不得请求继续履行。（2）对于许多提供服务、劳务或者不作为的合同来说，如果强制履行会危害到债务人的人身自由和人格尊严，或者完全属于人身性质，如需要艺术性或者科学性的个人技能，或者涉及保密性和私人性的关系，则不得请求继续履行。

履行费用过高，指履行仍然可能，但却会导致履行方负担过重，产生不合理的过大的负担或者过高的费用。比如，一艘邮轮沉入海中，尽管将该邮轮打捞出来是可能的，但邮轮所有人因此支出的费用大大超过了所运石油的价值，托运人不能请求其继续履行。在判断履行费用是否过高时，需要对比履行的费用和债权人通过履行所可能获得的利益、履行的费用和采取其他补救措施的费用，还需要考量守约方从其他渠道获得履行进行替代交易的合理性和可能性。

如果债务的标的不适于强制履行或者履行费用过高，债权人请求继续履行的，债务人享有拒绝履行的抗辩权。

3. 债权人在合理期限内未请求履行。

履行合同义务需要债务人进行特定的准备和努力，如果履行期限已过，并且债权人未在合理期限内请求债务人继续履行，债务人则可能会推定债权人不再坚持继续履行。债权人在很长时间之后才请求继续履行，如果支持债权人的继续履行请求，会使得债务人长期处于不确定状态，随时准备履行，且会诱使债权人的投机行为。因此，如果债权人在合理期限内未请求继续履行的，不能再请求继续履行。

59. 甲和乙签订合同，约定甲将花瓶卖给乙，但甲交付给乙的花瓶存在瑕疵，乙可以向甲主张什么？

乙可以向甲主张承担违约责任。《民法典》第582条规定："履行不符合约定的，应当按照当事人的约定承担违约责任。对违约责任没有约定或者约定不明确，依据本法第五百一十条的规定仍不能确定的，受损害方根据标的的性质以及损失的大小，可以合理选择请求对方承担修理、重作、更换、退货、减少价款或者报酬等违约责任。"债务人履行合同义务不符合约定的，主要是品质、数量等不符合约定，可以考虑一些补救措施，主要包括修理、重作、更换以及退货、减少价款或者报酬。这有利于尽量维持当事人之间的合同关系。

如果债务人和债权人事先对此有约定的，应当按照当事人的约定承担违约责任，该约定是民事法律行为，因此适用民事法律行为的一般规定。比如，双方约定的“三包”规定中，对不同瑕疵的后果进行了详细的约定，此时违约方就应当按照当事人之间的约定承担违约责任。

如果当事人对违约责任没有约定，或者虽有约定但约定不明确的，此时就应当依据《民法典》第510条的规定予以确定，即合同生效后，当事人就质量、价款或者报酬、履行地点等内容没有约定或者约定不明确的，可以协议补充；不能达成补充协议的，按照合同相关条款或者交易习惯确定。

如果当事人对此既无约定，也无法依据《民法典》第510条的规定予以确定的，则受损害方根据标的的性质以及损失的大小，可以合理选择请求对方承担修理、重作、更换、退货、减少价款或者报酬等违约责任。这些方式有助于尽量维持当事人之间的合同关系。修理包括对产品、工作成果等标的物质量瑕疵的修补，也包括对服务质量瑕疵的改善，这是最为普遍的补救方式。例如，修建的房屋不符合要求，债务人应当无偿地进行修理。在存在严重的质量瑕疵，以致不能通过修理达到约定的或者法定的质量情形下，受损害方可以选择更换或者重作的补救方式。例如，加工制作的产品不符合约定，虽经修理也不能使用，债务人就应当重作。

《民法典》第582条规定，受损害方根据标的的性质以及损失的大小，可以合理选择请求对方承担修理、重作、更换、退货、减少价款或者报酬等违约责任。修理、重作、更换同样也适用《民法典》第580条第1款的规定，当这些方式事实上不能履行、履行费用过高以及债权人未在当事人约定期限或者合理期限内要求的，债权人不能再请求这些方式或者这些方式中的某一种，而只能请求履行方承担其他违约责任。履行瑕疵是细微和无关紧要的，而修理、重作或者更换的费用过高，则不能请求修理、重作或者更换。比如，在买卖合同中，卖方交付的标的物不符合约定的原因是存在设计缺陷，导致更换并无意义，修理也无法消除此种缺陷，此时债权人就不能请求修理或者更换。也有可能由于债权人时间紧迫，无法等待修理、重作或者更换，而必须尽快寻找到适合的替代物，此时要求债权人必须先请求修理、重作或者更换就是不合理的。修理、重作、更换是不可能、不合理或者没有效果的，或者债务人拒绝或在合理期间内仍不履行的，债权人可以请求退货、减少价款或者报酬。如果债务人在履行不符合约定后，立即提出在合理期限内自己承担费用予以修理、重作或者更换，则债权人应当允许，除非该瑕疵履行已经致使合同目的不能实现，或者债权人有理由相信，债务人不可能在合理期限内、并在不给债权人造成显著不便或者不给债权人的合法利益造成其他损害的前提下，实施有效的修理、重作或者更换。

债务人修理的，应当自行承担修理费用和因修理产生的运输费用等合理费用。如果债务人未按要求予以修理或者因情况紧急，债权人自行或者通过第三人修理标的物后，有权主张债务人负担因此发生的合理费用。在更换或者重作的情况下，债务人有权要求债权人退回标的物，但债务人应当负担取回的必要费用。比如，《消费者权益保护法》第 24 条第 2 款规定，依照前款规定进行退货、更换、修理的，经营者应当承担运输等必要费用。

修理、重作、更换是不可能、不合理或者没有效果的，或者债务人拒绝或在合理期间内仍不履行的，债权人可以请求退货、减少价款或者报酬。退货是债权人将已经获得的履行退还给债务人。退货是一种中间状态，依据具体情形，可能会导致更换或重作，也可能会导致合同解除。比如，《消费者权益保护法》第 24 条第 1 款规定，经营者提供的商品或者服务不符合质量要求的，消费者可以依照国家规定、当事人约定退货，或者要求经营者履行更换、修理等义务。没有国家规定和当事人约定的，消费者可以自收到商品之日起 7 日内退货；7 日后符合法定解除合同条件的，消费者可以及时退货，不符合法定解除合同条件的，可以要求经营者履行更换、修理等义务。

减少价款或者报酬，可以简称为“减价”，即债权人接受了债务人的履行，但主张相应减少价款或者报酬，其目的在于通过调整价款或者报酬使得合同重新恢复到均衡的等价关系上。价款或者报酬未支付的，债权人可以主张减少其应支付的价款或者报酬；价款或者报酬已经支付的，债权人可以主张返还减价后多出部分的价款或者报酬。

60. 甲公司向乙公司采购一批货物，乙公司未按约定支付货物，导致甲公司无法向下家交货，甲公司不得不向下家支付 10 万元违约金，甲公司可以要求乙公司赔偿吗？

甲公司可以要求乙公司赔偿。《民法典》第 584 条规定：“当事人一方不履行合同义务或者履行合同义务不符合约定，造成对方损失的，损失赔偿额应相当于因违约所造成的损失，包括合同履行后可以获得的利益；但是，不得超过违约一方订立合同时预见到或者应当预见到的因违约可能造成的损失。”违约赔偿损失是指行为人违反合同约定造成对方损失时，行为人向受害人支付一定数额的金钱以弥补其损失，是运用较为广泛的一种责任方式。赔偿的目的，最基本的是补偿损害，使受到损害的权利得到救济，使受害人恢复到未受到损害前的状态。违约赔偿损失是合同债务的转化，与合同债务具有同一性，因此在对相应合同债权的担保等方面，在违约赔偿损失请求权上继续存在，除非当事人另有约定。同时，违约的赔偿损失包括法定的赔偿损失和约定的赔偿损失，这条规定的是法定的违约赔偿损失。

承担违约赔偿损失责任的构成要件包括：一是有违约行为，即当事人一方不履行合同义务或者履行合同义务不符合约定。二是违约行为造成了对方的损失。如果违约行为未给对方造成损失，则不能用赔偿损失的方式追究违约人的民事责任。三是违约行为与对方损失之间有因果关系，对方的损失是违约行为所导致的。四是无免责事由。

违约损失赔偿额应当相当于因违约所造成的损失，包括对实际损失和可得利益的赔偿。实际损失，即所受损害，是指因违约而导致现有利益的减少，是现实利益的损失，又被称为积极损失。例如，货物在运输过程中遭受了 1 万元的损失，该损失即实际损失。可得利益，即所失利益，受害人在合同履行后本可以获得的，但因违约而无法获得的利益，是未来的、期待的利益损失，又被称为消极损失。例如，汽车修理厂与出租车司机约定 10 日修理好损坏的出租车，汽车修理厂迟延 3 日交付，司机开出租车每日可获纯利润 200 元，3 日的可得利益为 600 元，汽车修理厂违约，应赔偿 600 元的可得利益；建筑公司承建一座商厦但迟延10日交付，该商厦10日的营业纯利润额即为可得利益。

实际损失包括：（1）信赖利益的损失，包括费用的支出、丧失其他交易机会的损失以及因对方违约导致自己对第三人承担违约赔偿的损失等。（2）固有利益的损失，这体现在债务人违反保护义务的情形中。例如，债务人交付了病鸡，导致债权人现有养鸡场的鸡也生病，此时，债务人不仅应当赔偿债权人费用的支出，还应当赔偿债权人现有的鸡生病造成的损失。在违约赔偿中，由于证明可得利益的困难性，债权人可以选择请求债务人赔偿信赖利益。但是，信赖利益的赔偿一般不得大于履行利益。这是因为，如果信赖利益大于可得利益，表明债权人订立的合同是亏本的，如果债务人按照约定履行了合同，反而会给债权人造成更大的损失。此时，允许债权人请求赔偿大于可得利益的信赖利益，无异于债权人将自己的亏损转嫁给债务人。但是，对于固有利益的赔偿可以大于可得利益。

可得利益是合同履行后债权人所能获得的纯利润。可得利益也可能与信赖利益中的丧失其他交易机会的损失存在重合。根据交易的性质、合同的目的等因素，可得利益损失主要分为生产利润损失、经营利润损失和转售利润损失等类型。在生产设备和原材料等买卖合同违约中，因出卖人违约而造成买受人的可得利益损失通常属于生产利润损失。在承包经营、租赁经营合同以及提供服务或劳务的合同中，因一方违约造成的可得利益损失通常属于经营利润损失。先后系列买卖合同中，因原合同出卖方违约而造成其后的转售合同出售方的可得利益损失通常属于转售利润损失。在计算生产经营利润时，可以考虑以客观的、能够证明的守约方可以获得的上一年度或近几年平均净利润，或者同类、同区域、同行业的经营者所能够获得的净利润为标准进行计算。如果守约方主张其利润比按照客观方法计算的利润高，此时，守约方应承担举证责任；如果违约方主张对方利润比按照客观方法计算所得出的利润低，此时违约方应承担举证责任。

61. 当事人约定的违约金过高或者过低怎么办？

约定违约金可以通过司法酌增或司法酌减进行调整。《民法典》第585条第2款规定："约定的违约金低于造成的损失的，人民法院或者仲裁机构可以根据当事人的请求予以增加；约定的违约金过分高于造成的损失的，人民法院或者仲裁机构可以根据当事人的请求予以适当减少。"

1. 司法酌增。

司法酌增适用的前提是：（1）约定的违约金低于造成的损失。此处的损失应当按照本法第584条规定的法定赔偿损失的范围和数额予以认定，包括实际损失和可得利益。（2）债权人提出申请，并应当对违约金低于造成的损失予以举证。

此时，人民法院或者仲裁机构可以增加违约金数额，但并非应当增加，一般而言，增加后的违约金数额不应超过对债权人造成的损失。人民法院或者仲裁机构在判断是否予以增加以及增加的幅度时，可以综合斟酌考虑一些因素，如当事人是否具有明确的限制责任的意图、债权人是普通民事主体还是商事主体、当事人的过错程度、合同的履行情况、预期的利益等。

2. 司法酌减。

司法酌减的前提是：（1）约定的违约金过分高于造成的损失。此处的损失同样应当按照本法第 584 条规定的法定赔偿损失的范围和数额予以认定，包括实际损失和可得利益。但是，约定的违约金必须“过分”高于造成的损失。这意味着，如果约定的违约金虽然高于造成的损失，但并未“过分”高于，就不应当适用司法酌减。（2）债务人提出申请，并就约定的违约金“过分”高于造成的损失予以举证。债务人提出请求的方式可以是另行提起反诉，也可以是针对债权人的请求予以抗辩。

此时，人民法院或者仲裁机构可以适当减少违约金数额，但并非应当适当减少。在判断约定违约金是否过高以及调低的幅度时，一般应当以对债权人造成的损失为基准。司法实践中对此掌握的标准一般是，当事人约定的违约金超过造成损失的 30% 的，一般认定为“过分高于造成的损失”，但对此不应当适用机械主义，避免导致实质上的不公平。此时，可以综合考虑辩论终结前出现的以下因素：（1）合同履行情况；（2）当事人过错程度；（3）预期利益；（4）当事人的主体身份；（5）其他因素。

62. 在甲与乙签订的合同中，双方对迟延履行约定了违约金，甲迟延履行，向乙支付了违约金后，甲是否可以不履行债务?

甲仍要履行债务。《民法典》第 585 条第 3 款规定：“当事人就迟延履行约定违约金的，违约方支付违约金后，还应当履行债务。”当事人可以就迟延履行这种特定的违约行为约定违约金。如果当事人专门就迟延履行约定违约金的，除另有约定外，该种违约金仅针对违约方对其迟延履行所承担的赔偿责任，违约方支付违约金后还应当继续履行义务。但请求继续履行应当是针对迟延后履行尚属可能且对债权人有意义的情形，如果继续履行因对债权人无意义而被拒绝，或者在履行迟延后陷于履行不能，债权人可转而要求替代给付的赔偿，该替代给付的赔偿数额一般大于迟延履行的赔偿数额，其作为继续履行的转化形态，可与迟延履行违约金并行主张。

《民法典》第585条第3款规定，违约方支付迟延履行违约金后，还应当履行债务。对此，不应反面解释认为，如果债权人先主张继续履行或先行受领了继续履行，即不得请求迟延履行违约金或者视为放弃迟延履行违约金。债权人受领了债务人迟延后的继续履行，仍可并行主张迟延履行违约金，此并行主张不以受领给付时作特别保留为必要。

63. 什么是定金？定金的数额有限制吗？

《民法典》第586条规定：“当事人可以约定一方向对方给付定金作为债权的担保。定金合同自实际交付定金时成立。定金的数额由当事人约定；但是，不得超过主合同标的额的百分之二十，超过部分不产生定金的效力。实际交付的定金数额多于或者少于约定数额的，视为变更约定的定金数额。”所谓定金，就是指当事人约定的，为保证债权的实现，由一方在履行前预先向对方给付的一定数量的货币或者其他代替物。

定金是担保的一种，由于定金是预先交付的，定金惩罚的数额事先也是明确的，因此通过定金罚则的运用可以督促双方自觉履行，起到担保作用。定金与预付款不同，定金具有担保作用，不履行债务或者履行债务不符合约定，致使不能实现合同目的的，适用定金罚则；但预付款仅仅是在标的物正常交付或者服务正常提供的情况下预付的款项，如有不足，交付预付款的一方再补交剩余的价款即可，在交付标的物或者提供服务的一方违约时，如果交付预付款的一方解除合同，有权请求另一方返还预付款。定金与押金也不同，一般而言，押金的数额没有定金数额的限制，而且没有定金罚则的适用。押金类型非常多，无法统一确定，甚至有的押金需要清算，多退少补。履约保证金的类型也是多种多样。当事人交付留置金、担保金、保证金、订约金、押金或者订金等，但没有约定定金性质的，不能按照定金处理。但是，如果押金和保证金根据当事人的约定符合定金构成的，可以按照定金处理。

实践中，定金的种类非常多。最为常见的是违约定金，即在接受定金以后，一方当事人不履行债务或者履行债务不符合约定，致使不能实现合同目的的，应按照定金罚则予以处理。除违约定金外，常见的还有立约定金、成约定金、证约定金、解约定金。立约定金是当事人约定以交付定金作为订立主合同的担保，给付定金的一方拒绝订立主合同的，无权要求返还定金；收受定金的一方拒绝订立合同的，应当双倍返还定金。成约定金，即约定以交付定金作为主合同成立或者生效要件，给付定金的一方虽然未支付定金，但主合同已经履行或者已经履行主要部分的，不影响主合同的成立或者生效。证约定金是以定金作为订立合同的证据。解约定金是定金交付后，交付定金的一方可以按照合同的约定以丧失定金为代价而解除主合同，收受定金的一方可以以双倍返还定金为代价而解除主合同。成约定金可被认为是附生效条件的合同；立约定金可以被认为是预约的违约定金；证约定金仅仅是证明合同成立的方式之一；解约定金可以被认为是一种约定解除权。《民法典》第 586 条仅规定了违约定金。

定金的数额由当事人约定。但是，在能够确定主合同标的额的前提下，约定的数额不得超过主合同标的额的 20%。如果超过，则超过的部分不产生定金的效力，应当予以返还或者按照约定抵作价款，但未超过的部分仍然产生定金效力。例如，甲向乙订购钢材 1000 吨，总价值为 1000 万元，甲交付定金的最高限额是总价款的 20%，即 200 万元。如果当事人约定的定金额少于 200 万元的，按照当事人的约定。如果当事人约定的定金数额为 300 万元，则只有其中的 200 万元能够发生定金效力，超过的 100 万元不能发生定金效力，甲方可以要求乙方返还或者按照约定抵作价款。同时，实际交付的定金数额多于或者少于约定的数额的，除超过法定限额的部分外，视为变更约定的定金数额，按照变更后的定金数额适用定金罚则。实际交付的定金数额少于约定数额的，收受定金的一方提出异议并拒绝接受定金的，定金合同不成立；收受定金的一方接受了定金但提出了异议，仍然在接受定金范围内发生定金效力。例如，甲向乙订购钢材 1000 吨，总价值为 1000 万元，约定甲交付定金 200 万元，但之后甲仅交付了 150 万元，乙方接受的，接受的 150 万元定金仍然能够发生定金效力。

64. 甲与乙签订房屋买卖合同，买方甲向卖方乙支付定金20万元。乙未按合同约定卖房给甲，应当赔多少钱给甲？

应当赔定金的双倍。《民法典》第587条规定："债务人履行债务的，定金应当抵作价款或者收回。给付定金的一方不履行债务或者履行债务不符合约定，致使不能实现合同目的的，无权请求返还定金；收受定金的一方不履行债务或者履行债务不符合约定，致使不能实现合同目的的，应当双倍返还定金。"按照这一条规定，债务人按照合同约定履行债务的，定金应当抵作价款或者收回。但如果债务人不履行债务或者履行债务不符合约定，致使不能实现合同目的的，违约定金最为重要的效力是定金罚则，即定金合同约定的条件成就时，进行双倍返还定金或者扣收。

适用定金罚则的前提条件首先是按照当事人的约定和法律的规定，当法律对定金有特别规定时，应当适用特别规定；当事人另有约定时，根据自愿原则，应尊重当事人的特别约定。在不存在法律另有规定或者当事人另有约定的情形中，适用定金罚则的前提条件是，当事人一方不履行债务或者履行债务不符合约定，并且该违约行为要达到致使合同目的不能实现，即根本违约的程度。例如，甲、乙双方订立转让商店营业的合同，并约定定金条款且已交付定金，履行期限到来后虽然按期交付了商店，但该商店的营业执照因转让人甲方的违法经营被吊销，无法营业，此时甲方就构成了根本违约，可以适用定金罚则。虽然有违约行为但比较轻微，未达到不能实现合同目的的程度时，也就不能适用或者全部适用定金罚则。如果当事人一方不完全履行合同，在能够区分比例的情况下，应当按照未履行部分所占合同约定内容的比例，适用定金罚则。例如，如果合同约定甲方向乙方供应钢材 1000 吨，总价值为 1000 万元，约定乙方交付定金 50 万元，未超过主合同标的额的 20%，且乙方已实际交付定金，履行期限到来后，甲方仅交货 500 吨，乙方接受但提出甲方违约。由于供货严重不足，乙方可以请求适用定金罚则，但由于甲方已经供货 500 吨，占约定供货量的一半，此时，只能将 50 万元定金中的 25 万元适用定金罚则。同时，违约方必须因违约行为承担违约责任的，才能适用定金罚则。如果违约方因不可抗力而免责，则不能适用定金罚则。

适用定金罚则的效果是，给付定金的一方无权请求返还定金，收受定金的一方应当双倍返还定金。例如，在上述供应钢材的例子中，甲方是收受定金的一方，其中的 25 万元适用定金罚则，此时，甲方应当向乙方双倍返还定金，即 50 万元。

65. 甲、乙签订合同，约定甲将一批钢材卖给乙，甲将钢材运送到乙处时，乙无正当理由拒绝受领，甲是否可以请求乙赔偿运送钢材的费用？

甲可以请求乙赔偿运送钢材的费用。《民法典》第 589 条第 1 款规定，债务人按照约定履行债务，债权人无正当理由拒绝受领的，债务人可以请求债权人赔偿增加的费用。

债权人无正当理由拒绝受领是指债务人按照约定履行了债务或者提出了履行债务的请求，债权人无正当理由地不予受领或者协助。债权人无正当理由拒绝受领，构成的要件包括：（1）债务人按照约定现实履行了债务，或者提出了履行债务的请求，即债务人已经现实提出或者言辞提出。但是，如果债权人预先表示了拒绝受领的意思，或者给付也同时需要债权人的行为的，债务人可以以准备给付的情事通知债权人，代替提出。这里同样也包括第三人依法有权代债务人履行债务，且债权人无权拒绝的情形。（2）债务内容的实现以债权人的受领给付或者其他协助为必要。如果是不需要受领给付或者其他协助的债务，如不作为债务，就不会产生拒绝受领的问题。（3）债权人拒绝受领。这里的拒绝受领是广义的，即不受领，包括了迟延受领、明确或者以自己的行为表明拒绝受领等情形。例如，应在债务人一方所在地履行的债务，债务人按照约定把受领给付的时间和地点通知债权人，债权人没有在债务人所在地出现以受领给付；甲、乙约定由甲到乙家里为其提供辅导，甲按时到达，但乙却外出旅游不归。（4）债权人无正当理由。债权人无拒绝的正当理由，如债务人交付的标的物存在严重质量问题、迟延交付或者有其他违约行为，致使不能实现合同目的。但是，如果债务人履行的瑕疵仅仅是非常轻微的，这不构成债权人拒绝受领的正当理由。

债权人无正当理由拒绝受领，不影响债务人的给付义务，并不会使债务人的给付义务消灭。但是，债权人受领债务人的履行，是受领人的权利，但其无正当理由不受领，会导致债务人的利益受损，因此这也是债权人的义务。但是，该义务的违反一般不会导致债权人的违约责任，而一般导致减轻债务人的负担或者责任，或者使债权人负担增加的费用等相应的不利后果，可被认为是不真正义务，除非法律另有规定或者当事人另有约定。本条规定，债权人无正当理由拒绝受领的，对于由此给债务人增加的费用，债务人可以请求债权人赔偿。所谓给债务人增加的费用，包括：（1）债务人提出给付的费用，例如货物往返运送的费用、履行债务所支付的交通费用、通知费用等；（2）保管给付物的必要费用；（3）其他费用，如对不宜保存的标的物的处理费用。同时，本法规定，在债权人受领迟延期间，债务人无须支付利息。

66. 甲公司与乙签订合同，约定乙向甲公司供应自己鱼塘所产活鱼10吨。后因洪水将乙的鱼塘全部冲毁，乙无法按约定向甲公司供货。乙需要承担违约责任吗？

在合同履行期限届满前发生上述情况，乙不需要承担违约责任。若乙迟延履行后发生不可抗力的，不免除其违约责任。《民法典》第590条规定：“当事人一方因不可抗力不能履行合同的，根据不可抗力的影响，部分或者全部免除责任，但是法律另有规定的除外。因不可抗力不能履行合同的，应当及时通知对方，以减轻可能给对方造成的损失，并应当在合理期限内提供证明。当事人迟延履行后发生不可抗力的，不免除其违约责任。”不可抗力是独立于人的行为之外，不受当事人意志所支配的现象，是人力所不可抗拒的力量。行为人完全因为不可抗力不能履行合同，如果让行为人对自己无法控制的情形承担责任，对于行为人来说是不公平的。据此，《民法典》第590条第1款规定了当事人一方因不可抗力不能履行合同的，根据不可抗力的影响，部分或者全部免除责任，但是法律另有规定的除外。

不可抗力免责存在以下要求：（1）发生了不可抗力的事件。《民法典》第180条第2款规定，不可抗力是不能预见、不能避免且不能克服的客观情况。“不能预见”，是指根据现有的技术水平，一般对某事件的发生没有预知能力。人们对某事件的发生的预知能力取决于当代的科学技术水平。某些事件的发生，在过去不可预见，但随着科学技术水平的发展，现在可以预见。例如，现在对天气预报的准确率已达到了90%以上，人们对狂风暴雨的规避能力已大大提高。“不能避免且不能克服”，是指当事人已经尽到最大努力和采取一切可以采取的措施，仍不能避免某种事件的发生并不能克服事件所造成的后果。“不能避免且不能克服”表明某个事件的发生和事件所造成的后果具有必然性。（2）债务人因不可抗力事件的发生不能履行合同。不可抗力事件的发生，对合同履行造成的影响是不同的，可能是对主体、履行期限的影响；可能是对合同标的物的影响，如租赁的房屋、场所无法经营；可能是对合同履行方式的影响；可能是全部不能履行或者部分不能履行；可能是一时不能履行或者永久不能履行。不可抗力事件的发生必须导致债务人不能履行合同，不能履行合同义务并非狭义的履行不能情形，而是包括所有不履行合同义务或者履行合同义务不符合约定的情形。

符合上述两个条件，产生法律后果的，根据不可抗力的影响，部分或者全部免除债务人的责任。第一，应当根据不可抗力对合同履行的具体影响，判断免责的范围和程度。在有些情况下，不可抗力会导致债务根本无法履行；但有时，不可抗力仅仅会导致债务迟延履行。如果不可抗力仅仅是暂时的，因此仅会导致迟延履行，则只能在不可抗力存续期间以及可能的合理期间内发生免责效力；但是，如果迟延履行构成了根本违约的，则对于债权人而言，可以依法解除合同。例如，甲对乙负有铺设经过某地区的天然气管道的义务，但根据天气情况，从11月1日到3月31日通常无法开展工作，合同约定的完工时间是10月31日，甲本来能够按期完工，但该地区10月1日发生疫情采取停工的管制措施，直到11月30日管制措施才结束，在这期间甲无法工作，并只能到第二年4月1日才能复工。此时，不仅应当免除不可抗力存续期间甲的责任，也应当免除管制措施结束后至第二年3月31日期间甲的责任。第二，所能免除的是债务人的违约责任，但不妨碍当事人享有的解除权、履行抗辩权或者对应付款项支付利息的权利。同时，在买卖合同中，因不可抗力影响而免除债务人责任的，就债权人对债务人负有的对待给付义务，可以适用《民法典》第604－611条关于风险负担的条文解决。

《民法典》第590条第1款第2句规定，因不可抗力不能履行合同的，应当及时通知对方，以减轻可能给对方造成的损失，并应当在合理期限内提供证明。这意味着，根据诚信原则，债务人有义务在合理的期限内就不可抗力的发生以及对债务履行的影响，通知债权人，以使债权人能够采取措施减轻其可能遭受的损失。债务人应当在其可以合理获知不可抗力对债务履行的影响后，及时地通知债权人；同时，债务人应当在合理期限内提供证明，毕竟不可抗力可能是区域性的，因此债权人可能无法合理获知不可抗力的发生，并且债权人也可能无法合理确定不可抗力对债务履行的影响。至于多长时间才是及时或者在合理期限内的，则由人民法院或者仲裁机构依据具体的情况予以判断。如果债务人违反了上述义务，就债权人未获知而遭受的额外损失，债务人不应当因不可抗力而免责，仍然应当对债权人负有赔偿损失的责任。

67. 甲与乙签订买卖合同，后甲未及时交付货款，乙供应的货物也有质量问题，双方的责任如何分担？

应当各自承担相应的责任。《民法典》第 592 条第 1 款规定，当事人都违反合同的，应当各自承担相应的责任。

违约可以区分为单方违约和双方违约。仅当事人一方违约的，称为单方违约；双方当事人都违约的，称为双方违约。在双务合同中，有些合同义务是彼此独立的，不具有牵连性和对价性，因此双方违反这些相互独立的合同义务是可能的，并且不成立双务合同的履行抗辩权。在双方各自违反了相互独立的合同义务时，实际上是两个独立的违约行为，因此各自都要向对方承担相应的违约责任。

68. 甲向乙购买了一辆汽车，后甲驾驶汽车运载超重货物，由于钢圈破碎导致翻车。交通事故处理部分认定汽车质量不合格是导致事故的主要原因，但甲超重行驶也是造成事故的原因之一。此时，可以减少乙对甲的损失赔偿数额吗？

可以减少相应的损失赔偿额。《民法典》第 592 条第 2 款对与有过错的情形进行了规定：“当事人一方违约造成对方损失，对方对损失的发生有过错的，可以减少相应的损失赔偿额。”与有过错，又称为过错相抵、混合过错，是指受损害一方对于损害结果的发生存在过错的，在计算损失赔偿额时应当予以相应减少。

与有过错适用的前提是：(1) 债权人因债务人违约遭受损失。(2) 债务人的违约行为导致了损失的发生，但是，债权人的过错也是导致损失发生的原因。如果完全是债权人的原因导致债务人无法履行债务，则债权人不得主张债务人违约。例如，甲向乙购买古董花瓶，双方约定签订完合同后过一段时间再交付，交付期限届至前，甲到乙处欣赏花瓶，但甲失手打碎了该花瓶，此时甲不得主张乙构成违约。同样，在承揽合同中，如果完全是因为定作人提供材料或者指示导致最终的工作成果存在瑕疵，承揽人在发现后已经及时通知了定作人，但定作人无视，此时定作人也无权请求承揽人承担违约责任。(3) 债权人具有过错。此处的过错并非固有意义上的过错，而是属于“自己对自己的过错”，这可能是因债权人自身的行为部分导致了损害的发生。例如，债权人给了运输者一个错误的地址，或者债权人未能够给瑕疵机器的制造者给予所有必要的指导，这部分导致了债务人的违约进而导致损失的发生；也可能是因为由其承担风险的其他事件部分导致了损害的发生，这些事件包括债权人应对之负责的工作人员等第三人的作为和不作为。与有过错适用的法律后果是，扣减债务人相应的损失赔偿额。具体扣减的数额要综合考虑当事人的过错程度、原因力的强弱等因素。

应当注意的是，在有些情形中，即使债权人对损害的发生也有过错，但因造成损失的风险本身就在债务人所负义务的涵盖范围内时，一般不能以与有过错为由减少债务人的损失赔偿额。例如，某工厂为稳定工厂机器运行时的电压，避免过载导致损失，专门找承揽人设置了电压过载保护装置等，但由于机器过载且电压过载保护装置存在质量问题，导致损失发生，此时并不能扣减损失赔偿额。又如，出卖人卖给买受人一辆机动车，该车的安全气囊存在质量问题，买受人交通违章时，气囊无法打开，导致买受人损失，同样不能因为买受人的交通违章减少损失赔偿额。在这两种情形中，电压过载保护装置和安全气囊本来就是为了避免对方所遭受损失的发生，因此这相当于双方特别约定避免该类损失属于债务人所负有的特别担保义务范围，此时不应因债权人对损失的发生具有过错而减少债务人的损失赔偿数额。

69. 甲公司与乙公司签订买卖合同，甲公司将货物交给运输公司后，运输公司迟迟未发货，导致货物未按合同约定及时送到乙公司。甲公司是否需要承担违约责任？

甲公司需要承担违约责任。《民法典》第 593 条规定："当事人一方因第三人的原因造成违约的，应当依法向对方承担违约责任。当事人一方和第三人之间的纠纷，依照法律规定或者按照约定处理。"违约是由第三人造成的，例如第三人迟延交货造成一方当事人迟延履行。基于合同的相对性，此时一般应当由债务人向债权人承担违约责任。原因在于，随着社会分工的发展，市场分工越来越细致，合同的履行往往需要第三人协助，将履行工序分解，或者债务人从第三人那里筹措，以降低成本。但是，对于债权人而言，除一些特殊的合同外，其一般无法也无必要对此预见和控制，债权人的地位不应当因为债务人是否将履约委托给第三人或者债务人本应负责的筹措而受到影响，债务人必须承担所产生的后果。因此，债务人对因该第三人的原因造成的违约承担责任，排除债务人以违约是因第三人原因造成的作为免责事由的抗辩，这有助于保护债权人的合理期待，进而保障交易的安全。至于债务人和第三人之间的纠纷，依照法律规定或者债务人与第三人之间的约定处理。

70. 出卖人的基本义务是什么？

买卖合同的买受人的目的就是取得标的物的所有权，所以交付标的物并转移标的物所有权是出卖人最基本的义务。标的物所有权的转移方法，依法律的规定而定。动产以占有为权利的公示方法，因此除法律另有特别规定或者当事人另有约定外，动产所有权依交付而转移。不动产以登记为权利公示的方法，因此其所有权的转移须由所有权人办理转让登记。无论合同是否作出约定，出卖人都应当协助买受人办理所有权的转让登记手续，并将有关产权证明文书交付买受人。买卖合同成立时出卖人尚未取得标的物所有权的，出卖人应当在合同订立后取得该标的物的所有权，以将其转移给买受人。

71. 交付期限没有约定或约定不明如何确定交付期限？

从条文本身的内容以及民法典合同编的体例安排和立法技术上看，《民法典》合同编中的第 510 条和第 511 条是两个十分重要的条文，对于合同内容的确定和合同的履行具有重要的意义。典型合同各章中经常要引用总则编的这两条以确定各有关合同约定不明时解决的规则。

依据《民法典》第510条的规定，合同生效后，当事人就标的物的交付期限没有约定或者约定不明确时，当事人可以重新协商达成补充协议；不能达成补充协议的，按照合同相关条款或者交易习惯确定。如果这样仍然不能确定，按照第511条第4项的规定，出卖人就可以随时履行，买受人也可以随时要求出卖人履行，但应当给出卖人必要的准备时间。为了使买受人有合理的准备接收标的物的时间，如准备仓库等，出卖人应当在交付之前通知买受人。即使法律对此不作规定，这也是出卖人按照诚信原则应当履行的义务，因为通知买受人对于出卖人来说并不是多大的负担，却可以使买受人免受可能的损害。至于准备时间应当多长，则应当根据具体情况合理的确定，难以一概而论。需要特别说明的是，第510条规定的交付期限，是从出卖人一方的角度而言的；第511条所规定的未约定或者未明确交付期限时的确定规则，是从出卖人和买受人双方的角度来讲，两条不能按照一个逻辑来理解。

如果买卖合同当事人没有约定交付时间，根据我国司法实践，通常可以依据下列情形进行判断，具有一定的参考价值：(1)如果约定由买受人自提货物的，以出卖人通知买受人提货时间为交付时间。但是，出卖人的通知一般应当采用书面形式，而且应当给买受人留有必要的准备时间。(2)如果合同约定由出卖人送货的，出卖人在交货地点将标的物交付买受人实际占有并点收完毕，即视为交付。但是，如果买受人对货物的质量或者数量等提出异议而拒绝接受的，则不能视为交付。（3）出卖人因买受人无正当理由拒绝接受而将标的物提存的，提存时间即交付时间。（4）出卖人提前交付而买受人接受的，以买受人实际接受的时间为交付时间。（5）当事人约定由出卖人代办托运或者邮寄货物的，出卖人将货物交给第一承运人或者邮局的时间为交付时间。

72. 在合同履行过程中，买卖标的物的毁损、灭失风险如何承担？

风险承担是指买卖的标的物在合同生效后因不可归责于当事人双方的事由，如地震、火灾、飓风等致使发生毁损、灭失时，该损失应当由哪方当事人承担。风险承担制度具有三个主要特点：一是风险承担发生在双务合同之中，单务合同没有对待给付问题，即使可能存在标的物毁损灭失风险，但不存在价金风险的问题。二是风险承担是由标的物的毁损、灭失而引起的，不是由当事人的违约行为而引起的。三是风险承担是因为不可归责于双方当事人的事由而产生的损失的分配制度，风险的发生具有极大的不可预测性。

《民法典》第604条规定风险随交付而转移，具体理由是风险转移是一个很现实的问题，而所有权的转移则是抽象的，因而以所有权的转移来确定风险转移的做法不可取。标的物的交付是一个事实问题，易于判断，清楚明了，以它作为标准有利于明确风险的转移。因此，本条规定，标的物毁损、灭失的风险，在标的物交付之前由出卖人承担，交付之后由买受人承担。这里要注意一个问题，法律另有规定或者当事人另有约定的除外。《民法典》第224条规定了“动产物权的设立和转让，自交付时发生效力”的内容，而这一条又规定“标的物的风险自交付时起转移”，似乎区分风险承担的所有权原则与交付原则没有意义，这种看法是不对的。因为第224条规定的所有权自交付时起转移是在法律没有另外规定或者当事人没有相关约定的情况下才发生效力的。比如，如果当事人约定自合同成立或者自标的物价款支付完毕时起所有权转移，那么所有权的转移就依当事人的约定；而对于标的物风险，如果当事人没有专门约定，则要自交付时起转移。对于法律规定须办理一定手续标的物所有权才能转移的情况，与此道理相同。

另外，这一条确立的规则属于买卖合同风险承担的一般性规则，如果特别法或者民法典另有特别规定的，则应当适用该特别规定。

73. 何种类型的赠与合同不得撤销？

尽管原则上允许赠与人任意撤销赠与，但如果对任意性不加限制，则等同于赠与合同无任何约束力，既对受赠人不公平，也违背诚信原则，对公序良俗也是一种冲击。因此，对赠与的任意撤销应有适当限制，故《民法典》第658条第2款对赠与的任意撤销作了如下限制：

1. 赠与合同订立后经公证证明的，赠与人不得任意撤销。

2. 具有公益、道德义务性质的赠与合同，不论当事人以何种形式订立，不论是否经过公证，也不问赠与的财产是否已转移其权利，赠与人均不得任意撤销。

3. 依法不得任意撤销的其他情形。《慈善法》第41条第1款规定："捐赠人应当按照捐赠协议履行捐赠义务。捐赠人违反捐赠协议逾期未交付捐赠财产，有下列情形之一的，慈善组织或者其他接受捐赠的人可以要求交付；捐赠人拒不交付的，慈善组织和其他接受捐赠的人可以依法向人民法院申请支付令或者提起诉讼：（一）捐赠人通过广播、电视、报刊、互联网等媒体公开承诺捐赠的；（二）捐赠财产用于本法第三条第一项至第三项规定的慈善活动，并签订书面捐赠协议的。"该法第3条规定："本法所称慈善活动，是指自然人、法人和其他组织以捐赠财产或者提供服务等方式，自愿开展的下列公益活动：（一）扶贫、济困；（二）扶老、救孤、恤病、助残、优抚；（三）救助自然灾害、事故灾难和公共卫生事件等突发事件造成的损害；（四）促进教育、科学、文化、卫生、体育等事业的发展；（五）防治污染和其他公害，保护和改善生态环境；（六）符合本法规定的其他公益活动。"慈善法中不得任意撤销的规定，有别于民法典前两项规定，即只要是"捐赠人通过广播、电视、报刊、互联网等媒体公开承诺捐赠的"，不得任意撤销。

另外需要指出的是，如果赠与财产的权利已被转移，赠与人自然不得任意撤销赠与。如果赠与的财产一部分已交付并已转移其权利，任意撤销赠与仅限于未交付并未转移其权利的部分，以维护赠与合同当事人权利义务关系的稳定。

74. 如何正确理解借款利息不得预先扣除?

支付借款利息是借款人获取、使用借款的对价，也是贷款人将钱款借给借款人的重要目的之一。因此，借款的数额和利息是借款合同需要规定的主要内容，当事人在订立借款合同时一般要对借款数额和利息的多少及支付期限作出明确的约定。一般来说，借款利息是在借款期限届满时或者合同履行期间按照约定分批偿付给贷款人。但是，现实中，有的贷款人为了确保利息的收回，在提供借款时就将利息从本金中扣除，造成借款人借到的本金实质上为扣除利息后的数额。比如，借款人向贷款人借款 200 万元，借期一年，年利率为 5%，到期应当向贷款人支付的利息为 10 万元，贷款人在提供借款时就直接将利息扣除，仅向借款人支付 190 万元，这实际上是将 200 万元视为出借本金，并按年利率 5% 收取了利息。这种做法一方面使贷款人的利息提前收回，减少了借款的风险；另一方面却损害了借款人的合法利益，使借款人实际上得到的借款少于合同约定的借款数额，影响其资金的正常使用，加重了借款人的负担，也容易引起借款合同双方当事人的纠纷。为了解决借款实践中经常出现的这种问题，体现合同当事人的公平原则，防止贷款人利用优势地位确定不平等的合同内容，《民法典》第 670 条明确规定，贷款人在提供借款时不得预先将利息从本金中扣除。如果贷款人违反法律规定，仍在提供借款时将利息从本金中扣除，那么借款人只需按照实际借款数额返还借款并计算利息。比如，上述例子中的借款人实际只得到了 190 万元的借款，那么，其借款数额即 190 万元，借款人只需在借款期限届满时，向贷款人返还本金 190 万元并支付按照年利率 5% 计算的利息，即贷款人应当向借款人返还本金 190 万元，支付利息 190 ×5% =9. 5 万元，合计 190 +9. 5 = 199. 5 万元。

司法实践中，贷款人持有的借款人向其出具的借据等证据，通常不能反映贷款人在出借款项时就已收取了利息，导致在发生纠纷时，借款人通常处于不利境地。针对此情况，《最高人民法院关于审理民间借贷案件适用法律若干问题的规定》第 26 条规定："借据、收据、欠条等债权凭证载明的借款金额，一般认定为本金。预先在本金中扣除利息的，人民法院应当将实际出借的金额认定为本金。"据此，在借款人对贷款人出借款项时即已收取利息的事实提出证据后，法院便不会以借据等证据载明的借款金额为本金，而以该本金减去贷款人已收取的利息后的数额为本金。作为借款人，在这一类事情发生时，需要切记的是在向贷款人预先支付利息时，索要贷款人签名加日期的利息收条。

75. 保证责任的范围包括哪些?

保证责任范围是指保证人所担保的债权范围，也是保证人承担保证责任的范围。

1. 保证范围的一般界定（法定保证范围）。

保证范围一般包括：主债权及其利息、违约金、损害赔偿金和实现债权的费用。

主债权即主合同所确立的债权，这是保证范围的主要部分，当事人设立保证合同，就是为了担保主债权的实现。一方面，主债权属于保证人担保责任的范围，因此在主债务人不履行债务的情况下，保证人应当代主债务人履行债务。但是，这并不意味着，保证责任仅限于代主债务人履行债务，在债务人不履行债务的情况下，由保证人代主债务人赔偿债权人全部期待利益的损失，足以代替实际履行，也可以达到代主债务人履行债务的目的。另一方面，将保证人的责任仅限于代主债务人履行债务，可能会过分加重保证人的负担，也可能会增加各种履行费用和不必要的开支，也不利于法院的执行。因此，保证人的责任是担保主债权的实现，而主债权的实现方式可以是多样的，除一些履行是必要的情况外，不必强制要求保证人代主债务人实际履行债务。

利息即主债权所产生的利息，有法定利息和约定利息两种。法定利息是法律直接规定的利息，如迟延履行所生之利息，它由主债权所派生，当属保证范围之内；约定利息是当事人专门约定的利息，它也从属于主债权，并以主债权作为计息基础。当事人虽然可以自行约定利率，但是该利率必须符合法律规定，超过法律规定部分的利率无效，对于超出法定幅度的高利贷，法律不能予以保护，其也不能成为被保护的对象。

违约金是指由当事人通过协商预先确定的、在违约后一方向另一方支付一定数额的金钱。违约金具有从合同的性质，它以主合同的生效为前提条件，违约金是违反有效合同所产生的责任，在合同根本不存在的情况下，自然谈不上违约金的适用问题，也不应使保证人承担此种责任。通常而言，合同当事人都会对违约金作出约定，将违约金纳入保证担保的范围，这也是普通保证人可以预见到的。所以，在没有约定违约金的情况下，也应当推定保证人要对违约金负责。但是，当事人亦可以在保证合同中将其排除在保证责任的范围外。

损害赔偿金是指一方违约时应当向另一方承担的损害赔偿责任。在担保关系中，担保的对象也包括损害赔偿金。因为损害赔偿金是在违约情况下对非违约方的重要补救方式，故而也应当将其纳入担保的范围。如果保证人是对侵权之债提供保证，则侵权损害赔偿金属于主债权的范畴，并不属于《民法典》第691条所规定的“损害赔偿金”。

实现债权的费用包括诉讼费用，申请扣押、执行等的费用。实现债权的费用与主债权之间存在密切联系，而且是实现主债权过程中通常会产生的必要支出，所以，要求保证人对该费用负责并不会对保证人造成过重的负担。

2. 保证合同对保证范围另有约定的，按照其约定。

保证范围是保证合同的一项内容，保证人可以随意约定保证范围，约定范围既可以大于上述法定范围，也可以等于或小于上述法定范围。约定范围与法定范围不一致的，适用约定范围，也即约定范围优于法定范围。

76. 保证债务的诉讼时效如何计算?

保证债务的诉讼时效是指当债权人请求保证人履行保证债务，经过法定的时效期间即丧失获得法院强制执行保证人承担保证责任的权利。该时效期间适用民法典总则编关于诉讼时效的规定。在民法典中确认保证债务的诉讼时效的意义在于：债权人在保证期间内向主债务人或保证人主张权利后，保证期间即失去意义，保证人不能主张保证期间的抗辩，但在此情况下，保证债务也不能一直存续，否则将使保证人承担过重的责任，因此法律上确认保证债务可适用单独的诉讼时效。从法理上而言，保证期间是债权人选择是否要求保证人承担保证责任的期间，如果债权人要求保证人承担保证责任，则会导致保证之债的出现，保证之债与普通的债务无异，理应存在时效问题。

保证合同诉讼时效的设立，使保证人享有两种期限利益：一是保证期间利益；二是时效利益。如果债权人未在保证期间内向主债务人或保证人主张权利，保证人可以免责。如果债权人在保证期间内向债务人或保证人主张了权利，但在此后诉讼时效期间内未向保证人要求承担保证责任，则诉讼时效届满，保证人也可以行使保证合同时效抗辩权而无须承担责任。

需要注意的是，《民法典》第694条第1款对《最高人民法院关于适用〈中华人民共和国担保法〉若干问题的解释》（已失效）第36条进行了修正。该解释第36条第1款中规定：“一般保证中，主债务诉讼时效中断，保证债务诉讼时效中断……”这一规定具有逻辑错误，在主债务诉讼时效中断时，保证债务的诉讼时效尚未计算，所以保证债务的诉讼时效中断一说无从谈起。

《民法典》第694条第2款是对连带责任保证的保证债务诉讼时效起算的规定。不同于一般保证，连带责任保证中债权人对债务人或保证人主张债权并无先后次序之分，债权人可以要求债务人履行主债务，也可以要求保证人履行其保证责任，保证人不能以债权人尚未对债务人主张债务而拒绝履行保证责任。所以，在连带责任保证中，债权人在保证期间届满前要求保证人履行保证责任时，才是保证责任的诉讼时效开始之日。但此处有两点值得注意：第一，债权人要求保证人履行保证责任的方式，并不仅限于诉讼与仲裁，还包括其他非司法途径，比如口头催告、书面告知等，但实务中一般采用书面方式请求保证人履行保证责任，因为书面方式更加易于举证。第二，债权人需要向保证人要求履行保证责任，才构成保证债务诉讼时效的开始，而债权人向债务人要求履行债务，并不构成保证债务诉讼时效的开始。

77. 租赁合同的最长期限是多少？

《民法典》第705条规定：“租赁期限不得超过二十年。超过二十年的，超过部分无效。租赁期限届满，当事人可以续订租赁合同；但是，约定的租赁期限自续订之日起不得超过二十年。”

租赁期限是租赁合同的存续期间，在性质上属于民事法律行为所附的终期。租赁期限一旦届满，租赁合同将失去效力。因此，租赁期限直接关系到租赁物的使用和返还时间、租金的收取期限，对合同双方当事人意义重大。

78. 承租人应当如何使用租赁物？

承租人按照约定的方法使用租赁物是承租人的一项义务。承租人租赁该物并占有，其主要目的就是使用、收益。使用租赁物是承租人在租赁合同中的一项基本权利，但由于承租人对租赁物只是获得使用权和收益权，并没有所有权，最终还应当将租赁物返还给出租人。因而，承租人就有保证租赁物自始至终符合其本身的品质和效用的义务。即《民法典》第709条在一定程度上限制承租人对租赁物的过度和任意使用，降低出租人转让使用权可能对租赁物造成的风险。由于在物的用途和使用方法上，出租人可以通过与承租人进行事前商议加以约束，故而体现了所有权的处分效能和支配效能，虽然租赁合同会使所有权人暂时性转让其对所有物的部分权利，但其仍可以在事前就他人对其物利用的方式和程度加以限制，以保持所有物的功能效用，同时这也体现了对当事人意思自治的尊重。然而租赁物经过使用会产生正常消耗，并且不断折旧，最后丧失其价值。而且，不同的物因其性质和使用方法的不同其折旧率也不同，因而需要规定承租人应当按照约定的方法或租赁物性质合理使用租赁物的义务。

承租人履行此项义务的条件是：第一，租赁物已由出租人按约定交付承租人，承租人对租赁物已实际占有，因此取得了对该租赁物的使用权。即该项义务产生的前提是承租人已经对租赁物享有实际控制权。第二，出租人交付的租赁物符合约定中的质量、数量、用途的要求，不存在瑕疵。如果出租人交付的租赁物本身质量就有问题，即使承租人按照约定使用也会损坏该租赁物，则不能要求承租人对此负责。第三，双方当事人能够约定租赁物的使用方法或者根据租赁物的性质可以确定其使用方法。如果难以确定其使用方法，很难要求承租人履行此项义务。根据租赁物的性质不同，其使用方法的明确性也有较大差异。若租赁物没有较为稳定一致的使用方法，且无法推知当事人是否就利用方式与用途有所约定，则承租人该项义务的落实较为困难。

按约定的方法使用租赁物，一方面，体现在如果约定了租赁物用途的，必须按照约定的用途使用租赁物。例如，合同约定租赁房屋为居住的，承租人就只能用于居住，而不能将该房屋用于商业性使用，如开饭店、开商店。若承租人租赁的用途并非依据租赁物的通常使用性能，则应当在合同中加以约定。另一方面，约定使用方法，还应包含对具体利用方式的约束。也就是说，在按照约定的用途进行使用的情形下，当事人还可以就具体的利用方式、利用手段等作出约定予以限制。例如，房屋租赁中，承租人按照约定将房屋用于生活居住，但双方还可以约定是否对入住人数加以限制、能否对房屋进行装饰装修、是否允许对房屋转租等利用方式的具体内容。

79. 租赁物的维修义务应由哪方承担?

《民法典》第 712 条规定，出租人应当履行租赁物的维修义务，但是当事人另有约定的除外。出租人的维修义务是出租人对物的瑕疵担保责任中派生的义务。维修义务是指在租赁物出现不符合约定的使用状态时，出租人须对该租赁物进行修理和维护，以保证承租人能够正常使用该租赁物。维修义务也包括对租赁物的正常保养。从性质来看，维修义务既有义务属性也有权利属性。作为租赁物的所有人，尽管租赁期内并未直接占有租赁物，出租人对其所有物进行维修以保持其良好状态是应有的一项义务。同时，出租人负有按约定交付租赁物、维持租赁物用途的主给付义务。维修则是其派生的附随义务。但是，由于其并非主给付义务，所以产生该义务不必然意味着违约责任的产生。之所以原则上由出租人承担维修义务，主要是因为出租人负有使租赁物在租赁期限内保持其约定用途的主给付义务。当租赁物产生需要维修的情形时，承租人也可能主张损害赔偿或解除合同来寻求救济。

承租人使用租赁物就是要使租赁物发挥其效用，以满足自己的需要，这就要求租赁物本身应保持一个良好的状态，具备它本身的性能，发挥它本身的效能，当该租赁物出现妨碍使用的情况时，就要对其进行维修。法律将维修的义务加诸出租人是从租赁合同的特点出发的。一是租赁物的所有人在绝大多数情况下是出租人，出租人要对自己的财产负责，延长租赁物的使用期限，对租赁物进行正常的养护和维修，维护的是自己的利益；二是出租人出租租赁物是为了收取租金，承租人支付租金是为了使用租赁物，如果租赁物无法使用，承租人订立合同的目的就不能实现，再让承租人支付租金是不公平的。因此，各国法律都把对租赁物的维修义务归于出租人一方。出租人的维修义务并不是绝对的、无限的，应当满足以下要件：

其一，有维修的正当理由，即限于租赁物本身的缺陷造成，对承租人增添于租赁物的缺陷无维修的义务。出租人的维修义务一般是在承租人按约定正常使用租赁物的情况下出现的租赁物的损耗或者是由租赁物的性质所要求的对租赁物的正常维护，如果是因为承租人的保管、使用不善，造成租赁物损坏时，出租人不负有维修的义务。例如，承租人租赁一架塔吊，因自己安装不符合要求出现了问题，无法使用，则由承租人自己负责重新进行安装。

其二，须租赁物有维修的必要。有维修的必要是指租赁物已出现影响正常使用、发挥效用的情况，不进行维修就不能使用，出租人应对租赁物进行及时的维修，以保证其正常使用。

其三，须租赁物有维修的可能。有维修的可能是指租赁物损坏后能够将其修好以恢复或达到损坏前的状态。维修不能，包括事实不能与经济不能。前者是指维修在技术上或物理上不可能，如承租人承租的房屋倒塌；后者是指维修在事实上虽然可能，但在经济上耗费过大，致使维修几乎等同于重建或者无法期待出租人维修。经济不能最直观的表现就是，维修所获效果显然不足以弥补修缮费用。无论是事实不能还是经济不能，出租人皆无维修义务。此时出租人的维修义务就转化为承担一定的民事责任的义务，如减少租金等。

其四，当事人无相反的约定。基于租赁合同债权相对性，尊重当事人意思自治，允许当事人对维修义务的分配作出约定，即另有约定时也存在承租人承担维修义务的情况。

80. 承租人能否对租赁物进行改善或者增设他物？

《民法典》第715条第1款规定，承租人经出租人同意，可以对租赁物进行改善或者增设他物。所谓改善，是指对租赁物并不改变其外观形状，而是对其性能进行改良。例如，租用的汽车由原来的化油器改装为电喷，使汽车的性能更符合环保的要求。所谓增设他物，也叫添附，是指在原有的租赁物上又添加另外的物，如在汽车上安装音响设备、在房屋里安装空调等就是添附。

有时承租人为了使租赁物充分有效地发挥作用，需要对租赁物进行改善或者添附，但承租人对租赁物只享有占有、使用的权利，而不具有处分权，因此他不能擅自在租赁物上进行改善或者添附。承租人需要对租赁物进行改善或者添附时，须先同出租人协商，在征得出租人的同意后方能对租赁物进行改善或添附。例如，对租赁的房屋进行装修、为租用的汽车安装防盗器等。

承租人未经出租人同意对租赁物进行改善、增设他物的，承租人不仅不能要求出租人返还所支付的费用，反过来出租人可以要求承租人恢复原状或者赔偿损失。

81. 承租人能否将租赁物转租给第三人？

转租是指承租人将租赁物转让给第三人使用、收益，承租人与第三人形成新的租赁合同关系，而承租人与出租人的租赁关系继续合法有效的一种交易形式。

《民法典》第 716 条规定："承租人经出租人同意，可以将租赁物转租给第三人。承租人转租的，承租人与出租人之间的租赁合同继续有效；第三人造成租赁物损失的，承租人应当赔偿损失。承租人未经出租人同意转租的，出租人可以解除合同。"

另外，根据《民法典》第 718 条的规定，出租人知道或者应当知道承租人转租，但是在 6 个月内未提出异议的，视为出租人同意转租。

82. 承租人违反支付租金义务的法律后果是什么？

承租人应当按照合同约定的时间、金额、方式向出租人支付租金，这是因为承租人取得租赁物的使用权是以支付租金为代价的。出租人出租租赁物的目的就是收取租金，承租人能按时足额支付租金，出租人通过让渡财产使用权而获得租金收入的合法权利才能得到保障。

承租人在租赁期限内无正当理由不得拒付和迟延支付租金。所谓正当理由包括以下三种情况：一是因不可抗力或意外事件，使租赁物部分或者全部毁损、灭失的，承租人已无法对租赁物使用、收益，承租人可以请求不支付租金。二是因出租人没有履行义务，如交付的租赁物不符合约定的使用要求；在租赁期限内租赁物出现质量问题，出租人不履行维修义务的。三是因承租人本身发生一些意外事件致使其暂时无力支付租金。例如，用于居住的房屋租赁的承租人因生重病住院，经济上暂时出现困难，无力支付到期租金。在这种情况下，可以请求出租人适当延缓交付。

承租人无正当理由未支付或迟延支付租金是一种违约行为，当然应承担一定的违约责任。承租人不支付租金虽然是一种根本违约行为，但出租人并不一定要马上解除合同，为了保持合同的稳定性，可以给承租人对违约的补救机会。因此，《民法典》第722条中规定，出租人可以请求承租人在合理期限内支付租金。该合理期限应当根据到期租金的数额、承租人的支付能力以及出租人的经济状况等因素来确定。承租人经催告后在合理期限内仍不支付租金的，出租人可以解除合同。迟延交付租金的，各国法律一般都规定了出租人的催告时间，经催告后承租人仍不交付的，出租人可以解除合同。

租赁合同被解除后，租赁期限尚未届满的，合同终止履行，承租人应返还租赁物，承租人欠付的租金以及对出租人造成的损害，应当进行清算。

83. 什么是承租人的优先购买权？

优先购买权是指民事主体在特定买卖的同等条件下，依法享有优先于他人购买财产的权利。实践中，其主要包括共有人的优先购买权、专利委托人及合作人的优先购买权、公司股东的优先购买权以及房屋承租人的优先购买权等。由此可见，房屋承租人的优先购买权是优先购买权中的一种。承租人的优先购买权则是指承租人在出租人出卖租赁物时，在同等条件下优先购买该租赁物的权利。《民法典》第726条明确表明了房屋承租人优先购买权的权利主体是特定的人，即租赁了房屋的承租人，权利客体是承租人所租赁的房屋，行使权利的时间是在承租人知道出租人向外出售其所租赁的房屋之时。

优先购买权的基本特征是：第一，房屋承租人享有的优先购买权具有法定性。房屋承租人优先购买权是《民法典》第726条赋予房屋承租人在一定条件下通过主张该权利来实现在同等条件下优先购买该租赁房屋的利益，是一项法定的权利，由法律直接规定。第二，它是承租人所享有的对出租人出卖房屋的请求权，因此出租人出卖租赁的房屋时必须及时通知承租人。这种请求权是一种请求债权，不是直接对物享有权利，也不能直接对抗第三人，优先权行使前不影响出卖人与其他人进行协商。第三，其行使对象具有特定性：其一，房屋承租人只能针对其所租赁的房屋行使优先购买权，不延伸至出租人出租的其他房屋；其二，房屋承租人只能向房屋租赁关系中相对方，即房屋出租人主张该项权利，且不能对抗已经取得该租赁房屋所有权的善意第三人；其三，它是专属于承租人的权利，这种优先权不能通过转让或者继承转移至他人。第四，房屋承租人优先购买权是一种具有限制性的权利。在民事法律关系中，权利与义务两者对立统一、不可分离，在房屋租赁关系中亦不例外。优先购买权在赋予房屋承租人权利的同时，也给房屋出租人设定了义务，也即对其在同等条件下选择房屋买受人的自由进行了限制。另外，为了均衡保护房屋承租人的合法利益，房屋承租人需在同等条件下以及一定期限内行使优先购买权。

84. 承揽人应当如何完成所承揽的主要工作？

承揽合同的标的是定作人所要求的、由承揽人所完成的工作成果。该工作成果既可以是体力劳动成果，也可以是脑力劳动成果；既可以是物，也可以是其他财产。但其必须具有特定性，是按照定作人的特定要求，只能由承揽人为满足定作人特殊需求通过自己与众不同的劳动技能而完成的。承揽合同的本质特点决定了该合同是建立在对承揽人的工作能力信任的基础上的。因此，依照《民法典》第 772 条第 1 款的规定，承揽人应当以自己的设备、技术和劳力完成承揽的主要工作，但是当事人另有约定的除外。

承揽人设备、技术和劳力是决定其工作能力的重要因素，也是定作人选择该承揽人完成工作的决定性因素。所谓的设备，是指承揽人进行工作所使用的工具。所谓的技术是承揽人进行工作所需的技能，包括专业知识、经验等。所谓的劳力是指承揽人完成工作所付出的劳动力。这里的“主要工作”，一般是指对工作成果的质量起决定性作用的工作，也可以说是技术要求高的那部分工作；如订制服装，量体裁剪和整体裁制是其主要工作。主要工作的质量、数量将决定工作成果是否符合定作人的要求，因此承揽人作为定作人选择的对象，应当以自己的设备、技术和劳力完成主要工作，否则会影响定作人订立合同的目的。

《民法典》从尊重当事人意思自治原则出发，规定了当事人如果约定承揽人必须完成所有的承揽工作的，承揽人不仅应当亲自完成主要工作，其他工作也要由承揽人本人完成。如果当事人约定或经定作人同意，承揽人可以将工作的主要部分交由第三人完成的，承揽人可以将所承揽的工作交由第三人完成，但承揽人应当就第三人的工作对定作人负责。

85. 承揽人是否可将所承揽的辅助工作交给第三人完成？

根据《民法典》第773条的规定，与承揽的主要工作不同，承揽人可以将承揽的辅助工作交由第三人完成，并且可以不经定作人同意。但是，如果承揽人将承揽的辅助工作交由第三人完成，那么必须就第三人完成的工作成果向定作人负责。应当注意的是，这里的“辅助工作”，是指承揽工作中主要工作之外的部分，是相对于“主要工作”而言的。“主要工作”一般是指对工作成果的质量起决定性作用的工作，也可以说是技术要求高的那部分工作。主要工作之外的工作就可以理解为辅助性工作。如订制服装合同，量体裁剪和整体缝制是承揽人的主要工作，缝扣子、熨烫是其辅助性工作。对于辅助工作，承揽人是可以交由第三人完成而不必经过定作人的同意，承揽人的这种行为实际上是将其部分工作义务转由第三人完成。在承揽工作中，考虑到辅助工作对工作成果的整体质量没有太大的影响，因此承揽人将辅助工作交由第三人完成的，可以不经定作人同意，这样规定既符合承揽工作的交易习惯，也有助于提升承揽工作的效率。同时，尽管承揽人可以根据工作需要，自行决定将辅助工作交由第三人完成，但是承揽人应当根据诚实信用原则，认真考察第三人的工作能力，合理地选择第三人。确定第三人后，如果第三人同意完成该部分工作的，承揽人应当将定作人对工作的要求或者是合同中的质量、数量、交付期限的约定如实告知第三人，第三人应当根据承揽人提供的情况，保质保量，按时完成工作。承揽人应当保证三人完成的工作成果符合定作人的要求。

根据承揽合同的性质，承揽人应当在约定的期限内提供符合定作人要求的工作成果，也就是说，承揽人对工作的完成承担全部的责任，即使承揽人将辅助性工作交由第三人完成，也要对全部的工作负责，如果第三人完成的工作不符合定作人的要求，承揽人应当向定作人承担违约责任。

86. 承揽工作中，如承揽人发现定作人提供的图纸或者技术要求不合理，应如何处理？

承揽工作的性质就是承揽人按照定作人的要求进行工作，定作人一般通过提供图纸或者技术要求的方式对承揽人的工作提出要求。承揽人应当严格按照定作人的要求进行工作。如果承揽人在工作之前或者工作之中发现定作人提供的图纸或者技术要求不合理，即按此图纸或者技术要求难以产生符合合同约定的工作成果，在此情况下，依照《民法典》第776条的规定，承揽人应当及时将该情况通知定作人。承揽人未及时通知定作人的，怠于通知期间的误工损失由承揽人自己承担，造成工期拖延、给定作人造成损失的，承揽人应当赔偿定作人的损失。如果承揽人发现定作人提供的图纸或者技术要求不合理而未通知定作人，仍然按照原图纸或者技术要求进行工作致使工作成果不符合合同约定的，由承揽人承担违约责任，定作人有权要求承揽人修理、更换、减少价款或者解除合同。造成定作人损失的，承揽人应当赔偿损失。

同时，定作人在接到承揽人关于图纸或者技术要求不合理的通知后，应当立即采取措施，修改图纸和技术要求。修改完成后，定作人应当及时答复承揽人，并提出修改意见。在承揽人发出通知至收到定作人答复期间，承揽人可以停止工作，工期顺延，定作人还应当赔偿承揽人在此期间的误工以及其他损失。如果定作人在接到通知后，未能及时答复承揽人并提出修改意见的，承揽人有权要求定作人赔偿其误工等损失；定作人怠于答复的，承揽人可以催告定作人在合理期限内予以答复并提出修改意见，在合理期限内承揽人仍未收到定作人答复的，承揽人有权解除合同，并通知定作人，因此造成的损失，由定作人赔偿。

87. 定作人中途变更承揽工作要求，造成承揽人损失的，如何处理？

承揽工作的性质是承揽人按照定作人的要求进行工作，提供符合定作人特殊需要的工作成果。定作人对承揽工作的要求通过提供图纸、技术要求或者通过对承揽工作数量、质量的特别约定，在合同中体现自已对承揽工作的要求。承揽人只有严格按照合同约定的工作要求完成工作，才能满足定作人订立合同的目的。如果定作人在承揽人工作期间认为按照原先的要求，不能满足自己的需要，定作人可以中途变更承揽工作的要求。这是承揽工作的性质决定的，承揽工作的目的就是满足定作人的特殊需要，如果承揽工作的成果不能满足定作人的需要，承揽合同就不会实现定作人订立合同时所期望的利益，因此，定作人可以根据自己的需要，随时变更对合同的要求。这里的变更与一般合同的变更不同，一般情况下，合同的变更需经当事人双方协商一致，一方提出变更要求，如果对方不同意，则不发生变更，当事人仍然按照原合同履行。在承揽合同中，承揽人应当按照定作人的要求进行工作，如果定作人中途变更对承揽工作要求的，如修改设计图纸，提出新的质量要求等，承揽人应当按照定作人的新要求工作。承揽人认为定作人提出的新要求不合理的，应当及时通知定作人，定作人接到通知后，应当及时答复承揽人并提出修改意见。定作人不予修改的，承揽人不应当按照原要求履行，否则会导致损失的扩大，在此情况下，承揽人可以解除合同。

尽管定作人可以中途变更承揽工作要求，但根据《民法典》第777条的规定，定作人中途变更承揽工作的要求，造成承揽人损失的，应当赔偿损失。承揽人按照原要求完成部分工作的，定作人应当支付该部分工作的报酬。由承揽人提供材料的，定作人应当支付完成该部分工作所耗费的材料的价款和保管费。按照新要求，需增加材料的，由定作人负担费用。新要求使原承揽工作质量、难度提高的，定作人应当相应地增加报酬。因定作人中途变更合同，使工期顺延，因此造成承揽人误工损失的，由定作人赔偿损失。

88. 完成技术成果的个人对技术成果享有哪些人身权？

依据《民法典》第849条的规定："完成技术成果的个人享有在有关技术成果文件上写明自己是技术成果完成者的权利和取得荣誉证书、奖励的权利。"这些权利与完成技术成果的完成者人身紧密相连，因此，应当属于对完成技术成果作出了创造贡献的个人。因技术成果产生的人身权利专属于完成该项技术成果的个人，其他任何人无权分享。

本条中所称的完成技术成果的个人，是指对技术成果单独作出或者共同作出创造性贡献的人。不包括仅提供资金、设备、材料、试验条件的人员，进行组织管理的人员，协助绘制图纸、整理资料、翻译文献等辅助服务人员。

本条中所称的技术成果文件，是指专利申请书、科学技术奖励申报书、科技成果登记书等确认技术成果完成者身份和授予荣誉的证书和文件。

89. 哪些技术合同是无效的?

依据《民法典》第850条的规定:“非法垄断技术或者侵害他人技术成果的技术合同无效。”

非法垄断技术是指合同的一方当事人通过合同条款限制另一方当事人在合同标的技术的基础上进行新的研究开发,限制另一方当事人从其他渠道吸收技术,或者阻碍另一方根据市场的需求,按照合理的方式充分实施专利和使用技术秘密。常见非法垄断技术条款主要有以下四种表现形式:一是限制另一方在合同标的基础上进行新的研究开发。二是限制另一方从其他渠道获取技术。三是阻碍另一方根据市场需求,以合理的方式实施技术。四是阻碍国家推广、使用技术。

侵害他人技术成果是指侵害另一方或者第三方的专利权、专利申请权、专利实施权、技术秘密使用权和转让权或者发明权、发现权以及其他科技成果权的行为。

90. 保管合同是不是有偿合同?保管合同对保管费没有约定或者约定不明确的如何处理?

保管合同可以是有偿合同,也可以是无偿合同。寄存人和保管人可以约定保管是有偿的,也可以约定保管是无偿的。如果约定保管是有偿的,依照《民法典》第889条第1款的规定,寄存人应当按照约定的数额、期限、地点向保管人支付报酬,否则承担违约责任。有偿保管合同中,保管费是保管人所提供的保管服务的对价，支付保管费是寄存人的主要义务。在无偿保管合同中，寄存人不负有支付保管费的义务。

寄存人和保管人没有就是否支付保管费作出约定，或者约定不明确的，双方可以协议补充；不能达成补充协议的，按照合同相关条款或者交易习惯确定。所谓没有约定，是指在合同中完全没有提及保管费事宜。所谓约定不明确，是指虽然在保管合同中对保管费的问题有所涉及，但是并没有确定费用的具体数额或者计算方法等内容，导致无法确定具体的费用。所谓按照合同相关条款或者交易习惯确定，要考虑的问题主要有以下几点：一是当事人之间是否存在交易习惯或者惯例。例如，甲每个月都要出差一次，担心出差期间心爱的摩托车被盗，都要将其摩托车托付给邻居乙保管，乙表示需要收取一定的保管费。一年中，1 月至 11 月双方都口头约定由甲向乙支付 100 元保管费并实际按此约定执行，而 12 月双方并未作出支付保管费的约定，甲又将其摩托车交给乙保管，此时可以依据双方之间的交易习惯推定甲应向乙支付保管费，乙可以根据以往的交易习惯向其主张 100 元的保管费。二是根据保管人是否从事保管这个职业。如果双方没有约定保管费或者约定不明确，但是能够确定保管人就是从事保管这个职业的，如保管人是小件寄存的业主，依此应当推定该合同是有偿合同。三是依其他情形应当推定保管是有偿的。如就保管物的性质、保管的时间、地点和方式而言，一般人的判断都是有偿的，则应推定保管是有偿的。如果推定保管是有偿的，寄存人应当向保管人支付保管费。

当事人可以在合同中明确约定保管是无偿的。除此之外，在当事人未约定保管费的情况下，依照《民法典》第 510 条的规定仍不能确定是有偿的，保管就是无偿的。即当事人未约定保管是有偿的或者是无偿的，按照合同相关条款或者交易习惯不能确定保管是有偿的情况下，保管就应推定是无偿的。确定保管合同的有偿与无偿，是保管合同的重要问题。我国民法典处理这个问题的基本原则就是依双方当事人意思自治。即双方当事人可以在合同中明确约定保管是有偿的或者是无偿的，双方当事人按照约定办事。在双方当事人没有约定保管是否支付报酬的情况下，允许双方当事人协议补充，这也是当事人意思自治原则的体现。在双方当事人不能达成补充协议的情况下，即双方当事人在履行合同时就此问题发生纠纷，人民法院或者仲裁机构可以依据合同中的相关条款或者交易习惯确定。

91. 保管人应当如何保管保管物？

保管人负有返还保管物的义务，即保管合同只是转移物的占有而不转移物的所有权。保管合同的目的是为寄存人保管保管物，即维持保管物的现状并予以返还。因此，保管人为返还保管物并实现合同目的，根据《民法典》第 892 条第 1 款的规定，应当妥善保管保管物，这是保管人应负的主要义务之一。

所谓“妥善保管”，是指保管人应当按照法律规定和当事人约定，并根据保管物的性质，提供适当的保管场所，采取适当的保管方法，使保管物处于完好状态。具体来说，“妥善保管”应当包括以下五个方面的内容：一是提供适当的保管场所。也就是说，保管人所提供的场地，应当符合当事人的约定。如果合同没有约定，保管人应当根据保管物的性质，提供适于保管该物品的场所。如果保管物具有特殊的性质，保管人应当提供相应的保管条件。例如，保管人保管冰冻的海鲜产品，应当提供能够达到冷冻所要求的低温之冷库，用于存放该海鲜产品。二是采取适当的保管方法。在保管过程中，保管人要根据保管物的性质、特点等，采取适当的保管方法。而且，保管人应当掌握相关的保管技术，从而实现妥善保管。例如，寄存人所寄存的是鲜活的鱼虾等海鲜，那么保管人不仅需要提供相应的场所，还需要掌握相关技术，采取适当方法，使鱼虾等海鲜得以存活，实现保管之目的。三是除紧急情况或者为了维护寄存人利益外，不得擅自改变保管场所或者方法。在保管合同中，当事人为了实现保管的目的通常会就保管场所或者方法进行约定，除了出现紧急情况，或者为了维护寄存人的利益之外，保管人不得擅自变更合同约定的保管场所或者方法。而且，即使是在紧急情况下或者为了维护寄存人之利益而改变保管场所或者方法的，也应当及时通知寄存人。例如，因地震导致仓库即将坍塌的，保管人可以将保管物转移至安全地带。四是保管人应当采取合理的预防措施，防止保管物的毁损、灭失。保管人要按合同约定的要求、保管物的性质等，采取积极妥当的措施，维护保管物的良好状态。因保管不善导致保管物毁损、灭失的，保管人应承担赔偿责任。例如，寄存的保管物为烟花爆竹等易燃易爆物品的，应当避免高温、明火环境，还应当设置明显标识，提示该保管物为易燃易爆物品，并严禁烟火，以防止发生爆炸。五是当出现不利于保管物之保管的情事，可能导致合同目的不能实现时，应当采取必要合理之措施，避免保管物受到损害，或者将损害降到最低限度。例如，当保管人发现存放保管物的仓库着火时，应当第一时间予以扑灭；当发现存放易燃易爆物品的仓库中有人吸烟时，应当立即进行制止。

92. 寄存人寄存货币等贵重物品的，需要怎么做?

依照《民法典》第 898 条的规定，寄存人对货币等贵重物品的寄存应当负有声明义务。实践中，人们寄存的物品品类各异、价值不一，一般而言，寄存人不必将其寄存的物品一一向保管人进行告知，这样不仅费时费事，保管人可能也并不关心其寄存物品的具体内容。然而，当寄存人寄存的是贵重物品时，寄存人负有向保管人声明的义务。寄存人单单就货币、有价证券或者如珠宝等贵重物品进行寄存的，应当向保管人声明，声明的内容是保管物的性质及数量，保管人在验收后进行保管，或者以封存的方式进行保管。这主要是因为：第一，对不同物品的寄存，保管人可能会收取不同的保管费。如果寄存的是贵重物品，保管人将承担更高的风险，不仅要采用更加严密的保管措施，而且还需要更加谨慎的态度，承担更高的注意义务，因此也理应获得更高的收益。如果寄存人不声明保管物是贵重物品，则保管人对此并不知情，可能仅按照一般保管物来收取保管费。第二，保管人对其承担的风险和责任有合理预期。保管的贵重物品一旦遗失或者受损，保管人需要承担高额的赔偿金。如果寄存人不声明贵重保管物品的性质，则保管人对于保管物品的保管风险以及赔偿责任等，难以产生相应的预期，而此时让其承担高额的赔偿金显然是不公平的。第三，妥当保管贵重物品的需要。声明了保管物品的性质之后，对于贵重物品，保管人要进行验收或者封存，并且采取合适的方式进行保管。保管人会对贵重物品这类特殊的保管物特别注意，使其得以更好地履行保管义务。如果寄存人没有声明，则保管人不知情而只能按一般保管物进行保管，采用的保管方式难免不妥当。例如，如果寄存人声明所寄存的物品为贵重的珠宝首饰，则保管人可能需要使用保险柜来进行保管。

如果寄存人履行了声明义务，寄存的贵重物品损毁、灭失的，保管人应当承担全部赔偿责任；如果寄存人违反了寄存贵重物品的声明义务，保管人可以只按照一般物品予以赔偿。寄存人将货币、有价证券或者其他贵重物品夹杂于其他物品之中，按一般物品寄存，且在寄存时未声明其中有贵重物品并经保管人验收或者封存的，如果货币、有价证券或者其他贵重物品与一般物品一并毁损、灭失，保管人不承担货币、有价证券或者其他贵重物品毁损、灭失的赔偿责任，只按照一般物品予以赔偿。此处所说的"一般物品"，应当结合具体案情进行考虑，如考虑当事人的实际情况、保管的场所等因素。

93. 委托人是否可以委托受托人处理一切事务？

受托人在处理委托事务时，应以委托人指示的委托事务范围为准。以受托人处理委托事务的范围为标准把委托划分为两大类，即特别委托和概括委托，前者是指仅将一项或者数项事务委托给受托人，后者则是指将所有事务一并委托给受托人来处理。

特别委托是指双方当事人约定受托人为委托人处理一项或者数项事务的委托。特别委托一般有以下五种情况：（1）不动产出售、出租或者就不动产设定抵押权。（2）赠与。由于赠与属于无偿行为，所以需要有委托人的特别授权。（3）和解。在发生纠纷后，有关人员在处理问题时需要双方当事人彼此作一定的妥协与让步，以终止争执或者防止争执的协议，它包括民法上的和解或者诉讼法上的和解，以至破产法上的和解。（4）诉讼。当事人就有关事宜向法院提起诉讼，请求法院依照法定程序进行审判的行为。（5）仲裁。仲裁是指当事人发生争执时，不诉请法院判决，而是提请仲裁机构裁判，其效力同法院的判决一样。受托人接受特别委托时，对于委托事务的处理，可以采取一切为维护委托人的合法权益而必要的合法行为。

概括委托是指双方当事人约定受托人为委托人处理某个方面或者范围内的一切事务的合同。例如，委托人委托受托人处理其买卖业务或租赁业务的所有事宜，即概括委托。

94. 处理委托事务的费用应当由谁负担?

受托人在处理事务过程中往往需要花费一定的费用，如交通费、通信费等，根据《民法典》第921条的规定，无论委托合同是否有偿，委托人都有义务事先提供处理委托事务的费用和补偿受托人为处理委托事务所垫付的必要的费用。委托人要么先预付处理委托事务的费用，要么在受托人垫付有关费用后再予以偿还费用及利息，也就是说，如果没有特别约定，委托人负有支付处理委托事务之费用的义务。而且，不论委托事务是否完成，因处理委托事务而支出的费用，委托人都应当支付。各国立法都规定了委托人负有承担委托有关费用的义务。

1. 委托人预付费用的义务。由于委托合同的特点是受托人用委托人的费用处理委托事务，因此，受托人对于费用没有垫付的义务，预付费用可以说是委托人的义务。受托人处理委托事务，如委托律师向法院提起诉讼，就应当先预付诉讼费。因为费用是为了委托人的利益需要而支出的，它与合同约定的报酬不是一个概念。如果委托人未预付处理委托事务的费用，受托人要先垫付相关费用，当委托人无力偿还这些费用时，受托人的利益可能难以得到保障。

对于委托人支付的预付款，如果委托事务处理完毕，尚有剩余，受托人应当返还给委托人。当然，如果委托人预付的费用不足以用于处理委托事务时，应当向受托人补足，受托人有权向委托人主张不足的费用。

2. 委托人偿还受托人支出必要费用的义务。由于受托人处理委托事务应当由委托人事先预付费用，受托人没有垫付费用的义务，当然受托人可以自愿为委托人垫付相关费用，或者在委托人预付的费用不足以处理委托事务时先垫付不足的部分。如果受托人垫付了，则有请求偿还的权利，即受托人为处理委托事务所垫付费用，委托人应当偿还。

应当把委托人支付报酬与偿还处理委托事务所应负担的费用相区别。偿还处理委托事务的费用不是对价关系，与受托人履行处理委托事务的义务不构成对待给付。所谓必要费用，是指完成委托事务必须支付的费用，如差旅费用、有关财产的运输费、仓储费、交通费、邮费等。受托人处理事务所支出的费用，不仅会有金钱支出，有时也会有物的消耗。至于判断费用的支出是否必需，应当依据所委托事务的性质及处理时的具体情况来定。

3. 委托人偿还利息的义务。偿还费用还应包括自受托人垫付费用之日起的利息。如果双方当事人在订立合同时对利率有约定的，事后就应按其约定，如果对利率没有约定或者约定不明确时，就应当依照法定利率计算。例如，甲因出国数年将自己的房屋委托乙看管并出租。数年后甲回国，乙应将房屋及其历年的房屋出租费交付给甲，但甲应当将乙为管理该房屋支出的维修等必要费用，连同自乙支付时起的利息，偿还给乙。

95. 受托人是否可以变更委托人的指示？

对于委托事务，具体应当如何处理，取得何种结果才最符合委托人的利益，委托人有权决定，自然也有权对受托人发出相关指示。例如，委托人委托受托人销售家电，有权指示受托人以特定的价格出售家电。受托人原则上不得变更委托人的指示。如果受托人在处理委托事务的过程中，因客观情况发生变化，为了维护委托人的利益而需要变更委托人的指示的，根据《民法典》第922条的规定，应当经委托人同意。这样可以防止受托人得到授权后任意行事，损害委托人的利益。如委托人指示受托人以特定价格出售家电的，受托人不得擅自改变商品价格。如果该类家电的市场价格出现上涨或者下跌，受托人不能擅自做主进行涨价或降价出售，需经委托人同意方可为之。即使受托人认为委托人的指示明显不符合委托人之利益，原则上亦不得不经委托人同意而擅自变更委托人的指示。

受托人只有在具备以下条件的情况下才可以不按委托人的指示办事：（1）因情况紧急，需要立即采取新的措施；（2）由于客观上的原因，难以和委托人取得联系；（3）依据情况这样办是为了委托人的利益所必需。例如，甲委托乙为其出售股票，明确指示了某日以后再抛出，但股票价格突然骤跌，如果等到甲指示的某日再出售，股票价格将低落不堪；委托人又外出办事，短时间内难以取得联系。在这种情况下，乙推定如果委托人知道此情况，也会变更其指示，受托人就有变更指示的权利，应当机立断妥善处理。再如，甲在市场售卖鲜活鱼虾，因临时有事委托旁边摊位卖菜的商户乙进行售卖，并指示乙以特定价格出售。乙发现很多鱼虾已奄奄一息，若不降价促销，将导致大量鱼虾死亡，给甲造成重大损失，而此时又难以和甲取得联系，乙推定这种情况下甲会采取降价的方式促销，则可以立即采取降价方式将鱼虾出售，以将委托人甲的损失降到最低限度，但事后应当将该情况及时向甲报告。受托人乙在紧急情况下，为了委托人甲的利益而采取了降价措施出售鱼虾，无须承担变更委托人指示的责任。如果受托人在不应该变更指示的时候变更了指示，就应当负赔偿责任。

在紧急情况下，受托人难以和委托人取得联系，为了委托人的利益，立即采取妥善处理委托事务的相应措施的，事后也应当及时向委托人报告相关情况。

96. 受托人以自己的名义，在委托人的授权范围内与第三人订立合同，第三人在订立合同时知道受托人与委托人之间的代理关系的，如何处理？

在下列条件下，根据《民法典》第 925 条的规定，受托人以自己的名义与第三人订立的合同，该合同不是直接约束受托人和第三人，而是直接约束委托人和第三人：

第一，委托人和受托人之间存在代理关系，这是前提。从代理的角度看，受托人是委托人的代理人，则受托人基于代理权与第三人订立的合同，法律效果直接由委托人承担。

第二，受托人与第三人订立合同，必须在委托人的授权范围内。例如，甲委托乙购买 100 台洗衣机，丙亦知晓此事，尽管丙知道甲和乙之间存在代理关系，但是如果乙向丙购买 100 台电视机，并表示其受甲之委托购买该批电视机，则丙与乙订立电视机的买卖合同，因为超越了乙的代理权限，该买卖合同不能直接约束甲和丙。

第三，第三人清楚地知道受托人与委托人之间的代理关系，也就是说第三人知道受托人是委托人的代理人，也知道委托人即被代理人具体是谁。这是受托人与第三人订立的合同可以产生直接约束委托人与第三人之法律效力、突破合同相对性原则的关键。《民法典》第 465 条第 2 款规定："依法成立的合同，仅对当事人具有法律约束力，但是法律另有规定的除外。"第三人知道委托人与受托人之代理关系，仍然选择与受托人订立合同，表明其实际上亦认可与委托人缔约。

第四，第三人"知道"应当以订立合同的时间为准，即第三人是在订立合同时就知道受托人与委托人之间的代理关系。例如，甲委托乙向丙购买 100 台洗衣机，乙在和丙签订的合同中已注明"乙受甲之委托购买 100 台洗衣机"，则丙在订立合同时就知道了委托人和受托人之间的代理关系。在订立合同时，第三人就知道委托人与受托人之间的代理关系，表明其实际上接受了以委托人为合同相对人，而不是受托人，所以第三人与受托人签订的合同才能直接约束委托人和第三人。

但是，如果有确切证据证明该合同只约束受托人与第三人的，则不能直接约束委托人和第三人。这里讲的有证据证明该合同只约束受托人与第三人的情形，比如，受托人与第三人明确约定该合同只约束第三人与受托人，不涉及其他人；受托人与第三人虽未明确约定该合同只约束受托人与第三人，但是根据合同解释规则明显可以得到这种结论；有交易习惯表明该合同只约束受托人与第三人，如行纪合同；有证据证明如果委托人作为该合同的当事人，第三人就不会订立该合同等。

97. 受托人以自己的名义与第三人订立合同时，第三人不知道受托人与委托人之间的代理关系，受托人因第三人的原因对委托人不履行义务，或者受托人因委托人的原因对第三人不履行义务的，应当如何处理？

根据《民法典》第926条的规定，受托人以自己的名义与第三人订立合同时，第三人不知道受托人与委托人之间的代理关系的，受托人因第三人的原因对委托人不履行义务，受托人应当向委托人披露第三人，委托人因此可以行使受托人对第三人的权利。但是，第三人与受托人订立合同时如果知道该委托人就不会订立合同的除外。受托人因委托人的原因对第三人不履行义务，受托人应当向第三人披露委托人，第三人因此可以选择受托人或者委托人作为相对人主张其权利，但是第三人不得变更选定的相对人。

委托人的介入权是指在受托人与第三人的合同关系中，委托人取代受托人的地位，介入原本是受托人与第三人的合同关系中的权利。委托人行使介入权的条件是：第一，受托人以自己的名义与第三人订立合同。第二，第三人不知道受托人与委托人之间的代理关系，也就是说受托人与第三人是该合同的当事人，该合同对受托人与第三人具有约束力。第三，第三人不履行合同义务，导致受托人也不能履行完成委托事务的义务，间接影响到委托人的利益，这时受托人应当向委托人披露第三人。受托人对委托人不履行义务是因为第三人的原因，即因为第三人不按约定履行义务导致受托人违约。如果是因为受托人自身的原因对委托人不履行义务，则委托人只能向受托人主张权利，而不能向第三人主张。第四，因受托人的披露，委托人可以行使介入权。委托人行使介入权的，应当通知受托人与第三人。第三人接到通知后，除第三人与受托人订立合同时如果知道该委托人就不会订立合同的外，委托人取代受托人的地位，该合同对委托人与第三人具有约束力。

第三人的选择权是指在受托人与第三人的合同关系中，因委托人的原因造成受托人不履行义务时，受托人应当向第三人披露委托人，第三人因此可以选择受托人或者委托人作为相对人主张其权利，即第三人可以选择请求委托人承担违约责任，也可以请求仍然由受托人承担违约责任。但第三人只能选择其一，而且选定后不得变更。第三人行使选择权的条件有：第一，受托人以自己的名义与第三人订立合同。第二，第三人不知道受托人与委托人之间的代理关系。第三，受托人对第三人不履行合同义务，是基于委托人的原因，此时受托人应当向第三人披露委托人。如果受托人是因为自身的原因对第三人不履行义务，则第三人只能向受托人主张权利，而不能向委托人主张权利。第四，受托人向第三人披露后，第三人可以行使选择权。如果受托人不向第三人披露委托人，第三人只能向受托人主张其权利。受托人披露委托人后，第三人作出选择的，应当作出明确表示，并通知受托人与委托人。第三人既可以选择向受托人主张权利，也可以选择向委托人主张权利，但是二者只能选其一，选定后被选择的委托人或者受托人就是第三人的相对人，第三人不得变更，即使该相对人无力承担责任，第三人亦不得变更其选择。

委托人行使介入权或者第三人行使选择权后，权利义务的相对人发生变化，就会产生相应的法律效果。委托人行使介入权的，委托人取代受托人的地位，成为第三人的相对人，产生的效果除委托人可以行使受托人对第三人的权利外，第三人自然也可以向委托人主张其对受托人的抗辩。第三人行使选择权，选择委托人作为其相对人的，委托人取代受托人的地位，则第三人可以向委托人主张权利，而委托人也可以向第三人主张其对受托人的抗辩以及受托人对第三人的抗辩。委托人对受托人的抗辩权，是基于双方之间的委托合同；受托人对第三人的抗辩权，是基于受托人与第三人之间的合同。

98. 因受托人的原因造成委托人损失的，委托人是否可以请求赔偿损失？

受托人在处理委托事务的过程中，要尽到必要的注意义务，否则可能需要承担相应的责任。根据《民法典》第 929 条的规定，受托人的注意义务，还因为委托合同是有偿还是无偿而有所不同。在无偿委托合同中，受托人仅负有一般的注意义务。而在有偿委托合同中，受托人可以从委托人处获取一定的报酬，按照权利义务对等原则，其所负有的注意义务要比一般注意义务高，有的学者认为有偿委托合同的受托人应尽到善良管理人的义务。对有偿委托合同和无偿委托合同中受托人注意义务的区分，类似于有偿保管合同和无偿保管合同中保管人的注意义务。

在有偿的委托合同中，受托人负有较高的注意义务，受托人在处理委托事务时只要有过错，即存在故意、重大过失或者一般过失，并给委托人造成损失，就要承担赔偿责任。在无偿的委托合同中，受托人存在一般过失时并不承担赔偿责任，只有在故意和重大过失的情况下，才对损害承担赔偿责任。所谓故意是指受托人明知或者应当知道损失可能发生，并主动促使或者放纵损失的发生。所谓重大过失是指一般人对该行为所产生的损害后果都能预见到，而行为人却因疏忽大意没有预见到，致使损害后果发生。由于无偿委托合同中，受托人没有报酬，因此，其承担的责任相比有偿委托合同要轻一些。

受托人享有处理委托人之委托事务的权利，这种权利来自委托人的授权，也是为了委托人的利益。所以，受托人必须按照委托人的指示处理委托事务，在委托人的委托范围内处理事务，不得擅自超越权限。所谓“超越权限”包括没有相应的权限、超出委托人的授权以及权限终止后继续处理委托事务。受托人超越权限给委托人造成损失的，无论委托合同是否有偿，都应当赔偿损失。

99. 受托人处理委托事务时受到损害的，是否可以向委托人请求赔偿损失？

根据《民法典》第930条的规定，受托人在委托权限范围内认真处理委托事务，在自己毫无过错和过失的情况下，使自己的财产或者人身受到损害的，有向委托人请求赔偿的权利。

受托人在处理委托事务过程中因不可归责于自己的事由遭受损害的情况有很多，例如，委托人在受托人无过错的情况下，解除委托合同的；委托人未经受托人同意，又委托第三人处理同一事务致使受托人报酬减少的等。

受托人遭受损失的情形，不仅包括上述因可归责于委托人的事由受到损害的情形，还应当包括因为意外事故等不可归责于受托人的原因而导致受托人受到损害的情形。因为委托人在享受委托事务所带来的利益的同时，也应当承担相应的风险。受托人是为委托人处理事务，受托人的损失是在处理委托事务的过程中造成的，与处理委托事务具有关联性，按照利益风险一致的原则，应当由委托人承担相应责任。而且，如果委托人并未委托受托人处理事务，由委托人亲自处理委托事务，受到损失的可能就是委托人自己。

受托人向委托人请求赔偿其损失，需要具备以下条件：

一是受托人受到损失。受托人在按照委托人指示处理委托事务时遭受了损害，包括人身损害和财产损害。例如，律师代理当事人出庭应诉，在去法庭的路上遇到山体滑坡，导致律师身体受伤、车辆受损。

二是受托人的损失是基于不可归责于受托人的原因。不可归责于受托人主要是指受托人对于损失的发生没有过错，不存在主观上的故意或者过失。如果损失的发生是由于可归责于受托人的事由，则受托人不享有向委托人主张赔偿的权利。例如，律师代理当事人出庭应诉，在去法庭的过程中，该律师不遵守交通规则，闯红灯造成交通事故，负交通事故的全部责任，对于律师在交通事故中受到的人身和财产损失，委托人均无须赔偿。

三是受托人的损失发生在处理委托事务的过程中。因为只有在处理委托事务时，受托人才是按照委托人的指示进行活动，才实际以“受托人”之身份行事，与委托事务及委托人产生直接关联。所以受托人的赔偿请求权是以其损失发生在处理委托事务过程中为要件。如果受托人受到损失，并非发生在处理委托事务的过程中，也并非由于可归责于委托人的事由，则与委托人无关，受托人无权向委托人请求赔偿。例如，当事人的代理律师，并非在出庭应诉当事人之案件的路上，而是在去超市购买生活用品的路上遇到山体滑坡，造成人身和财产的损害，则不能向委托人请求赔偿。

100. 物业服务合同主要有哪些条款？

物业服务合同的主要条款包括：

1. 服务事项。《民法典》第942条规定：“物业服务人应当按照约定和物业的使用性质，妥善维修、养护、清洁、绿化和经营管理物业服务区域内的业主共有部分，维护物业服务区域内的基本秩序，采取合理措施保护业主的人身、财产安全。对物业服务区域内违反有关治安、环保、消防等法律法规的行为，物业服务人应当及时采取合理措施制止、向有关行政主管部门报告并协助处理。”该条规定仅列举了一些主要的、基本的物业服务事项，当事人可以在合同中对这些事项作出更为具体、细化的约定。

2. 服务质量。服务质量的标准因人而异，人们可能会有不同的理解和要求，法律难以作出明确界定，一般都是由当事人在合同中作出特别约定。服务质量的标准往往还因不同的服务费用标准而有所区别，高档小区收取高额物业费，自然对其服务质量也提出了高于一般小区的要求。服务质量比较抽象，当事人应当对物业服务质量进行具体约定，有利于明确双方的权利义务，避免产生不必要的纠纷。

3. 服务费用的标准和收取办法。服务费用也称物业费，是业主对于物业服务人所提供服务而支付的报酬。物业费一般由物业服务的成本和利润两部分构成。物业服务人不得违反法律、法规和部门规章的规定，擅自提高收费标准或者重复收费，否则，都构成违规收费。

4. 维修资金的使用。维修资金是由业主共同出资形成的，属于业主共有，且只能用于特定的目的，不能用于物业服务过程中的其他各项支出。业主委员会与物业服务人订立物业服务合同时，可以就专项维修资金申请使用的具体事项作出约定。

5. 服务用房的管理和使用。物业服务用房，是指物业服务人为业主提供物业服务而使用的房屋。物业服务用房属于业主共有。在物业服务人开始为业主提供物业服务时，就可以使用物业服务用房。但是，物业服务用房的用途是特定的，物业服务人不得擅自改变用途。

6. 服务期限。业主与物业服务人应当在合同中约定确定的物业服务期限，或者约定为不定期合同。如果对服务期限没有约定或者约定不明确的，双方当事人可以协议补充；不能达成补充协议的，应当视为不定期合同，当事人可以随时解除该合同，但在解除合同前应当给对方必要的准备时间。

7. 服务交接。因为物业服务合同涉及的服务事项较多，是继续性合同，一般服务期限较长，原物业服务人不仅长期占有物业服务用房，而且还掌握了小区内相关设施、物业服务的很多相关资料，这些物业服务用房及相关资料应当交还给业主委员会、决定自行管理的业主或者其指定的人；如果已经选定了新物业服务人，原物业服务人还应当配合新物业服务人做好交接工作，如实告知物业的使用和管理情况。具体如何进行交接，双方可以在物业服务合同中进行约定。

101. 物业服务人公开作出的有利于业主的服务承诺，是否可以作为物业服务合同的组成部分？

物业服务承诺是指物业服务人为保证物业服务的质量和效益，向全体业主公开作出的有关物业服务内容和标准的单方意思表示。实践中，物业服务人会在其宣传中公开作出某种服务承诺，以吸引业主选聘其作为物业服务人，或者在提供物业服务的过程中作出某种承诺，以提高服务质量和业主满意度，事实上这经常成为业主选聘物业服务人的重要依据。为了规范物业服务人的行为，充分保护业主的利益，《民法典》第938条第2款将“物业服务人公开作出的有利于业主的服务承诺”作为物业服务合同的组成部分，即也属于物业服务合同的内容。这是对物业服务人义务范围的合理扩充，对实践中处理好此类纠纷案件具有重要的指导意义。

物业服务人作出的服务承诺，作为物业服务合同的组成部分，应当具备下列条件：

1. 从形式上看，承诺的内容必须是公开作出的，例如在小区内公示栏张贴公告。如果只是物业服务人私下对单个业主的口头承诺，则不能认为是公开作出的。

2. 承诺内容是物业服务人的真实意思表示。这是物业服务人作出服务承诺有效的实质要件。

3. 承诺的内容应当有利于业主，这是就整个服务承诺的内容来说的，如果不利于业主，或者为业主增加义务、负担，则不能成为合同组成部分。例如，如果合同中约定了聘请 3 名保安，物业服务人发出公示以节省开支为由只聘请 1 名保安，则对业主不利，不应成为物业服务合同组成部分。再如，小区大门原先只有 1 人看守，难以对进出小区的人员进行有效管控，因此物业服务人张贴告示承诺，为加强小区安全管理，小区大门将 24 小时配备 3 名保安值守，这对业主来说就是有利的。但是，如果告示中要求每名业主须缴纳 100 元用于聘请保安，为业主增加了义务，则不能当然成为物业服务合同的组成部分。

4. 承诺的内容必须清晰明确，例如在小区发生失窃案件后，物业服务人张贴告示承诺，进出小区必须出示相关证件，大门由 2 名以上保安值守，保安每天在小区内至少巡逻 3 次以上等。而如果物业服务人只是承诺将加强小区的安全管理，则算不上是“清晰明确”的承诺。

5. 该承诺内容不违背法律、行政法规的强制性规定，不违背公序良俗。这也是所有民事法律行为有效的要件之一。

服务承诺虽然是物业服务人单方作出的，但是其作出的承诺只要符合上述条件，即可成为物业服务合同的组成部分，应当认定为有效。物业服务人应当按照其服务承诺履行义务，否则应承担违约责任。这样规定也符合诚实信用原则，物业服务人应当对其公开作出的承诺负责。

102. 建设单位依法与物业服务人订立的前期物业服务合同对业主是否具有法律约束力?

前期物业服务合同是由建设单位与物业服务人签订的，在业主入住之前，建设单位作为合同的一方当事人，应当受到合同的约束。在业主入住之前，建设单位按照前期物业服务合同的约定享有合同权利，也应当履行相应的义务，特别是支付物业费的义务。但是在一部分业主入住，房屋交付给业主后，物业费由谁负担，仍有争议。一般认为，房屋出售且交付给业主后，业主就应当负担相应的物业费，未交付房屋的物业费，仍由建设单位负担。而物业服务人是前期物业服务合同的一方当事人，毫无疑问其应当受到合同的约束。物业服务人有权依据前期物业服务合同主张权利，并履行相应义务。物业服务人在履行义务的同时，也享有按照约定收取物业费的权利。物业服务人应当依据前期物业服务合同对业主提供物业服务，不得违规收费，也不得任意解除合同。前期物业服务合同约定的服务期限届满，业主经过合法程序继续选聘前期物业服务人与其订立物业服务合同的，则物业服务人应当继续为业主提供物业服务；如果业主决定选聘其他物业服务人的，原物业服务人应当与新物业服务人进行交接。而依照《民法典》第940条的规定，前期物业服务合同约定的服务期限届满前，业主委员会或者业主与新物业服务人订立的物业服务合同生效的，前期物业服务合同终止，前期物业服务人应当退出物业服务区域，并按照约定和有关规定完成交接工作。

实践中，由于前期物业服务合同是由房地产建设单位与物业服务人签订的，业主并没有参加前期物业服务合同的订立，先入住的业主对物业服务人并没有选择权，所以其合法权益可能受到建设单位和物业服务人的侵害。

103. 业主委员会与业主大会依法选聘的物业服务人订立的物业服务合同，对业主是否具有法律约束力？

物业服务合同的当事人是物业服务人和业主。而物业服务合同中的“业主”往往是以“全体业主”的形式出现的。全体业主作为合同主体的主要理由在于：第一，物业服务合同的内容涉及全体业主的共同利益。物业服务合同订立的目的是为业主提供物业服务，为的是全体业主的共同利益。物业服务人所处理的事务是全体业主的事务，物业服务人管理的财产是全体业主的共同财产。第二，全体业主是物业服务合同实质上的权利享有者和义务承担者。业主依据物业服务合同享有权利并承担义务。实践中，业主委员会具有诉讼主体资格，可以成为诉讼的原告或者被告，但是诉讼的结果依然是由全体业主来承担。

第三，承认全体业主的当事人地位，全体业主便可以享有合同约定的权利，同时须履行合同约定的义务，这样才能保证物业服务合同的履行。物业服务人所提供的服务涉及全体业主的共有部分和共同利益。单个业主不能够代表全体业主与物业服务人订立物业服务合同，也无法完全履行整个物业服务合同中全体业主的义务。

基于上述理由，《民法典》第939条规定，业主委员会与业主大会依法选聘的物业服务人订立的物业服务合同，对业主具有法律约束力。为什么业主委员会根据业主大会依法作出的决定，与物业服务人订立物业服务合同，业主并没有实际参与物业服务合同的签订，却要受到合同的约束？业主委员会根据业主大会决定与物业服务人签订物业服务合同，之所以对业主具有法律上的约束力，是由业主大会和业主委员会作为业主自治的权力机关和执行机关的法律地位所决定的。根据《民法典》第278条的规定，业主有权决定选聘物业服务企业。业主委员会代表业主与业主大会依法选聘的物业服务人签订物业服务合同，是业主自治权行使的结果，全体业主都应当遵守。《民法典》第280条对业主大会、业主委员会决定的效力问题作出明确规定，即业主大会或者业主委员会的决定，对业主具有法律约束力。

业主大会是全体业主成立的，管理其共有财产和共同生活事务的自治组织。在建筑物区分所有的情况下，业主有权依法设立业主大会，并通过业主大会来管理物业服务区域内业主的共同事务。业主大会依据法定程序作出的决定，代表了业主的意志，对全体业主都产生法律约束力。业主大会是业主自治组织的权力机构，而业主委员会则是业主大会的执行机构，是受业主大会的委托对业主共同事务进行管理的组织。业主委员会是由业主通过法定的程序选举产生的，为全体业主服务的组织，具体实施业主大会作出的决定。因此，业主委员会基于业主大会的决定与物业服务人签订物业服务合同，也是业主自治权行使的结果，对于每位业主都应当具有法律约束力，业主享有合同权利，也应当履行合同义务。

104. 建设单位依法与物业服务人订立的前期物业服务合同约定的服务期限届满前，业主委员会或者业主与新物业服务人订立的物业服务合同生效的，应当如何处理？

根据《民法典》第940条的规定，建设单位依法与物业服务人订立的前期物业服务合同约定的服务期限届满前，业主委员会或者业主与新物业服务人订立的物业服务合同生效的，前期物业服务合同终止。

为了便于物业服务企业统筹安排工作，降低交易成本、防范经营风险，维护物业管理秩序，前期物业服务合同可以约定期限。但是，前期物业服务合同具有过渡性质，一般来说约定的服务期限较短。前期物业服务合同约定的服务期限届满后，如果双方当事人没有订立新的物业服务合同或者通过约定延长物业服务合同的服务期限，则前期物业服务合同终止，物业服务人应当退出物业服务区域，并和新的物业服务人或者决定自行管理的业主进行交接。

前期物业服务合同终止的原因包括：一是双方当事人约定的服务期限届满；二是前期物业服务合同的服务期限虽然未届

满，但是全体业主通过召开业主大会，选聘新的物业服务人并订立新的物业服务合同，该合同生效时前期物业服务合同终止。

105. 物业服务人负有什么义务？

物业服务人的主要义务，即物业服务人按照合同的约定、法律法规的规定和物业的使用性质，为业主提供物业服务。具体来说物业服务人的主要义务包括以下内容：

1. 对业主共有部分的管理和维护。

物业服务人的义务首先就是对物业服务区域内的建筑物及其附属设施等共有财产进行管理和维护，这是物业服务人最重要的合同义务之一，也是保障业主正常生活、改善业主生活品质的重要基础。物业服务人的此项义务主要涉及对物的管理，即管理物业服务区域内的业主的共有财产，主要包括小区内的道路、绿地、广场等公共场所，电梯、消防设施、公共照明设施和共有的车位车库等公共设施，以及物业服务用房等。

2. 维护物业服务区域内的基本秩序。

物业服务区域内的基本秩序，是业主正常生活的重要方面。物业服务人应当负有维护小区内共同生活秩序的义务，该项义务主要涉及对人的管理。例如，对外来人员的管理、对小区内停车位使用的管理等。

3. 保护业主的人身、财产安全。

保护业主的人身和财产安全，是物业服务合同对物业服务人的基本要求，可以说是最为重要的内容。具体来说，此项义务主要包括两个方面的内容：一是物业服务人应当采取合理措施保护业主的人身及财产安全，消除安全隐患，预防损害的发生。例如，以醒目的方式告知业主24小时有保安在岗的值班室以及附近派出所的联系电话，在重要部位如地下停车场、单元楼门口等安装监控探头，按照约定和有关规定对电梯进行安全检修，等等。二是如果出现可能危害或者已经危害到业主人身、财产安全的情形时，物业服务人应当及时制止相关行为，并且视情况采取必要措施以尽量保障业主的人身、财产安全。例如，发现小区单元楼发生高空抛物的行为，或者有人划伤在小区内停放的车辆时，物业服务人应当及时制止；发现小区内窨井盖破损时，物业服务人应当及时维修、更换，以免业主掉落窨井，导致人身、财产受到损害。

如果物业服务人没有尽到其安全保障义务，导致业主的人身、财产安全受到侵害的，物业服务人应当承担相应的违约责任。当物业服务人的行为也符合侵权责任之要件时，亦构成侵权，物业服务人须承担相应的侵权责任，此时发生违约责任与侵权责任之竞合，受到损害的业主可以向物业服务人请求其承担违约责任或者侵权责任。

4. 对违法行为的制止、报告义务。

《民法典》第942条第2款规定，对物业服务区域内违反有关治安、环保、消防等法律法规的行为，物业服务人应当及时采取合理措施制止、向有关行政主管部门报告并协助处理。

106. 物业服务人是否应当将有关情况向业主公开？

根据《民法典》第943条的规定，物业服务人应当将与物业服务有关的服务事项等情况定期向业主公开，并向业主大会、业主委员会报告，这些情况主要包括服务的事项、负责人员、质量要求、收费项目、收费标准、履行情况，以及维修资金使用情况、业主共有部分的经营与收益情况等。规定物业服务人的报告义务，主要有以下理由：第一，有利于保障业主的知情权。业主作为被服务的对象，有权知道与物业服务合同、物业服务事项有关的事项，物业服务人应当提供。这类似于消费者对于所购买的物品或者享受的服务具有知情权。业主在了解物业服务有关事项的基础上，可以及时召开业主大会或者业主委员会对重要事项进行决策。第二，是实现业主对物业服务人的监督权的需要。《民法典》第285条规定了业主对物业服务人的监督权和物业服务人接受业主监督的义务，而物业服务人定期向业主报告，是业主对物业服务人进行监督的一种重要方式。第三，通过业主对物业服务人的监督，物业服务人会更加努力地做好各项服务工作，提高服务质量，使业主可获得更好的服务，提高生活品质，从而实现物业服务合同的目的。

有关物业服务人公开及报告的具体内容、范围、方式、时间等，当事人可以在物业服务合同中加以约定。物业服务人要对常规事项进行定期公开，向业主大会或者业主委员会进行报告，并接受业主的监督，特别是有关维修资金的使用情况、业主共有部分的经营与收益情况等财务情况，应当定期公布。《民法典》第282条规定，建设单位、物业服务企业或者其他管理人等利用业主的共有部分产生的收入，在扣除合理成本之后，属于业主共有。然而，实践中，业主往往无从知晓这些情况，而物业服务人常常擅自利用业主共有部分来进行谋利，如在电梯张贴商业广告或者安装广告显示屏，或者将车位对外出租等，损害业主的利益，对此，应当要求物业服务人公开、报告相关情况。除了对常规事项定期公开外，对于涉及业主共同财产或者共同利益的重要情况，物业服务人还应当及时向业主公开，向业主大会或者业主委员会报告，依法应当由业主决定的，由业主按照法定程序作出决定。例如，物业服务人打算将物业服务区域内部分空地用于规划建设停车位，需要及时向业主进行公示，并向业主大会或者业主委员会报告，这涉及改变共有部分的用途，依据《民法典》第278条的规定，应当由业主共同决定。另外，根据《民法典》第285条的规定，物业服务人应当接受业主的监督，并及时答复业主对物业服务情况提出的询问。因此，业主也有权就上述事项向物业服务人提出询问，物业服务人应当及时予以答复。物业服务人违反上述公开及报告义务，给业主造成损失的，应当承担相应的违约责任。

107. 业主逾期不支付物业费的，应当如何处理？

业主应当按照合同约定缴纳物业费，业主无正当理由逾期不支付物业费，构成违约的，应当承担相应的违约责任。实践中，业主拖欠物业费的现象较为普遍。业主拖欠物业费的行为构成违约的要件主要有：

第一，业主逾期没有支付物业费。物业服务合同应当对物业费的缴纳时间和方式作出约定，业主应当按照合同约定的时间和方式缴纳物业费。业主逾期不支付物业费，就是物业服务合同约定的物业费缴纳期限届满，业主仍不缴纳。例如，物业服务合同约定，业主应当在每年一月最后一天之前，缴纳当年的物业费。而业主过了一月仍未缴纳物业费的，就属于逾期不支付物业费的行为。因为聘请物业服务人提供物业服务是全体业主依法定程序作出的决定，业主拖欠物业费的行为，不仅违反合同约定，损害了物业服务人的利益，同时，物业服务人可能也会因为物业费缴纳不到位，减少其服务事项或者降低服务质量，从而也损害了全体业主的利益。

第二，业主欠缺正当理由。业主逾期不支付物业费构成违约必须欠缺正当理由。如果业主对物业服务人收取物业费有正当的抗辩理由，则有权拒绝缴纳。业主可以拒绝支付物业费的正当理由包括：一是物业服务人不履行物业服务合同义务，或者履行义务不符合合同约定。物业服务合同为双务、有偿合同。业主缴纳物业费，是以物业服务人提供物业服务为基础的。如果物业服务人不履行义务，或者履行义务不符合合同约定，就丧失了收取物业费的基础，业主可以依法行使抗辩权。二是物业服务人违反物业服务合同约定或者法律、法规、部门规章规定，擅自扩大收费范围、提高收费标准或者重复收费，业主可以就属于违规收费的部分拒绝缴纳。

第三，物业服务人进行了催告。业主违反约定逾期不支付物业费的，物业服务人可以催告其在合理期限内支付。一般情况下，在业主逾期未支付物业费时，物业服务人都要先进行催告，而不是直接起诉业主。

在物业服务人催告的合理期限届满后，业主仍不支付物业费的，物业服务人可以通过诉讼或者仲裁的方式，请求业主支付物业费。业主应当按照合同约定承担逾期缴纳物业费的违约责任；如果合同对此没有作出约定，业主须承担违约责任的范围，不仅包括其所拖欠的物业费，还应当包括相应的迟延支付利息。需要指出的是，催告不是物业服务人提起诉讼或者申请仲裁的前置程序。业主违反约定逾期不支付物业费的，不要求物业服务人必须先进行催告，物业服务人也可以不经催告直接提起诉讼或者申请仲裁，以保护自己的合法权益。

108. 业主是否可以解除物业服务合同？

在编纂民法典的过程中，对于是否规定业主的任意解除权，起初有不同意见。有的意见认为，应当优先保护业主的利益，仅将任意解除权赋予业主，不允许物业服务人任意解除合同；有的意见认为，如果允许业主任意解除物业服务合同，对物业服务人不公平，也可能会反过来损害业主的整体利益。为了保护业主的合法权益，构建和谐的物业服务关系，民法典赋予业主一方任意解除权。

所谓业主一方的任意解除权，此处的“业主”并非单个业主，而是指全体业主。单个业主是不能行使这种任意解除权的，必须由全体业主“依照法定程序共同决定解聘物业服务人”，才能解除物业服务合同。根据《民法典》第 278 条的规定，解聘物业服务企业或者其他管理人由业主共同决定。而该“法定程序”，也就是通过业主大会的形式，而且对参与表决和同意的业主数量有所要求，即应当由专有部分面积占比三分之二以上的业主且人数占比三分之二以上的业主参与表决，且经参与表决专有部分面积过半数的业主且参与表决人数过半数的业主同意。

此外，业主最终决定解聘物业服务人的，还应当提前六十日书面通知物业服务人，但是合同对通知期限另有约定的除外。因为在业主决定解聘物业服务人后，物业服务人退出物业服务用房、交接物业及其相关资料都需要一定的时间，应当给予其一定的合理期限，做好退出、交接工作。民法典规定的合理期限为六十日，该合理期限的规定为任意性规定，当事人可以作出特别约定排除其适用。因为实践中，不同物业服务人负责的物业服务内容可能是不同的，所以解聘时物业服务人做好退出准备的时间也是不相同的，当事人可以对提前通知物业服务人解聘决定的期限作出特别约定。

业主行使任意解除权解除合同造成物业服务人损失的，除不可归责于业主的事由外，应当赔偿物业服务人的损失。物业服务合同成立之后，物业服务人为了提供约定的物业服务，通常要进行大量的准备工作，投入大量的人力、财力、物力，而且可能和其他主体订立一系列涉及物业服务的合同。业主行使任意解除权，可能会给物业服务人造成较大损失。如果不对受到损失的物业服务人进行赔偿，则有失公允。当然，如该损失之发生是基于不可归责于业主的事由，例如不可抗力，或者物业服务人自己违约导致合同被解除，则业主不需要赔偿该损失。

109. 物业服务期限届满前，业主依法共同决定续聘的，应当在何时续订物业服务合同？

物业服务期限届满前，业主将面临两个选择，即续聘物业服务人，或者重新选聘其他物业服务人。物业服务期限届满前，如果业主选择续聘物业服务人的，应当与其续订物业服务合同。需要注意的是，续聘也应当由业主依法共同决定，即根据《民法典》第278条的规定，由专有部分面积占比三分之二以上的业主且人数占比三分之二以上的业主参与表决，还应当经参与表决专有部分面积过半数的业主且参与表决人数过半数的业主同意。另外，业主与物业服务人应当在合同期限届满前进行续订，这样续订的物业服务合同可以与原物业服务合同衔接，不会出现物业服务的真空期，以免产生不必要的纠纷，损害业主或者物业服务人的合法权益。如果物业服务期限届满后，业主没有依法作出续聘或者另聘物业服务人的决定，物业服务人继续提供物业服务的，依据《民法典》第948条的规定，原物业服务合同继续有效，但是服务期限为不定期。

当然，在物业服务期限届满前，物业服务人同样也面临两个选择，即同意业主的续聘或者不同意续聘。如果物业服务人愿意接受续聘，业主也依法共同决定续聘的，双方应当在合同期限届满前续订物业服务合同；业主在物业服务期限届满前没有依法作出续聘决定或者选聘其他物业服务人的，物业服务期限届满时，物业服务合同即终止。如果物业服务人不同意续聘的，应当在合同期限届满前90日书面通知业主或者业主委员会。之所以这样规定主要是因为，如果物业服务人不同意续聘，业主就需要重新选聘新的物业服务人。物业服务人的选择关系到全体业主的共同利益，业主需要多方考察对比，选择值得信任、服务到位、收费合理的物业服务人，而且还要通过法定的程序作出选聘的决定，这往往需要较长的一段时间。因此，原物业服务人如果不愿意接受续聘，就应当在服务期限届满前给予业主充分的时间重新选择新的物业服务人。物业服务人应当在合同期限届满前 90 日内通知业主或者业主委员会，而且应当以书面的形式明确告知。不过，合同期限届满前 90 日的通知期限是任意性规定，双方可以对通知期限作出特别约定。

110. 物业服务期限届满后，业主没有依法作出续聘或者另聘物业服务人的决定，物业服务人继续提供物业服务的，应当如何处理？

物业服务合同约定的服务期限届满后，如果当事人没有订立新的物业服务合同或者通过约定延长原物业服务合同的服务期限，该物业服务合同终止。但是，如果业主没有依法作出续聘或者另聘物业服务人的决定，那么小区的物业将处于无人管理的状态，将影响全体业主的正常生活，损害全体业主的共同利益，此时物业服务人基于诚信原则，从保护全体业主共同利益的角度出发，继续为业主提供物业服务的，原物业服务合同继续有效，只是服务期限变为不定期。依照《民法典》第 948 条第 2 款的规定，此时，双方当事人都可以随时解除物业服务合同，但需要提前 60 日书面通知对方。业主在此期间解除合同的，提前 60 日告知对方，可以让物业服务人有足够的时间做好退出的准备；物业服务人决定解除合同的，提前 60 日告知对方，可以让业主利用这段时间寻找合适的其他物业服务人。所以规定在此期间当事人解除不定期物业服务合同须提前 60 日通知对方是很有必要的。

111. 物业服务合同终止的，原物业服务人应当如何退出和交接？

因为物业服务合同涉及的内容涵盖方方面面，十分复杂，物业服务人了解和掌握该物业服务区域内的业主情况、物业使用和管理情况，基于诚实信用原则，为了保护全体业主的共同利益，实现物业的顺利交接，《民法典》第949条规定了物业服务人的后合同义务。物业服务人在合同终止后应承担的后合同义务主要包括以下内容：

第一，在约定期限或者合理期限内退出物业服务区域。所谓退出，是指物业服务人及其工作人员应当离开相应的物业服务区域，如相关的工作人员应当退出物业服务用房，物业服务人所雇用的保安、门卫应当离开保安室、门卫室等，不得继续占用相关区域。因为物业服务合同终止后，物业服务人没有合法正当理由继续占用相关区域。当事人可以在物业服务合同中对合同终止后物业服务人的退出期限作出明确约定，如果没有约定的，应当在合同终止后，给予物业服务人一定的合理期限，让物业服务人在该合理期限内有序退出。

第二，妥善交接义务。包括移交物业服务用房和相关设施，以及物业服务所必需的相关资料，配合新物业服务人做好交接工作。这主要是因为，物业服务合同已经终止，物业服务人已经丧失占用物业服务用房和相关设施、物业服务所必需的相关资料等的法律依据，因此应当将其交还。物业服务用房和相关设施、物业服务所必需的相关资料等应当交还给业主委员会、决定自行管理的业主或者其指定的人。指定的人往往为业主或者业主委员会选聘的新物业服务人，直接移交给新物业服务人，不仅可以提高交接效率，还能最大限度地维护全体业主的利益。

第三，如实告知物业的使用和管理状况。物业服务合同终止后，物业服务人不仅要移交物业服务用房和相关设施、物业服务所必需的相关资料等，同时要如实告知物业的使用和管理情况，尤其是与业主人身、财产安全密切相关的重要情况，例如，某单元楼内某部电梯出现了故障仍待维修，小区门禁出现故障任何人都可以自由进出，专项维修资金的使用情况，等等。告知的对象，既包括全体业主、业主委员会，也包括新物业服务人。因为业主对于物业的使用和管理情况有知情权，物业服务人应当接受业主的监督，在其即将完全退出物业服务区域前，自然应当将有关物业使用和管理的情况如实告知业主。而之所以要告知新物业服务人，是因为新物业服务人即将接管物业服务和管理，为了尽快进入角色，应当及时全面了解和掌握物业的使用、管理情况，这也是新物业服务人的义务，而原物业服务人对物业的使用和管理情况最为了解，应当负有义务将这些情况如实告知新物业服务人，以保护业主的共同利益。

物业服务人违反上述义务，不仅不得请求业主支付物业服务合同终止后的物业费，如果造成业主损失的，还应当赔偿损失。

112. 物业服务合同终止后，在业主或者业主大会选聘的新物业服务人或者决定自行管理的业主接管之前，原物业服务人继续处理物业服务事项的，是否可以请求业主支付该期间的物业费？

根据《民法典》第950条的规定，物业服务合同终止后，在业主或者业主大会选聘的新物业服务人或者决定自行管理的业主接管之前，原物业服务人应当继续为业主提供物业服务。主要有以下三个理由：一是出于保护业主利益的考虑。物业服务合同终止后，如果在业主或者业主大会选聘的新物业服务人或者决定自行管理的业主接管之前，原物业服务人就已完全退出，这将导致该物业服务区域陷入无人服务和管理的境地，如小区内无人进行保洁工作使得垃圾成山，影响全体业主的日常生活，损害全体业主的共同利益。二是基于诚信原则。物业服务人与业主之间存在合同关系，由物业服务人为业主提供物业服务，在合同终止后、他人接管之前，物业服务人也应当按照诚信原则，继续为业主处理物业服务事项，这属于物业服务人的后合同义务。三是符合公平与效率。在物业服务合同终止后，物业服务人交给他人接管前，显然由物业服务人继续为业主提供服务是最为简便快捷的做法，而且物业服务人可以请求业主支付相应的报酬，也符合公平的原则。

在这种情况下，物业服务人可以请求业主支付在其继续为业主提供物业服务期间的物业费。在物业服务人继续处理物业服务事项，业主实际接受物业服务人所提供的服务的情形下，即使当事人没有订立正式的书面物业服务合同，业主也应当向物业服务人支付相应的报酬。物业服务人之所以可以请求该期间的报酬，主要有以下三种支持的观点：第一种观点认为，此时双方当事人之间成立事实上的物业服务合同关系。第二种观点认为，物业服务人继续处理物业服务事项的行为构成无因管理，物业服务人基于无因管理，可以请求业主支付必要的费用。第三种观点认为，双方当事人是以默示的方式变更了物业服务合同，延长了物业服务期限，使得原物业服务合同继续有效，但是服务期限为不定期，因此物业服务人可以请求业主支付该期间的物业费。

113. 中介人故意隐瞒与订立合同有关的重要事实或者提供虚假情况，损害委托人利益的，有什么法律后果?

中介人的报告义务是中介人在中介合同中承担的主要义务，中介人应依诚实信用原则履行此项义务。

订立合同的有关事项，包括相对人的资信状况、生产能力、产品质量以及履约能力等与订立合同有关的事项。订立合同的有关事项根据不同的合同还有许多不同的事项。对中介人来说，不可能具体了解，只需就其所知道的情况如实报告委托人就可以了。但作为中介人应当尽可能掌握更多的情况，提供给委托人，以供其选择。当然，委托人可以与中介人就报告义务作出特别约定，要求中介人报告特别的事项，例如，双方约定中介人应当按照委托人的指示，调查了解潜在交易对象的某方面情况，如潜在交易对象的为人品行，或者近期与哪些人订立过合同，以及这些合同的履约情况等，并向委托人如实报告。

依照《民法典》第 962 条的规定，中介人有如实报告的义务，如果中介人故意隐瞒与订立合同有关的重要事实或者提供虚假情况，损害委托人利益的，不得要求支付报酬并应当承担相应的赔偿责任。

诚实信用原则应是中介人履行合同的指导思想之一。中介合同的履行过程中，中介人必须实事求是地就自己所实际掌握的信息，如实地向委托人提供最方便、最有利、最有价值、最及时的订约渠道，并保证提供的信息真实和可靠，没有任何隐瞒欺骗或掺杂任何自己的主观臆测。对于有影响的事项及商业信息，如第三人的资信状况、支付能力、标的物是否有瑕疵等，中介人都必须据实、公正地报告，而不得弄虚作假，从中盘剥渔利。不得与第三人恶意串通损害委托人的利益，也不得恶意促成委托人与第三人订立合同。如果中介人没有尽到以上这些忠实义务，反而为获取中介报酬而故意作虚假介绍，或者与一方当事人事先串通好，故意告知虚假事实以促成委托人与第三人订立合同，从而损害了委托人或者第三人的合法利益，这些情况一旦发生，中介人非但无权向委托人请求中介报酬，而且还应当就其故意提供虚假情况而给委托人造成的损失承担赔偿责任。

114. 中介人促成合同成立的，是否可以请求委托人支付报酬？中介活动的费用由谁负担？

由于中介是以报告订约机会或提供订立合同的媒介服务为内容，所以中介人是否促成委托人与他人之间成立交易，就是委托人支付报酬与否的明确标准。可见中介人是就其“劳务的结果”而非“劳务的给付”而享受报酬请求权。这是中介合同与其他劳务合同的不同之处。中介人取得报酬必须具备三个要件：第一，所介绍的合同必须成立；第二，合同的成立与中介人的介绍有因果关系，是由中介人的中介活动促成的；第三，中介人促成的契约必须与中介合同中的约定具有同一性。只有三者同时具备，委托人才负有支付报酬的义务。如果委托人与第三人没有订立合同，或者合同并非因中介人的活动而成立，或者中介人最终促成的合同并非中介合同约定之合同，中介人都不能请求委托人支付报酬。

委托人是否给付中介人报酬及其支付数额，原则上应按照中介合同的约定。这里合同的约定，可以是以书面形式或者口头形式明确。中介人的报酬数额由当事人自主约定，虽然符合合同自由原则，但是在有些情况下可能会导致显失公平的结果，因此有的国家和地区规定了“报酬数额酌减制度”。我国民法典没有在中介人报酬数额中规定“数额的酌减”，基于合同自由原则，对中介人报酬的数额法律一般不应干涉。但是如果报酬数额畸高，存在可撤销的情形时，委托人可以依据民法典总则编的规定申请撤销。

根据我国《民法典》第963条的规定，只要中介人促成合同成立的，原则上就可以向委托人请求支付报酬。如果中介合同中对于中介人的报酬没有约定或者约定不明确，委托人和中介人可以协议补充；如果仍然达不成补充协议的，应当按照合同的相关条款或者商业交易习惯来确定；如果还是解决不了，可以根据中介人的劳务合理确定，所谓合理应考虑诸多因素，如中介人所付出的时间、精力、物力、财力、人力，中介事务的难易程度以及中介人的行为对于合同成立所起到的作用等因素，根据公平原则来合理确定。

中介人促成合同成立的，中介活动的费用由中介人负担。中介人促成合同成立的，可以向委托人请求支付报酬，中介人的报酬中包括了成本和利润。因为中介活动的费用已作为成本计算在报酬之内，所以中介人不得再另外请求委托人负担费用。和行纪人一样，中介人一般都是专门从事中介业务的经营者，作为专业机构或者人员，是可以预估从事中介行为所需费用的。所以一般来说，双方约定由委托人支付的报酬肯定是超过中介活动的费用也就是成本的，这也是中介人从事中介业务的根本动力。而且，规定由中介人负担中介活动的费用，还可以促使中介人节省费用，降低成本，以提高自己可以获得的利润。

115. 委托人在接受中介人的服务后，利用中介人提供的交易机会或者媒介服务，绕开中介人直接订立合同的，中介人是否有权请求委托人支付报酬？

“跳单”，是指委托人接受中介人的服务后，利用中介人提供的订约信息或者媒介服务，绕开中介人直接与第三人签订合同的行为，其目的是规避向中介人支付报酬的义务。“跳单”行为中，委托人实质上利用了中介人提供的订约信息或者机会，在订立合同时却避开中介人，自行与第三人订立合同，以此来逃避向中介人支付报酬的义务。对于“跳单”行为，司法实践一般认为，委托人与第三人订立合同，只要委托人实质上利用了中介人提供的劳动，即中介人通过中介行为向委托人提供的订约信息或者媒介服务，就应当认定该交易是由中介人促成的，根据《民法典》第965条的规定，委托人就应当向中介人支付约定的报酬。如果委托人并未利用中介人提供的订约信息或者机会，则中介人无权主张报酬请求权。

委托人的行为是否构成“跳单”应当具备以下要件：第一，委托人接受了中介服务。中介人接受委托后，履行了向委托人报告订约机会或者提供媒介服务的义务，委托人接受了中介人提供的服务，这是中介人获取报酬的权利来源。中介合同是双务有偿合同，委托人支付报酬须以中介人提供约定的、有价值的中介服务为对价。第二，委托人绕开中介人直接与第三人订立合同。委托人与第三人私下订立合同，并未通过中介人，或者委托人在中介人之外，又委托其他人从事中介服务，通过其他中介人与第三人订立了合同。第三，委托人与第三人合同的订立，主要是由于委托人利用了中介人提供的交易机会或者媒介服务，或者说合同订立与中介人的中介服务具有因果关系。这是判断委托人的行为是否构成“跳单”并应当向中介人支付报酬的关键。不论委托人是私下与第三人直接订立合同，还是通过其他中介人与第三人订立合同，只要委托人利用了中介人提供的交易机会或者媒介服务，就构成“跳单”，是否存在其他中介人并不是关键因素。一般而言，只要委托人实际接受了中介人的中介服务，又与第三人订立了合同，就可以推定该合同之成立与中介人提供的服务有因果关系。如果委托人认为其没有利用中介人提供的交易机会或者媒介服务，应当承担举证责任。实践中，委托人可能自己事先也通过各种渠道搜集了一些信息，知晓第三人的情况，而中介人又向委托人重复报告了该第三人的情况，例如中介人提供的信息是公开的、委托人可以轻易获得的信息，中介人的报告对委托人来说可能是毫无价值的，委托人与第三人订立合同，就不能认为是利用了中介人提供的交易机会或者媒介服务。但是，委托人要对其在中介人提供订约信息前就已知晓第三人有关情况，并未利用中介人提供的交易机会或者媒介服务承担举证责任。

116. 合伙人可以以什么方式出资?

合伙人的出资方式是合伙人向合伙投入资本的具体形式，合伙人的出资可以是货币形式，也可以是非货币形式。非货币形式不仅包括除货币外的各种有形财产和无形财产，如实物、股权、土地使用权、知识产权等，还包括劳务。

具体来说，合伙人的出资方式主要包括以下几类：(1) 货币。货币是商品交换的一般等价物。货币出资是最常见、最基本的出资方式，它不同于其他出资，可以构成合伙财产的全部。合伙人出资所用货币应当是合伙人自有的资金，或归自己管理、支配的资金。(2) 实物。实物即共同经营所需的各种货币以外的有形财产，实物出资的范围较广，既可以是厂房、设备、专门设施，也可以是仓库、运输工具以及其他生产资料。以实物出资是否需要评估作价，由谁来进行评估作价，应由全体合伙人协商确定，全体合伙人也可以委托法定的评估机构进行评估。以实物出资的，合伙人用以出资的实物必须是为自己所有的或可在合伙经营期间完全由自己支配的实物财产。不能完全支配的财产，如已设立担保的实物，短期租赁他人的实物，一般不应作为实物出资。(3)知识产权。知识产权是人们的智力劳动成果在法律上产生的一种无形的财产权利，合伙人依法取得的知识产权可以作为合伙的出资。主要包括商标权、专利权、著作权（版权）以及技术秘密等。(4)土地使用权。土地使用权是指依法对土地加以使用的权利。作为对合伙出资的只能是土地的使用权而不能是土地所有权。合伙人可以以依法取得的土地使用权作为对合伙的出资。可以用于合伙出资的土地使用权，主要包括土地承包经营权、土地经营权和建设用地使用权。(5)劳务。以劳务出资，即将某一特定人的劳务，看作一种财产权利而允许其作为对合伙的出资方式。由于特定的劳务，如某人的管理技能、某个知名厨师的烹调技艺等具有较高的价值含量，实际应用能产生经济效益，世界上多数国家和地区的立法对以这种劳务为合伙人出资的做法是肯定的，即允许部分合伙人以其特定的劳务对合伙进行出资。为了避免纠纷，维护劳务出资者和其他合伙人的合法权益，合伙人以劳务出资的，其评估办法由全体合伙人协商确定，并应当在合伙协议中载明。(6)其他出资方式。在现实生活中，用于对合伙投资的财产除上述五种外，还有许多其他财产，如股权、债权、信托受益权、矿产资源开发权、林地使用权等。合伙人也可以用这些财产来进行出资。

117. 合伙财产归谁所有?

合伙财产是合伙赖以存在和发展的基础。契约型合伙具有一定的组织性，但是不具有独立的民事主体资格，不能成为合伙财产的所有权人。因此，合伙财产的所有权人应当为全体合伙人，需要登记的合伙财产应当登记在全体合伙人名下。这与合伙企业不同。依法成立的合伙企业，属于民法典总则编中规定的非法人组织，具有民事主体资格，可以独立地享有民事权利、承担民事义务，当然也可以成为合伙企业财产的所有权人。成立合伙企业后，合伙人的出资等财产都归合伙企业所有，需要登记的财产，应当登记在合伙企业名下。

合伙财产应当归全体合伙人共有，对此应无疑义。各国法律一般都规定合伙财产归全体合伙人共有。对合伙财产的所有权应当区分内部关系和外部关系进行分析。于内部关系而言，对于合伙财产，全体合伙人之间是共同共有关系，还是按份共有关系？对此学界存在不同观点。有的认为应当是共同共有，有的认为是按份共有。合伙合同的订立是为了共同的事业目的，全体合伙人共享利益、共担风险，且对合伙债务承担连带责任。合伙具有高度的人合性，合伙人之间互相信任才使合伙得以成立。全体合伙人共同经营，共同管理合伙财产，共同对所有合伙财产享有占有、使用、收益和处分的权利。对于合伙财产的处分，应当按照合伙合同的约定，或者全体合伙人的共同决定，才能得以进行。因此，全体合伙人对合伙财产享有共同共有权。

从外部关系来看，合伙财产由全体合伙人共有，只有根据合伙合同的约定或者所有合伙人同意才可以对合伙财产进行处分。但是合伙人之间对于处分合伙财产的内部约定不能对抗善意第三人。合伙财产中的某个具体财产可能实际为某个合伙人占有，或者仅登记在某个合伙人名下。此时如果该合伙人将该财产转让给并不知晓该财产为合伙财产的善意第三人，第三人可以依据《民法典》第311条的规定取得财产的所有权。当然，如果第三人明知该合伙人处分合伙财产的行为属未授权行为，或者与该合伙人相互串通损害其他合伙人的利益，即不属于善意第三人，则其他合伙人不仅可以以此与之相对抗，要求其返还财产或补足差价，而且有权依法追究该第三人的相关责任。

118. 合伙合同终止前，合伙人是否可以请求分割合伙财产？

合伙财产是合伙得以成立和存续、发展的重要条件，因此必须保证合伙财产的稳定性。契约型合伙，虽然不是独立的民事主体，但是也具有一定的组织性，财产一旦进入合伙财产的范围，就与合伙人相对分离，归全体合伙人共同共有。在共有关系终止前，合伙人不得分割合伙财产。合伙人一旦按照约定缴付了出资，就不得随意予以抽回。任何一个合伙人抽走或分割其财产份额，都会直接导致合伙财产数量的减少，给正常进行的生产经营活动造成消极影响；以合伙名义取得的收益和依法取得的其他财产，也具有同样的性质。合伙人在合伙合同终止前分割合伙财产，往往会影响到合伙的正常经营，甚至可能导致共同目的的落空。为避免这种现象的发生，维护合伙的正常经营和全体合伙人的利益，《民法典》第 969 条第 2 款规定："合伙合同终止前，合伙人不得请求分割合伙财产。"

此外，任何合伙人不得私自转移或者处分合伙财产。在合伙经营中，由于每一个合伙人都有执行合伙事务，对外代表合伙的权利。在代表合伙对外从事活动过程中，在合伙人占有合伙财产中的动产或者合伙财产中的不动产、机动车等登记在合伙人名下时，各合伙人都有独自处分某些财产的机会，不排除该合伙人为了自己的私利私自转移或处分合伙财产的情况，如私自出售经营设备，将订购的原材料、设备移转他处或将出售产品的收入占为己有等。发生此类情况，不得以此对抗善意第三人，主要是为了保护善意第三人的利益，维护正常交易的安全。

合伙人执行合伙事务将应当归合伙的利益据为己有的，或者采取其他手段侵占合伙财产的，应当将该利益和财产退还合伙；给合伙或者其他合伙人造成损失的，应当依法承担赔偿责任。对合伙人私自转移或者处分合伙财产的，一是应将转移财产的收入收归合伙，如转移财产行为尚未实际执行的，可与第三人协商解除合同，由此造成的损失由该合伙人承担；二是由于转移或处分财产的行为给其他合伙人造成损失的，由该合伙人予以赔偿。

119. 合伙事务应当如何决定?

依照《民法典》第 970 条第 1 款的规定，合伙人就合伙事务作出决定的，除合伙合同另有约定外，应当经全体合伙人一致同意。由于合伙事务关系到全体合伙人的共同利益，原则上应当由全体合伙人共同决定，尤其是关于合伙事务或者合伙财产的重要事项，例如改变合伙的事业目的或者经营范围，转让、处分合伙财产中的不动产等，必须由全体合伙人一致同意才能进行，不能由部分合伙人或者执行事务合伙人自行决定，也不能适用少数服从多数的原则。

当然，合伙合同可以对此作出特别约定。合伙人之间存在相互信任关系，合伙事务的表决应当更多地体现合伙人意思自治的原则和协商原则。合伙合同相当于合伙的章程，所有合伙人都应当按照合伙合同的约定享有权利，履行义务。一般而言，所有合伙人应当在合伙合同中对合伙事务的决定进行约定，对于不同的合伙事务可以约定不同的参与和表决程序，例如对于合伙事务中的重要事项约定由所有合伙人参与表决并一致同意，对于一般事项仅需半数以上合伙人同意即可。全体合伙人在订立合伙合同时，应尽可能详细地就合伙事务的表决方式，包括是按出资份额，还是按合伙人人数，或是两者相结合的表决方式，以及表决决定的计票办法等作出明确约定。

实践中，关于合伙事务的一切事项都由所有合伙人共同决定且一致同意，可能难以实现，对于一般事项而言也实在没有必要。而且，随着市场经济的发展，商业机会的时效性强，要求合伙的决策应更加及时、快速。为了提高合伙的决策经营效率，应当允许合伙合同对合伙事务的决定作出更加灵活的约定，如规定某些事项可以采用普通多数决或特别多数决的办法作出决定。

120. 如何确定合伙的利润分配和亏损分担？

合伙的利润分配是指合伙的生产经营获得的收入，在扣除成本后所得的利润，在各合伙人之间进行的分配。合伙的亏损分担，是指合伙经营过程中发生的在一定时期内各种收入减去各项费用后出现负差额即发生亏损时，就这种亏损在各合伙人之间进行的分别承担。合伙经营既可能为投资者带来收益，也可能因经营等多方面原因而产生亏损。

《民法典》第 972 条规定了合伙的利润分配和亏损分担的方法，具体来说：首先，合伙的利润分配、亏损分担，应当按照合伙合同的约定办理。合伙合同是合伙的章程，是合伙从事经营活动的准则和合伙人据以享受权利、履行义务的重要依据。而合伙的利润分配和亏损分担是合伙人重要的权利义务，理应由合伙合同作出约定，因此，民法典确认了合伙合同约定优先的原则。其次，如果出现合伙合同对此没有约定或者约定不明确时，还是应当尊重合伙人的意思，尽量由合伙人共同协商作出决定，充分体现意思自治原则。再次，如果合伙人经过协商仍未能作出决定的，则应当按照各合伙人的实缴出资比例进行分配、分担。需要注意的是，这里的出资比例应当是实缴出资的比例，合伙人承诺出资或者应当出资而未实际缴付的，以实际缴付的出资为准。最后，合伙人之间的出资比例也无法确定的，只能由各合伙人平均分配和分担。

在未约定损益分配比例的情况下，对于利润分配和亏损分担的比例，不同的国家作出了不同的规定。以合伙人的出资比例来确定利润分配和亏损分担，符合人们对于合伙经营、投资的期待，符合常理，也符合公平原则。据此，我国民法典也规定在合伙人没有约定且协商不成时，以实缴出资比例来确定利润分配和亏损分担的比例。

确定合伙的利润分配和亏损分担办法，最重要的是应当体现公平。合伙的一个重要特征是合伙人共享收益，共担风险。每一个合伙人无论出资多少，以何种方式出资，都有分配利润的权利，也有分担亏损的义务。虽然合伙合同可以自行约定利润分配和亏损分担的办法，自主调节相互间的利益关系，但行使这一权利必须遵循公平的原则，不能明显有失公允。因此，一般来说，合伙的利润分配和亏损分担，应当由全体合伙人共同决定，但是合伙合同不得约定将全部利润分配给部分合伙人或者由部分合伙人承担全部亏损。对此，一些国家的法律明确禁止剥夺部分合伙人权利或者向部分合伙人强加义务等不公平的“狮子合伙”。

121. 合伙人对合伙债务承担何种责任?

依照《民法典》第 973 条的规定，合伙人对合伙债务承担连带责任。这是对于合伙人的外部关系作出的规定。合伙人对合伙债务承担连带责任，是指全体合伙人以自己的所有财产向债权人承担连带责任，债权人可以请求任何一个或者数个合伙人清偿所有合伙债务。之所以如此规定，主要是由合伙合同的性质和目的所决定的。合伙合同的订立是为了实现共同事业目的，共享利益、共担风险。对于合伙人来说，合伙具有很强的人合性，合伙人之间互相信任，共同投资，共同经营管理，对合伙财产共同共有。规定合伙人的连带责任虽然增大了合伙人的风险，但同时也增强了合伙的对外信誉，使合伙获得了更强的偿债能力。合伙虽然具有一定的组织性，但是并不具有民事主体资格，合伙人之间可以互为代理人，这对于债权人来说意味着较大的交易风险，而规定合伙人承担连带责任，可以扩大合伙人对于合伙债务的履行担保，有利于实现债权人的债权，保护债权人的利益。因此由合伙人对合伙债务承担连带责任，对于合伙人和债权人来说都是公平合理的。

关于合伙财产和合伙人的个人财产清偿合伙债务的顺序，契约型合伙与合伙企业是不同的。《合伙企业法》第 38 条规定，合伙企业对其债务，应先以其全部财产进行清偿。第 39 条规定，合伙企业不能清偿到期债务的，合伙人承担无限连带责任。

由此可见，合伙企业中的合伙人，对于合伙企业的债务承担无限连带责任。也就是说，合伙企业必须先以合伙企业的财产清偿合伙企业债务，当合伙企业的财产不足以清偿到期债务时，再由合伙人以其所有的其他财产进行清偿。无限连带责任，实际上是无限责任与连带责任的结合。所谓无限责任即在合伙企业财产不足以清偿债务时，合伙人要以自己的其他财产偿付自己承担的债务份额，直到清偿完毕为止；所谓连带责任即指当债权人追究各合伙人的无限责任，某一合伙人无力承担这种责任时，其他合伙人有连带承担其偿付债务的义务。因此，当合伙企业财产不足以清偿债务时，其债权人即可向其任何一个普通合伙人主张权利，要求其偿付债务。该合伙人负有代合伙企业偿付债务的责任，这种责任既包括他自己应承担的债务份额，也包括其他合伙人应承担的部分。而契约型合伙虽然具有一定的组织性，但却是松散型的合伙，并不具有独立的民事主体资格，其财产还是由全体合伙人共有，合伙财产与合伙人的其他财产难以厘清，因此，并不要求对合伙债务先以合伙财产进行清偿，债权人可以直接请求所有合伙人以包括合伙财产在内的所有财产来清偿合伙债务。这是契约型合伙与企业型合伙的重要区别之一。

各合伙人因各自的经济实力不同，承担债务的能力也有区别。在合伙人按一定比例分担合伙债务的情况下，就可能发生有的合伙人因其财力所限，一时难以承担债务偿付份额的情况。对此情况，任何合伙人都要对合伙债务承担连带责任，即除对自己分担的债务份额承担责任外，还应对其他合伙人应承担而无力承担的部分进行清偿。当合伙人实际偿付的合伙债务超过其应承担的份额时，就该超过部分，应当允许其向其他合伙人进行追偿。据此,《民法典》第973条规定,清偿合伙债务超过自己应当承担份额的合伙人,有权向其他合伙人追偿。

122. 合伙人是否可以向合伙人以外的人转让其全部或者部分财产份额?

合伙财产属于全体合伙人共同共有,对合伙财产的处分应当按照合伙合同约定,或者经过全体合伙人同意。而不论是对于所有合伙财产,还是对于合伙财产中每个具体的财产,从内部关系上看,每个合伙人又都占有一定的份额。

实践中,由于各种原因,合伙人可能需要将其投在合伙中的财产份额变现。为此,合伙人有权将其持有的合伙财产份额转让。该转让包括向合伙内部的其他合伙人转让和向合伙人以外的人转让。合伙人转让其财产份额不能任意为之。合伙具有很强的人合性,是基于合伙人之间的相互信任才得以成立的。合伙人的数量一般不多,而且彼此间互相信任和了解,每个合伙人都有对外代表合伙的权利,各合伙人之间可以互相代理。这种合伙的人合性决定了合伙人的加入和退出都必须受到严格的限制。合伙人将其合伙财产中的全部或者部分份额向合伙人以外的人转让,实际上就相当于合伙人的地位全部或者部分被合伙人以外的人所取代,发生该财产份额的受让者加入合伙成为新合伙人的效果。而且,基于共同共有的理论,合伙人转让共同共有的合伙财产中的份额,自然也需经过其他共有人的同意。因此,一般来说,合伙财产份额的转让必须经其他合伙人一致同意。

不过,合伙人可以向其他合伙人转让自己的财产份额,也就是合伙人可以将自己持有的合伙财产份额，部分或全部转让给合伙中的一个或数个其他合伙人。由于这种转让属于内部转让，只关系到各合伙人财产份额的变化，既没有新的合伙人加入，也不影响合伙财产总额，因此一般来说，不需征得其他合伙人的同意，也没有其他事前程序，只需通知他们知晓即可。当然，合伙合同也可以对合伙人的财产份额在各合伙人之间的转让作出特别约定，例如合同约定合伙人对合伙事务的表决权大小取决于合伙财产份额的大小时，可以对财产份额的内部转让作出一定限制，如约定任何合伙人将合伙财产份额转让给其他合伙人，必须经过全体合伙人过半数同意。

123. 合伙人对合伙期限没有约定或者约定不明确的，应当如何处理？合伙期限届满，合伙人继续执行合伙事务的，又应如何处理？

实践中，基于各种原因，合伙合同可能对合伙期限并没有作出约定或者约定不明确。对于这种情况，依照《民法典》第976条的规定，合伙人可以协议补充；不能达成补充协议的，则按照合同相关条款或者交易习惯确定。例如，合伙人之间已经连续多次签订合伙期限为两年的合伙合同，最后一次订立合伙合同时，没有对合伙期限作出约定。在这种情况下，即便合伙合同对合伙期限没有作出约定，也可以推定该合伙合同的合伙期限也是两年。如果按照合同相关条款或者交易习惯仍无法确定的，视为不定期合伙。

合伙期限届满，合伙人继续执行合伙事务，其他合伙人没有提出异议的，原合伙合同继续有效，但是合伙期限为不定期。一般来说，合伙期限届满，合伙合同即告终止。但是，如果合伙人在合伙期限届满后，仍继续执行合伙事务，且其他合伙人也没有提出异议的，可以推定全体合伙人均具有使合伙继续存续的意思，因此法律规定这种情况下视为原合伙合同继续有效。但是由于约定的合伙期限已经届满，合伙人都没有约定新的合伙期限或者延长的期限，此时合伙合同的期限变为不定期。

合伙合同是继续性合同，对于不定期的合伙合同，合伙人均有任意解除权。《民法典》第563条第2款规定："以持续履行的债务为内容的不定期合同，当事人可以随时解除合同，但是应当在合理期限之前通知对方。"与不定期的物业服务合同一样，不定期合伙的合伙人也有任意解除权。但是，合伙人解除合同，应当尽量不损害合伙及其他合伙人的利益，给予其他合伙人必要的准备时间，以便对合伙事务及时作出安排和调整。据此，民法典还规定，合伙人可以随时解除不定期合伙合同，但是应当在合理期限之前通知其他合伙人。合伙人解除合伙合同后，合伙关系终止。合伙合同为继续性合同，其解除仅向将来发生效力。

124. 合伙合同终止后，合伙财产在支付因终止而产生的费用以及清偿合伙债务后有剩余的，应当如何分配？

合伙合同因各种原因终止后，应当对合伙财产以及因合伙产生的所有债权债务进行结算，先是清偿各项费用和合伙债务，清偿后有剩余财产的才能分配给合伙人。如果合伙财产不足以清偿有关费用和合伙债务，合伙人应当对不足部分承担连带责任，以所有合伙人的个人财产进行清偿。

《民法典》第978条规定："合伙合同终止后，合伙财产在支付因终止而产生的费用以及清偿合伙债务后有剩余的，依据本法第九百七十二条的规定进行分配。"合伙合同终止，不论合伙财产有多少，是否足以清偿有关费用和合伙债务，都应当按照以下顺序处理：一是支付因终止产生的费用。因终止产生的费用，包括合伙财产的评估、保管、变卖等所需要的费用，以及有关的律师费用、诉讼费用、仲裁费用等。二是清偿合伙债务。在支付完因终止产生的费用后，应当对合伙债务进行清偿，以保护合伙的债权人的利益。

支付因终止产生的费用和清偿合伙债务后，如果有剩余财产，才能在全体合伙人之间进行分配。合伙的一切债权都应当优先于合伙人的分配财产请求权，只有上述所有债权都得到清偿后，才可以分配剩余的合伙财产。虽然合伙人要对合伙债务承担连带责任，但是如果合伙人在清偿合伙债务之前分配合伙财产，再由合伙的债权人向合伙人请求偿还，不仅不符合效率原则，而且可能使债权人的债权难以实现。从实际情况来看，如果允许合伙人先分配合伙财产，易导致合伙人分配完合伙财产后潜逃或者转移、隐匿财产，使债权人无从追索。因此，民法典规定了"先偿债，后分配"的原则。

对于剩余财产，应按照《民法典》第972条规定的利益分配规则进行分配，即首先按照合伙合同的约定办理；合伙合同没有约定或者约定不明确的，由合伙人协商决定；协商不成的，由合伙人按照实缴出资比例分配；无法确定出资比例的，由合伙人平均分配。

第四编　人格权

1. 什么是人格权?

《民法典》第990条规定:"人格权是民事主体享有的生命权、身体权、健康权、姓名权、名称权、肖像权、名誉权、荣誉权、隐私权等权利。除前款规定的人格权外,自然人享有基于人身自由、人格尊严产生的其他人格权益。"

这一条第1款列举了民事主体所享有的人格权的具体类型:

(1)生命权:是指自然人享有的以生命安全和生命尊严为内容的权利。

(2)身体权:是指自然人享有的以身体完整和行动自由为内容的权利。

(3)健康权:是指自然人享有的以身心健康为内容的权利。

(4)姓名权:是指自然人享有的依法决定、使用、变更或者许可他人使用自己姓名的权利。

(5)名称权:是指法人和非法人组织享有的依法使用、变更、转让或者许可他人使用自己名称的权利。

(6)肖像权:是指自然人享有的依法制作、使用、公开或者许可他人使用自己肖像的权利。

（7）名誉权：是指自然人、法人和非法人组织就其品德、声望、才能、信用等所获得的社会评价，所享有的保有和维护的权利。

（8）荣誉权：是指自然人、法人和非法人组织对其获得的荣誉及其利益所享有的保持、自主决定的权利。

（9）隐私权：是指自然人享有的私人生活安宁与不愿为他人知晓的私密空间、私密活动、私密信息等依法受到保护，不受他人刺探、侵扰、泄露和公开的权利。

这一条第2款规定，除前款规定的人格权外，自然人享有基于人身自由、人格尊严产生的其他人格权益。这能够回应社会发展所产生的新型人格权益保护需求，避免具体列举人格权所产生的封闭性，有助于使得人格权益保护的体系更为完善，保护的范围也更为周延，适应社会的不断发展，发挥对人格权益进行兜底性保护的功能，保持人格权制度发展的开放性。

第2款适用的前提是：首先，被侵犯的人格权益没有法律的明确规定，并且无法纳入具体列举的人格权的保护范围。其次，被侵犯的人格权益是基于人身自由、人格尊严产生的，因此需要法律保护。人身自由包括身体行动的自由和自主决定的自由，是自然人自主参加社会各项活动、参与各种社会关系、行使其他人身权和财产权的基本保障，是自然人行使其他一切权利的前提和基础。人格尊严包括静态和消极的人格尊严，以及动态和积极的人格尊严也即人格形成和人格发展。人格尊严不受侵犯是自然人作为人的基本条件之一，也是社会文明进步的一个基本标志。最后，只有自然人的人格权益才能通过本款予以保护，法人和非法人组织不能适用这一款。这一款适用的价值基础是人身自由和人格尊严，而对于法人和非法人组织而言，其无法基于宪法而享有人身自由、人格尊严。自然人的人格权益具有广阔的发展可能性，但法人和非法人组织的人格权益不具有无限发展的可能性，其不需要人格权益保护的开放性。

应当注意的是，由于第1款列举了人格权的具体类型，而第2款规定了人格权益的一般条款，所以，民法典人格权编第一章关于人格权的一般规定中，所出现的“人格权”这个语词，包括了法律所明确列举的人格权，也包括了自然人所享有的除明确列举的人格权外的，基于人身自由、人格尊严产生的其他人格权益。

2. 民事主体可以将自己的姓名、名称、肖像等许可他人使用吗？

《民法典》第993条规定：“民事主体可以将自己的姓名、名称、肖像等许可他人使用，但是依照法律规定或者根据其性质不得许可的除外。”

在这一条的适用中，首先要注意的是，许可他人使用，是许可他人在商品、商标或者服务等上面使用，不包括他人正当使用别人的姓名等情形，姓名本身就是让他人使用的，否则无法发挥区别于他人的目的。同时，许可他人使用不仅限于以营利为目的的使用，如以著名高校的名义举办商业性的培训班，也包括非以营利为目的的使用，例如未经权利人同意而在教学楼上使用权利人的姓名等。是否以营利为目的，更多的是在赔偿损失的数额中予以考量。不仅仅限于重复性使用，也包括一次性使用等多种使用方式。

其次要注意的是，许可使用也是民事法律行为的一种，应当适用民法典有关民事法律行为的一般性规定。此种许可使用不得违反法律和违背公序良俗，否则根据《民法典》第153条的规定，许可使用的民事法律行为无效。例如，权利人不能许可他人将其肖像制成色情图片或者视频予以销售。

最后要注意的是，依照法律规定或者根据其性质不得许可使用的限制。这一条基于人格尊严保护的要求，规定了对许可使用的限制，这为许可使用设置了界限，更有利于推进对人格尊严的保护，避免因许可使用而损害人格尊严。这些限制主要如下：（1）依照法律规定不得许可使用。例如，《人类辅助生殖技术管理办法》第3条规定了医疗机构和医务人员不得实施任何形式的代孕技术。因此，代孕所涉及的人体器官的许可使用就是不允许的。（2）根据其性质不得许可使用。这主要指的是人格尊严以及公序良俗的限制。许可使用的目的是更好地保护人格尊严，但是如果许可使用损及了人的存在，就背离了上述目的，不应当被允许，这主要指的是生命权、身体权和健康权等物质性的人格权，同时也包括名誉权等纯粹精神性的人格权。

3. 死者人格利益被侵害时，应当如何保护？

《民法典》第994条规定："死者的姓名、肖像、名誉、荣誉、隐私、遗体等受到侵害的，其配偶、子女、父母有权依法请求行为人承担民事责任；死者没有配偶、子女且父母已经死亡的，其他近亲属有权依法请求行为人承担民事责任。”

这一条适用的前提是：第一，被侵害者已经死亡。如果被侵害者并未死亡，而是丧失民事行为能力，就不应适用这一条，他们仍然具有民事权利能力，有权依法请求侵权人承担民事责任，不具有民事行为能力的，可以由监护人代理请求。第二，死者的姓名、肖像、名誉、荣誉、隐私、遗体等受到侵害。这包括但不限于以下情形：（1）未经许可而擅自使用死者的姓名、肖像等；（2）以侮辱、诽谤、贬损、丑化等方式，侵害死者的名誉、荣誉；（3）以非法披露、利用等方式侵害死者的隐私和个人信息；（4）以非法利用、损害等方式侵害死者的遗体等。

这一条适用的法律后果是：第一，有权提出请求的主体是近亲属。《民法典》第1045条第2款规定，配偶、父母、子女、兄弟姐妹、祖父母、外祖父母、孙子女、外孙子女为近亲属。子女包括婚生子女、非婚生子女、养子女和有扶养关系的继子女；父母包括生父母、养父母和有扶养关系的继父母；兄弟姐妹包括同父母的兄弟姐妹、同父异母或者同母异父的兄弟姐妹、养兄弟姐妹、有扶养关系的继兄弟姐妹。

第二，近亲属提出请求具有顺位限制。配偶、子女、父母是第一顺位，如果死者的配偶、子女或者父母存在的，则由配偶、子女和父母提出请求。在死者没有配偶、子女且父母已经死亡的情形中，其他近亲属有权提出请求。死者没有配偶、子女，包括死者从未有过配偶、子女的情形，也包括曾经有过配偶、子女，但因为离婚、配偶死亡或者子女死亡等原因而现在没有配偶、子女的情形。

第三，近亲属依法请求行为人承担民事责任。“依法”意味着这一条并非完全规范，近亲属请求行为人承担民事责任要符合法律规定的责任构成要件和责任后果。例如，请求行为人赔偿财产损失的，一般要符合《民法典》第1165条第1款的规定；赔偿数额，也应当适用《民法典》第1182条的规定；在行为人违约侵害死者人格利益的情形下，例如骨灰存放处违反约定将骨灰丢失，近亲属可以选择依据《民法典》第577条的规定，请求其承担违约责任。

4. 因当事人一方的违约行为，损害对方人格权并造成严重精神损害，受损害方可以既请求其承担违约责任，又请求精神损害赔偿吗?

《民法典》第996条规定：“因当事人一方的违约行为，损害对方人格权并造成严重精神损害，受损害方选择请求其承担违约责任的，不影响受损害方请求精神损害赔偿。”

精神损害赔偿是受害人因人格利益或身份利益受到损害或者遭受精神痛苦而获得的金钱赔偿。侵害人格权的情形中，经常会产生违约责任和侵权责任的竞合，受害人因此遭受到严重的精神损害。例如，甲去火锅店吃火锅，但由于火锅店的原因，火锅发生爆炸，导致甲容貌受损严重，甲因此遭受了严重的精神损害。此时，火锅店的行为，既是侵犯甲的健康权的侵权行为，也是违反了其与甲之间合同的违约行为，发生了侵权责任和违约责任的竞合。再如，在旅游合同中，旅客遭受了身体伤害，造成了严重的精神损害，此时仍然发生了违约责任和侵权责任的竞合。在违约责任与侵权责任存在竞合的情形中，允许受损害方请求行为人承担违约责任时，在违约责任请求中请求精神损害赔偿，有利于为受害人提供不同救济渠道的选择，拓展在此类情形下精神损害的救济方法，符合加强人格权保护的比较法发展趋势，是一个重要的进步。

这一条适用的前提是，首先，损害人格权的违约责任和侵权责任竞合。这要求当事人一方的违约行为同时构成了损害对方人格权的侵权行为。如果当事人一方的违约行为造成了精神损害，但违约行为本身并不符合侵权行为的相关要件，无须承担侵权责任，此类情形就不涉及违约责任与侵权责任的竞合，不适用这一条规定。例如，旅游合同中，当事人一方违约并未造成旅游者人身损害，而仅仅是导致旅游者无益地度过假期，虽然旅游者有损害，但此时并不构成损害旅游者人格权的侵权责任，此时保护旅游者的途径仅为违约责任。虽然可以考虑在此类以精神上满足为目的的特殊类型的合同中，计算违约赔偿数额时对这些合同的特性予以考虑，但不适用这一条规定。

其次，因当事人一方的违约行为损害对方自然人的人格权并造成严重精神损害。这一条的适用要符合《民法典》第 1183 条第 1 款的规定，即侵害自然人人身权益造成严重精神损害的，被侵权人有权请求精神损害赔偿。据此，这意味着：（1）损害对方人格权；（2）损害自然人的人格权，不包括损害法人和非法人组织的人格权；（3）造成严重精神损害，造成严重精神损害才能够获得精神损害赔偿，偶尔的痛苦和不高兴不能认为是严重精神损害；（4）精神损害与违约行为之间存在因果关系。

最后，受损害方选择请求违约方承担违约责任。责任竞合的情形中，依据《民法典》第186条的规定，受损害方有权选择请求其承担违约责任或者侵权责任。只有在受损害方选择请求违约方承担违约责任时，才有这一条的适用。如果受损害方选择请求违约方承担侵权责任，则可以直接依据《民法典》第1183条第1款的规定，请求精神损害赔偿，无须适用这一条。

5. 行为人因侵害人格权要承担消除影响、恢复名誉、赔礼道歉等民事责任，但行为人拒不承担，该怎么办？

《民法典》第1000条第2款规定：“行为人拒不承担前款规定的民事责任的，人民法院可以采取在报刊、网络等媒体上发布公告或者公布生效裁判文书等方式执行，产生的费用由行为人负担。”根据这一款规定，执行的方式是在报刊、网络等媒体上发布公告或者公布生效裁判文书等。虽然裁判文书按照现有规定都需要公开，但这种一般性的公开并不等同于这一款所规定的为消除影响而在特定范围内的公告或者公布生效裁判文书。发布公告，可以是受害人发表谴责公告或者法院发布判决情况的公告，但一般不采取受害人或者法院以被告名义拟定道歉启事并予以公布这种道歉公告或者道歉启事的方式。公布裁判文书，可以是全部公布，也可以是摘要公布。在报刊、网络等媒体上，应当是法院所指定的特定媒体，也包括以书面形式在特定范围内张贴等方式。但是，在报刊、网络等媒体上发布公告或者公布生效裁判文书仅仅是执行的例示方式，除了此种方式之外，还有一个“等”字，以涵盖其他执行方式，人民法院可以根据案件的具体情况，采取合理的其他执行方式。另外，人民法院是“可以”而非“应当”采取。鉴于侵害人格权的情形较为复杂，有时发布公告或者公布裁判文书可能会导致后续的损害，因此赋予人民法院根据情况加以酌定处理的裁量权。如果人民法院经过审理认为，侵权行为已经停止，且相关侵权信息已经删除，此时人民法院再行发布公告或者公布裁判文书，则有可能进一步导致侵权结果再次扩大。此时，人民法院可以征询被侵权人的意见，在被侵权人不同意的情况下，人民法院也可以不采取发布公告或者公布裁判文书的方式执行，而可以通过其他方式予以执行。

6. 什么是法定救助义务？

《民法典》第1005条规定：“自然人的生命权、身体权、健康权受到侵害或者处于其他危难情形的，负有法定救助义务的组织或者个人应当及时施救。”

这一条适用的前提如下：

（1）自然人的生命权、身体权、健康权受到侵害或者处于其他危难情形。只有在自然人的生命权、身体权、健康权处于非常紧急的需要救助的情形，不立即实施救助将会使得自然人的生命、身体或者健康遭受重大的损害时，才可能存在法定的救助义务，此时要考虑到急迫性、危险性、其他救助措施获得的难度等因素。

（2）特定的组织或者个人负有法定的救助义务。法律对救助义务的规定包括两种。第一种是条文中明确规定了救助义务。例如，《民法典》第822条规定，承运人在运输过程中，应当尽力救助患有急病、分娩、遇险的旅客。《基本医疗卫生与健康促进法》第27条第3款规定，急救中心（站）不得以未付费为由拒绝或者拖延为急危重症患者提供急救服务。《执业医师法》第24条规定，对急危患者，医师应当采取紧急措施进行诊治；不得拒绝急救处置。《医疗机构管理条例》第31条据此规定，医疗机构对危重病人应当立即抢救。对限于设备或者技术条件不能诊治的病人，应当及时转诊。《海商法》第174条规定，船长在不严重危及本船和船上人员安全的情况下，有义务尽力救助海上人命。《道路交通安全法》第70条第1款规定，在道路上发生交通事故，车辆驾驶人应当立即停车，保护现场；造成人身伤亡的，车辆驾驶人应当立即抢救受伤人员，并迅速报告执勤的交通警察或者公安机关交通管理部门。因抢救受伤人员变动现场的，应当标明位置。乘车人、过往车辆驾驶人、过往行人应当予以协助。第二种是法律虽然没有明确规定救助义务，但规定中包含了救助义务。例如，《民法典》第942条第1款中规定，物业服务人应采取合理措施保护业主的人身、财产安全。《民法典》第1198条也规定了宾馆、商场、银行、车站、机场、体育场馆、娱乐场所等经营场所、公共场所的经营者、管理者或者群众性活动的组织者的安全保障义务。这些义务中也包括了在自然人的生命权、身体权、健康权受到侵害或者处于其他危难情形时，法律规定的主体应当负有采取合理措施予以救助的义务。对于实践中需要确定义务人应当负有的具体安全保障义务的内容，可以参考该安全保障义务人所在行业的普遍情况、所在地区的具体条件、所组织活动的规模等各种因素，从侵权行为的性质和力度、义务人的保安能力以及发生侵权行为前后所采取的防范措施、制止侵权行为的状况、当事人之间特殊的关系和信赖等方面，根据实际情况综合判断。

7. 为了研制新药，可以直接对病人进行临床试验吗？

《民法典》第1008条规定：“为研制新药、医疗器械或者发展新的预防和治疗方法，需要进行临床试验的，应当依法经相关主管部门批准并经伦理委员会审查同意，向受试者或者受试者的监护人告知试验目的、用途和可能产生的风险等详细情况，并经其书面同意。进行临床试验的，不得向受试者收取试验费用。”人体临床试验又称为人体试验，是指在病人或健康志愿者等受试者的人体上进行系统性研究，以了解新药、医疗器械或者发展新的预防和治疗方法的疗效与安全性。为研制新药、医疗器械或者发展新的预防和治疗方法，在研发阶段，通常会先进行动物试验，动物试验通过之后进行人体试验。人体试验是确保其有效性和安全性必不可少的环节，对促进医疗科研事业的发展意义重大，因此，允许开展人体试验活动是必要的。但是，人体试验关系到受试者的生命健康，涉及其人格尊严，要符合伦理要求，有必要对此设定较为严格的条件。

《民法典》第1008条的主要内容如下：

第一，人体临床试验应当依法经相关主管部门批准并经伦理委员会审查同意。例如，《疫苗管理法》第16条第1款规定：“开展疫苗临床试验，应当经国务院药品监督管理部门依法批准。”《药品管理法》第27条规定了开展药物临床试验，应当经国务院药品监督管理部门批准。《医疗器械监督管理条例》第 27 条中规定，第三类医疗器械进行临床试验对人体具有较高风险的，应当经国务院药品监督管理部门批准。同时，伦理委员会审查是保障受试者权益的主要措施之一。关于伦理委员会的职责、组成、伦理审查的具体程序、监督管理等问题，由特别法予以规定。

第二，受试者享有是否参加试验的自主决定权。基于受试者的人格尊严，尊重和保护受试者的合法权益，应当尊重和保障受试者是否参加研究的自主决定权。同时，应当允许受试者在任何阶段无条件退出研究。

第三，受试者同意参加临床试验的意愿必须真实合法。这一方面，意味着任何组织或者个人不得使用欺骗、利诱、胁迫等手段使受试者同意参加研究。另一方面，意味着应当依法告知试验目的、用途和可能产生的风险等详细情况，以使得受试者充分了解后表达同意的意愿。

第四，知情同意权由受试者或者监护人依法行使。如果受试者是完全民事行为能力人，能够单独有效地行使知情同意权。但是，在受试者不具备完全的民事行为能力时，情况比较复杂，民法典仅作出了原则性规定，具体由特别法进一步规定。基本的共识是，受试者具有一定自主决定能力或者具有限制民事行为能力，除了监护人的同意之外，还需要考虑受试者本人的意愿，需要取得受试者本人的同意。

第五，知情同意必须是书面形式。参加人体试验可能对受试者人体造成损害，涉及生命权、身体权、健康权等最基本的人格权利，同时要确定同意参加的意愿是真实的，因此应当将知情同意的形式严格限制为书面形式。这也是我国现行有关规范的共识。

第六，进行临床试验的，不得向受试者收取试验费用。

8. 自然人能否在父姓或者母姓之外选取第三姓？

姓氏选取与每位公民密切相关，之前《民法通则》第99条和《婚姻法》第22条分别规定了公民享有姓名权及子女可以随父姓或者母姓的问题。近年来，司法机关、有关行政部门和一些社会公众反映，民法通则和婚姻法的上述规定较为原则，对于公民能否在父姓和母姓之外选取姓氏，实践中有关部门和当事人存在理解不一致的情况；且相关法律制定较早，不能有效应对当前公民创姓、改姓等新情况、新问题。为了对社会生活中公民的姓氏选取行为有所引领，使行政机关、人民法院在履行职能和处理纠纷时有所遵循，基于理论界和实务界对于自然人如何选择姓氏存在较大的争议，国外的做法也不完全相同；同时，鉴于姓氏选取问题不仅涉及现代社会的公民私权与国家公权、个人自由与社会秩序，还关乎中华民族的文化传统、伦理观念和社会主义核心价值观，问题重大，有必要作出专门的规定，以指导实践。为此，2014年全国人大常委会专门对此作出了一个立法解释，即《全国人民代表大会常务委员会关于〈中华人民共和国民法通则〉第九十九条第一款、〈中华人民共和国婚姻法〉第二十二条的解释》。该立法解释明确规定，自然人应当随父姓或者母姓，但是有下列情形之一的，可以在父姓和母姓之外选取姓氏：（1）选取其他长辈直系血亲的姓氏；

（2）因由法定扶养人以外的人扶养而选取扶养人姓氏；（3）有不违背公序良俗的其他正当理由。少数民族自然人的姓氏可以遵从本民族的文化传统和风俗习惯。该立法解释这样规定的主要理由是：姓氏文化是中华传统文化的重要组成部分。中华文明源远流长，姓氏文化在中华五千多年连绵不断的文明史中占有重要地位。世界上的很多国家都通过立法明确子女应当从父姓或者母姓。通过立法解释，明确公民原则上应当在父姓或者母姓中选取姓氏，对于维护中华民族的文化传统、伦理观念和社会主义核心价值观，至关重要。从婚姻法的立法本意看，《婚姻法》第22条的规定主要为了突出父母对子女姓氏决定权的平等，进一步体现男女平等和夫妻家庭地位平等的原则，不涉及公民是否可以在父姓、母姓之外选取其他姓氏的问题。姓氏选取主要适用《民法通则》第6条、第7条和第99条的规定。社会各方面普遍认为，子女承父姓、母姓在我国有深厚的传统文化伦理基础，社会普遍遵循。现实生活中，随意取姓的现象比较少见，老百姓一般也难以接受。姓氏选取不能毫无限制，应当有一定之规。同时，鉴于社会生活和民事活动的复杂性以及各民族因历史文化传统、民族习惯和宗教信仰等体现的姓氏文化差异性，法律应当考虑一些公民在父姓和母姓之外选取姓氏的合理需求以及不同民族的风俗习惯，力求找到最佳平衡点，作出既符合多数人利益，也能兼顾少数人利益的解决方案，使法律规则既保持稳定性又富有灵活性。该立法解释在规定自然人应当随父姓或者母姓的同时，也规定了三种例外情形。第一种“选取其他长辈直系血亲的姓氏”主要是涉及中国传统认可的认祖归宗；第二种“因由法定扶养人以外的人扶养而选取扶养人姓氏”主要涉及收养的情形；第三种“有不违背公序良俗的其他正当理由”是一个兜底条款，主要是指还俗，姓本身具有侮辱性等情形，可以在不违反公序良俗的情形下改姓。此外，考虑到不少少数民族的姓名决定或者变更具有自己的文化传统和风俗习惯，有较强的特殊性，该立法解释还明确规定，少数民族自然人的姓氏可以遵从本民族的文化传统和风俗习惯。自该立法解释正式实施以来，从实践情况看，较好地平衡了尊重自然人的自由决定或者变更姓名权利与尊重中国优秀传统文化以及伦理道德之间的关系，也得到了多数人的认同，有利于解决现实中的争议。基于此，民法典完全继承和吸收了该立法解释的规定，第1015条规定，自然人应当随父姓或者母姓，但是有下列情形之一的，可以在父姓和母姓之外选取姓氏：（1）选取其他长辈直系血亲的姓氏；（2）因由法定扶养人以外的人扶养而选取扶养人姓氏；（3）有不违背公序良俗的其他正当理由。少数民族自然人的姓氏可以遵从本民族的文化传统和风俗习惯。

9. 自然人决定、变更姓名，或者法人、非法人组织决定、变更、转让名称，应当履行什么样的程序?

根据《民法典》第1012条、第1013条的规定，自然人有权决定、变更自己的姓名，法人或者非法人组织有权决定、变更或者转让自己的名称。这两条规定的姓名和名称都是指法定姓名或者名称，是自然人或者法人、非法人组织法定人格和身份的体现，对内对外都会产生一定的法律效果，因此其决定、变更等都必须依法进行。

自然人的姓名的决定关系到该自然人参与社会经济生活，特别是涉及从事民事法律行为的问题，因此自然人决定姓名除需要以有民事行为能力为前提外，还需要遵循法定的程序，办理法定的手续。根据我国《户口登记条例》第 7 条的规定，婴儿的姓名由父母、亲属、抚养人或者其他监护人在婴儿出生一个月内向婴儿常住地户口登记机关申报出生登记，并将其姓名记入户籍登记簿，在户籍登记簿上登记的姓名为正式姓名，并受法律保护，可以用于签署正式的法律文件。所以，自然人的正式姓名以登记簿上记载的为准。自然人在确定姓名后，可能出于各种原因而需要变更自己的姓名。但由于其已经使用原姓名进行了各种民事活动，参加了不少的民事法律关系，其改变自己的姓名必然会影响到他人的利益和社会公共利益，因此自然人变更姓名也必须遵守相关法律法规规定，遵循法定程序进行，不得擅自变更。根据我国户口登记条例的规定，自然人变更自己的姓名必须到当地派出所进行变更登记。当然这里的姓名指的是法定姓名（即正式姓名）的决定或者变更，并不包括《民法典》第 1017 条规定的笔名、艺名等的决定或者变更，笔名、艺名等非法定姓名的决定或者变更并不需要进行登记。

考虑到法人或者非法人组织对于社会的影响较大，任何一个国家都会对法人或者非法人组织进行管理。为了维护正常的社会秩序和健康的市场经济秩序，我国法律法规以及规章对法人、非法人组织的设定、变更或者转让也作了不少规定，设定了一定的程序，特别是登记程序。原则上法人或者非法人组织变更自己的名称或者转让自己的名称权都需要进行变更或者转让登记。例如，根据我国企业名称登记管理规定及其实施办法的规定，企业名称转让时，应当依法通过国家企业信用信息公示系统向社会公示。需要指出的是，根据我国相关法律法规的规定，并非所有法人或者非法人组织变更或者转让自己的名称都需要登记，例如民法典总则编规定的机关法人名称的决定或者变更就不需要办理登记手续。因此，《民法典》第 1016 条特别规定“但是法律另有规定的除外”。

10. 民事主体的笔名、艺名、网名等是否受保护?

姓名是自然人区别于他人的特定符号和标识，名称是法人、非法人组织区别于其他民事主体的特定符号和标识。姓名和名称都有狭义和广义之分，狭义的姓名是某一自然人的正式姓名（在国家户籍登记机关登记的法定姓名），狭义的名称是某一法人、非法人组织的正式名称（在国家相关机关登记的名称），《民法典》第 1012 条至第 1016 条的规定主要针对狭义的姓名和名称。广义上的姓名和名称除包括正式姓名和正式名称外，还包括姓名和名称的简称、笔名、艺名、网名、字号等。一些文学家、艺术家常常用笔名、艺名代替本名，这些笔名、艺名甚至比其本名更为社会和公众所熟知，例如著名作家莫言的本名是管谟业，莫言只是其笔名，但多数读者只知其笔名莫言，并不知道其本名。除笔名、艺名外，根据我国的传统，一些自然人还喜欢给自己起“字”或者“号”，例如唐代大诗人李白，字太白，号青莲居士，现在仍有一些人继承了这一传统。随着现代网络社会的发展，不少自然人在网络世界里给自己起网名，在网络世界里很多情况下网民之间只知道网名，并不知道其真实的本名。还有的外国人在中国，或者中国人在外国都会面临译名是否受保护的问题，例如美国著名球星 Jordan 在中国的译名“乔丹”就面临侵权的问题。对于法人或者非法人组织来说，也存在类似的情况，例如在日常的民事活动中，除使用在登记机关登记的正式名称外，有时也会使用名称的简称或者字号，例如阿里巴巴网络技术有限公司是其登记的名称，其简称阿里巴巴或者阿里巴巴集团。在民法典编纂过程中，对于是否保护姓名和名称简称、笔名、网名、艺名、译名、字号等有不同意见。有的意见认为，只宜保护经过登记的正式姓名和名称，不宜保护姓名和名称简称、笔名、网名、艺名、译名、字号等，否则有可能限制他人的行为自由。经研究认为，姓名和名称简称、笔名、网名、艺名、译名、字号等虽没有经过法定机关登记，不属于正式的姓名或者名称，但是在不少情况下，这些姓名和名称简称、笔名、网名、艺名、译名、字号等也能够起到确定和代表某一自然人或者法人、非法人组织的作用，能够体现民事主体的人格特征。这些姓名和名称简称、笔名、网名、艺名、字号等若被他人滥用或者导致他人混淆，也会有损自然人的人格尊严，对该民事主体造成重大损害。因此，保护姓名和名称简称、笔名、网名、艺名、译名、字号等，有利于更好地保护民事主体的人格利益。

姓名和名称简称、笔名、网名、艺名、译名、字号等毕竟不是登记的正式姓名或者名称，并非任何姓名和名称简称、笔名、网名、艺名、字号等都应当受到保护，只有满足一定条件的姓名和名称的简称、笔名、艺名、网名、译名、字号等才受法律保护。根据这一条的规定，受到法律保护需要满足以下条件：一是具有一定社会知名度或者为相关公众所知悉；二是被他人使用足以致使公众混淆。基于此，这一条规定，具有一定社会知名度、为相关公众所知悉的姓名和名称的简称、笔名、艺名、网名、译名、字号等，被他人使用足以致使公众混淆的，参照姓名和名称保护的相关规定。

与对正式姓名或者名称的保护相比，对姓名和名称的简称、笔名、艺名、网名、字号等的保护既有相同点，也有不同点。相同点是：一是对正式姓名或者名称的使用不得违反法律、行政法规的强制性规定，不得违背公序良俗；对姓名和名称的简称、笔名、艺名、网名、字号等的使用也不得违反法律、行政法规的强制性规定，不得违背公序良俗。二是任何组织或者个人都不得以非法干涉、盗用或者假冒等方式侵害。不同点是：一是对正式姓名或者名称的保护，不需要受到具有一定社会知名度、为相关公众所知悉、被他人使用足以致使公众混淆等条件的限制，也就是说，自然人或者法人、非法人组织经过登记的正式姓名或者名称都受法律保护，任何组织或者个人都不得非法干涉、盗用或者假冒。对姓名和名称的简称、笔名、艺名、网名、字号等的保护，则需要受具有一定社会知名度、为相关公众所知悉、被他人使用足以致使公众混淆等条件的限制。二是自然人决定、变更正式姓名，法人或者非法人组织变更、转让名称，都需要登记；而自然人决定、变更自己的笔名、艺名、网名等，法人或者非法人组织变更名称简称，原则上不需要经过登记。正因为姓名和名称的简称、笔名、艺名、网名、译名、字号等，与正式姓名、名称有上述区别，对其的保护就不能完全依照正式姓名、名称的规则进行，所以《民法典》第 1017 条规定，具有一定社会知名度，被他人使用足以致使公众混淆的姓名和名称的简称、笔名、艺名、网名、译名、字号等，参照适用姓名、名称保护的相关规定。

11. 在什么情况下可以合理使用他人的肖像？

肖像权是自然人享有的一项重要人格权。但同其他民事权利一样，这项人格权并非绝对的权利。肖像不仅对本人意义重大，对他人甚至对全社会都具有重大价值，一些正常的社会活动都离不开对他人肖像的合理使用，如果任何制作、使用、公开肖像的行为都需要经过权利人同意，会给正常的社会活动带来影响，甚至影响到公共利益。因此，法律应当在保护个人肖像权和保护社会公共利益间进行平衡和协调。民法典在强调加强对肖像权保护的同时，也设置了肖像权保护的例外情形。在例外情形下，制作、使用、公开肖像权人的肖像并不会构成侵权。这些例外情形除民法典总则编民事责任一章和侵权责任编规定的正当防卫、紧急避险、自助行为、不可抗力、当事人同意等一般的免责事由外，《民法典》第1020条还规定，合理实施下列行为的，可以不经肖像权人同意：

一是为个人学习、艺术欣赏、课堂教学或者科学研究，在必要范围内使用肖像权人已经公开的肖像。为了个人学习、艺术欣赏的目的使用他人已经公开的肖像，是个人从事的正常社会活动，且这种使用并不会对权利人的肖像权造成损害。若不允许民事主体在个人学习、艺术欣赏时使用他人已经公开的肖像，必然对个体的自由造成严重的妨碍，对于提升个人的文化修养水平也是很不利的。同理，课堂教学和科学研究对于促进社会进步和文化发展具有重大意义，对于将我国建设成为一个文化强国、科技强国更是必不可少。因此，为了课堂教学和科学研究合理使用他人的肖像是基于社会公共利益对肖像权所作的合理限制，例如为了课堂教学的需要，在课堂上使用了某一著名科学家的肖像；为了科学研究的需要，对某一特定群体进行摄影录像。

二是为实施新闻报道，不可避免地制作、使用、公开肖像权人的肖像。实施新闻报道就是对新近发生的客观事实进行报道和传播。新闻报道的主要功能是报道新闻信息、反映和引导舆论，具有极强的社会公共利益性质，是一个社会文明发展和进步必不可少的。基于此，《民法典》第999条规定，为公共利益实施新闻报道、舆论监督等行为的，可以合理使用民事主体的姓名、名称、肖像、个人信息等；使用不合理侵害他人权益的，应当承担民事责任。本项规定实际上是对该条规定的进一步落实和细化。

三是为依法履行职责，国家机关在必要范围内制作、使用、公开肖像权人的肖像。国家机关依法履行职责属于行使公权力，行使公权力要么是为了维护社会秩序，要么是为了保护公众安全，要么是为了维护其他国家利益和社会公共利益，例如为了调查具有高度传染性的传染病患者、通缉罪犯等行为。为了维护国家利益和社会公共利益，国家机关在依法履行职责的过程中，可以在必要范围内制作、使用、公开肖像权人的肖像。

四是为展示特定公共环境，不可避免地制作、使用、公开肖像权人的肖像。这种合理使用的情形较为特殊，但也是民事主体进行社会活动必不可少的。这种情形下如要取得肖像权人的同意才可以制作、使用、公开其肖像，既不可行，也将限制人们的行动自由。例如，将某人在公共场所实施不文明的形象拍摄下来；又如某人在一个公开场所（如景点）照相时，刚好另一游客闯入其镜头；再如游客拍摄某一著名旅游景点的景色时，就有可能将一些游客摄入其中。这些情形都是为了展示特定公共环境，不可避免地制作、使用了肖像权人的肖像。

五是为维护公共利益或者肖像权人的合法权益，在必要范围内合理制作、使用、公开肖像权人的肖像的其他行为。本项规定实际上是一个兜底条款。因为在现实中，涉及公共利益和肖像权人本人利益的事项有可能不仅限于前四种情形，例如对先进人物的照片进行展览；又如当事人在诉讼过程中，确有必要为主张自己的权利或者证明案件的事实，而在举证中使用、公开了他人的肖像；再如为了寻找下落不明的人而在寻人启事上使用其肖像等。本项规定，为司法实践的发展留出了一定的空间。

另外还需要强调的是，即使属于《民法典》第1020条规定的五种情形之一，也必须合理实施制作、使用、公开他人肖像的行为。因此，这一条明确规定，合理实施以上行为的，才可以不经肖像权人同意。

12. 如何判断行为人发表的文学、艺术作品是否侵害他人名誉权？

考虑到文学、艺术作品的多样性，《民法典》第1027条区分两种情况作了规定：

一是行为人发表的文学、艺术作品以真人真事或者特定人为描述对象的情形。这主要是针对依赖于原型人物和现有事实创作出来的纪实类作品。由于这类作品是以真人真事或者特定人为描述对象，所以只要作品的描述以事实为基础，原则上不会构成名誉权侵权。但是，若行为人发表的文学、艺术作品虽以真人真事或者特定人为描述对象，使用的也是被描述对象的真实姓名、真实地址，却以谣言和捏造的事实为基础，对被描述对象进行侮辱、诽谤，从而造成其社会评价降低的，作者也应当依法承担民事责任。基于此，《民法典》第1027条第1款规定，行为人发表的文学、艺术作品以真人真事或者特定人为描述对象，含有侮辱、诽谤内容，侵害他人名誉权的，受害人有权依法请求该行为人承担民事责任。

二是行为人发表的文学、艺术作品不以特定人为描述对象的情形。这主要是针对作者创作的以想象虚构为主的小说等文学艺术类作品。由于这类作品是以想象虚构的内容为基础创作的，没有使用真人真姓，并不是以特定人为描述对象，所以就很难对某人的名誉权造成侵害，即使是该作品中的情节与某特定人的情况相似，也不构成名誉权侵害。也就是说，行为人发表的文学、艺术作品不以特定人为描述对象，仅是其中的情节与某人相似的情况下，不宜对号入座，不构成名誉权侵害。基于此，《民法典》第1027条第2款规定，行为人发表的文学、艺术作品不以特定人为描述对象，仅其中的情节与该特定人的情况相似的，不承担民事责任。现实生活是复杂多样的，作品创作也是如此，有的作品虽没有指名道姓，但一般读者通过阅读不可避免地会将作品中的人物与现实中的某一特定人“对号入座”，此时就不构成本款所规定的“不以特定人为描述对象”的条件，这种情形不应适用本款的规定，而应适用第1027条第1款的规定。因此，判断某一作品是否不以特定人为描述对象，关键不在于该作品是否指名道姓，而要从实质上认定该作品所描述的对象是否合理地指向现实中的真实人物。

13. 名誉权人在什么情况下可以行使更正权？

《民法典》第1028条明确规定，有确切证据证明报刊、电视台、网络等媒体报道的内容失实，侵害自己名誉权的，受害人有权请求该媒体及时更正。

根据这一规定，名誉权人有权请求媒体对不实报道内容进行更正，但前提是其有证据证明该媒体报道的内容是失实的。若名誉权人没有确切的证据证明媒体的报道失实，其无权要求媒体进行更正。之所以强调这一点，是因为更正权是名誉权人未经过法院的诉讼程序直接向媒体提出的一种权利，若允许其没有确切证据就可以行使这一权利，将对报刊、电视台、网络等媒体的正常报道行为造成严重干扰，影响媒体正常功能的发挥。名誉权人向媒体提供了确切证据足以证明媒体的报道不实的，媒体应当及时予以更正。媒体仍拒不采取更正措施的，就是明知报道失实仍然报道，构成了恶意，对他人名誉造成损害的，应当承担侵权责任。对于名誉权人而言，其有确切证据证明媒体的报道失实，要求媒体更正，但媒体拒不更正的，其还有权请求人民法院责令该媒体限期更正。需要注意的是，名誉权人要求媒体更正并非其请求人民法院责令该媒体限期更正的前置程序。名誉权人在有确切证据证明媒体报道失实的情况下，也可以直接请求人民法院责令该媒体限期更正。

14. 什么是信用评价？民事主体发现对自己的信用评价不当的，享有哪些救济措施？

信用是指对一个民事主体履行义务的能力，特别是经济能力的一种社会评价，根据《民法典》第1024条的规定，信用是名誉的重要组成部分。市场经济既是法治经济，也是信用经济。只有在诚信的基础上，市场主体才能坦诚地进行交易，交易安全才有保障，才有利于促进商品流通，推动经济和社会的发展进步。建立良好的信用环境和信用制度，对于促进我国社会主义市场经济健康有序发展极为重要。我国当前的社会信用环境还存在不少问题，例如信用意识不强，信用失范现象时有发生等，亟须建立和完善相关的信用制度。信用评估制度就是提高信用环境的一种重要制度。所谓信用评估是银行等信用评估机构对借款人等民事主体的信用情况进行评估的一种活动。例如，银行贷款的最基本条件是信用，信用好就容易获得银行贷款支持，信用差就难以获得银行贷款支持。而借款人信用是由多种因素构成的，包括借款人资产负债状况、经营管理水平、产品经济效益及市场发展趋势，等等。为了对借款人的信用状况有一个统一的、基本的、正确的评价，以便正确发放银行贷款，就必须对借款人的信用状况进行评估。在信用评估中，依法成立的信用评估机构，收集有关民事主体的偿债能力、责任财产、过往还债记录和市场声誉的资料，按照规定的信用评级制度，对相关民事主体的信用情况进行评级，并为进行投资和交易等民事活动的民事主体提供信用报告、公布信用等级。如果信用评估机构对被评估对象的信用状况作出了消极评价，则该被评估对象从事民事活动特别是从事经济活动就会受到制约，例如出行受限、消费受限、借款受限等；有时信用评估甚至可以决定一个市场主体的经济命运，例如一个企业信用级别的高低，不但影响到其融资渠道、规模和成本，更反映了企业在社会上的形象和生存与发展的机会，是企业综合经济实力的反映，是企业在经济活动中的身份象征。正因为信用评估对一个民事主体的名誉影响巨大，信用评估机构在进行信用评估时应当履行高度的注意义务，审慎、尽责、客观、公正地进行信用评估，否则就应当对民事主体名誉权造成的损害承担民事责任。信用评估机构在评估中尽到了高度注意义务的，则可以免责。

正因为信用评估会对一个民事主体的名誉造成重大影响，所以信用评估机构只能依照法律、行政法规规定或者经信用评估结果涉及的民事主体同意，才能向其他机构和部门出示信用评估结果。《民法典》第 1029 条规定，民事主体可以依法查询自己的信用评价；发现信用评价不当的，有权提出异议并要求采取更正、删除等必要措施。信用评价人应当及时核查，经核查属实的，应当及时采取必要措施。根据该规定，民事主体也有权依法查询自己的信用评价结果，信用评估机构不得拒绝该民事主体查询自己的信用评估结果的要求。民事主体通过自己查询等方法发现信用评价与事实不符或者明显不当的，有权向信用评估机构提出异议并要求采取更正、删除等必要措施。当然，民事主体请求信用评估机构采取更正、删除等必要措施时，应当提供相应的证据证明该信用评估结果与事实不符或者明显不当。信用评估机构接到民事主体的异议和更正、删除等请求后，信用评价人应当及时对民事主体提供的证据进行核查，经核查属实的，应当及时采取更正、删除等必要措施。若信用评估机构接到民事主体的请求后，不进行核查，或者经核查属实后并未采取更正、删除等必要措施的，就构成过错，应当对民事主体承担侵害名誉权的民事责任。对于信用评估机构采取更正、删除等必要措施前对民事主体造成的名誉权损害，其是否承担民事责任，关键是看信用评估机构对形成与事实不符或者明显不当的信用评估是否有过错，原则上讲，信用评估机构有过错的，其就应当对损害后果承担民事责任。

15. 什么是荣誉权？

荣誉是国家和社会对在社会生产生活中作出突出贡献或者有突出表现的民事主体所给予的积极的正式评价。荣誉的外在表现形式可以是物质奖励，例如奖金、奖杯、奖牌；也可以是精神奖励，如光荣称号等。授予荣誉的主体可以是政府，也可以是单位，还可以是社会组织。荣誉权就是民事主体对自己所获得的荣誉及其利益所享有的保持、支配的权利。

实践中，侵犯荣誉权的形式多种多样，最为典型的是非法剥夺他人的荣誉称号或者诋毁、贬损他人的荣誉。如前所言，荣誉是政府、单位或者社会组织依据一定程序授予民事主体的一种正式评价，若没有正当理由且没有通过严格的程序，这种正式评价不被剥夺。任何组织或者个人若对某民事主体所获得的荣誉有异议，都应当通过一定程序向荣誉授予机关提出，由授予机关通过严格程序作出是否撤销或者剥夺该民事主体所获荣誉的决定。除此之外，任何组织或者个人都不得非法剥夺他人的荣誉称号。任何组织或者个人诋毁、贬损他人荣誉的，应当依法承担民事责任。此外，荣誉权不仅包括精神利益，还附随着一定的物质利益，例如奖金、奖品等。民事主体有权获得因其荣誉所产生的物质利益，禁止任何组织或者个人非法剥夺民事主体因其荣誉产生的物质利益。此外，实践中，还存在两种损害民事主体荣誉权的特殊情形：一是民事主体获得的荣誉称号应当记载而没有记载的情形。荣誉称号是民事主体享有荣誉权的主要表现形式和载体。荣誉称号应当被相关单位记载入民事主体的档案等正式材料中，这是对民事主体荣誉的承认，对其荣誉权的尊重。但是，实践中，常有民事主体的荣誉称号没有被记载的情形发生，这实际上变相剥夺了民事主体的荣誉称号，实质上损害了民事主体的荣誉权。基于此，《民法典》第1031条第2款特别强调，民事主体获得的荣誉称号应当记载而没有记载的，其有权请求记载。二是民事主体获得的荣誉称号被记载错误的情形。如前所述，荣誉称号是荣誉权的重要体现，若被错误记载，将对民事主体的荣誉造成贬损，损害其荣誉权。因此，相关单位有义务准确记载民事主体的荣誉称号。荣誉权人发现自己的荣誉称号被错误记载的，其也有权请求义务人予以更正。

16. 为了保护自然人的隐私权，禁止行为人从事哪些行为？

隐私权是一种重要的人格权，根据《民法典》第1032条的规定，自然人享有隐私权，任何组织或者个人不得以刺探、侵扰、泄露、公开等方式侵害他人的隐私权。为了进一步加强对隐私权的保护，《民法典》第1033条明确规定，除法律另有规定或者权利人明确同意外，任何组织或者个人不得实施下列行为：

一是以短信、电话、即时通讯工具、电子邮件、传单等方式侵扰他人的生活安宁。这是对前条所规定的隐私中私生活安宁的保护。实践中，对自然人生活安宁的侵扰主要是以短信、电话、即时通讯工具、电子邮件、传单等方式进行的，例如向他人发送垃圾短信、垃圾微信、垃圾邮件，散发传单等。这里的即时通讯工具主要是微信、微博等社交媒体工具。这些侵扰方式看似普通，但实际上有可能会对一个人的生活造成极大的滋扰，让权利人不胜其烦；若一个人长期被垃圾电话、微信等侵扰，还有可能导致精神崩溃等严重后果，这种案例在现实生活中已多次出现。

二是进入、窥视、拍摄他人住宅、宾馆房间等私密空间。住宅、宾馆房间等私密空间是自然人隐私的核心部分。实践中，进入、窥视、拍摄他人的住宅、宾馆房间等私密空间是三种最为典型的侵犯隐私的行为。这里的“进入”是指未经权利人同意或者没有法律授权擅自闯入他人住宅或者他人居住的宾馆房间。这里的“窥视”是指非法暗中观察、偷看他人的住宅或者宾馆房间。这里的“拍摄”是指非法通过手机、相机或者通过在住宅或者宾馆房间安装摄像头等设备将他人住宅或者他人所居住的宾馆内的人、物、布局、摆设等记录下来。非法进入、窥视、拍摄他人住宅、宾馆房间等私密空间，会对自然人的隐私权造成较为严重的侵害，也会对社会秩序造成较大破坏。

三是拍摄、窥视、窃听、公开他人的私密活动。在现实生活中，每个人每天都会从事各种各样的社会活动，其中不少社会活动都是不愿为他人所知晓的私密活动，特别是有的私密活动一旦被他人窥视、窃听，其将处于恐惧当中，个人人格尊严也将受到严重侵害。所以在现代社会，每一个人都有权依法进行各种各样的社会活动，国家也有责任保证每个公民的私密活动不受非法侵扰，这既是个人自由权的体现，也是现代文明的标志。基于此，民法典明确规定，任何组织或者个人都不得非法拍摄、窥视、窃听、公开他人的私密活动。

四是拍摄、窥视他人身体的私密部位。自然人身体的私密部位属于其私密空间的范围，身体的私密部位对于自然人来讲都极为敏感，一旦被暴露于外，将是对自然人的极大羞辱。隐私的观念根源于人天生的羞耻本能，而这种羞耻本能又来自对身体私密部位的保护，人类在发展过程中从用树叶、兽皮蔽体到穿衣服遮身，对自然人身体私密部位的保护就是人类的这种“知羞耻、掩外阴”观念发展起来的。恶意暴露、窥视自然人身体的私密部位，是一种严重侵犯他人隐私权的行为，所以民法典明确规定，任何组织或者个人都不得拍摄、窥视他人身体的私密部位。

五是处理他人的私密信息。每个自然人都拥有不少私密信息，这些私密信息可能涉及该自然人的财产状况，可能涉及其社交状况，也可能涉及其生理状况，还可能涉及其身世经历，等等。这些私密信息都是自然人不愿公开或者不愿为他人所知晓的信息。违背当事人意愿处理其私密信息构成对隐私权的侵犯，例如擅自公开患者的病历、擅自收集他人的聊天记录等都是对权利人隐私权的侵犯。所以，《民法典》第1033条规定，任何组织或者个人都不得非法处理他人的私密信息。

六是以其他方式侵害他人的隐私权。前述五项情形只是可能侵犯自然人隐私权的典型方式，现实生活中，有可能侵犯隐私权的方式多种多样，远不止这五种情形，特别是随着现代科技的发展，新型的侵犯隐私权的方式不断出现，例如利用定位APP软件对他人的行踪进行跟踪，利用高精度、高分辨率的仪器对人体的私密部位进行扫描等。为了避免挂一漏万，民法典规定了这一兜底条款。

17. 自然人对个人信息享有哪些权利?

个人信息涉及自然人的人格尊严，根据《民法典》第1034条第1款的规定，自然人的个人信息受法律保护。自然人对自己的个人信息享有一系列权能，包括知情同意权、查阅复制权、更正删除权、保密权等内容。《民法典》第1035条规定了自然人的知情同意权，第1038条规定了自然人的保密权，第1037条则对自然人的查阅复制权和更正删除权作了规定。

自然人对个人信息的查阅复制权是指信息主体有权查询其个人信息被处理的情况，并有权对处理的个人信息进行复制的权利。查阅复制权在个人信息保护体系中的地位很重要。自然人要行使其对个人信息的其他权利，必须首先了解自己的哪些个人信息被处理，以及被处理的情况如何，特别是要能了解在此过程中其个人信息是否被保持得完整准确。只有这样，才能判断信息处理者的处理活动是否符合信息主体的预期，信息主体也才能够决定是否有必要对相关信息进行更正、删除。所以，信息查阅复制权是确保自然人能够实现这些权利的重要内容，任何组织或者个人都不得非法剥夺。基于此，自然人可以向信息处理者依法查阅或者复制其个人信息。

个人信息更正权，简称更正权，是指信息主体有权请求信息处理主体对不正确、不全面的个人信息进行改正与补充的权利。更正权具体包括：个人信息错误更正权，即对于错误的个人信息，本人有更正的权利；个人信息补充权，即对于遗漏或新发生的个人信息，本人有补充的权利；个人信息更新权，即本人要求对于过时的个人信息及时更新的权利。确保个人信息的准确性、完整性和及时更新，信息处理者才能确保提供服务的质量，才能有效维护信息主体的合法权益。赋予信息主体更正权是国际上的通行做法，例如欧盟的《一般数据保护条例》第16条规定，数据主体有权要求数据控制者对其错误的个人数据进行更正。我国《网络安全法》第43条也规定，个人发现网络运营者收集、存储的其个人信息有错误的，有权要求网络运营者予以更正，网络运营者应当采取措施予以更正。因此，自然人发现信息有错误的，有权提出异议并要求及时采取更正等必要措施。

个人信息删除权，简称删除权，是指信息主体在法定或约定的事由出现时，有权请求信息控制者删除其个人信息的权利。我国《网络安全法》第43条规定，个人发现网络运营者违反法律、行政法规的规定或者双方的约定收集、使用其个人信息的，有权要求网络运营者删除其个人信息。《民法典》第1037条在网络安全法规定的基础上规定，自然人发现信息持有者违反法律、行政法规的规定或者双方的约定处理其个人信息的，有权要求信息持有者及时删除其个人信息。根据这一条的规定，信息主体一般在下列情形下可以请求删除个人信息：一是处理个人信息的行为不合法。例如，信息处理者处理个人信息未取得信息主体的同意，并且也没有法律法规的明确授权；又如信息处理者的处理行为超出了法定或者约定的范围。二是信息处理者处理个人信息的目的已不存在，其没有必要再保存个人信息。三是信息主体与信息处理者约定的处理个人信息的期限已届满，根据约定，信息主体有权要求删除。

第五编 婚姻家庭

1. 婚姻家庭中法律明确禁止的行为有哪些?

《民法典》第 1042 条明确规定禁止婚姻家庭中的下列行为：

1. 禁止包办、买卖婚姻和其他干涉婚姻自由的行为，禁止借婚姻索取财物。

坚持婚姻自由原则，就要反对包办婚姻和买卖婚姻等，禁止借婚姻索取财物。

包办婚姻，是指第三人违反婚姻自主的原则，包办强迫他人婚姻的违法行为。买卖婚姻，是指第三人以索取大量财物为目的，强迫他人婚姻的违法行为。买卖婚姻往往表现为第三人向男方要嫁女的身价以及贩卖妇女与人为妻。借婚姻索取财物是指除买卖婚姻外的其他以索取对方财物为结婚条件的违法行为。

包办婚姻和买卖婚姻都是违反婚姻自由的原则、强迫他人婚姻的行为。它们的区别在于是否以索取钱财为目的。包办婚姻、买卖婚姻是和社会主义婚姻制度根本不相容的，必须坚决禁止。其他干涉婚姻自由的行为也在法律禁止之列。对于以暴力干涉他人婚姻自由的人和拐卖妇女的人贩子，要严加惩办。

买卖婚姻和借婚姻索取财物都是以索取一定数量的财物为结婚的条件，二者的区别是：买卖婚姻是把妇女的人身当作商品，索取嫁女的身价或者贩卖妇女，包办强迫他人的婚姻；借婚姻索取财物，则不存在包办强迫他人婚姻的问题。借婚姻索取财物有多种表现，譬如，双方婚事基本上是自愿的，但女方认为不要彩礼就降低了“身价”，于是就向男方要许多东西。又如，有的女方父母向男方索取一定财物，作为同意女儿出嫁的条件。借婚姻索取财物的行为往往给当事人的婚姻和婚后生活带来困难，也腐蚀了人们的思想，败坏了社会风气，故亦为民法典所禁止。至于父母、亲友或者男女双方出于自愿的帮助、赠与，则不能认为是买卖婚姻和借婚姻索取财物的行为，因为这种赠与不是婚姻成立的条件。

2. 禁止重婚。

实行一夫一妻制就必须反对重婚。《刑法》第 258 条规定：“有配偶而重婚的，或者明知他人有配偶而与之结婚的，处二年以下有期徒刑或者拘役。”所谓重婚，是指有配偶的人又与他人结婚的违法行为，或者明知他人有配偶而与他人登记结婚的违法行为。有配偶的人，未办理离婚手续又与他人登记结婚，就是重婚；虽未登记结婚，但事实上与他人以夫妻名义而公开同居生活的，亦构成重婚。明知他人有配偶而与之登记结婚，或者虽未登记结婚，但事实上与他人以夫妻名义同居生活，也构成重婚。不以夫妻名义共同生活的姘居关系，不能认为是重婚。法律明令禁止重婚，对于重婚的，不仅要解除其重婚关系，还应追究犯罪者的刑事责任。

3. 禁止有配偶者与他人同居。

除重婚外，其他有配偶者与他人同居的行为也在禁止之列。其他有配偶者与他人同居的行为是指有配偶者与第三人未以夫妻名义共同生活，如姘居关系。在有些地方“包二奶”、养情人现象呈增多趋势，已严重破坏一夫一妻的婚姻制度，严重违背社会主义道德风尚，败坏社会风气，导致家庭破裂，甚至发生情杀、仇杀、自杀，严重影响社会安定。2001 年修改婚姻法时，增加规定禁止有配偶者与他人同居，同时增加规定有配偶者与他人同居导致离婚的，无过错方有权请求损害赔偿。对于其他违反一夫一妻制的行为，由于情况比较复杂，还应当通过党纪、政纪、道德、教育等多种手段、多种渠道予以解决。这样规定，有利于加大对上述现象的遏制力度，更好地保护受害人的合法权益，切实维护一夫一妻的婚姻制度。

4. 禁止家庭暴力、禁止虐待和遗弃。

建立和维护平等、和睦、文明的婚姻家庭关系，就必须禁止家庭成员间的虐待和遗弃，禁止一切形式的家庭暴力。

家庭成员间的虐待，是指用打骂、冻饿、有病不给治疗等方法摧残、折磨家庭成员，使他们在肉体上、精神上遭受痛苦的行为。虐待家庭成员，破坏了家庭的和睦生活，违背了社会主义道德准则，亦为法律所不容。虐待家庭成员，情节恶劣的，即构成虐待罪，要受刑法所制裁。

除禁止家庭成员间的虐待外，也要禁止其他形式的家庭暴力。是将家庭暴力含于虐待中禁止，还是禁止一切形式的家庭暴力，曾是立法过程中有争议的问题。考虑到虐待和家庭暴力虽有重合之处，但虐待不能包括有的家庭暴力行为，如夫妻之间吵架，丈夫一怒之下失手打死妻子，像这种行为，属于家庭暴力，但不属于虐待，在刑法上适用过失杀人罪，不适用虐待罪。因此，单独规定禁止家庭暴力。

家庭成员间的遗弃，是指对于年老、年幼、患病或其他没有独立生活能力的人，负有赡养、抚养或扶养义务的人不履行其义务的行为。家庭成员间的遗弃，主要包括子女不履行赡养义务而遗弃老人，父母不履行抚养义务而遗弃子女，丈夫不履行扶养义务而遗弃妻子或者妻子不履行扶养义务而遗弃丈夫等行为。遗弃家庭成员是极端个人主义思想的反映，是违反社会公德的可耻行为。遗弃家庭成员情节恶劣构成遗弃罪的，要依法承担刑事责任。

2. 什么是近亲属?

《民法典》第 1045 条第 2 款规定，配偶、父母、子女、兄弟姐妹、祖父母、外祖父母、孙子女、外孙子女为近亲属。

近亲属的范围在立法过程中是有争议的。配偶作为近亲属没有争议。但对于直系血亲划到哪个范围存在争议。有的建议不划范围，凡直系血亲即属近亲属，有的认为应当划定在四亲等，即在高祖父母与玄孙的范围。旁系血亲划到哪个范围，也有争议。有的建议划定在二亲等，即兄弟姐妹；有的建议划到四亲等，即堂表兄弟姐妹。民法典确定的范围，是有权利义务关系的。这个范围内的亲属属于近亲属，大家都是认同的。

3. 婚姻成立的要件有哪些?

婚姻是男女双方以永久共同生活为目的，以夫妻的权利义务为内容的结合。婚姻关系是一种身份关系，夫妻双方在财产上的权利义务是附随于人身上的权利义务的。创设夫妻关系的婚姻行为是身份法上的行为。男女须有结婚的合意，但婚姻的成立条件与程序，婚姻的效力及解除都是法定的，而不是当事人意定的。因此，将婚姻视为合同是不适宜的。婚姻行为是民事法律行为，与其他民事法律行为具有共同点，但各种民事法律行为又有各自不同的本质属性，婚姻行为与合同行为中虽都要求有合意，但婚姻行为却不能也无法适用合同行为规则。

婚姻为两性的结合，通常有两个最基本的要素：主观方面，双方具有成为夫妻的共同生活的目的，并且对外以夫妻相称；客观方面，双方实施了缔结婚姻的行为。夫妻关系具有公示性，为亲友及其他社会公众所认可，而非婚同居、姘居的两性结合，则不具有婚姻的这些要素。男女双方关于结合为夫妻共同生活的意思表示一致，并使这种结合具有社会公示性，即为婚姻的成立。婚姻的成立亦称为结婚，是男女双方按照法律规定的条件和程序确定夫妻关系的一种法律行为，这是婚姻关系借以发生的法律事实。婚姻的全部法律效力，都是以结婚的成立为前提的。但是，婚姻制度的本质属性是合法性。自从婚姻制度出现以后，不论任何时代，国家都要通过法律手段，对婚姻的成立规定各种要件。

婚姻成立的要件，通常分为两种：一是实质性要件。实质性要件为当事人不可不具备的要件，指当事人本身的状况，以及一方与另一方的关系，须符合法律要求。如当事人必须达到法定年龄，须有结婚的行为能力，须有结婚的合意，双方之间须无禁止的亲属关系等。实质性要件有轻重的不同，依其轻重差别，要件的欠缺，其效力不同。有的要件欠缺会使婚姻绝对无效，可称为无效要件；有的要件欠缺，并不妨碍成立婚姻，但有撤销权的当事人可以撤销而使婚姻归于无效，可称为撤销要件。二是形式要件。是指婚姻成立的方式需符合法律的要求。当代各国的婚姻家庭法多实行要式婚制，有的要求当事人办理结婚登记或者户籍申报，有的要求当事人举行公开仪式并有证人在场，有的要求当事人先申请主管部门颁发结婚许可证，然后举行仪式或办理登记，等等。要求结婚的程序必须合法，是规定形式要件的根本目的。

4. 结婚登记程序是怎样的？

结婚除必须符合法律规定的条件外，还必须履行法定的程序。《民法典》第1049条规定："要求结婚的男女双方应当亲自到婚姻登记机关申请结婚登记。符合本法规定的，予以登记，发给结婚证。完成结婚登记，即确立婚姻关系。未办理结婚登记的，应当补办登记。"认真执行关于结婚登记的各项规定，对于巩固和发展社会主义婚姻家庭制度具有重要意义。

一、婚姻登记机关

根据国务院婚姻登记条例的规定，内地居民办理婚姻登记的机关是县级人民政府民政部门或者乡（镇）人民政府，省、自治区、直辖市人民政府可以按照便民原则确定农村居民办理婚姻登记的具体机关。中国公民同外国人，内地居民同香港特别行政区居民（以下简称香港居民）、澳门特别行政区居民（以下简称澳门居民）、台湾地区居民（以下简称台湾居民）、华侨办理婚姻登记的机关是省、自治区、直辖市人民政府民政部门或者省、自治区、直辖市人民政府民政部门确定的机关。中国公民同外国人在中国内地结婚的，内地居民同香港居民、澳门居民、台湾居民、华侨在中国内地结婚的，男女双方应当共同到内地居民常住户口所在地的婚姻登记机关办理结婚登记。

《婚姻登记条例》第 19 条规定："中华人民共和国驻外使（领）馆可以依照本条例的有关规定，为男女双方均居住于驻在国的中国公民办理婚姻登记。"

二、结婚登记程序

结婚登记大致可分为申请、审查和登记三个环节。

（一）申请

1. 内地居民在中国境内申请结婚。

内地居民结婚，男女双方应当共同到一方当事人常住户口所在地的婚姻登记机关办理结婚登记。办理结婚登记的内地居民应当出具下列证件和证明材料：（1）本人的户口簿、身份证。（2）本人无配偶以及与对方当事人没有直系血亲和三代以内旁系血亲关系的签字声明。

离过婚的，还应当持离婚证。离婚的当事人恢复夫妻关系的，必须双方亲自到一方户口所在地的婚姻登记机关申请复婚登记。

2. 港澳台居民在中国境内申请结婚。

办理结婚登记的香港居民、澳门居民、台湾居民应当出具下列证件和证明材料：(1) 本人的有效通行证、身份证。(2) 经居住地公证机构公证的本人无配偶以及与对方当事人没有直系血亲和三代以内旁系血亲关系的声明。

3. 华侨在中国境内申请结婚。

办理结婚登记的华侨应当出具下列证件和证明材料：(1) 本人的有效护照。(2) 居住国公证机构或者有权机关出具的、经中华人民共和国驻该国使（领）馆认证的本人无配偶以及与对方当事人没有直系血亲和三代以内旁系血亲关系的证明，或者中华人民共和国驻该国使（领）馆出具的本人无配偶以及与对方当事人没有直系血亲和三代以内旁系血亲关系的证明。

4. 外国人在中国境内申请结婚。

办理结婚登记的外国人应当出具下列证件和证明材料：(1) 本人的有效护照或者其他有效的国际旅行证件。(2) 所在国公证机构或者有权机关出具的、经中华人民共和国驻该国使（领）馆认证或者该国驻华使（领）馆认证的本人无配偶的证明，或者所在国驻华使（领）馆出具的本人无配偶的证明。

申请婚姻登记的当事人，应当如实向婚姻登记机关提供规定的有关证件和证明，不得隐瞒真实情况。

（二）审查

婚姻登记机关应当对结婚登记当事人出具的证件、证明材料进行审查并询问相关情况。

（三）登记

1. 予以登记。

对当事人符合结婚条件的，应当当场予以登记，发给结婚证；对当事人不符合结婚条件不予登记的，应当向当事人说明理由。

2. 不予登记。

申请人有下列情形之一的，婚姻登记机关不予登记：（1）未到法定结婚年龄的；（2）非自愿的；（3）已有配偶的；（4）属于直系血亲或者三代以内旁系血亲的；（5）患有医学上认为不应当结婚的疾病的。

婚姻登记机关对当事人的婚姻登记申请不予登记的，应当以书面的形式说明理由。当事人认为符合婚姻登记条件而婚姻登记机关不予登记的，可以依法申请行政复议，对复议决定不服的，可以依法提起行政诉讼，也可以直接提起行政诉讼。

5. 事实婚姻的效力如何？

事实婚姻，是指没有配偶的男女，未进行结婚登记，便以夫妻关系同居生活，群众也认为是夫妻关系的两性结合。

事实婚姻在我国长期大量存在，在广大农村特别是边远地区，事实婚姻甚至占当地婚姻总数的60%－70%。造成这一状况的原因主要有：（1）传统习俗的影响。我国民间流行仪式婚，许多人认为，只要举行了婚礼，亲朋好友认可，就是夫妻了，没有必要再履行法律手续。（2）婚姻登记不方便。根据婚姻登记条例的规定，婚姻登记管理机关在城市是街道办事处或者市辖区、不设区的市人民政府的民政部门，在农村是乡、民族乡、镇人民政府。而我国幅员辽阔，对于地理位置偏远、交通不便的地区，进行结婚登记有一定困难。（3）登记制度不健全。比如，有的当事人到了婚姻登记机关，因办事人员不在等原因不能登记。（4）婚姻登记搭车收费。比如有的要收户口迁移保证金等。（5）法制宣传不够。人们的法制观念淡薄，对婚姻登记的重要性缺乏认识。有的人不具备法律规定的结婚条件，为逃避国家对婚姻的管理和监督，故意不登记，造成事实婚姻状态。

事实婚姻的效力，历来是法学界争论的重要问题。有的认为，承认事实婚姻，必然破坏婚姻登记制度，因此，凡不登记结婚的，应一律明确规定为无效婚姻。《最高人民法院关于适用〈中华人民共和国民法典〉婚姻家庭编的解释（一）》第7条规定："未依据民法典第一千零四十九条规定办理结婚登记而以夫妻名义共同生活的男女，提起诉讼要求离婚的，应当区别对待：（一）1994年2月1日民政部《婚姻登记管理条例》公布实施以前，男女双方已经符合结婚实质要件的，按事实婚姻处理。（二）1994年2月1日民政部《婚姻登记管理条例》公布实施以后，男女双方符合结婚实质要件的，人民法院应当告知其补办结婚登记。未补办结婚登记的，依据本解释第三条规定处理。"不登记"结婚"的人不少，未办理登记的原因也很复杂，有的是不符合结婚条件，更多的是符合结婚条件，但因收费过高或登记不便利造成的。对没有进行结婚登记的，应区别情况分别处理。对违反结婚实质条件的，法律已规定为无效婚姻；对符合结婚实质要件，只是没有办理登记手续的，一律简单宣布为无效婚姻，对保护妇女的权益不利，应当通过加强法制宣传和完善登记制度等工作，采取补办登记等办法解决。因此，《民法典》第1049条中规定："……符合本法规定……未办理结婚登记的，应当补办登记。"这一规定从积极角度重申了办理结婚登记的必要性，那些符合婚姻制度规定的结婚条件，举行了结婚仪式或已经以夫妻名义共同生活，但未办理结婚登记的男女，应尽早补办登记，以使自己的婚姻行为合法化。

6. 无效婚姻的情形有哪些?

无效婚姻，是指欠缺婚姻成立的法定条件而不发生法律效力的男女两性的结合。《民法典》第1051条规定，有下列情形之一的，婚姻无效：（1）重婚；（2）有禁止结婚的亲属关系；（3）未到法定婚龄。

1. 重婚。

我国实行一夫一妻的婚姻制度。因此，一夫一妻是我国婚姻家庭的基本制度。一夫一妻制是一男一女结为夫妻的婚姻制度。也就是说，一个男人只能娶一个妻子，一个妇女只能嫁一个丈夫。一个人不能同时与两个或两个以上的人缔结婚姻。换句话说，任何人都只能有一个配偶，不能同时有两个或更多的配偶。一夫一妻制是社会主义婚姻家庭制度的基本原则，是在婚姻关系上实现男女平等的必要条件，也是男女真心相爱、建立美满婚姻的要求。实行一夫一妻制就必须反对重婚。

所谓重婚，是指有配偶的人又与他人登记结婚的违法行为，或者明知他人有配偶而与他人登记结婚的违法行为。由于重婚违反了我国一夫一妻的婚姻家庭制度，严重违背了社会主义道德风尚，影响家庭稳定和社会安定，导致腐败，败坏党风，因此法律明确规定重婚（指重婚者的第二个婚姻）是无效婚姻。

2. 有禁止结婚的亲属关系。

禁止近亲结婚，是人类长期生活经验的结晶，是人类婚姻的总结。男女近亲结婚，很容易把双方精神上和肉体上的弱点和缺点集中起来，遗传给下一代，有损下一代的健康，不仅不利于下一代在社会中生活，也给国家、民族的兴旺和社会的发展带来不利的后果。因此，禁止近亲结婚是古今中外法律的通例。这一条中规定的“有禁止结婚的亲属关系”，是指有《民法典》第1048条规定的禁止结婚的情形，即结婚的男女双方是直系血亲或者是三代以内旁系血亲。

3. 未到法定婚龄。

《民法典》第1047条规定，结婚年龄，男不得早于二十二周岁，女不得早于二十周岁。男二十二周岁，女二十周岁，是男女可以结婚的法定年龄。法定结婚年龄是指法律规定的男女双方可以结婚的最低年龄，也就是说，男女双方不到这个年龄就不能结婚，只有达到或高于这个年龄才能结婚。对男女最低的结婚年龄予以规定，是古今中外法律的通例，其主要是由婚姻关系的自然属性和社会属性所决定的。男女当事人结婚，未达到法定结婚年龄，违反了法定结婚年龄的规定，因此将其规定为无效婚姻。

7. 因胁迫而缔结的婚姻关系怎么处理？

因胁迫而结婚，主要是指婚姻关系中的一方当事人或者婚姻关系之外的第三人，对婚姻关系中的另一方当事人，予以威胁或者强迫，使婚姻中的另一方当事人违背自己的意愿而缔结婚姻关系的婚姻。胁迫婚姻违反了结婚须男女双方完全自愿的原则，是违法婚姻，但是考虑到被胁迫的一方，在结婚时，虽然是违背了自己的意愿与他人缔结了婚姻关系，但有可能在和他人结婚后，组建了家庭，经过一段时间生活，与对方建立了一定的感情，婚姻关系还不错，特别是在有了孩子的情况下，与对方、孩子更有一种难以割舍的关系，在这种情况下，法律明确规定胁迫婚姻为无效婚姻，不一定适当，所以将因胁迫而缔结的婚姻，规定为可撤销婚姻，把是否否认其婚姻效力的申请请求权交给受胁迫方。如果受胁迫方不想维持因胁迫而缔结的婚姻，可以向人民法院请求撤销该婚姻，经审查核实，宣告该婚姻没有法律效力；如果最初受胁迫，但后来愿意共同生活，则可以放弃申请撤销婚姻效力的请求权，人民法院不能主动撤销当事人的婚姻关系。

《民法典》第1052条规定：“因胁迫结婚的，受胁迫的一方可以向人民法院请求撤销婚姻。请求撤销婚姻的，应当自胁迫行为终止之日起一年内提出。被非法限制人身自由的当事人请求撤销婚姻的，应当自恢复人身自由之日起一年内提出。”

1. 提出撤销婚姻效力的请求权人。

有权提出撤销婚姻效力的申请人只能是因胁迫结婚的被胁迫人。这是由于因胁迫而缔结的婚姻，受胁迫方在缔结婚姻关系时，不能真实地表达自己的意愿，婚姻关系违背受胁迫方的意志。为了贯彻执行婚姻自由的基本原则，保护当事人的合法权益，让受胁迫方能充分地表达自己的婚姻意志，规定尽管胁迫的婚姻已经成立，但是受胁迫方仍可以在胁迫的婚姻成立后向人民法院提出撤销其婚姻效力的申请。由于胁迫婚姻的另一方当事人在缔结婚姻关系时，并没有违背自己真实的婚姻意思，换句话说，当事人一方在结婚时已经明确知道自己将与被胁迫方结婚，且愿意与其结婚，因此胁迫婚姻的这方当事人在婚姻关系成立后，没有提出撤销婚姻效力的请求权。

2. 提出撤销婚姻效力申请的时间。

因胁迫而结婚的，受胁迫方虽然具有撤销该婚姻效力的请求权，但是这一请求权的行使不是没有任何限制的。这一条规定，受胁迫的一方撤销婚姻的请求，应当自胁迫行为终止之日起一年内提出。被非法限制人身自由的当事人请求撤销婚姻的，应当自恢复人身自由之日起一年内提出。这个规定表明，受胁迫方必须在法律规定的时间内行使撤销其婚姻效力的请求权。这是因为，因胁迫而缔结的婚姻往往是受胁迫方违背了自己的意愿而缔结的婚姻，如果结婚后受胁迫方自愿接受了已经成立的婚姻关系，那么法律上这个婚姻关系继续有效。如果结婚后受胁迫方不愿维持已经成立的婚姻关系，就可以请求人民法院撤销其婚姻效力，使已经缔结的婚姻关系失效。然而，如果受胁迫方长期不行使这个权利，不主张撤销婚姻的效力，就会使得这一婚姻关系长期处于一种不稳定的状态，不利于保护婚姻双方当事人的合法权益，特别是双方当事人所生子女的利益，也不利于家庭、社会的稳定。同时还可能使人民法院在判断是否撤销当事人婚姻效力时，由于时间太长而无法作出准确的判断。因此规定，受胁迫方提出撤销婚姻效力的请求权必须在法律规定的时间内行使，如果超过了法律规定的期限还不行使，受胁迫方就失去了请求撤销婚姻效力的权利，其所缔结的婚姻为合法有效的婚姻，受胁迫方不得再以相同的理由申请撤销该婚姻。

依据这一条的规定，受胁迫方行使请求撤销婚姻效力的请求权的期限是一年，也就是说在这一年期限内，受胁迫方必须决定是否提出请求撤销婚姻效力的申请，否则，受胁迫方就失去了提出申请撤销婚姻效力的权利。那么，这一年的期限从何时起算呢？这一条规定的这一年期限的起算时间有两种情形：第一，自受胁迫方胁迫行为终止之日起算，即受胁迫方应当在胁迫行为终止之日起一年内决定是否申请撤销其婚姻的效力。第二，自受胁迫方恢复人身自由之日起算，即受胁迫方自恢复人身自由之日起一年内决定是否申请撤销其婚姻的效力。这种情况主要考虑到在胁迫的婚姻中，有的受胁迫方是被非法限制人身自由的，如绑架、拐卖的妇女被迫与他人缔结婚姻关系，这些妇女在被他人限制人身自由，有关部门未解救前，是无法提出撤销婚姻效力的申请的，故被非法限制人身自由的受胁迫方提出撤销婚姻效力的申请时间必须待其恢复人身自由之日起算。

3. 有权撤销婚姻效力的机关。

根据《民法典》第1052条的规定，有权撤销婚姻关系的机关为人民法院，这与婚姻法的规定不同。《婚姻法》第11条规定，因胁迫结婚的，受胁迫的一方可以向婚姻登记机关或者人民法院请求撤销该婚姻。这次编纂民法典，只保留了向人民法院请求撤销婚姻的规定，删除了向婚姻登记机关请求撤销婚姻的规定。这是因为，因受胁迫撤销婚姻的问题非常复杂，是否存在胁迫，撤销婚姻后如何处理双方的财产关系和可能的子女抚养问题，都是需要经过审理才能弄清楚和作出合理的裁判。

这个工作由婚姻登记机关处理不合适，应当由人民法院处理。在立法过程中，许多学者和一些地方、单位提出，可撤销婚姻应当由人民法院处理，而不应再由婚姻登记机关处理。有关主管部门也提出，行政部门处理可撤销婚姻难度很大，特别是如果涉及财产关系处理和子女抚养，双方很难达成协议，最后还得由人民法院处理，所以不应再规定可撤销婚姻由婚姻登记机关处理，而应只规定由人民法院处理。从国外的情况看，可撤销婚姻基本上也是由法院处理。因此，经过认真研究，决定删除有关受胁迫一方向婚姻登记机关请求撤销婚姻的规定，此类可撤销婚姻的纠纷由人民法院处理。

8. 一方婚前隐瞒重大疾病的怎么处理？可撤销婚姻是如何规定的？

《民法典》第1053条规定："一方患有重大疾病的，应当在结婚登记前如实告知另一方；不如实告知的，另一方可以向人民法院请求撤销婚姻。请求撤销婚姻的，应当自知道或者应当知道撤销事由之日起一年内提出。"

男女结婚组成家庭后，不仅开始了两个人的共同生活，夫妻互相依存、互相帮助、互相扶养，而且还承担着养育子女的义务。如果婚前患有医学上认为不应当结婚的疾病，结婚后则可能传染给对方或者传染、遗传给下一代，不利于家庭的和睦、幸福。因此，为了配偶和子女的身体健康，如果婚前患有重大疾病的不能隐瞒，应当在结婚登记前如实告知另一方；结婚登记前不如实告知的，结婚登记后另一方可以向人民法院请求撤销婚姻。

民法典规定，请求撤销婚姻的，应当自知道或者应当知道撤销事由之日起一年内向人民法院提出。所谓“知道”是指有直接和充分的证据证明当事人知道对方患病。“应当知道”是指虽然没有直接和充分的证据证明当事人知道，但是根据生活经验和相关事实和证据，按照一般人的普遍认知能力，运用逻辑推理可以推断当事人知道对方患病。如果不能在知道或者应当知道撤销事由之日起一年内提出，就只能通过协议离婚或者诉讼离婚的程序解除婚姻关系。

要注意的是，在不同的历史时期，认定的重大疾病可能是不同的。重大疾病具体是什么病，或者某种疾病是不是重大疾病，需要司法机关和有关的部门、单位在司法实践中进行认定。

9. 无效或者被撤销婚姻的法律后果是什么？

《民法典》第1054条规定：“无效的或者被撤销的婚姻自始没有法律约束力，当事人不具有夫妻的权利和义务。同居期间所得的财产，由当事人协议处理；协议不成的，由人民法院根据照顾无过错方的原则判决。对重婚导致的无效婚姻的财产处理，不得侵害合法婚姻当事人的财产权益。当事人所生的子女，适用本法关于父母子女的规定。婚姻无效或者被撤销的，无过错方有权请求损害赔偿。”

根据这一规定，第一，无效或者被撤销的婚姻，婚姻关系自始不发生法律约束力。即从当事人结婚之时，婚姻就没有法律效力。即使当事人骗取婚姻登记，该婚姻也是自始无效，而不是从人民法院宣告之时起婚姻才没有法律效力。这种婚姻关系不论结婚的事实是否发生，结婚时间是否长久，婚姻关系被法律确认自始不存在，不受法律保护。

第二，无效或者被撤销的婚姻，当事人之间不具有夫妻的权利和义务。民法典规定，夫妻有互相扶养的义务。一方不履行扶养义务时，需要扶养的一方，有要求对方给付扶养费的权利。夫妻有相互继承遗产的权利。夫妻一方因抚育子女、照料老人、协助另一方工作等负担较多义务的，离婚时有权向另一方请求补偿，另一方应当给予补偿。离婚时，如一方生活困难，有负担能力的另一方应当给予适当帮助。因一方重婚或者与他人同居、实施家庭暴力、虐待、遗弃家庭成员或者其他重大过错而导致离婚的，无过错方有权请求损害赔偿。民法典有关夫妻权利义务的规定，前提是合法婚姻，是有效婚姻。由于无效婚姻、可撤销婚姻欠缺婚姻成立的法定条件，是不合法婚姻，有关夫妻权利义务的规定对无效婚姻、被撤销婚姻的当事人都不适用。

第三，无效或者被撤销的婚姻，当事人所生子女的权利义务关系适用民法典有关父母子女间的权利义务的规定。无效婚姻、可撤销婚姻不具有法律效力，但由于男女当事人的同居关系，可能产生生儿育女的事实，随之而来的是对无效婚姻、可撤销婚姻所生子女法律地位的确定。从逻辑上讲，由于无效婚姻、可撤销婚姻的男女双方没有合法的夫妻关系，他们在共同生活期间所生的子女应为非婚生子女，但从世界各国的立法规定及司法实践看，许多国家都从保护子女利益出发，对无效婚姻、可撤销婚姻当事人共同生活期间所生的子女，采取保护的原则，承认其子女的合法地位。我国婚姻家庭法确立的基本原则之一是保护妇女、未成年人和老年人的合法权益。《民法典》第1071条规定，非婚生子女享有与婚生子女同等的权利，任何组织或者个人不得加以危害和歧视。因此，在规定无效婚姻、可撤销婚姻当事人所生子女的法律地位时，坚持并贯彻了这一基本原则，规定无效或者被撤销的婚姻当事人所生子女的权利义务，与合法婚姻当事人所生子女的权利义务一样，如父母对未成年子女有抚养、教育和保护的义务，成年子女对父母有赡养、扶助和保护的义务。父母不履行抚养义务的，未成年子女或者不能独立生活的成年子女，有要求父母给付抚养费的权利。成年子女不履行赡养义务的，缺乏劳动能力或者生活困难的父母，有要求成年子女给付赡养费的权利。父母有教育、保护和抚养未成年子女的权利和义务，未成年子女造成他人损害的，父母应当依法承担民事责任。婚姻关系被确认为无效或者被撤销后，父母对子女仍有抚养和教育的权利和义务，一方抚养子女，另一方应负担部分或者全部抚养费。不直接抚养子女的父或母，有探望子女的权利，另一方有协助的义务。

第四，如果无效婚姻或者可撤销婚姻当事人在同居期间对财产的归属有约定的，要依据当事人的约定，分割当事人同居期间的财产。如果当事人对同居期间财产的归属没有约定，又达不成协议时，人民法院对当事人同居期间所得的财产，根据照顾无过错方的原则予以分割。即对无效婚姻或者可撤销婚姻的无过错一方当事人可以多分财产。但是，对因重婚导致婚姻无效的财产的处理，不得侵害合法婚姻当事人的财产权益，即多分重婚导致的无效婚姻当事人同居期间所得财产给无过错方，不得侵害重婚一方合法婚姻的配偶一方当事人的财产权益。例如，甲有配偶又与乙登记结婚，人民法院根据照顾无过错方的原则，分割甲乙在无效婚姻期间所得的财产时，不能将本应是甲第一个合法婚姻的夫妻财产分给乙。

第五，无过错方有权请求损害赔偿。无效婚姻和可撤销婚姻给无过错的当事人带来极大伤害，仅规定根据照顾无过错方的原则分配财产是远远不够的。受到伤害就应有权请求赔偿，伤害他人就得承担赔偿责任。婚姻无效和被撤销的，还应当赋予无过错方请求损害赔偿的权利，以有利于保护无过错方的权益。

10. 哪些财产属于夫妻共同财产?

《民法典》第1062条第1款规定："夫妻在婚姻关系存续期间所得的下列财产，为夫妻的共同财产，归夫妻共同所有：（一）工资、奖金、劳务报酬；（二）生产、经营、投资的收益；（三）知识产权的收益；（四）继承或者受赠的财产，但是本法第一千零六十三条第三项规定的除外；（五）其他应当归共同所有的财产。"根据这一规定，夫妻在婚姻关系存续期间所得的财产，如工资和奖金，从事生产、经营的收益等，为夫妻的共同财产，归夫妻共同所有。这一规定表明，我国的夫妻共同财产制采用的是婚后所得共同制，即在婚姻关系存续期间，除个人特有财产和夫妻另有约定外，夫妻双方或者一方所得的财产，均归夫妻共同所有，夫妻双方享有平等地占有、使用、收益和处分权利的财产制度。这里的共同所有指的是共同共有，不是按份共有。

根据这一规定，我国的夫妻共同财产具有以下特征：

1. 夫妻共同财产的主体，是具有婚姻关系的夫妻。未形成婚姻关系的男女两性，如未婚同居、婚外同居等，以及无效或者被撤销婚姻的男女双方，不能成为夫妻共同财产的主体。

2. 夫妻共同财产，是在婚姻关系存续期间取得的财产。夫妻任何一方的婚前财产不属于夫妻共同财产。婚姻关系存续期间，自合法婚姻缔结之日起，至夫妻一方死亡或者离婚生效之日止。

3. 夫妻共同财产的来源，为夫妻双方或者一方所得的财产，既包括夫妻通过劳动所得的财产，也包括其他非劳动所得的合法财产，当然，法律直接规定为个人特有财产的和夫妻约定为个人财产的除外。这里讲的“所得”，是指对财产权利的取得，而不要求对财产实际占有，如果一方在婚前获得某项财产如稿费，但并未实际取得，而是在婚后出版社才支付稿费，此时这笔稿费不属于夫妻共同财产。但是，如果在婚后出版社答应支付一笔稿费，但直到婚姻关系终止前也没有得到这笔稿费，那么这笔稿费属于夫妻共同财产。

4. 夫妻对共同财产享有平等的所有权，双方享有同等的权利，承担同等的义务。夫妻对共同所有的财产，有平等的处理权。特别是夫妻一方对共同财产的处分，除另有约定外，应当取得对方的同意。

关于夫妻共同财产的范围，法律作了列举式的规定：

1. 工资、奖金、劳务报酬。即劳动者的劳动收入，既包括工资、奖金，也包括各种津贴、补贴等劳务报酬。

2. 生产、经营、投资的收益。这包括夫妻一方或者双方从事生产、经营所得的各种收入和投资所得的收入，如农村中的农业生产和城市里的工业生产以及第三产业等各行各业的生产经营投资收益，有劳动收入，也有资本收益，如股票债券收入，股份、股权等资本利得，亦是夫妻共同财产的一种形式。

3. 知识产权的收益。知识产权是一种智力成果权，它既是一种财产权，也是一种人身权，具有很强的人身性，与人身不可分离，婚后一方取得的知识产权权利本身归一方专有，权利也仅归权利人行使，比如作者的配偶无权在其著作中署名，也不能决定作品是否发表。但是，由知识产权取得的经济利益，则属于夫妻共同财产，如因发表作品取得的稿费，因转让专利获得的转让费等，归夫妻共同所有。

4. 继承或者受赠的财产，但遗嘱或者赠与合同中确定只归一方的财产除外。夫妻任何一方继承或者受赠的财产属于夫妻共同财产，但如果遗嘱或者赠与合同中指明财产归夫妻一方所有的，是遗嘱人和赠与人根据自己意愿处分财产的表现，基于意思自治，应当尊重其对财产的处分权，该财产归一方所有。

5. 其他应当归共同所有的财产。这项规定属于概括性规定。随着社会经济的发展和人们生活水平的提高，夫妻共同财产的范围在不断地扩大，共同财产的种类在不断地增加，目前，夫妻共同财产已由原来简单的生活用品发展到汽车、房产、股票、债券乃至整个公司、企业等，今后还将出现一些新的财产类型。上述四项只是列举了现已较为明确的共同财产的范围，但难以列举齐全，因此，作了一项概括性规定。

11. 对夫妻共同财产如何行使所有权?

《民法典》第1062条第2款规定:“夫妻对共同财产,有平等的处理权。”这是关于夫妻如何对共同财产行使所有权的规定。夫妻共同财产的性质是共同共有,不是按份共有,因此夫妻对全部共同财产,应当不分份额地享有同等的权利,承担同等的义务。不能根据夫妻双方经济收入的多少来确定其享有共同财产所有权的多少。夫妻双方对共同财产享有平等的占有、使用、收益和处分的权利。夫妻一方对共同财产的使用、处分,除另有约定外,应当在取得对方的同意之后进行。尤其是重大财产问题,未经对方同意,任何一方不得擅自处分。夫妻一方在处分共同财产时,另一方明知其行为而不作否认表示的,视为同意,事后不得以自己未参加处分为由否认处分的法律效力。夫妻一方未经对方同意擅自处分共同财产的,对方有权请求宣告该处分行为无效,但不得对抗善意第三人,即如果第三人不知道也无从知道夫妻一方的行为属于擅自处分行为的,该处分行为有效,以保护第三人的利益,维护交易安全。

12. 哪些财产属于夫妻个人财产?

所谓夫妻个人财产,又称夫妻特有财产、夫妻保留财产,是指夫妻在实行共同财产制的同时,依照法律规定或者夫妻约定,夫妻各自保留的一定范围的个人所有财产。根据产生的原因不同,个人财产可分为法定的个人财产和约定的个人财产。

法定的个人财产，是指依照法律规定所确认的夫妻双方各自保留的个人财产。

个人财产是夫妻在婚姻关系存续期间分别保留的独立于夫妻共同财产之外的财产，夫妻双方对各自的个人财产，享有独立的管理、使用、收益和处分权利，他人不得干涉。夫妻可以约定将各自的个人财产交由一方管理；夫妻一方也可以将自己的个人财产委托对方代为管理。对家庭生活费用的负担，在夫妻共同财产不足以负担家庭生活费用时，夫妻应当以各自的个人财产分担。

关于我国夫妻个人财产的范围，《民法典》第1063条作了列举式的规定："下列财产为夫妻一方的个人财产：（一）一方的婚前财产；（二）一方因受到人身损害获得的赔偿或者补偿；（三）遗嘱或者赠与合同中确定只归一方的财产；（四）一方专用的生活用品；（五）其他应当归一方的财产。"下面逐一进行介绍：

1. 一方的婚前财产。婚前财产是指夫妻在结婚之前各自所有的财产，包括婚前个人劳动所得财产、继承或者受赠的财产以及其他合法财产。婚前财产归各自所有，不属于夫妻共同财产。

2. 一方因受到人身损害获得的赔偿或者补偿。这些财产是指与生命健康直接相关的财产，具有人身专属性，对于保护个人权利具有重要意义，因此应当专属于个人所有，而不能成为共同财产。这样有利于维护受害人的合法权益，保证受害人的身体康复和生活需要。

3. 遗嘱或者赠与合同中确定只归一方的财产。根据《民法典》第1062条第4项的规定，因继承或者受赠的财产，属于夫妻共同财产。但为了尊重遗嘱人或者赠与人的个人意愿，保护个人对其财产的自由处分权，如果遗嘱人或者赠与人在遗嘱或者赠与合同中明确指出，该财产只遗赠或者赠给夫妻一方，另一方无权享用，那么，该财产就属于夫妻个人财产，归一方个人所有。这样规定的另一个意义在于，防止夫妻另一方滥用遗产或者受赠的财产，如妻子的朋友赠送一笔钱资助孩子上学，而丈夫有酗酒恶习，如果这笔钱属于夫妻共同财产，丈夫就有可能利用它买酒，在这种情况下，赠与人可以在赠与时确定这笔现金只赠送给妻子，属于妻子个人所有，丈夫就无权将其用来酗酒了。

4. 一方专用的生活用品。一方专用的生活用品具有专属于个人使用的特点，如个人的衣服、鞋帽等，应当属于夫妻个人财产。我国司法实践中，在处理离婚财产分割时，一般也将个人专用的生活物品，作为个人财产处理。

5. 其他应当归一方的财产。这项规定属于概括性规定。夫妻个人财产除前四项的规定外，还包括其他一些财产和财产权利。随着社会经济的发展、新的财产类型的出现以及个人独立意识的增强，夫妻个人财产的范围也将有所增加。

13. 如何认定夫妻共同债务？

《民法典》第1064条对如何认定夫妻共同债务作了明确规定："夫妻双方共同签名或者夫妻一方事后追认等共同意思表示所负的债务，以及夫妻一方在婚姻关系存续期间以个人名义为家庭日常生活需要所负的债务，属于夫妻共同债务。夫妻一方在婚姻关系存续期间以个人名义超出家庭日常生活需要所负的债务，不属于夫妻共同债务；但是，债权人能够证明该债务用于夫妻共同生活、共同生产经营或者基于夫妻双方共同意思表示的除外。”这一条规定了三类比较重要的夫妻共同债务，即基于共同意思表示所负的夫妻共同债务、为家庭日常生活需要所负的夫妻共同债务、债权人能够证明的夫妻共同债务。

1. 基于共同意思表示所负的夫妻共同债务。

夫妻双方共同签名或者夫妻一方事后追认等共同意思表示所负的债务，属于夫妻共同债务。这就是俗称的“共债共签”“共签共债”。多个民事主体基于共同签字等共同意思表示所形成的债务属于共同债务，这不存在任何争议，这一条规定对这一内容加以强调意在引导债权人在形成债务尤其是大额债务时，为避免事后引发不必要的纷争，加强事前风险防范，尽可能要求夫妻共同签名。这种制度安排，一方面，有利于保障夫妻另一方的知情权和同意权，可以从债务形成源头上尽可能杜绝夫妻一方“被负债”现象发生；另一方面，也可以有效避免债权人因事后无法举证证明债务属于夫妻共同债务而遭受不必要的损失，对于保障交易安全和夫妻一方合法权益，具有积极意义。实践中，很多商业银行在办理贷款业务时，对已婚者一般都要求夫妻双方共同到场签名。一方确有特殊原因无法亲自到场，也必须提交经过公证的授权委托书，否则不予贷款，这种操作方式最大限度地降低了债务不能清偿的风险，保障了债权人的合法权益，也不会造成对夫妻一方权益的损害。

虽然要求夫妻“共债共签”可能会使交易效率受到一定影

响，但在债权债务关系形成，增加一定交易成本和夫妻一方的知情权、同意权产生冲突时，因夫妻一方的知情权、同意权，关系到地位平等、意思自治等基本法律原则和公民基本财产权利、人格权利，故应优先考虑。事实上，适当增加交易成本不仅有利于保障交易安全，还可以减少事后纷争，从根本上提高交易效率。

2. 为家庭日常生活需要所负的夫妻共同债务。

夫妻一方在婚姻关系存续期间以个人名义为家庭日常生活需要所负的债务，属于夫妻共同债务。也就是基于夫妻日常家事代理权所生的债务属于夫妻共同债务。

夫妻日常家事代理权，是指夫妻一方因家庭日常生活需要而与第三方为一定民事法律行为时互为代理的权利。夫妻一方在日常家庭事务范围内，与第三方所实施的一定民事法律行为，视为依夫妻双方的意思表示所为的民事法律行为，另一方也应承担因此而产生的法律后果。《民法典》第1060条明确规定："夫妻一方因家庭日常生活需要而实施的民事法律行为，对夫妻双方发生效力，但是夫妻一方与相对人另有约定的除外。夫妻之间对一方可以实施的民事法律行为范围的限制，不得对抗善意相对人。"根据这一规定，夫妻任何一方行使夫妻日常家事代理权所实施的民事法律行为，对夫妻双方都发生效力，即该民事法律行为所产生的法律效果归属于夫妻双方。夫妻任何一方基于夫妻日常家事代理权所实施的民事法律行为所设立、变更、终止民事法律关系的一切结果都归属于夫妻双方，取得的权利由夫妻双方共同享有，产生的义务包括债务也由夫妻双方共同承担。当然，如果夫妻一方在行使夫妻日常家事代理权的同时，与相对人就该民事法律行为的法律效力另有约定的，则法律效力依照该约定。

3. 债权人能够证明的夫妻共同债务。

夫妻一方在婚姻关系存续期间以个人名义超出家庭日常生活需要所负的债务，不属于夫妻共同债务；但是，债权人能够证明该债务用于夫妻共同生活、共同生产经营或者基于夫妻双方共同意思表示的除外。这一类夫妻共同债务情形最为复杂，实践中如何认定争议最大。

夫妻双方共同签名或者夫妻一方事后追认等共同意思表示所负的债务，以及夫妻一方在婚姻关系存续期间以个人名义为家庭日常生活需要所负的债务，属于夫妻共同债务。那如果不是基于夫妻共同意思表示、夫妻一方以个人名义所负的超出家庭日常生活需要所负的债务，是否就不属于夫妻共同债务呢？根据《民法典》第1064条第2款的规定，如果债权人能够证明该债务用于夫妻共同生活、共同生产经营，那该债务也属于夫妻共同债务。

用于夫妻共同生活、共同生活经营的债务属于夫妻共同债务，这个争议不大，主要问题在于怎么认定，即由谁来举证证明。

随着我国经济社会的发展，城乡居民家庭财产结构、类型、数量、形态以及理财模式等发生了很大变化，人们的生活水平不断提高，生活消费日趋多元，很多夫妻的共同生活支出不再局限于传统的家庭日常生活消费开支，还包括大量超出家庭日常生活范围的支出。这些支出系夫妻双方共同消费支配，或者用于形成夫妻共同财产，或者基于夫妻共同利益管理共同财产产生的支出，性质上均属于夫妻共同生活的范围。夫妻共同生活包括但不限于家庭日常生活，《民法典》第1064条第2款所指的需要债权人举证证明的夫妻共同生活的范围，就是超出家庭日常生活需要的部分。

夫妻共同生产经营的情形非常复杂，主要是指由夫妻双方共同决定生产经营事项，或者虽由一方决定但另一方进行了授权的情形。判断生产经营活动是否属于夫妻共同生产经营，要根据经营活动的性质以及夫妻双方在其中的地位、作用等综合认定。夫妻从事商业活动，视情形适用公司法、合伙企业法等法律及司法解释的规定。夫妻共同生产经营所负的债务一般包括双方共同从事工商业、共同投资以及购买生产资料等所负的债务。

夫妻一方在婚姻关系存续期间以个人名义超出家庭日常生活需要所负的债务，如果债权人能够证明该债务用于夫妻共同生活、共同生产经营或者基于夫妻双方共同意思表示的，就属于夫妻共同债务，否则，不属于夫妻共同债务，应当属于举债一方的个人债务。这里强调债权人的举证证明责任，能够促进债权人尽到谨慎注意义务，引导相关主体对于大额债权债务实行“共债共签”，体现从源头控制纠纷、更加注重交易安全的价值取向，也有利于强化公众的市场风险意识，从而平衡保护债权人和未举债夫妻一方的利益。

需要注意的是，《民法典》第1064条只规定了三类比较重要的夫妻共同债务，但在实践中还存在依据法律规定产生的其他种类的夫妻共同债务。比如，《民法典》第1168条规定：“二人以上共同实施侵权行为，造成他人损害的，应当承担连带责任。”因此，夫妻因共同侵权所负的债务也属于夫妻共同债务。

《民法典》第1188条第1款规定："无民事行为能力人、限制民事行为能力人造成他人损害的，由监护人承担侵权责任……"因此，夫妻因被监护人侵权所负的债务，也属于夫妻共同债务。

14. 婚姻关系存续期间如何分割夫妻共同财产?

民法典婚姻家庭编实行的是以法定财产制为主，约定财产制为辅的夫妻财产制度。约定财产制具有优先于法定财产制适用的效力。夫妻双方根据实际情况，可以在婚前或者婚姻存续任一时间约定婚姻关系存续期间所得的财产以及婚前财产归各自所有、共同所有或者部分各自所有、部分共同所有。只要双方合意，也可以随时变更或者撤销原约定。如果夫妻双方未就夫妻财产作出约定，或者所作约定不明确，或者所作约定无效时，就适用夫妻法定财产制。在夫妻法定财产制下，夫妻双方对于夫妻共同财产享有共同所有权，即对夫妻共同财产不分份额地共同享有权利并承担义务。

夫妻共同财产制有利于保障夫妻中经济能力较弱一方的权益，有利于实现真正的夫妻地位平等，符合我国文化传统和当前绝大多数人对夫妻财产制的要求，有利于维系更加平等、和睦的家庭关系。但在现实生活中，存在一些夫妻一方通过各种手段侵害另一方的共有财产权益的情况，这时，如果夫妻双方离婚，进而分割共同财产，彻底解决问题，这当然是最好的。可由于种种原因，夫妻双方或者一方不愿意离婚，只是要求人民法院解决财产问题，此时应如何处理，是否允许夫妻分割共同财产，是一个争议比较大的问题。《民法典》第1066条对此作了明确规定："婚姻关系存续期间，有下列情形之一的，夫妻一方可以向人民法院请求分割共同财产：（一）一方有隐藏、转移、变卖、毁损、挥霍夫妻共同财产或者伪造夫妻共同债务等严重损害夫妻共同财产利益的行为；（二）一方负有法定扶养义务的人患重大疾病需要医治，另一方不同意支付相关医疗费用。"

根据这一规定，婚姻关系存续期间，夫妻双方一般不得请求分割共同财产，只有在法定情形下，夫妻一方才可以向人民法院请求分割共同财产，法定情形有两项：

一种情形是一方有隐藏、转移、变卖、毁损、挥霍夫妻共同财产或者伪造夫妻共同债务等严重损害夫妻共同财产利益的行为。

夫妻共同财产主要是指夫妻双方在婚姻关系存续期间所得的财产，根据《民法典》第1062条的规定，夫妻共同财产包括工资、奖金、劳务报酬；生产、经营、投资的收益；知识产权的收益；继承或者受赠的财产，但是遗嘱或者赠与合同中确定只归一方的财产的除外；其他应当归共同所有的财产。夫妻共同财产从性质上说，属于共同共有。夫妻在婚姻关系存续期间，无论属于双方还是一方的收入，无论各自收入的数量多少，也无论其中一方有无收入，夫妻作为共同生活的伴侣，对共同财产享有平等的所有权。对共同财产，夫妻双方均有依法占有、使用、收益和处分的权利。《民法典》第1062条就明确规定，夫妻对共同财产，有平等的处理权。夫妻在处分共同财产时，应当平等协商，取得一致意见，任何一方不得违背另一方的意志，擅自处理。特别是对共有财产作较大的变动时，如出卖、赠与等，更应征得他方的同意，否则就侵犯了另一方对共有财产的所有权。实践中，比较典型的就是夫妻一方隐藏、转移、变卖、毁损、挥霍夫妻共同财产或者伪造夫妻共同债务等行为，这些都属于严重损害夫妻共同财产利益的行为。隐藏是指将财产藏匿起来，不让他人发现，使另一方无法获知财产的所在从而无法控制。转移是指私自将财产移往他处，或者将资金取出移往其他账户，脱离另一方的掌握。变卖是指将财产折价卖给他人。毁损是指采用打碎、拆卸、涂抹等破坏性手段使物品改变原貌，失去或者部分失去原来具有的使用价值。挥霍是指超出合理范围任意处置、浪费夫妻共同财产。伪造夫妻共同债务是指制造内容虚假的债务凭证，包括合同、欠条等，意图侵占另一方财产。上述违法行为，在主观上只能是故意，不包括过失行为，如因不慎将某些共同财产毁坏，只要没有故意，不属于这一条规定之列。

另一种情形是一方负有法定扶养义务的人患重大疾病需要医治，另一方不同意支付相关医疗费用。

这里所指的扶养是广义上的扶养，即一定范围的亲属之间互相供养和扶助的法律关系。广义的扶养包括抚养、赡养和狭义的扶养。抚养是就长辈对晚辈而言，主要是指父母对未成年子女，祖父母对孙子女，外祖父母对外孙子女的供养；赡养是就晚辈对长辈而言，主要是指子女对父母、孙子女对祖父母、外孙子女对外祖父母的供养；扶养是就平辈而言，主要是指夫妻之间和兄弟姐妹之间的供养。

扶养还可以分为法定扶养、协议扶养和遗嘱扶养。法定扶养是指基于法律强制性规定的扶养；协议扶养是指基于合同而产生的扶养；遗嘱扶养是指基于遗嘱产生的扶养。这一条规定明确仅指法定扶养。民法典对法定扶养义务作了明确规定。《民法典》第1059条规定："夫妻有相互扶养的义务。需要扶养的一方，在另一方不履行扶养义务时，有要求其给付扶养费的权利。"第1067条规定："父母不履行抚养义务的，未成年子女或者不能独立生活的成年子女，有要求父母给付抚养费的权利。成年子女不履行赡养义务的，缺乏劳动能力或者生活困难的父母，有要求成年子女给付赡养费的权利。"第1071条第2款规定："不直接抚养非婚生子女的生父或者生母，应当负担未成年子女或者不能独立生活的成年子女的抚养费。"第1072条第2款规定："继父或者继母和受其抚养教育的继子女间的权利义务关系，适用本法关于父母子女关系的规定。"第1074条规定："有负担能力的祖父母、外祖父母，对于父母已经死亡或者父母无力抚养的未成年孙子女、外孙子女，有抚养的义务。有负担能力的孙子女、外孙子女，对于子女已经死亡或者子女无力赡养的祖父母、外祖父母，有赡养的义务。"第1075条规定："有负担能力的兄、姐，对于父母已经死亡或者父母无力抚养的未成年弟、妹，有扶养的义务。由兄、姐扶养长大的有负担能力的弟、妹，对于缺乏劳动能力又缺乏生活来源的兄、姐，有扶养的义务。"应当根据这些法律规定来确定夫妻一方是不是负有法定扶养义务的人。

关于"重大疾病"，民法典没有作出明确界定，疾病是否认定为重大，在司法实践中应当参照医学上的认定，借鉴保险行业中对重大疾病的划定范围，一般认为，某些需要长期治疗、花费较高的疾病，如糖尿病、肿瘤、脊髓灰质炎等，或者直接涉及生命安全的疾病属于重大疾病。“相关医疗费用”主要是指为治疗疾病需要的必要、合理的费用，不应包括营养、陪护等费用。

15. 什么是亲子关系异议之诉？

亲子关系确立制度，是指有关子女与父母之间是否确立亲子关系的制度，传统的亲子关系确立制度包括亲子关系的推定、否认、认领和非婚生子女的准正等。不同国家和地区的亲子关系确立制度基于社会经济状况、文化传统、宗教道德、社会习惯等的不同而有一定的差异。在亲子关系确立制度上，各国都根据自己国家的国情等实际情况来构建具体制度。《民法典》第1073条专门对亲子关系异议之诉规定：“对亲子关系有异议且有正当理由的，父或者母可以向人民法院提起诉讼，请求确认或者否认亲子关系。对亲子关系有异议且有正当理由的，成年子女可以向人民法院提起诉讼，请求确认亲子关系。”

本条规定分为两款，根据提起诉讼主体的不同，分别规定了父或者母作为提起诉讼主体的亲子关系之诉和成年子女作为提起诉讼主体的亲子关系之诉。

本条第1款规定：“对亲子关系有异议且有正当理由的，父或者母可以向人民法院提起诉讼，请求确认或者否认亲子关系。”理解本款的规定，要注意以下三个问题：

第一，关于提起诉讼的主体。本款规定的提起诉讼的主体限于“父或者母”。

第二，关于诉讼请求。根据本款的规定，父或者母向人民法院提起的诉讼请求为“确认或者否认亲子关系”。

第三，关于提起诉讼的条件。根据本款的规定，父或者母向人民法院请求确认或者否认亲子关系的诉讼请求，必须满足“对亲子关系有异议且有正当理由”的条件。“对亲子关系有异议”是指父或者母认为现存的亲子关系是错误的，自己不是或者他人才是孩子生物学意义上的父或者母。对亲子关系有异议，进而请求人民法院确认或者否认亲子关系，这是当然之义。亲子关系对婚姻家庭关系影响巨大，更可能涉及未成年人合法权益的保护，如果任凭当事人的怀疑或者猜测就允许其提起亲子关系之诉，不利于夫妻关系和社会秩序的稳定，不利于构建和谐社会的总体要求。父或者母对亲子关系有异议时，还需举证证明其“有正当理由”，才能提起亲子关系之诉。如何认定“有正当理由”，本款没有作出具体界定，实践中应当由人民法院根据案件的具体情况来作出判断。比如，当事人应当提供初步证据证明其提出的确认或者否认亲子关系的主张，如丈夫提供的医院开具其无生殖能力的证明，又如有权机构开具的其与某人不存在亲子关系的亲子鉴定书等。人民法院根据当事人提供的初步证据，经审查符合“有正当理由”的条件的，对其提起的亲子关系之诉才能予以受理。

本条第2款规定：“对亲子关系有异议且有正当理由的，成年子女可以向人民法院提起诉讼，请求确认亲子关系。”理解本款规定，要注意以下三个问题：

第一，关于提起诉讼的主体。本款规定的提起诉讼的主体限于“成年子女”。这里的“子女”仅指生子女，即不包括养子女和继子女。

第二，关于诉讼请求。根据本款规定，成年子女向人民法院提起的诉讼请求为“确认亲子关系”。与第 1 款规定不同的是，成年子女不能请求人民法院否认亲子关系。这主要是因为在审议过程中，有的地方、部门和专家学者提出，允许成年子女提起亲子关系否认之诉，可能会导致其逃避对父母的赡养义务，建议对成年子女提起此种诉讼予以限制。从调研的情况来看，实践中，成年子女提起否认亲子关系之诉，主要的目的是逃避法律规定的对父母的赡养义务，即使被否认的“父母”已对其尽了抚养义务。这不符合社会主义核心价值观的要求，因此，本款规定对这种情形作了限制，不允许成年子女提起否认亲子关系之诉。

第三，关于提起诉讼的条件。根据本款规定，成年子女向人民法院请求确认亲子关系的诉讼请求，必须满足“对亲子关系有异议且有正当理由”的条件。这与第 1 款的规定相同，不再赘述。

16. 协议离婚的条件是什么？

根据《民法典》第 1076 条，只有符合下列条件的，才能协议离婚：

一、协议离婚的当事人双方应当具有合法夫妻身份

以协议离婚方式办理离婚的，仅限于依法办理了结婚登记的婚姻关系当事人，不包括未婚同居和有配偶者与他人同居的男女双方，也不包括未办理结婚登记的“事实婚姻”中的男女双方。

二、协议离婚的当事人双方均应当具有完全民事行为能力

只有完全民事行为能力人才能独立自主地处理自己的婚姻问题。一方或者双方当事人为限制民事行为能力或者无民事行为能力的，例如精神病患者、痴呆症患者，不适用协议离婚程序，只能适用诉讼程序处理离婚问题，以维护没有完全民事行为能力当事人的合法权益。

三、协议离婚当事人双方必须具有离婚的共同意愿

“双方自愿”是协议离婚的基本条件，协议离婚的当事人应当有一致的离婚意愿。这一意愿必须是真实而非虚假的；必须是自主作出的而不是受对方或第三方欺诈、胁迫或因重大误解而形成的；必须是一致的而不是有分歧的。

四、双方要签订书面离婚协议

离婚协议应当具有如下内容：

1. 有双方自愿离婚的意思表示。

双方自愿离婚的意思必须要以文字的形式体现在离婚协议上。

2. 有对子女抚养、财产及债务处理等事项协商一致的意见。

如果婚姻关系当事人不能对子女抚养、财产及债务处理等事项达成一致意见的，则不能通过婚姻登记程序离婚，而只能通过诉讼程序离婚。

第一，子女抚养等事项。双方离婚后有关子女抚养、教育、探望等问题，在有利于保护子女合法权益的原则下应当作合理的、妥当的安排，包括子女由哪一方直接抚养，子女的抚养费和教育费如何负担、如何给付等。由于父母与子女的关系不因父母离婚而消除，协议中最好约定不直接抚育方对子女探望权利行使的内容，包括探望的方式、时间、地点等。

第二，财产及债务处理等事项。主要包括：(1) 在不侵害任何一方合法权益的前提下，对夫妻共同财产作合理分割，对给予生活困难的另一方以经济帮助作妥善安排，特别是切实解决好双方离婚后的住房问题；(2) 在不侵害他人利益的前提下，对共同债务的清偿作出清晰、明确、负责的处理。

五、双方应当亲自到婚姻登记机关申请离婚

申请离婚的当事人双方，必须亲自到婚姻登记机关办理离婚登记手续，这是我国的一贯做法，我国先后几次颁布的婚姻法也是这样明确规定的，实践中也是这样做的。

符合以上协议离婚条件的，婚姻登记机关才受理当事人协议离婚的申请。这只是协议离婚的第一步，最终是否可以通过协议达到离婚的目的，还要看是否符合法律规定的要求。

17. 什么是离婚冷静期？

离婚冷静期是指夫妻协议离婚时，政府给要求离婚的双方当事人一段时间，强制当事人暂时搁置离婚纠纷，在法定期限内冷静思考离婚问题，考虑清楚后再行决定是否离婚。法律规定当事人冷静思考离婚问题的期限为离婚冷静期。依据《民法典》第1077条规定，申请协议离婚的当事人自向婚姻登记机关申请离婚之日起30日内，应当冷静、理智地对自己的婚姻状况和今后的生活进行充分的考虑，重新考虑是否以离婚方式解决夫妻矛盾，考虑离婚对自身、对子女、对双方家庭、对社会的利与弊，避免冲动行为。这一条中规定的30日即为离婚冷静期，在此期间，任何一方或者双方不愿意离婚的，可以向婚姻登记机关撤回离婚登记申请。在冷静期间，婚姻登记机关并不是坐视不理，而是可以对当事人进行心理咨询、谈心谈话，了解当事人的婚姻实际状况，判定是危急婚姻还是死亡婚姻、哪方责任大、过错在谁等，积极调解，既可以促使双方当事人平息怨恨、减少敌对，珍惜自己与配偶的婚姻关系，也为以后审查当事人提交的离婚协议做了充分的准备。

依据法律规定，在30日离婚冷静期内，任何一方不愿意离婚的，应当在该期间内到婚姻登记机关撤回离婚申请。对此，婚姻登记机关应当立即终止登记离婚程序。如果离婚冷静期届满，当事人仍坚持离婚，双方应当在离婚冷静期届满后的30日内，亲自到婚姻登记机关申请发给离婚证。婚姻登记机关查明双方确实是自愿离婚，并已对子女抚养、财产及债务处理等事项协商一致的，予以登记，发给离婚证。如果在离婚冷静期届满后的30日内，当事人双方没有亲自到婚姻登记机关申请发给离婚证，则视为撤回离婚申请。

18. 婚姻登记机关对协议离婚应当查明什么?

自愿离婚的夫妻双方向婚姻登记机关提交离婚协议后30日内，未向婚姻登记机关申请撤回离婚协议，并在提交离婚协议30日后的30日内，亲自到婚姻登记机关申请发给离婚证，婚姻登记机关应当对当事人提交的离婚协议进行查明：

一是查明当事人双方是不是自愿离婚的，是不是真实而非虚假的离婚；查明离婚是否存在被胁迫的情形；查明是否因重大误解而导致的离婚。

二是查明要求离婚的双方当事人是不是对子女抚养问题已协商一致。例如，审查双方对离婚后有关子女抚养、教育、探望等问题是如何规定的，包括子女由哪一方直接抚养，子女的抚养费和教育费如何负担、如何给付等。不直接抚养子女一方对子女探望权利如何行使，探望的方式、时间、地点等是否协商确定等。

三是审查对财产及债务处理的事项是否协商一致。例如，审查当事人双方在不侵害任何一方合法权益的前提下，对夫妻共同财产是如何作出合理分割的；对有生活困难的一方当事人，另一方当事人是否给予了必要的经济帮助，是如何落实的；查明双方离婚后各自的住房等问题。对债务问题，则可以审查双方当事人是否在不侵害他人利益的前提下，对共同债务的清偿作出清晰、明确、负责的处理。

经婚姻登记机关查明双方确实是自愿离婚，并已对子女抚养、财产及债务处理等事项协商一致的，应当进行离婚登记，发给离婚证。

19. 什么情况下法院才准予离婚?

根据《民法典》第 1079 条的规定，如感情确已破裂，调解无效，人民法院应准予离婚。根据这一规定，“感情确已破裂”成为诉讼离婚的基本条件和司法尺度，是准予或者不准予离婚的原则界限。主要情形包括：

1. 重婚或与他人同居。

重婚是指有配偶者又与他人结婚的违法行为。其表现为法律上的重婚和事实上的重婚。前者是指有配偶又与他人登记结婚。后者是指有配偶者又与他人以夫妻名义同居生活。有配偶者与他人同居，也称姘居，是指有配偶的人与他人过着隐蔽的同居生活，不以夫妻名义，也无永久共同生活目的的行为。重婚和有配偶者与他人同居的行为，严重违反了我国一夫一妻制的婚姻制度，严重伤害夫妻感情，是导致离婚的情形之一。

2. 实施家庭暴力或虐待、遗弃家庭成员。

家庭暴力和虐待，是指发生在家庭成员之间，以殴打、捆绑、残害身体、禁闭、冻饿、凌辱人格、精神恐吓、性暴虐等手段，对家庭成员从肉体上、精神上进行伤害、摧残、折磨的行为。遗弃是指对于需要扶养的家庭成员，负有扶养义务而拒绝扶养的行为。表现为经济上不供养，生活上不照顾，使被扶养人的正常生活不能维持，甚至生命和健康得不到保障。近年来，因家庭暴力、虐待和遗弃家庭成员而导致离婚的案件增多，甚至发生毁容、杀夫杀妻等恶性案件。

人民法院处理因家庭暴力或者虐待、遗弃家庭成员而导致的离婚案件时，应当查明夫妻及其他家庭成员之间的感情状况，实施暴力、虐待和遗弃行为的事实和情节。如平时感情不好，实施上述行为是经常的、一贯的、恶劣的，已严重伤害了夫妻感情，调解无效的，应准予离婚。如果平时感情尚好，上述行为是一时而为之且情节不严重的，应当责令其改过并着重进行调解，化解纠纷。

3. 有赌博、吸毒等恶习屡教不改的。

因有赌博、吸毒以及酗酒等恶习而导致的离婚案件不在少数。沾染上这些恶习的人好逸恶劳，不务正业，不但不履行家庭义务，反而常常引发家庭暴力，消耗家庭的经济积蓄，使家庭的安宁、正常的生活难以为继。身染恶习，屡教不改，夫妻不堪同居生活。

对于这类案件，人民法院应当查明有赌博、吸毒、酗酒等行为一方的一贯表现和事实情况。对情节较轻，有真诚悔改表现，对方也能谅解的，应着眼于调解和好。对于恶习难改，一贯不履行家庭义务，夫妻感情难以重建，夫妻难以共同生活的，经调解无效，应准予离婚。

4. 因感情不和分居满二年。

夫妻因感情不和分居满二年，一般来说可以构成夫妻感情破裂的事实证明。“分居”是指夫妻间不再共同生活，不再互相履行夫妻义务，包括停止性生活，生活上不再互相关心、互相扶助等。具有分居二年的情形，说明夫妻关系已是徒具形式，名存实亡。当事人以此事由诉请人民法院离婚的，如经调解无效，应准予当事人离婚。

5. 其他导致夫妻感情破裂的情形。

导致夫妻感情破裂的原因复杂多样，比如一方犯有强奸罪、奸淫幼女罪、侮辱妇女罪等罪行，严重伤害夫妻感情的。再如一方婚后患严重的精神疾病，久治不愈，夫妻生活无法维持的。这些情形在法律中难以逐一列举，人民法院应当本着保障离婚自由、防止轻率离婚的原则，根据立法精神和案件的具体情况，作出正确判定。

在此需要重申的是，上述所列举的准予离婚的几种主要情形，并非判决当事人诉讼离婚的必备条件、法定情形。一方面，婚姻当事人在婚姻生活中，如无以上情况发生，但有其他因素导致夫妻感情破裂、调解无效的，人民法院亦应判决准予离婚。另一方面，即使婚姻关系当事人间有上述情形发生，但未导致夫妻感情破裂，或虽给夫妻感情造成裂痕，但可以经过调解和好的，人民法院则不能判决解除婚姻关系。

根据《民法典》第1079条的规定，还有两种情况下人民法院应当准予离婚：

一是一方被宣告失踪，另一方提出离婚诉讼的，应当准予离婚。按照民法典和民事诉讼法的规定，自然人下落不明满二年的，即该自然人离开自己居住的地方，音讯杳无，已持续达到二年的，其配偶、父母、子女等利害关系人可以向下落不明的人的住所地基层人民法院申请宣告其为失踪人。人民法院受理宣告失踪案件后，应当发出寻找下落不明人的公告，公告期间为三个月。公告期间届满，宣告失踪的事实如果得到确认，人民法院应当作出宣告失踪的判决。在夫妻一方被宣告失踪的情形下，婚姻关系已名存实亡，当事人已经不能达到婚姻的目的，对此如果另一方提出离婚请求，人民法院即应判决准予离婚。

二是经人民法院判决不准离婚后，双方又分居满一年，一方再次提起离婚诉讼的，应当准予离婚。这一规定，可操作性比较强，有利于审判实践工作的展开，可以解决现实生活中久拖不决的离婚案件。

20. 什么时候婚姻关系解除?

根据《民法典》第1080条的规定，登记离婚或者判决离婚生效后，当事人解除婚姻关系，双方基于配偶产生的身份关系消灭，基于配偶身份而产生的人身关系和财产关系即行终止。

21. 现役军人离婚有什么特别规定？

根据《民法典》第1081条的规定，现役军人的配偶要求离婚，应当征得军人同意，但是军人一方有重大过错的除外。适用这一条规定应注意以下问题：

1. 适用的主体。

这一规定适用的主体是现役军人和现役军人的配偶。

（1）现役军人，指有军籍的人，包括在中国人民解放军服现役、具有军籍和军衔的军官、士兵。

（2）现役军人的配偶，指同现役军人履行了结婚登记手续，并领取结婚证的非军人一方。

2. 不适用这一规定的两类军人离婚案件。

（1）如果双方都是现役军人，则不是这一规定调整的对象。

（2）现役军人向非军人主动提出离婚的，不适用这一规定，应按一般离婚纠纷处理。

3. 现役军人的配偶提出离婚，现役军人不同意的处理。

如果婚姻基础和婚后感情都比较好，人民法院应配合现役军人所在单位对军人的配偶进行说服教育，劝其珍惜与军人的婚姻关系，正确对待婚姻问题，尽量调解和好或判决不予离婚。但是，如果感情确已破裂，确实无法继续维持夫妻关系，经调解无效，人民法院应当通过军人所在单位的政治机关，向军人做好工作，经其同意后，始得准予离婚。

4. 需征得军人同意的例外情况。

“但军人一方有重大过错的除外”，是针对“应当征得军人同意”而说。“应当征得军人同意”不是绝对的，如果夫妻感情破裂是由于军人一方的重大过错造成的，非军人配偶一方也可以提出离婚，但过错限定在“重大过错”而非一般的过错。

22. 男方提出离婚的请求权有什么限制性规定？

《民法典》第1082条规定：“女方在怀孕期间、分娩后一年内或者终止妊娠后六个月内，男方不得提出离婚；但是，女方提出离婚或者人民法院认为确有必要受理男方离婚请求的除外。”女方怀孕期间和分娩后一年内或终止妊娠后6个月内身体、身心都处在康复、调理、休养期，为特殊时期，属于特殊情况。一方面，胎儿或婴儿正处在发育阶段，正需要父母的合力抚育；另一方面，妇女也需要身心的康复，如果此时男方提出离婚请求，对妇女的精神刺激过重，既影响妇女的身体健康，也不利于胎儿或婴儿的保育。在上述期间内禁止男方提出离婚，不仅是出于事实上的需要，也是社会主义道德的要求。法律不仅要保护胎儿和婴儿，同时也要保护妇女的权益。

这一规定限制的是男方在一定期限内的起诉权，而不是否定和剥夺男方的起诉权，只是推迟了男方提出离婚的时间，并不涉及准予离婚与不准予离婚的实体性问题。也就是说，只是对男方离婚请求权暂时性的限制，超过法律规定的期限，不再适用此规定。但是，男方在此期间并不是绝对的没有离婚请求权，法律还有例外规定，即人民法院认为“确有必要”的，也可以根据具体情况受理男方的离婚请求。所谓“确有必要”，一般是指比这一条特别保护利益更为重要的利益需要关注的情形。“确有必要”受理男方离婚请求的案例是非常少的，哪些情形“确有必要”受理，由人民法院认定。

在这一条规定中，法律还规定了另一种例外情形，即在此期间，女方提出离婚的，不受此规定的限制。女方自愿放弃法律对其的特殊保护，说明其本人对离婚已有思想准备，对此，法院应当根据当事人婚姻的实际情况判定是否准予离婚。

23. 离婚后怎么处理子女的抚养问题?

现实中，离婚时“争养”或“推养”子女的纠纷比较多。有的夫或妻把子女作为“命根子”，非要直接抚养子女不可，并以此作为离婚的前提条件；有的则把直接抚养子女作为包袱或再婚的障碍，都不愿抚养，由此而闹得你死我活，甚至出现有的当事人把子女丢在法院或留在双方的单位，有关组织暂时代养等情况。为便于确定夫妻离婚后子女由哪方直接抚养，《民法典》第 1084 条第 3 款规定：“离婚后，不满两周岁的子女，以由母亲直接抚养为原则。已满两周岁的子女，父母双方对抚养问题协议不成的，由人民法院根据双方的具体情况，按照最有利于未成年子女的原则判决。子女已满八周岁的，应当尊重其真实意愿。”这一规定是从有利于保护未成年人权益原则、保障子女合法权益角度出发，有利于子女身心健康，结合父母双方的抚养能力和抚养条件，结合审判实践等具体情况，对离婚后的子女直接抚养问题作出的具体规定。

1. 确定子女直接抚养主体的基本考量。

有利于子女身心健康，保障子女的合法权益，儿童利益最大化的原则，是贯穿于民法典的基本原则，也是处理离婚后子女直接抚养归属问题的出发点，在此前提下，再结合父母双方的抚养能力和抚养条件等具体情况妥善解决。对离婚后的子女直接抚养问题要考虑以下四个方面：

（1）应考虑父母双方的个人素质、对子女的责任感、家庭环境、父母与子女的感情等因素。

（2）应考虑不能生育和再婚有困难的父或母的合理要求。

（3）在双方的各种条件都基本相同的情况下，原则上由经济能力较强的一方抚养。

（4）8 岁以上有识别能力的、限制民事行为能力的子女，无论随父还是随母，都应征求子女本人的意见。

2. 确定子女抚养的具体办法。

（1）不满两周岁的子女，以由母亲直接抚养为原则。这是因为不满两周岁的子女多数还在母乳喂养期。用母乳哺养，对婴儿的生长发育最为有利。从婴儿的生长发育的利益考虑，夫妻离婚后，凡是正处于用母乳喂养的子女，应由母亲直接抚养。现实生活中，也有一些孩子出生后，是不用母乳喂养的；还有一些孩子由于各种原因很早就断了母乳喂养。对于这样的情况，当夫妻离婚时，如何判定孩子的抚养归属？司法实践中，审判人员通常掌握的标准是以两周岁为界限。两周岁以下的子女，一般裁决随母亲生活，由母亲直接抚养。因为两周岁以下的子女年纪太小、事多，带起来较为复杂、麻烦，由细心、有耐心的人直接抚养比较好；两周岁以下的子女表达能力很差，而孩子是从母亲体内生出，母亲与孩子有着一种天然的联系与感觉。此时期孩子由母亲直接抚养为宜。但是这一原则也不是一成不变的，实际生活中如果母亲有下列情形之一的，也可以由父亲直接抚养：一是母亲患有久治不愈的传染性疾病或其他严重疾病，子女不宜与其共同生活的；二是母亲有抚养条件不尽抚养义务，而父亲要求子女随其生活，并对子女健康成长没有不利影响的；三是因其他原因，子女确无法随母方生活的，如母亲的经济能力及生活环境对抚养子女明显不利的，或母亲的品行不端不利于子女成长的，或因违法犯罪被判服刑不可能抚养子女的等。

（2）已满两周岁的子女，父母双方对抚养问题协议不成的，由人民法院根据双方的具体情况，按照最有利于未成年子女的原则判决。夫妻离婚后，对两周岁以上的未成年子女，由父亲还是母亲直接抚养，首先应由父母双方协议决定。当父母双方对由谁直接抚养未成年子女发生争议时，法院应当进行调解，尽可能争取当事人以协议方式解决。在当事人双方自愿、合法的前提下，协商决定：未成年子女由父亲直接抚养，或者由母亲直接抚养，或者在有利于保护子女利益的前提下，由父母双方轮流抚养，对上述几种抚养方式，法院都是准许的。

如果当事人双方因子女抚养问题达不成协议时，法院应结合父母双方的抚养能力和抚养条件等具体情况，按照最有利于未成年子女的原则和最有利于子女健康成长的原则妥善地作出裁决。

（3）父母双方对 8 周岁以上的未成年子女是由父亲直接抚养还是由母亲直接抚养发生争执的，应当考虑和尊重子女的意见。

（4）父母双方直接抚养子女的条件基本相同，双方均要求对子女直接抚养，但子女单独随祖父母或外祖父母共同生活多年，且祖父母或外祖父母要求并有能力帮助子女照顾孙子女或外孙子女的，可作为子女由父亲或者母亲直接抚养的生活优先条件予以考虑。

（5）在有利于保护子女利益的前提下，父母双方协议轮流直接抚养子女的，应予准许。父母双方可以协议子女随一方生活并由抚养方负担子女全部抚育费。但经查实，抚养方的抚养能力明显不能保障子女所需费用，影响子女健康成长的，对单方负担全部抚育费的请求，不予准许。

（6）子女直接抚养归属的变更。父母离婚后，在一定条件下，可以根据父母双方或子女的实际情况的变化，依法对直接抚养子女的归属予以变更。直接抚养子女归属的变更，有两种形式：一是双方协议变更。父母双方协议变更子女直接抚养关系的，只要有利于子女身心健康和保障子女合法权益，就应予准予。二是一方要求变更。

应当注意的是：离婚后，一方要求变更子女直接抚养关系的，双方对此不能达成协议时，应另行起诉。这是因为：这一在新情况下提出的诉讼请求，不涉及原离婚案件的离婚问题和夫妻财产的处理问题，而是出现了处理原离婚案件之时不存在（或已解决）的子女抚养方面的新情况。因此，它不是原离婚案件诉讼程序的继续，也不是对原离婚案件子女抚养问题的判决、调解协议错误的纠正，所以，应当作为新的案件另行起诉。

24. 离婚后如何确定子女抚养费的负担?

夫妻离婚后，父母与子女间的关系不因父母离婚而消除，父母对于子女仍有抚养和教育的权利和义务。因此，离婚后的夫妻双方都有平等地负担子女生活费和教育费的经济责任。这是法律规定父母对未成年子女的抚养和抚育费负担的强制性的、无条件的、双方平等的义务，当事人都应当自觉遵照执行。至于其经济负担数额和期限等问题，应从子女的实际需要和父母双方负担的能力量力而定，合理解决。《民法典》第1085条明确规定："离婚后，子女由一方直接抚养的，另一方应当负担部分或者全部抚养费。负担费用的多少和期限的长短，由双方协议；协议不成的，由人民法院判决。前款规定的协议或者判决，不妨碍子女在必要时向父母任何一方提出超过协议或者判决原定数额的合理要求。"

1. 抚养费的范围。

抚养费应当包括：生活费、教育费和医疗费等。子女无论是由母亲还是由父亲抚养，另一方都应负担必要的抚养费。《最高人民法院关于适用〈中华人民共和国民法典〉婚姻家庭编的解释（一）》第42条规定，抚养费，包括子女生活费、教育费、医疗费等费用。

2. 抚养费给付的一般原则。

抚养费如何给付应当首先由父母双方协议，或者经人民法院调解，当事人达成协议的，按照协议确定。但人民法院对于父母双方协议约定子女随一方生活并由抚养方负担子女全部抚养费的，应当进行审查。如经查实，抚养方的抚养能力明显不能保障子女所需费用，可能影响子女健康成长的，应不予准许此项协议。现实中有的夫妻为了达成离婚的目的，有的为了争取子女由自己抚养，往往不惜在子女抚养费方面向对方作出让步。但是，父母承担子女的抚养费，这是父母的义务，是子女的权利。父母一方在子女抚养费问题上向另一方作出不适当让步，损害的是子女的合法权益。人民法院为保护子女的合法权益，对于此种损害子女合法权益的协议，自然不能准许。

离婚的夫妻对子女的抚养费数额达不成协议的，由法院判决，无论是协议还是判决，都既要考虑子女的实际需要，也要考虑父或母实际的给付能力。至于实际需要的数额，一般应参照当地群众的生活水平，居住在城市的子女的抚养费，一般应比居住在农村的子女高一些。具体问题的解决，实践中应当掌握以下四个问题：

（1）抚养费的数额。

子女抚养费的数额，可根据子女的实际需要、父母双方的负担能力和当地的实际生活水平确定。分两种情况：一是对于有固定收入的，抚养费一般可按其月总收入的一定比例给付。负担两个以上子女抚养费的，比例可适当提高。工资总额的计算，应当包括工资、较固定的奖金、岗位补贴等。二是对于无固定收入的，抚养费的数额可依据其当年总收入或其所处同行业的平均收入计算。如农民给付的抚养费的标准一般不低于当地平均水平。个体工商户、专业承包户、私营企业主的子女抚养费，应根据其经营状况和实际利润给付。对一方无经济收入或者下落不明的，可用其财物折抵子女抚养费。《最高人民法院关于适用〈中华人民共和国民法典〉婚姻家庭编的解释（一）》第49条规定："有固定收入的，抚养费一般可以按其月总收入的百分之二十至三十的比例给付。负担两个以上子女抚养费的，比例可以适当提高，但一般不得超过月总收入的百分之五十。无固定收入的，抚养费的数额可以依据当年总收入或者同行业平均收入，参照上述比例确定。有特殊情况的，可以适当提高或者降低上述比例。"

（2）抚养费的给付方法。

可依父母的职业情况而定，原则上应定期给付。通常，有工资收入的，应按月或定期给付现金，农民可按收益季度或年度给付现金、实物。有条件的也可以一次性给付，但对于一方要求一次性给付的要慎重处理，确有必要采取一次性给付的，要注意掌握条件。

（3）抚养费的给付期限。

法律没有对抚养费的给付期限作硬性规定，实践中应根据具体情况个案处理。法院可依据有关法律和司法解释的规定酌情确定。

（4）抚养费的变更。

无论是登记离婚还是判决离婚，其给付子女抚养费的数额，一般是根据父母离婚当时，子女所需的必要费用和给付者的经济能力而确定的。但随着社会经济的发展以及具体情况的不断变化，不仅每个人的经济状况有时会随着社会的变化而变化，而且，随着人们对物质生活要求的提高，以及消费水平的增长，子女在各方面的需求变化，使得原抚养费的数额也要随之有所变化。因此，法律赋予子女可根据实际情况向父母任何一方提出超过原定数额的要求，也就是抚养费数额在一定条件下是可以变更的。子女生活费和教育费无论是在协议离婚时达成的还是由法院判决的，都不妨碍子女在必要时向父母任何一方提出增加数额的合理要求。至于费用是否增加、增加多少，不能仅凭子女单方面的要求而确定，应经相应的程序予以解决。其程序可由子女与父母协议解决，协议不成的，可由法院依诉讼程序处理。对此，本条第 2 款作了明确规定：即关于子女抚养费的协议或者判决，不妨碍子女在必要时向父母任何一方提出超过协议或者判决原定数额的合理要求。

25. 什么是父母对子女的探望权？

离婚后，父母探望子女的权利是亲权的一项内容。婚姻家庭中的亲权是以主体间特定的亲属身份为发生依据的，父母婚姻关系的终结并不改变父母与子女的血缘身份关系。为了便于离婚后不直接抚养子女的父或者母行使对子女抚养、教育的权利，履行对子女抚养、教育和保护的义务，《民法典》第 1086 条第 1 款对父或者母赋予了对子女探望的权利：离婚后，不直接抚养子女的父或者母，有探望子女的权利。通常情况下，探望权在夫妻协议离婚或者诉讼离婚时一并解决确定。如果夫妻在离婚时对探望权未作明确约定，或者法院没有明确作出判决，那么，当事人可以就探望权问题单独提起诉讼。对此，《最高人民法院关于适用〈中华人民共和国民法典〉婚姻家庭编的解释（一）》第 65 条规定，人民法院作出的生效的离婚判决中未涉及探望权，当事人就探望权问题单独提起诉讼的，人民法院应予受理。为了保证不直接抚养子女的父或者母行使好探望子女的权利，该条第1款同时还规定另一方有协助的义务。例如，法院判决不直接抚养子女的一方每周六下午陪伴子女，那么直接抚养子女的一方则有义务在规定的时间内，将子女安全地送到双方指定或者法院判决确定的地点，交由不直接抚养子女的一方照看半天，由此实现不直接抚养子女的一方对女子的探望。

行使探望权利的方式、时间、地点等通常宜由当事人协议确定。双方不应囿于夫妻离异后的冲突纷争，应从有利于子女健康成长的角度出发，对探望的时间、方式、地点、探望期间双方对子女的安排等作出协商。当双方无法就诸上事宜达成一致时，尤其在直接抚养子女的一方无故拒绝不直接抚养子女的一方探望子女时，享有探望权的一方可依民事诉讼法的有关规定提起诉讼，请求人民法院作出判决。对此《民法典》第1086条第2款规定，行使探望权利的方式、时间由当事人协议；协议不成的，由人民法院判决。

《民法典》第1086条第3款还规定了对探望权的限制。父或者母探望子女，不利于子女身心健康的，由人民法院依法中止探望。不直接抚养子女的父母一方的探望权，只有在特殊的情况下才能被加以限制。这种特殊情况主要是指探望有可能不利于子女的身心健康。如父母一方患精神疾病、传染性疾病，有吸毒等行为或对子女有暴力行为、骚扰子女的行为等。当一方以探望子女为由，教唆、胁迫、引诱未成年子女实施不良行为则足以构成不利于子女身心健康的要件，可由人民法院依法中止其探望的权利。当不利于子女身心健康的情形消除后，非直接抚养子女的一方原享有的探望权利应可恢复。对此，《民法典》第 1086 条第 3 款规定，中止的事由消失后，应当恢复探望。无论是探望权利的中止还是恢复，都应有权利人的主张，具体程序由人民法院根据民事诉讼法的相关规定处理。《最高人民法院关于适用〈中华人民共和国民法典〉婚姻家庭编的解释(一)》第 66 条规定，当事人在履行生效判决、裁定或者调解书的过程中，一方请求中止探望的，人民法院在征询双方当事人意见后，认为需要中止探望的，依法作出裁定。中止探望的情形消失后，人民法院应当根据当事人的申请通知其恢复探望。第 67 条规定，未成年子女、直接抚养子女的父或母及其他对未成年子女负担抚养、教育、保护义务的法定监护人，有权向人民法院提出中止探望的请求。

26. 离婚时对夫妻共同财产应当如何分割?

离婚时对夫妻的共同财产进行分割是离婚所产生的法律后果之一。法律允许夫妻双方在离婚时就财产问题自行协商处理。对于不能协商或者未达成协议的，《民法典》第 1087 条规定，由法院根据财产的具体情况，按照照顾子女、女方和无过错方权益的原则判决。根据这一规定，人民法院在分割夫妻共同财产时，既要考虑照顾子女权益和女方权益，也要兼固照顾无过错方的权益，三者缺一不可。司法实践中，多数女方权益与无过错方权益是一致的，但是也有不一致的情况，法官要具体问题具体分析。

27. 什么是离婚经济补偿?

《民法典》第 1088 条确立了离婚经济补偿制度：“夫妻一方因抚育子女、照料老年人、协助另一方工作等负担较多义务的，离婚时有权向另一方请求补偿，另一方应当给予补偿。具体办法由双方协议；协议不成的，由人民法院判决。”这一规定是遵循权利和义务对等的原则作出的。只有在一方为婚姻共同体尽了较多义务，如抚养子女、照料老人、协助另一方工作的情况下才可向对方请求补偿。夫妻离婚时，一方对承担较多家务劳动的另一方给予经济补偿，首先应当由要求离婚的夫妻自行协商确定，这种协商可以在协议离婚时确定，也可以在诉讼离婚中确定。如果在协议离婚时双方达成了一致的协议，则可以向婚姻登记部门提交。婚姻登记部门查明确属自愿，且不违反法律规定的，予以离婚登记，双方应自觉履行协议。在诉讼离婚中，双方对离婚补偿达成一致意见，交由法院以调解书或者判决书的形式予以确认。如果双方达不成协议，人民法院则依据这一规定通过判决确定。

28. 离婚时夫妻共同债务如何清偿?

《民法典》第 1064 条对夫妻共同债务的认定作出了明确规定。夫妻共同债务属于连带债务，对外夫妻双方应当依法对债权人承担连带清偿责任，但在内部夫妻双方应当如何确定清偿责任，《民法典》第 1089 条对此作了明确规定：“离婚时，夫妻共同债务应当共同偿还。共同财产不足清偿或者财产归各自所有的，由双方协议清偿；协议不成的，由人民法院判决。”根据这一规定，婚姻关系终结时，夫妻共同债务清偿应当遵循的原则是共同债务共同清偿。依法属于夫妻共同债务的，夫妻应当以共同财产共同偿还，这是一个基本原则。但是，如果夫妻共同财产不足致使不能清偿的，或者双方约定财产归各自所有的没有共同财产清偿的，夫妻双方对共同债务如何偿还以及清偿比例等，可以由双方当事人协商确定，如果双方协商不能达成一致意见的，由人民法院考虑双方当事人的具体情况依法判决确定。需要注意的是，不论是双方当事人协商确定，还是人民法院判决确定的清偿方式、清偿比例等内容，仅在离婚的双方当事人之间有效，对债权人是没有法律效力的，债权人可以依照《民法典》第 178 条第 1 款“二人以上依法承担连带责任的，权利人有权请求部分或者全部连带责任人承担责任”的规定来要求双方履行其债务。

29. 什么是离婚经济帮助?

《民法典》第 1090 条规定了离婚经济帮助制度：“离婚时，如果一方生活困难，有负担能力的另一方应当给予适当帮助。具体办法由双方协议；协议不成的，由人民法院判决。”婚姻关系存续期间，夫妻双方有互相扶养的义务，一方不履行扶养义务时，需要扶养的一方有要求对方付给扶养费的权利。婚姻关系终结后，法律明确要求一方对生活困难的另一方从其个人财产中给予适当的帮助，实质是夫妻间扶养义务的延续。

当一对男女结为合法夫妻，法律推定双方建立了一种相互信赖、相互扶助的特殊社会关系，夫妻关系存续期间，双方都为维持这个婚姻共同体作了努力，这其中包括个人的自我损失和自我牺牲；当婚姻关系终结时，若一方生活困难，法律则要求另一方尽到扶助的责任，将道德上的义务上升为法律，因为我们不能排除一方的生活困难可能是其在婚姻关系存续期间为了家庭利益而放弃个人发展机会所造成的。当然在这种情况下，离婚时，为家庭付出较多义务的一方可以依据《民法典》第1088条的规定，请求另一方给予补偿。但是离婚时的补偿与离婚经济帮助的内容有很大区别。离婚经济补偿只有当一方对婚姻承担了较多义务时，才有权提请。而离婚经济帮助制度关于困难帮助的适用条件则是，无论夫妻哪一方是否对婚姻共同体尽了较多义务，做了多大贡献，只要在离婚时本人存在生活困难的情况，就可以向对方请求经济帮助。

当然，民法典的规定只是原则性规定，法院在判决时，还应考虑到以下三个问题：（1）生活困难的界定。一般认为若一方离婚后分得的财产不足以维持其合理的生活需要，或者不能通过从事适当的工作维持其生活需要等，均可认为是生活困难的体现；（2）给予帮助的方式。法院应考虑双方的收入和财产，双方就业能力、子女抚养，婚姻期间的生活水平等因素，合理确定扶助的数额和方式；（3）需要说明的一点是，婚姻关系中的过错不应在考虑之列，意味着有过错的一方若存在生活困难的情形，也可要求无过错方给予适当的经济帮助。

30. 什么情况下可以请求离婚损害赔偿?

《民法典》第1091条规定:“有下列情形之一,导致离婚的,无过错方有权请求损害赔偿:(一)重婚;(二)与他人同居;(三)实施家庭暴力;(四)虐待、遗弃家庭成员;(五)有其他重大过错。”

按照《最高人民法院关于适用〈中华人民共和国民法典〉婚姻家庭编的解释(一)》第87条的规定,承担损害赔偿责任的主体,为离婚诉讼当事人中无过错方的配偶。人民法院判决不准离婚的案件,对于当事人基于这一规定提出的损害赔偿请求,不予支持。婚姻关系存续期间,当事人不起诉离婚而单独依据这一规定提起损害赔偿请求的,人民法院不予受理。按照《最高人民法院关于适用〈中华人民共和国民法典〉婚姻家庭编的解释(一)》第88条的规定,人民法院受理离婚案件时,应当将《民法典》第1091条关于离婚时过错方损害赔偿制度规定中当事人的有关权利义务,书面告知当事人。区分不同情况予以适用:(1)符合《民法典》第1091条规定的无过错方作为原告基于该条规定向人民法院提起损害赔偿请求的,必须在离婚诉讼的同时提出。(2)符合《民法典》第1091条规定的无过错方作为被告的离婚诉讼案件,如果被告不同意离婚也不基于该条规定提起损害赔偿请求的,可以就此单独提起诉讼。(3)无过错方作为被告的离婚诉讼案件,一审时被告未基于《民法典》第1091条规定提出损害赔偿请求,二审期间提出的,人民法院应当进行调解;调解不成的,告知当事人另行起诉。

双方当事人同意由第二审人民法院一并审理的，第二审人民法院可以一并裁判。《最高人民法院关于适用〈中华人民共和国民法典〉婚姻家庭编的解释（一）》第 90 条规定，夫妻双方均有《民法典》第 1091 条规定的过错情形，一方或者双方向对方提出离婚损害赔偿请求的，人民法院不予支持。

法律虽然规定了离婚损害赔偿制度，但并不是说法院在审理离婚案件时必须审理及判决过错方对无过错方予以赔偿。在离婚案件中无过错方对确有过错的另一方是否行使赔偿请求权，由受损害的无过错方自行决定，法院不能主动判决离婚损害赔偿。

31. 夫妻一方擅自处分共同财产或伪造债务侵占另一方财产的法律后果是什么？

实践中，夫妻一方有的实施了侵害夫妻共同财产或者侵占另一方财产的违法行为，对于这些违法行为，法律严格加以禁止。为保护另一方的合法权益，《民法典》第 1092 条对其法律后果作了明确规定：“夫妻一方隐藏、转移、变卖、毁损、挥霍夫妻共同财产，或者伪造夫妻共同债务企图侵占另一方财产的，在离婚分割夫妻共同财产时，对该方可以少分或者不分。离婚后，另一方发现有上述行为的，可以向人民法院提起诉讼，请求再次分割夫妻共同财产。”根据这一规定，夫妻一方实施的违法行为主要是两类：

1. 侵害夫妻共同财产。

夫妻共同财产主要是指夫妻双方在婚姻关系存续期间归双

方共同所有的财产。夫妻共同财产从性质上说，属于共同共有。夫妻在婚姻关系存续期间，无论属于双方还是一方的收入，无论各自收入的数量多少，也无论其中一方有无收入，夫妻作为共同生活的伴侣，对共同财产享有平等的所有权。对共同财产，夫妻双方均有依法占有、使用、收益和处分的权利。夫妻一方隐藏、转移、变卖、毁损、挥霍夫妻共同财产的行为，是一种侵犯共同财产所有权的民事侵权行为。隐藏是指将财产藏匿起来，不让他人发现，使另一方无法获知财产的所在从而无法控制。转移是指私自将财产移往他处，或将资金取出移往其他账户，脱离另一方的掌握。变卖是指将财产折价卖给他人。毁损是指采用打碎、拆卸、涂抹等破坏性手段使物品失去原貌，失去或者部分失去原来具有的使用价值。挥霍是指对夫妻共有的财产没有目的的、不符合常理的耗费致使其不存在或者价值减损。夫妻一方如果实施了上述行为，就属于对夫妻共同财产的侵害。

2. 侵占另一方财产。

另一方财产，主要是指在婚姻关系存续期间，归夫妻一方个人所有的财产。夫妻一方对属于自己个人的财产享有占有、使用、支配的权利。在不违背法律规定的情况下，可以依据自己个人的意愿处分自己的财产。但是《民法典》第1089条规定，离婚时，夫妻共同债务应当共同偿还。共同财产不足清偿或者财产归各自所有的，由双方协议清偿；协议不成的，由人民法院判决。这一规定，意味着夫妻在离婚时，共同财产不足以清偿共同债务时，有可能以夫妻一方的个人财产来承担夫妻共同债务，具体数额由人民法院判决确定。对此，有的夫妻一方就有可能利用这一法律规定，伪造夫妻共同债务，企图侵占另一方财产。伪造债务是指制造内容虚假的债务凭证，包括合同、欠条等。伪造债务是违法行为的客观表现。在主观上是故意，不是过失行为，是以侵占夫妻另一方财产为目的。只要夫妻一方实施伪造夫妻共同债务的行为，就属于对另一方财产的侵害。

由于夫妻中的一方有以隐藏、转移、变卖、毁损、挥霍手段侵害夫妻共同财产或者伪造夫妻共同债务企图侵占另一方财产的违法行为，法律规定对实施上述违法行为的一方，在分割夫妻共同财产时，可以少分或不分。少分或不分夫妻共同财产，是违法行为实施者理应承担的法律责任。需要说明的是，法律对少分的具体份额或比例以及在何种情况下可以不分、少分，没有作出明确规定，只是规定了“可以”少分或者不分。法院在审判实践中，应当根据违法行为的情节和案件的具体情况作出处理。

《民法典》第1092条还对离婚后，即离婚案件已审理终结，人民法院对离婚双方有关财产分割的调解书、判决书已发生法律效力后，又发现一方有隐藏、转移、变卖、毁损、挥霍夫妻共同财产或者伪造夫妻共同债务侵占另一方财产行为的处理作了规定。即离婚后，另一方发现有上述违法行为的，可以向人民法院提起诉讼，请求再次分割夫妻共同财产。在离婚案件审理过程中，这部分共同财产由于被一方隐藏、转移、变卖、毁损、挥霍，或伪造债务所侵占而未能发现，因而法院也未能将其作为夫妻共同财产予以分割。夫妻共同财产是共同共有财产，任何一方未经另一方同意而擅自予以隐藏、转移、变卖、毁损、挥霍，或通过伪造债务等非法手段据为己有的，都是对另一方财产所有权的侵害，是一种民事侵权行为。另一方可以依据法律规定，向人民法院起诉，请求对这一部分财产进行再次分割。在分割时，关于对隐藏、转移、变卖、毁损、挥霍夫妻共同财产或伪造夫妻共同债务侵占另一方财产的可以少分或者不分的原则仍应适用。

32. 收养人应当具备哪些条件？

第一，收养人必须年满 30 周岁。收养人只有达到一定年龄，才可能在经济能力、心智完善程度方面满足一定标准，从而具备承担抚养被收养人的义务，更好地保障被收养人的利益。

第二，收养人必须无子女或者只有一名子女。收养人无子女主要是指夫妻双方或者一方因不愿生育或不能生育而无子女，或者因所生子女死亡而失去子女，或者指收养人因无配偶而没有子女的情况，即主要是指收养人没有亲生子女，同时也没有养子女及形成抚养教育关系的继子女。

第三，关于有抚养、教育和保护被收养人的能力。收养人具备抚养、教育和保护被收养人的能力，是收养人必须要有的基本条件。根据《民法典》第 26 条的规定，父母对未成年子女负有抚养、教育和保护的义务。此处的“抚养、教育和保护被收养人的能力”，主要是指收养人应当具有完全民事行为能力，在身体、智力、经济、道德品行以及教育子女等各个方面均有能力实现对未成年子女的抚养、教育和保护，能够履行父母对子女应尽的义务。

第四，关于未患有在医学上认为不应当收养子女的疾病。

收养人不应患有相关疾病，这是对收养人在身体方面的特别要求。如果患有这些疾病，将对被收养人的健康成长产生重大影响。

第五，关于无不利于被收养人健康成长的违法犯罪记录。本项强调“无不利于被收养人健康成长的违法犯罪记录”，即收养人系从事过与未成年人健康成长有关的违法犯罪的，才会因该违法犯罪记录而被限制收养。比如，收养人曾有过对未成年人的强奸、猥亵犯罪的。假如收养人的违法犯罪与未成年人无关，则不受该项条件的限制。

33. 收养三代以内旁系同辈血亲的子女有哪些放宽规定？

所谓旁系血亲，与直系血亲相对，是亲系的一种基本分类。直系血亲是指相互间具有直接血缘联系的血亲，己身所从出和从己身所出的血亲，均为直系血亲，如父母和子女、祖父母和孙子女、外祖父母和外孙子女等。旁系血亲是指相互间具有间接血缘联系的血亲。在血缘上具有同源关系的，除直系血亲外均为旁系血亲。如兄弟姐妹因同源于父母而具有间接血缘联系，己身与伯、叔、姑因同源于祖父母而具有间接血缘联系等。而“三代以内”的“代”，又称“世辈”，是新中国成立后，我国所采用的表明亲属关系亲疏远近的计算单位，一辈为一代，相差一世即为两代。在计算旁系血亲的代数时，须以同源关系为依据。例如：同源于父母的兄弟姐妹，是二代以内旁系血亲；同源于祖父母、外祖父母的，是三代以内旁系血亲。以此为计算标准，“三代以内旁系同辈血亲的子女”，是指兄弟姊妹的子女、堂兄弟姊妹的子女、表兄弟姊妹的子女。根据《民法典》

第1099条第1款的规定，如果收养三代以内旁系同辈血亲的子女，可以在收养基本条件的基础上，不受以下几项条件的限制：

一是被收养人生父母有特殊困难无力抚养子女。即收养人如果收养的是三代以内旁系同辈血亲的子女，可以不受这一限制，即便被收养人的父母并未因特殊困难丧失抚养能力，其仍可以成为被收养的对象。

二是有特殊困难无力抚养子女的生父母。如收养三代以内旁系同辈血亲的子女，即使未成年人的生父母并未因特殊困难而丧失抚养能力，其仍可以成为适格的送养人，因此成立的收养关系仍然有效。

三是无配偶者收养异性子女的，收养人与被收养人的年龄应当相差40周岁以上。如收养三代以内旁系同辈血亲的子女，即使收养人与被收养人的年龄相差不到40周岁，依然可以成立有效的收养关系。

34. 收养有哪些程序性要求？

一是收养登记。所谓收养登记，是国家通过主管部门对申请建立收养关系的当事人，依照法律规定的收养条件进行审查，对符合法定收养条件的准予登记，收养关系随之成立的一项制度。它是中国公民收养查找不到生父母的弃婴、儿童以及社会福利机构抚养的孤儿和外国人收养中国儿童取得合法收养关系的必经程序。国家建立收养登记制度意义重大，通过这一制度，国家能够对收养关系的建立进行监督，及时发现和纠正违反收养制度的行为，依法保护收养关系当事人尤其是被收养人的合法权益，促进家庭和睦和社会稳定。根据民法典的规定，收养应当向县级以上人民政府民政部门登记。收养关系自登记之日起成立。负责代表国家进行收养登记的职能部门是民政部门，且在部门层级上必须是县级以上人民政府的民政部门。因此，办理收养登记的法定机关是县级以上人民政府的民政机关。

二是关于收养协议。收养关系当事人愿意签订收养协议的，可以签订收养协议。与收养登记不同，收养协议的签订并非强制性规定，而是可以由当事人根据具体情况自愿选择是否签订。鉴于收养是变更身份的民事法律行为，如果当事人选择订立收养协议，必须由收养人与送养人双方亲自进行，不得由他人代理。收养协议中，无论是收养人、送养人还是被收养人，必须符合法律规定的条件要求，其内容也必须符合相关的规定。如果被收养人已年满 8 周岁，收养协议中还必须包含被收养人同意收养的意思表示。从形式上讲，收养协议应当采用书面形式，双方当事人各执 1 份，协议自双方当事人在协议上签字盖章之日起生效。

三是关于收养公证，即收养关系当事人各方或者一方要求办理收养公证的，应当办理收养公证。从这一规定看，收养公证并非收养的必经程序，只有收养关系的各方当事人或者一方当事人提出办理收养公证的要求时，才依法予以办理。

35. 收养关系成立后，是否需要为被收养人办理户口登记？

收养关系成立后，收养人与被收养人之间就成立了拟制的父母子女关系，适用一切同父母子女关系有关的规定。从户籍管理的角度，既然在法律上被收养人已经成为收养人的子女，理应将被收养人纳入收养人的户籍之中。根据《中国公民收养子女登记办法》第 8 条的规定，收养关系成立后，需要为被收养人办理户口登记或者迁移手续的，由收养人持收养登记证到户口登记机关按照国家有关规定办理。需要明确的是：第一，为被收养人办理户口登记的前提是必须成立收养关系。只有通过合法的收养登记成立收养关系后，才能申请公安机关为被收养人办理有关的户口登记。第二，办理登记的职能部门是公安机关。这一点是由我国的户籍管理体制所决定的，无须多言。第三，根据被收养人的不同情况，需要办理的户口登记类型既包括原始的户口登记，也包括户口迁移。比如，在为孤儿、生父母有特殊困难无力抚养的子女办理户口手续时，因其户籍原来可能已落在其生父母或者其他监护人处，因此需要办理的是户口的迁移手续；而如果是为儿童福利机构抚养的查找不到生父母的未成年人办理户口手续，因本就无法查知其生父母原来的户籍所在地，此时需要为被收养人办理的就是原始的户籍登记手续。第四，为被收养人办理户口登记，需要依照国家有关规定进行。我国有不少关于户口登记的管理制度，这些制度对于规范公众的户口关系，提升户籍管理水平发挥了重要作用，为被收养人办理户口登记时，应当按照这些规定的要求，依法办理。

36. 收养关系解除的法律后果有哪些？

收养关系解除后，面临的首要问题就是未成年养子女的抚养、教育和保护。因为收养关系一旦解除，收养人与被收养人之间拟制的父母子女关系即告消除。从收养人的角度来说，其不可能再自愿承担起对被收养人的抚养、教育和保护义务。即使法律作了强制性规定，也无法再像收养关系存在时那般尽心竭力。因此，为了保护收养关系解除后被收养人的抚养教育问题，立法需要作出规定。考虑到生父母与被收养人之间始终存在无法割舍的血缘联系，在收养关系解除后，立法要求生父母承担起对于未成年子女的抚养教育责任，以确保未成年子女的利益不受侵犯。因此，《民法典》第1117条规定，在收养关系解除后，养子女与养父母及其他近亲属间的权利义务关系即行消除，而与生父母及其他近亲属的权利义务关系自行恢复，无须办理任何手续。同时，也不区分协议解除还是诉讼解除，均产生此种法律后果。这样一来，对于未成年被收养人的抚养、教育就不会出现真空，能够自动得以接续，未成年人可以继续在良好的环境下健康成长。另外，如果收养关系解除后，养子女已经成年，意味着养子女已经具备完全民事行为能力，具有独立的思考和认知能力，可以自主决定未来的生活安排，能够依据自己的所思所想规划未来，包括与谁确立亲子关系等。因此，立法有必要赋予成年养子女与生父母及其他近亲属在收养关系解除后是否恢复权利义务关系的选择权，尊重双方的自由意志和选择。这既体现了对成年养子女及其生父母独立人格的尊重，也在一定程度上体现了权利义务相对等的原则：一方面，成年养子女会对生父母将自己送养别人而未尽抚养教育之责心有不满；另一方面，成年养子女长期与养父母共同生活，与生父母之间没有太多生活经历，双方很难建立深厚的情感。

37. 收养关系解除后，有关生活费、抚养费支付的规定是怎样的？

收养关系存续期间，收养人除了付出时间和精力尽心照顾未成年子女之外，还要为子女的健康成长支出生活费、教育费、医疗费等各方面费用。在收养关系一直维持的情况下，收养人在精神和物质方面的付出可以通过将来养子女成年后履行赡养、扶助义务得到回报和补偿。但是，在收养关系解除后，收养人在收养关系存续期间所付出的各项费用便无法通过被收养人将来履行赡养义务的方式进行补偿。此时，从权利义务相对等的角度出发，立法需要对双方进行利益上的平衡。因此，《民法典》第 1118 条第 1 款规定，收养关系解除后，经养父母抚养的成年养子女，对缺乏劳动能力又缺乏生活来源的养父母，应当给付生活费。因养子女成年后虐待、遗弃养父母而解除收养关系的，养父母可以要求养子女补偿收养期间支出的抚养费。作出这样的规定，主要是为了保护收养人的合法权益，妥善处理解除收养关系后的相关事宜。对于生父母要求解除收养关系的，养父母可以要求生父母适当补偿收养期间支出的抚养费，但是因养父母虐待、遗弃养子女而解除收养关系的除外。

第六编 继 承

1. 继承从什么时间开始?

《民法典》第1121条第1款规定，继承从被继承人死亡时开始。继承的开始意味着继承法律关系的形成。继承开始的时间非常重要，继承开始的时间决定着继承人、受遗赠人范围，遗产的范围，遗产所有权的转移，遗嘱的效力，继承权的放弃。

继承开始取决于被继承人死亡的时间，因此如何确定被继承人死亡的时间至关重要。死亡从法律上而言，包括自然死亡与宣告死亡。《民法典》第15条对出生时间和死亡时间有明确的规定，自然人的出生时间和死亡时间，以出生证明、死亡证明记载的时间为准；没有出生证明、死亡证明的，以户籍登记或者其他有效身份登记记载的时间为准。有其他证据足以推翻以上记载时间的，以该证据证明的时间为准。《民法典》对宣告死亡的时间也作了规定，第48条规定，被宣告死亡的人，人民法院宣告死亡的判决作出之日视为其死亡的日期；因意外事件下落不明宣告死亡的，意外事件发生之日视为其死亡的日期。

2. 多人在同一事件中死亡，如何确定继承关系？

《民法典》第1121条第2款规定，相互有继承关系的数人在同一事件中死亡，难以确定死亡时间的，推定没有其他继承人的人先死亡。都有其他继承人，辈分不同的，推定长辈先死亡；辈分相同的，推定同时死亡，相互不发生继承。之所以这么规定，是从有利于保护继承人的利益角度考虑的。相互有继承关系的数人在同一事件中死亡的，根据本款规定，确定死亡时间需要根据具体情况判断：（1）在同一事件中死亡的相互有继承关系的数人，他们的死亡时间如果可以确定的，应当根据客观证据来确定。（2）如果没有证据能证明他们的死亡时间先后顺序的，则需要根据各自的具体情况进一步作出推定：第一种情况，如果有人没有其他继承人，仅有的继承人都在同一事件中死亡的，推定此人先死亡。这样规定就可以使其遗产能够依法被继承，而不会造成无人继承的状况。第二种情况，如果他们都有其他继承人，就需要再进一步根据他们之间的辈分情况来推定，具体而言：其一，辈分不同的，推定长辈先死亡。例如，甲、乙爷孙二人在同一事件中死亡，两人均有其他继承人，则推定爷爷甲先死亡，其孙子乙后死亡。其二，辈分相同的，推定同时死亡，相互之间不发生继承。例如，兄弟丙、丁在同一事件中死亡，两人也都有其他继承人，则推定二人同时死亡，不继承对方的遗产。

3. 遗产包括哪些财产？

《民法典》第1122条第1款规定，遗产是自然人死亡时遗留的个人合法财产。遗产是继承法律关系的客体，也是继承权的标的。遗产作为特殊的财产，与一般财产存在诸多不同：首先，遗产仅存于特定时间段。遗产是自然人死亡后所遗留的财产。遗产是在自然人死亡之后到财产被分割之前特定时间阶段的财产状态。其次，遗产在性质上属于财产。遗产为被继承人遗留的财产，即财产性权利和义务。再次，遗产是自然人死亡时遗留的所有个人财产。最后，遗产是自然人死亡时遗留的合法的财产。只有自然人生前合法取得的财产才能成为遗产。

理解遗产的范围需要从三个方面把握：第一，遗产首先是财产或财产性权益，非财产性权利（人格权、人身权或相关权益）不得作为遗产继承；第二，遗产必须是合法的财产权，非法的财产权也非遗产的范围；第三，遗产必须是被继承人个人的财产，非个人财产不属于遗产的范围。我国有些财产性权益属于家庭共有，而非属于个人。比如土地承包经营权、宅基地使用权等，根据农村土地承包法、土地管理法的相关规定，获得土地承包经营权、宅基地使用权的主体是以户为单位，并不是属于某个家庭成员。

《民法典》第1122条第2款规定，依照法律规定或者根据其性质不得继承的遗产，不得继承。原因在于，能被继承的遗产应当是能够转由他人承受的财产，有些个人财产性权益虽然合法，但由于法律上的特殊性质，不宜或者不能由他人承继，在这种情况下，法律有必要将其排除在可继承的遗产范围外。根据本款规定，主要有两类财产不得继承：第一类是根据其性质不得继承的遗产，这主要是与被继承人人身有关的专属性权利，如被继承人所签订的劳动合同上的权利义务，被继承人所签订的演出合同上的权利义务。第二类是根据法律规定不得继承的遗产。根据《民法典》第8条的规定，民事主体从事民事活动，不得违反法律。如果法律有明确规定某些财产不得继承，继承人自然不得继承。

4. 法定继承、遗嘱继承、遗赠扶养协议，哪个效力优先？

《民法典》第1123条规定，继承开始后，按照法定继承办理；有遗嘱的，按照遗嘱继承或者遗赠办理；有遗赠扶养协议的，按照协议办理。根据这一条规定：

首先，继承开始后，按照法定继承办理。在通常情况下，如果被继承人生前没有留有有效的遗嘱，继承开始后，就需要启动法定继承制度，根据继承编所规定的继承人范围、顺序、遗产分配方法等，确定各继承人之间所得遗产的数额。这是最为常见的继承方式。

其次，有遗嘱的，按照遗嘱继承或者遗赠办理。如果被继承人生前留下了合法有效的遗嘱，被继承人的财产就需要优先根据遗嘱的内容来分配。有遗嘱的，包括两种情况：一是遗嘱指定了特定的继承人继承，此时，就需要启动遗嘱继承程序，按照遗嘱的要求来分配遗产。二是被继承人通过遗嘱将遗产赠与继承人以外的个人或者组织，处理遗产就必须尊重被继承人的意思。被继承人的遗嘱可能是处理了自己的所有遗产，也可能是处理了部分遗产。不管哪种情况，只要有遗嘱，就优先按照遗嘱的指示来分配所涉及的部分遗产。遗嘱继承的效力之所以优先于法定继承，是因为遗嘱体现了被继承人的意思自治。法定继承是在被继承人意思缺位的时候，立法按照男女平等、养老育幼、权利义务相一致等公平合理的规则分配被继承人的遗产。

最后，有遗赠扶养协议的，按照协议办理。遗赠扶养协议是自然人生前与继承人以外的个人或者组织签订的协议。当事人之间签订的协议，双方当事人都必须遵守。在遗赠扶养协议中，扶养人有负责被扶养人生养死葬的义务，同时享有获得遗赠的权利；被扶养人生前有权要求扶养人照顾自己，同时也有义务在死亡后将自己的遗产赠与扶养人。从法律性质上讲，遗赠扶养协议是一种双务合同。这种协议也体现了被扶养人生前的自主意思，也应当尊重，理应比遗嘱效力优先。因此，在自然人生前与他人签订了遗赠扶养协议时，应当依遗赠扶养协议优先处理所涉遗产。由于双方当事人可以事先约定扶养人受遗赠的财产范围，超过此范围的遗产，如果被扶养人立有遗嘱，则应当按照遗嘱处理，如果没有遗嘱，则应当按照法定继承办理。需要注意的是，如果对于同一财产，遗赠扶养协议和遗赠都涉及时，应当优先按照遗赠扶养协议处理。

5. 继承人没有明确作出表示，是否意味着放弃继承？

《民法典》第 1124 条第 1 款规定，继承开始后，继承人放弃继承的，应当在遗产处理前，以书面形式作出放弃继承的表示；没有表示的，视为接受继承。放弃继承就是继承人作出不接受继承、不参与遗产分割的意思表示。放弃继承的继承人既可以是遗嘱继承人，也可以是法定继承人。放弃继承的意思表示既可以是继承人本人作出，也可以通过其代理人作出。继承权是继承人依法享有的一种权利，继承人可以放弃，也可以不放弃，应当尊重继承人的内心意思，任何人不得胁迫、欺诈他人放弃继承。根据法律规定，放弃继承必须在特定时间作出，即继承开始后，遗产处理前。继承人放弃继承必须在此时间段作出，既不能在继承尚未开始前放弃，也不能在遗产分割之后放弃。

继承人放弃继承，必须以书面方式作出。一方面，放弃继承意味着继承人不参与遗产分割，是对自己权利的重大处分，要求继承人以书面方式作出，可以让继承人三思而行，谨慎作出决定；另一方面，放弃继承后，继承人不再参与遗产分割，其他继承人将可以获得更多的遗产份额，为了避免当事人之间就遗产分割发生争议，以书面方式作出，更有利于保留证据。继承人放弃继承的书面意思表示，可以向遗产管理人作出，可以在涉遗产的诉讼中向人民法院作出，也可以向其他继承人作出。放弃继承还必须以明示方式作出，不得以默示方式作出。根据本款的规定，继承人在继承开始后遗产处理前，对是否接受继承，如果没有表示的，视为接受继承。

6. 受遗赠人应该在什么期限内表示是否接受遗赠？

《民法典》第1124条第2款规定，受遗赠人应当在知道受遗赠后60日内，作出接受或者放弃受遗赠的表示；到期没有表示的，视为放弃受遗赠。根据此规定，作出接受或者放弃受遗赠的期限为60日，即从受遗赠人知道受遗赠后的60日内作出。接受遗赠必须以明示的方式作出意思表示，受遗赠人在法定期限内不作意思表示的视为放弃。在本编起草审议过程中，有的意见提出，受遗赠人作出接受与放弃的意思表示也应当以书面方式作出，不作出的视为接受遗赠。自然人以遗嘱方式作出遗赠虽然是单方行为。但从法律的本质上而言，遗赠行为在某种程度上应当视为一种双方法律行为，遗赠人作出赠与的意思表示，受遗赠人接受方可，这就需要双方意思达成一致方能成立，遗赠人不得将自己的意思强加给另一方。因此，如果受遗赠人在法定期限内不作任何意思表示，赠与的合意难以形成，法律不宜强迫当事人达成合意，故不宜规定受遗赠人不作出接受表示即视为接受。同时，考虑到接受遗赠属于行使权利的行为，不宜对当事人要求过高，在形式上法律不宜作硬性规定，只要受遗赠人作出意思表示即可，不必非得以书面方式作出。

7. 在什么情况下会导致继承权丧失?

继承权丧失是指继承人因对被继承人或者其他继承人实施了法律所禁止的行为，而依法被取消继承被继承人遗产的资格。继承权丧失意味着继承人不再享有获得被继承人遗产的权利，继承人在继承开始后可以自主决定放弃继承权，但继承权丧失是法律规定取消继承权的情形。

根据《民法典》第1125条第1款的规定，丧失继承权的法定事由包括五种：

一是故意杀害被继承人。所谓故意杀害就是故意剥夺他人生命。(1) 在主观上，存在杀人的故意。不包括过失犯罪，也不包括过失或者因正当防卫致被继承人死亡。在犯罪动机上，不论继承人是否为了取得被继承人的遗产，只要求有杀人的故意。(2) 故意犯罪的对象必须是被继承人。(3) 在客观上实施了杀害行为。只要继承人实施了故意杀害被继承人的犯罪行为，不论犯罪是既遂还是未遂，都将丧失继承权。

二是为争夺遗产而杀害其他继承人。首先，在主观上，必须有杀害的故意，且动机为争夺遗产。其次，在客体上，所侵害的必须是其他继承人的生命。最后，在客观上，也是实施了杀害的行为，当然不论这种犯罪行为是否既遂，都构成丧失继承权的法定事由。

三是遗弃被继承人，或者虐待被继承人情节严重。这包括两种情况：第一种是遗弃被继承人。需要注意的是，只要行为人实施了遗弃被继承人的行为，而不论这种行为是否严重，即依法将失去继承权。第二种是虐待被继承人，如果继承人虐待被继承人情节严重，则构成丧失继承权的法定事由。需要注意的是，实施本项规定的两种行为的，只要实施了遗弃行为、虐待被继承人情节严重的，就可以认定丧失继承权，而不需要继承人必须达到构成遗弃罪和虐待罪的程度。

四是伪造、篡改、隐匿或者销毁遗嘱，情节严重。遗嘱是遗嘱人处分自己遗产的意思表示。自然人有处分自己财产的权利，有遗嘱自由，如果遗嘱被他人篡改、隐匿或者销毁，这歪曲了遗嘱人的真实意思，伪造遗嘱更是如此。因此，为尊重被继承人的遗愿，法律规定伪造、篡改、隐匿或者销毁遗嘱情节严重的，也构成丧失继承权的法定事由。

五是以欺诈、胁迫手段迫使或者妨碍被继承人设立、变更或者撤回遗嘱，情节严重。不论继承人是采取欺诈手段还是通过胁迫手段，只要导致被继承人的真实意思受到歪曲，情节严重的，就构成丧失继承权的法定事由。

8. 继承权丧失后，能够恢复吗？

《民法典》第 1125 条第 2 款规定，继承人有前款第 3 项至第 5 项行为，确有悔改表现，被继承人表示宽恕或者事后在遗嘱中将其列为继承人的，该继承人不丧失继承权。根据本款的规定，继承人虽然实施了某些导致丧失继承权的行为，但只要被继承人对其表示宽恕或者在遗嘱中仍将其列为继承人，其丧失的继承权即可以恢复。继承权恢复的前提条件是：第一，继承人是因为实施了前款第 3 项至第 5 项的行为而丧失继承权。第二，继承人确有悔改。第三，被继承人作出了恢复继承权的意思表示。

9. 我国法定继承人的范围是什么？

法定继承人的范围，是指应当赋予哪些人以法定继承权从而使其依法定继承方式继承被继承人的遗产。对于法定继承人的范围确定，各国一般都以婚姻和血缘关系为基础，但具体范围宽窄不一。根据《民法典》第 1127 条的规定，我国法定继承人的范围包括：配偶、子女、父母、兄弟姐妹、祖父母、外祖父母。根据《民法典》第1129条的规定，对公婆尽了主要赡养义务的丧偶儿媳和对岳父母尽了主要赡养义务的丧偶女婿也是法定继承人。

10. 法定继承的顺序是如何规定的？

法定继承的顺序，是指法律规定的法定继承人继承遗产的先后次序。由于法定继承人通常为多人，法律需要明确法定继承人之间应当优先取得继承的人选。被继承人与继承人之间血缘关系的远近及共同生活关系的密切程度是各国法律确定法定继承顺序的主要依据。法定继承顺序具有优先性和排他性，只有在没有前一顺序的继承人继承时，后一顺序的继承人才能继承遗产。

根据《民法典》第1127条的规定，在继承开始后，由被继承人的配偶、子女、父母继承，只要第一顺序继承人中至少有一人继承遗产的，第二顺序继承人就不能继承。在第一顺序继承人中，子女继承还有特殊性，如果子女先于被继承人死亡，根据代位继承制度，子女的直系晚辈血亲可以代位继承，在这种情况下，视为第一顺序继承人继承，第二顺序继承人不能继承。在没有第一顺序继承人继承时，由第二顺序继承人继承。“没有第一顺序继承人继承”包括第一顺序继承人不存在、死亡、丧失继承权、放弃继承等，且不存在适用代位继承的情形。

11. 民法典继承编对子女、父母和兄弟姐妹是如何界定的？

民法典继承编规定的子女、父母和兄弟姐妹的范围有其特殊性，因此这些界定子女、父母和兄弟姐妹范围的规定只适用于继承编。

1. 子女。

根据《民法典》第1127条第3款的规定，子女，包括婚生子女、非婚生子女、养子女和有扶养关系的继子女。根据婚姻家庭编的规定，非婚生子女与其生父母、养子女与其养父母、受继父或继母抚养教育的继子女与其继父母的权利义务关系与婚生子女与其父母的权利义务关系没有区别，根据父母和子女有相互继承遗产的权利的规定，非婚生子女、养子女、受继父或继母抚养教育的继子女可以继承其生父母、养父母和继父母的遗产。需要说明的是，该款界定的子女的范围，要比婚姻家庭编宽泛，因为该款规定为“有扶养关系的继子女”，这包括继子女受继父母抚养的情形，也包括继子女赡养继父母的情形。

2. 父母。

根据《民法典》第1127条第4款的规定，父母，包括生父母、养父母和有扶养关系的继父母。婚姻家庭编规定父母和子女有相互继承遗产的权利，父母有权继承子女的遗产。根据婚姻家庭编的规定，生父母与其非婚生子女、养父母与其养子女、继父母与受其抚养教育的继子女的权利义务关系适用父母子女关系的规定。需要说明的是，该款界定的父母的范围要比婚姻家庭编的宽泛，该款规定的“有扶养关系的继父母”既包括继父母抚养继子女的情形，也包括继父母被继子女赡养的情形。

3. 兄弟姐妹。

根据《民法典》第1127条第5款的规定，兄弟姐妹，包括同父母的兄弟姐妹、同父异母或者同母异父的兄弟姐妹、养兄弟姐妹、有扶养关系的继兄弟姐妹。同父异母或同母异父的兄弟姐妹、养兄弟姐妹与同父母的兄弟姐妹继承顺序相同，继承份额也相同。该款承认“有扶养关系的继兄弟姐妹”享有继承权，这既包括受被继承人生前扶养的继兄弟姐妹，也包括扶养被继承人的继兄弟姐妹。

12. 什么是代位继承?

代位继承制度是法定继承中的一项重要制度，对于保障遗产在各支系中合理分配、发挥遗产育幼功能等具有重大作用。代位继承也被称为“间接继承”，指具有法定继承权的人因主客观原因不能继承时，由其直系晚辈血亲按照该继承人的继承地位和顺序，继承被继承人遗产的制度。在代位继承中，具有法定继承权的人称为被代位继承人；按照被代位继承人的地位和顺序继承遗产的人称为代位继承人。

13. 丧偶儿媳对公婆，丧偶女婿对岳父母，尽了主要赡养义务的，为什么作为第一顺序继承人?

《继承法》第12条规定，丧偶儿媳对公、婆，丧偶女婿对岳父、岳母，尽了主要赡养义务的，作为第一顺序继承人。

在民法典立法过程中，对于这一规定有较多意见。一些意见认为应当取消这一规定，主要理由为法定继承人一般为配偶和血亲，儿媳与公婆、女婿与岳父母是姻亲关系，姻亲不应属于法定继承人。儿媳对公婆、女婿对岳父母在法律上无赡养义务，通过立法规范本属于道德范畴的问题不科学。丧偶儿媳和丧偶女婿基于此条成为法定继承人，他们的子女又可以根据代位继承的规定参与继承，丧偶一方可以取得两份遗产，对被继承人的其他子女有欠公平。

经研究认为，继承法除高度重视血亲、婚姻关系外，还高度重视扶养关系在继承中所起的作用。尽了主要赡养义务的丧偶儿媳和丧偶女婿可以作为第一顺序继承人参与继承，被认为是我国法定继承制度的一个重要特色，符合社会主义核心价值观，符合中华民族传统家庭美德和公序良俗，有利于弘扬优良家风，促进家庭内部互助友爱、团结和睦。同时，这一规定符合权利义务相一致的原则。在相关调研中，基层群众普遍认为这一规定在实践中效果好，具有倡导性作用，应当坚持。为此，《民法典》第1129条规定："丧偶儿媳对公婆，丧偶女婿对岳父母，尽了主要赡养义务的，作为第一顺序继承人。"

根据该条的规定，对公婆尽了主要赡养义务的丧偶儿媳和对岳父母尽了主要赡养义务的丧偶女婿，属于法定继承人，并且为第一顺序继承人。是否尽了主要赡养义务，需要结合相关因素判断，一是在时间上，要对公婆或者岳父母有长期性、经常性的赡养，直至其身故；二是在程度上，这种赡养是公婆或者岳父母的主要生活支柱。

14. 在法定继承中如何分配遗产份额？

如果在继承遗产时存在多个同一顺序的法定继承人，就应当确定各个法定继承人所应继承的遗产份额，这就涉及法定继承中遗产份额的分配问题。根据《民法典》第1130条规定，对于法定继承遗产份额的分配应当遵循以下原则：

1. 一般情况下同一顺序继承人继承遗产的份额应当均等。

该条第1款为法定继承中分配遗产份额应当遵循的一般原则，即遗产按照同一顺序继承人的人数平均分配，各继承人取得的遗产份额均等，不因其他因素而有所不同。继承遗产的份额均等是继承权平等原则的体现。

2. 特殊情况下同一顺序继承人继承遗产的份额可以不均等。

该条第2款至第5款规定了在某些特殊情况下，同一顺序继承人继承遗产的份额可以不均等，主要有以下四种情况：

（1）对生活有特殊困难的缺乏劳动能力的继承人，分配遗产时，应当予以照顾。应当予以照顾的继承人必须满足以下两个条件：一是生活有特殊困难，例如继承人没有独立的经济来源或者经济收入难以维持当地最低生活水平而导致生活有特殊困难；二是缺乏劳动能力，无法通过参加劳动改变生活困难的局面。对于此类继承人，在分配遗产时应当予以照顾，这实际上也为其他继承人施加了予以照顾的义务。

（2）对被继承人尽了主要扶养义务或者与被继承人共同生活的继承人，分配遗产时，可以多分。对被继承人尽了主要扶养义务的继承人是指对被继承人在经济上提供主要来源或者在生活上给予主要照顾的继承人，在遗产分配时给予这类继承人适当倾斜。与被继承人共同生活的继承人，与被继承人在经济上、生活上、情感上存在更为密切的关系，因此也可以多分遗产，这一般符合被继承人的意愿。

（3）有扶养能力和有扶养条件的继承人，不尽扶养义务的，分配遗产时，应当不分或者少分。对于这类继承人不分或者少分遗产必须符合以下两个条件：一是继承人有扶养能力和扶养条件。如果继承人自身无生活来源或者缺乏劳动能力等，不具备扶养被继承人的能力和条件，则不属于应当不分或者少分遗产的情形。二是继承人不尽扶养义务。继承人是否尽到扶养义务一般是从客观上来判断，但实践中也存在继承人有扶养能力和扶养条件，愿意尽扶养义务，但是被继承人因有固定收入和劳动能力，明确表示不要求其扶养的情形。在这种情况下，在分配遗产时，一般不应以此为据对该继承人不分或者少分遗产。如果被继承人生前需要继承人扶养，继承人有扶养能力和扶养条件却不尽扶养义务的，不仅违反公序良俗原则，而且违反法律规定，情节严重的甚至构成刑事犯罪，对这部分继承人，应当不分或者少分遗产。

（4）继承人协商同意的，也可以不均等。法定继承人之间本着互谅互让、和睦团结的精神，可以协商分配被继承人的遗产。各法定继承人经协商一致，同意不均分遗产的，继承份额也可以不均等。

15. 对继承人以外的与被继承人之间具有扶养关系的人分给适当遗产需要符合哪些条件？

根据《民法典》第1131条规定，对继承人以外的与被继承人之间具有扶养关系的人分给适当遗产需要符合下列条件：

1. 可以分给适当遗产的人为继承人以外的人。

该条的宗旨即在于创造一种新的遗产取得方式，使继承人以外的其他人基于正义、扶助的理念获得一定数量的遗产，因此可以分给适当遗产的人为继承人以外的人。

2. 可以分给适当遗产的条件为继承人以外的人与被继承人之间具有扶养关系。

不是继承人的人，只要其与被继承人之间具有扶养关系，就可以依据该条分得适当的遗产。与被继承人之间具有扶养关系，既包括依靠被继承人扶养的情形，也包括对被继承人扶养较多的情形。在这里，“扶养”指经济来源的提供、劳务帮助等方面的扶助，包括扶养、抚养、赡养三种类型。

3. 可以分给适当遗产的份额不具有确定性。

该条规定，对于与被继承人之间具有扶养关系的继承人以外的人，可以分给适当的遗产，没有对可以分得遗产份额的数额作明确规定。这主要是考虑到实践中情况复杂，无法规定统一的标准，在分配遗产时，对于被继承人以外的人，可以综合考虑其与被继承人之间扶养关系的程度、遗产数额以及法定继承人的具体情况等因素，由当事人之间协商确定或者由法院确定适当的遗产份额。

4. 可以分给适当遗产的适用情形为遗产按照法定继承办理时。

该条规定在法定继承这一章中，因此与被继承人有扶养关系的继承人以外的人仅在遗产按照法定继承办理时才可以请求分给适当遗产。如果被继承人生前以有效的遗嘱或者遗赠扶养协议等处分了其全部遗产，而没有为与其有扶养关系的继承人以外的人保留遗产份额，则应尊重被继承人的意思表示，不能以该条取代被继承人已明示的有效的意思表示。如果被继承人立了遗嘱或者遗赠扶养协议，但是因存在《民法典》第 1154 条规定的情形导致遗产中的有关部分按照法定继承办理的，对于这部分遗产可以适用《民法典》第 1131 条规定。

16. 在法定继承中，如何处理继承问题和分割遗产？

在法定继承中，如果继承人为多人，就需要在继承过程中平衡相互间的利益关系。一般而言，法定继承人之间具有亲属关系，为了避免继承人之间因争夺遗产而影响家庭和睦与社会安定，《民法典》第 1132 条规定，继承人应当以互谅互让、和睦团结为指导原则协商处理继承问题。

继承从被继承人死亡时开始，在法定继承中，法定继承人直接取得被继承人的遗产。当法定继承人为二人以上时，遗产属于各个继承人共同所有。继承遗产的目的是将遗产的所有权分配并转移给各继承人。在这一过程中，遗产分割发挥着重要作用。遗产分割是指继承开始后，依据法律或者按照遗嘱在各继承人之间进行遗产分配的民事法律行为。只有在遗产分割后，各继承人才能对所分配的遗产享有实际的所有权。遗产分割主要涉及的问题为遗产分割的时间、办法和份额。

遗产分割的时间，一般由继承人之间协商确定，既可以在继承开始后请求分割，也可以约定在一定期间后或者特定条件成就时再分割遗产。

遗产分割的办法主要有四种，即实物分割、变价分割、折价补偿分割、保留共有。实物分割，一般适用于可分物的遗产，即对作为遗产的原物直接进行分割并分配给各继承人。变价分割，既可以用于不宜进行原物分割的遗产，也可以用于继承人均不愿意取得该遗产的情况，此时可以将该遗产变卖后换取变价款，各继承人对变价款进行分割。折价补偿分割适用于继承人中有人愿意取得某项不宜进行原物分割的遗产的所有权，然后由该继承人分别向其他继承人补偿相应的价款。保留共有，适用于遗产不宜进行原物分割，继承人又均愿意取得遗产，或者各继承人基于某种目的愿意保持共有状态的情形，此时各继承人可以对该遗产按份共有。对遗产进行分割时，无论选择哪种办法，都应当遵循“遗产分割应当有利于生产和生活需要，不损害遗产的效用”的原则。

遗产分割的份额，应当以法律规定的或者当事人协商的各继承人应当继承的遗产份额为依据。继承人应当以《民法典》第 1130 条规定的分配遗产份额的原则协商确定各自应当取得的遗产份额，并以此为基础分割遗产。

分割遗产主要有两种方式：一种为继承人协商确定的方式，另一种为人民调解委员会调解或者法院裁判的方式。在分割遗产时，由于涉及继承人之间的利益关系，法律鼓励当事人通过协商方式确定遗产分割的时间、办法和份额。继承人之间协商不成的，任一继承人都可以向人民调解委员会申请调解或者向人民法院提起诉讼，通过调解或者裁判的方式确定遗产分割的时间、办法和份额。

17. 口头遗嘱的效力如何？

遗嘱是死因行为，遗嘱在遗嘱人死亡时发生效力。处在危急情况中的遗嘱人在立口头遗嘱后死亡的，如果遗嘱符合口头遗嘱的形式要件，口头遗嘱即发生法律效力。如果危急情况解除后，遗嘱人没有死亡，口头遗嘱不发生法律效力，但是该口头遗嘱是否可以有效成立直到遗嘱人以后死亡时再发生效力呢？考虑到口头遗嘱的内容完全依靠见证人的表述证明，准确性与证明力低，容易发生纠纷，《民法典》第 1138 条规定，危急情况消除后，遗嘱人能够以书面或者录音录像形式立遗嘱的，所立的口头遗嘱无效。也就是说，遗嘱人在危急情况下所立的口头遗嘱，在危急情况消除后，遗嘱人在世并且能够以其他形式立遗嘱的，该口头遗嘱失效。

18. 哪些人员不能作为遗嘱见证人？

遗嘱见证人是指在现场亲历遗嘱人立遗嘱的过程，能够证明遗嘱真实性的人。为了保障遗嘱的真实性，法律要求一些形式的遗嘱必须有一定数量的见证人在场见证。遗嘱是死因行为，即在遗嘱人死亡时发生效力，对遗嘱真实性的认定要依靠见证人的证明。为了确保遗嘱见证人是客观公正的，《民法典》第

1140 条规定，下列人员不能作为遗嘱见证人：

1. 无民事行为能力人、限制民事行为能力人以及其他不具有见证能力的人。

遗嘱见证人要在场见证立遗嘱过程，并在事后对遗嘱的内容、订立情形等作出证明，遗嘱见证人的证明对遗嘱效力具有重要影响，因此见证人必须具有完全民事行为能力。无民事行为能力人、限制民事行为能力人对事物缺乏足够的认识能力和判断能力，不能作为遗嘱见证人。在一些情况下，见证人虽然是完全民事行为能力人，但是可能不具有事实上的见证能力，如文盲以及对遗嘱所使用的语言掌握不充分的人等，这些人员对遗嘱具体内容的理解存在一定欠缺，如果承认此类见证人的资格，对遗嘱的真实性会产生影响。因此，遗嘱见证人除了完全民事行为能力人以外，还需要具有见证能力，见证能力的有无要根据具体事实情况进行判断。

2. 继承人、受遗赠人。

为了确保见证人能够公正客观地对遗嘱真实性作出证明，法律一般要求见证人与遗嘱内容没有利害关系。继承人、受遗赠人的利益会直接因遗嘱内容而受益或者受损。由继承人、受遗赠人担任见证人，可能会给遗嘱人造成影响，导致其立的遗嘱并非出于真实意愿。此外，继承人、受遗赠人在知晓遗嘱内容后还可能为了自己利益作出不真实的证明。因此，继承人、受遗赠人不能担任见证人。

3. 与继承人、受遗赠人有利害关系的人。

与继承人、受遗赠人有利害关系的人虽然不是遗嘱继承、遗赠法律关系的当事人，但由于其与继承人、受遗赠人有利害关系，可能会因遗嘱而间接地获得利益，因此有可能受利益驱动作不真实的证明，不宜担任遗嘱见证人。与继承人、受遗赠人有利害关系的人的情况比较复杂，其具体范围无法通过立法明确规定，应当具体情况具体分析。

19. 什么是遗嘱必留份？

必留份是指遗嘱人在立遗嘱时，应当为缺乏劳动能力又没有生活来源的继承人保留的必要的遗产份额。遗嘱自由原则是当事人意思自治原则以及保护私有财产原则在继承法领域的具体化，是各国继承法普遍确立的重要原则。但遗嘱自由不是完全无限制的自由，由于继承制度还发挥遗产的扶养功能和维护基本家庭伦理的功能，因此各国继承立法普遍对遗嘱自由设有一定的限制。《民法典》第 1141 条就通过规定必留份制度，对遗嘱人以遗嘱处分财产的权利进行了一定的限制。

根据该条的规定，必留份权利人为同时具备缺乏劳动能力和没有生活来源两个条件的法定继承人，该继承人既可以是第一顺序继承人，也可以是第二顺序继承人。继承编没有对必留份规定具体的份额，在实践中要根据个案的具体情况而确定，以满足必留份权利人的生活需要。必留份是法定继承人基本生活的保障，对于缺乏劳动能力又没有生活来源的继承人的必留份，在分割遗产时如果不足以清偿被继承人应当缴纳的税款和债务的，也应当为其保留必要的遗产。

20. 立有数份遗嘱时，如何认定遗嘱的效力？

遗嘱人立有数份遗嘱的，如果各个遗嘱之间的内容没有冲突，且遗嘱都符合继承编规定的遗嘱有效的要件的，则该数份遗嘱都有效。如果立有数份遗嘱，内容相抵触的，根据《民法典》第1142条第3款的规定，则以立遗嘱的时间作为认定遗嘱有效的判断标准，遗嘱人最后所立的遗嘱具有优先适用的效力。

21. 在哪些情况下遗嘱无效？

遗嘱有效除需要符合法律规定的形式要件外，还需要具备民事法律行为有效的条件，这既包括总则编规定的一般条件，也包括继承编规定的特别条件。根据《民法典》第1143条的规定，在下列情形下遗嘱无效：

1. 遗嘱人不具有遗嘱能力。

遗嘱能力是指自然人依法享有的可以用遗嘱形式处分个人财产的能力或资格。民法典没有对遗嘱人的遗嘱能力作出专门规定，主要是适用民事行为能力的规定，即只有完全民事行为能力人才可以立遗嘱，无民事行为能力人或者限制民事行为能力人所立的遗嘱无效。

2. 遗嘱并非遗嘱人真实的意思表示。

为了保障遗嘱人的财产处分权以及遗嘱自由，法律要求遗嘱必须是遗嘱人的真实意思表示，这体现在两方面：一是遗嘱必须出于遗嘱人的自愿，受欺诈、胁迫所立的遗嘱无效；二是遗嘱的内容真实可靠，伪造的遗嘱、遗嘱被篡改的部分无效。

欺诈、胁迫均构成对当事人意思表示自由的干涉，对于因受欺诈、胁迫而实施的民事法律行为，民法典规定，受欺诈方、受胁迫方有权请求人民法院或者仲裁机构予以撤销。法律赋予受欺诈方、受胁迫方以撤销权，可以使其对自己实施的民事法律行为的效力作出选择，最大限度地尊重其意思自治。撤销权针对已经生效的民事法律行为，使其具有溯及力地消灭，立遗嘱虽然也是一种民事法律行为，但是遗嘱自被继承人死亡时生效，遗嘱人无法撤销其有瑕疵的意思表示，为此，《民法典》第1143条规定，受欺诈、胁迫所立的遗嘱无效，区别于一般的因受欺诈、胁迫而实施的民事法律行为的效力。

伪造的遗嘱与遗嘱被篡改的内容属于虚假的遗嘱，遗嘱人并未作出相应的意思表示，因此无效。伪造与篡改有所区别：伪造的遗嘱是整个遗嘱的意思表示都为假，因此遗嘱全部无效；而篡改是在真实遗嘱的基础上对遗嘱的部分内容进行改动，由于遗嘱内容可能是多方面的，并且各项内容之间可能互相独立，因此遗嘱被篡改的，只是篡改的内容无效，不必然导致整个遗嘱无效。

22. 继承开始后，由谁负责通知相关当事人？

继承开始意味着继承人范围的确定、继承人和受遗赠人能够作出接受与放弃的意思表示等。《民法典》第1150条中规定，继承开始后，知道被继承人死亡的继承人应当及时通知其他继承人和遗嘱执行人。负有继承开始通知义务的人是继承人。通常来说，与被继承人共同生活的继承人最先知道被继承人死亡的事实。因此，继承人知道被继承人死亡时，有义务及时通知其他继承人和遗嘱执行人。

继承人中无人知道被继承人死亡或者知道被继承人死亡而不能通知的，由被继承人生前所在单位或者住所地的居民委员会、村民委员会负责通知。被继承人死亡时，可能没有继承人知道被继承人死亡的事实，或者因为继承人是无民事行为能力人而无法通知，在此情况下，法律规定被继承人生前所在单位或者住所地的居民委员会、村民委员会有通知义务。因此，负有继承开始通知义务的主体还包括被继承人生前所在单位、住所地的居民委员会或者村民委员会。被继承人生前所在单位就是被继承人生前最后工作的单位，可能是被继承人尚在服务的单位，也可能是被继承人退休的单位。由于很多企业的人员退休后，养老都转入社保保障部门，与单位不再有联系，所以被继承人生前所在单位也未必知道其死亡的事实，在这种情况下，就由被继承人住所地的居民委员会或者村民委员会负责通知。

23. 存有遗产的人负有什么义务？

遗产是被继承人遗留的个人遗产，是被继承人生前享有所有权的财产。被继承人死亡后，遗产的所有权随之转移。被继承人生前可能占有控制着自己所有的财产，这些财产也可能被其他人占有控制。继承人死亡后，就涉及遗产的保管问题。《民法典》第 1151 条规定，存有遗产的人，应当妥善保管遗产，任何组织或者个人不得侵吞或者争抢。因此，只要是存有遗产的人，都有义务妥善保管遗产。一是负有保管义务的主体是存有遗产的人。不管什么人，只要存有遗产，都有保管义务。二是必须妥善保管。存有遗产的人，必须像善良管理人一样保管好遗产，确保遗产不被损害、毁损或者灭失。存有遗产的人如果不愿意保管遗产，在遗产管理人确定之后，就应当将遗产交给遗产管理人保管。

任何组织和个人都不得侵吞或者抢夺遗产。存有遗产的人有妥善保管遗产的义务，而对于其他人而言，则不得侵害遗产。一方面，对于存有遗产的人来说，其必须妥善保管遗产，但不得侵吞遗产。所谓不得侵吞遗产就是不能据为己有，不论谁存有遗产，都必须如实告知遗产管理人其存有遗产的事实，在其不愿意继续保管时，还应当将遗产交由遗产管理人保管。即便根据继承人所留下的遗嘱该遗产由其继承或者受遗赠，存有遗产的继承人或者受遗赠人也必须告知遗产管理人，遗产由其存有。比如，甲生前留有一份遗嘱，遗嘱中将其所有的一幅名人字画 A 指定由其孙子乙继承。乙由于办画展需要，曾向甲借用 A 字画，画展结束后未归还给甲而是继续留在自己家中。甲死亡后，乙得知遗嘱指定了 A 字画由其继承，此时，乙也应当将其存有 A 字画的事实告知其他继承人或者遗嘱执行人。另一方面，不论遗产由谁保管，其他任何组织和个人都不得抢夺。所谓抢夺就是非法夺取。虽然遗产最终都将由继承人分割，但只要遗产不是由继承人存有，任何继承人都不得抢夺遗产，继承人之外的人也不得抢夺。不仅个人不得抢夺遗产，任何组织也不得抢夺遗产。当然，如果遗产被依法征收、征用，需要由享有法定权限的机关按照法定程序实施，必须依法给予补偿。

24. 什么是转继承?

转继承就是继承人本人在遗产分割前死亡时，其应得的遗产份额转由其继承人继承。被转为继承的人称为被转继承人，实际继承的人称为转位继承人。《民法典》第 1152 条规定，继承开始后，继承人于遗产分割前死亡，并没有放弃继承的，该继承人应当继承的遗产转给其继承人，但是遗嘱另有安排的除外。根据此规定，发生转继承的条件包括：一是被转继承人在被继承人死亡后，遗产分割前死亡。被转继承人只有在此特定的时段死亡才发生转继承的问题。如果在被继承人死亡前死亡，则可能发生代位继承的问题；如果在遗产分割之后死亡，则是一个新的继承问题，不存在转继承。二是被转继承人未放弃继承。如果被继承人死亡后，继承人放弃继承的，继承人的继承权已经不复存在，所谓的转继承也就无从谈起。三是遗嘱没有其他安排。所谓遗嘱没有其他安排，就是被继承人在其遗嘱中，没有特别说明所留遗产仅限于给继承人本人，不得转继承给其他人。

转继承的法律后果是，继承人应当继承的遗产转给其继承人。所谓继承人应当继承的遗产，就是无论根据法定继承还是遗嘱继承，只要应由继承人继承的财产，都适用转继承。转给其继承人，就是被转继承人应得到的一切遗产都转由其继承人继承。如被继承人甲有两个儿子，大儿子乙和小儿子丙。甲死亡后，留有遗嘱指定将其中的一个古董青花瓷瓶传给其长子乙，对于其他财产未做处理。在遗产分割前，乙不幸身故，生前未作任何放弃继承的意思表示。乙的继承人中仅有已出嫁的女儿丁。在分割遗产时，丁欲取走该青花瓷瓶。丙认为该古董系传家之宝，应当由其继承，故拒绝交给已经外嫁的丁。根据转继承的有关规定，由于甲在遗嘱中明确指定该古董由乙继承，虽然乙在遗产分割前死亡，但因其并未放弃继承，故其应得的遗产应通过转继承继承。作为乙的继承人，丁有权经转继承取得该青花瓷瓶，丙不得拒绝。

25. 如何从夫妻共同财产中确定遗产?

《民法典》第 1153 条第 1 款规定，夫妻共同所有的财产，除有约定的外，遗产分割时，应当先将共同所有的财产的一半分出为配偶所有，其余的为被继承人的遗产。因此，对于共同生活的夫妻而言，首先需要区分个人财产与夫妻共同财产。这需要根据夫妻财产制来判断：如果夫妻实行分别财产制，由于夫妻双方约定财产归各自所有，任何一方的财产都比较好确定；如果实行的是夫妻共同财产制，那就需要根据财产的状况来判断是属于共同财产还是属于个人财产。

《民法典》第 1063 条规定了属于夫妻一方财产的情形，具体包括：（1）一方的婚前财产；（2）一方因受到人身损害获得的赔偿或者补偿；（3）遗嘱或者赠与合同中确定只归一方的财产；（4）一方专用的生活用品；（5）其他应当归一方的财产。根据该条规定，被继承人的婚前财产、明确指定受赠人为其个人的财产、专用生活用品等，都属于个人财产，因此也就属于遗产的范畴。第 1062 条第 1 款规定了夫妻共同财产的范围，该条规定："夫妻在婚姻关系存续期间所得的下列财产，为夫妻的共同财产，归夫妻共同所有：（一）工资、奖金、劳务报酬；（二）生产、经营、投资的收益；（三）知识产权的收益；（四）继承或者受赠的财产，但是本法第一千零六十三条第三项规定的除外；（五）其他应当归共同所有的财产。"对于这些夫妻共同财产，必须先予以分割，才能确定哪些属于被继承人的个人财产。根据第1153条第1款的规定，对于夫妻共同财产，除有约定的外，遗产分割时，应当先将共同所有的财产的一半分出为配偶所有，其余的为被继承人的遗产。因此，对于夫妻共同财产，除非被继承人与其配偶另有约定，否则应当按各分一半的原则予以分割，故需要将其中的一半分给其配偶，剩下的一半才属于被继承人的遗产。

26. 如何从家庭共同财产中确定遗产？

《民法典》第1153条第2款规定，遗产在家庭共有财产之中的，遗产分割时，应当先分出他人的财产。被继承人与家庭成员共同生活，势必会与其他家庭成员有家庭共同财产，在分割遗产时，也必须将其个人的共有份额划分出来，确定为遗产。比如，土地承包经营的农户中有一家庭成员死亡，由于土地承包经营是以家庭为单位承包的，在分割遗产时，就需要根据农村土地承包法的规定予以分割。《农村土地承包法》第32条第1款规定："承包人应得的承包收益，依照继承法的规定继承。"因此，可以继承的仅为被继承人应得的承包收益，即开展承包经营获得的部分收益。再如，甲一家四口在城市购买商品房一套，该房产的所有权属于按份共有产权，其中甲享有70%的所有权，其余三口人各占10%的所有权份额。甲死亡后，就应当将其所有的70%的产权划分出来，只有这70%的商品房的建筑物区分所有权属于遗产。

27. 在什么情况下，遗产需要按照法定继承办理？

法定继承作为法律规定的继承方式，能够填补被继承人的遗愿空白。因此，在被继承人未就遗产作处分或者所作处分因特定原因而不实际发生效力时，就需要按照法定继承处理被继承人的遗产。根据《民法典》第1154条的规定，在以下四种情况下，应当按照法定继承处理被继承人的遗产：

一是遗嘱继承人放弃继承或者受遗赠人放弃受遗赠。根据《民法典》第1124条的规定，继承开始后，继承人可以放弃继承，受遗赠人可以放弃受遗赠。如果遗嘱继承人放弃遗嘱继承，那么遗嘱所涉及的部分遗产，就转为根据法定继承办理；同样，如果受遗赠人在知道受遗赠后明确表示放弃受遗赠的，或者在60日内未作接受遗赠的意思表示的，就视为放弃受遗赠，被继承人遗赠的那部分遗产就应按照法定继承办理。

二是遗嘱继承人丧失继承权或者受遗赠人丧失受遗赠权。《民法典》第1125条规定了继承人丧失继承权、受遗赠人丧失受遗赠权的法定事由。遗嘱继承人如果实施了法律规定的会导致丧失继承权的行为，丧失继承权后也未得到被继承人的宽恕，继承权未能恢复，本来根据遗嘱应由其继承的遗产，因其丧失继承权而转为按照法定继承办理。同样，如果受遗赠人实施了特定行为，丧失了受遗赠权，本应由其接受的遗产也需要法律明确应当如何处理。继承法未对丧失受遗赠权作出规定，《民法典》在第1125条第3款增加规定后，本项作了相应修改，明确受遗赠人丧失受遗赠权的，该部分遗产也应按照法定继承办理。

三是遗嘱继承人、受遗赠人先于遗嘱人死亡或者终止。遗嘱继承人先于遗嘱人死亡的，遗嘱人可能并不知道这一事实，此时，遗嘱所指定的继承人已经死亡，丧失民事主体资格，也就无法获得遗嘱继承权。需要注意的是，在法定继承情况下，继承人先于被继承人死亡的，可能发生代位继承，继承人的卑亲属将因代位继承而获得遗产。受遗赠的自然人先于遗嘱人死亡的，受遗赠的组织先于遗嘱人死亡即已终止，在遗嘱人死亡后，因为受遗赠人已经死亡或者终止，不再具有民事主体资格，也就无法就是否接受遗赠作出意思表示，同样不能获得遗赠的遗产。此时，遗嘱人所遗赠的此部分遗产，同样需要按照法定继承办理。

四是遗嘱无效部分所涉及的遗产。遗嘱继承优先于法定继承，但遗嘱继承优先的前提是遗嘱合法有效，如果遗嘱无效，那么就不具有执行的法律效力，遗嘱继承也就无从谈起。《民法典》第1143条规定了遗嘱无效的法定情形，包括无民事行为能力人和限制民事行为能力人所立的遗嘱，遗嘱人受欺诈所立遗嘱，遗嘱人受胁迫所立遗嘱，伪造的遗嘱，遗嘱被篡改的部分。不论遗嘱是因为哪种原因导致无效，遗嘱所涉及的那部分遗产都必须按照法定继承办理。同样，因为遗嘱还存在部分无效的情形，此时，仅所涉部分遗产应按照法定继承办理。

五是遗嘱未处分的遗产。被继承人死亡时如果立遗嘱了，遗嘱可能会处分全部遗产，此时就应按遗嘱执行。如果遗嘱仍有部分未处分的遗产，对这部分遗产就应按照法定继承办理。

28. 分割遗产时，胎儿尚未出生是否需要预留份额？

《民法典》第16条规定，涉及遗产继承、接受赠与等胎儿利益保护的，胎儿视为具有民事权利能力。但是，胎儿娩出时为死体的，其民事权利能力自始不存在。《民法典》第1155条规定，遗产分割时，应当保留胎儿的继承份额。胎儿享有继承权，但是毕竟胎儿尚未出生，无法确认胎儿是否能够正常出生。因此这一条规定在遗产分割的时候，需要保留胎儿的继承份额。所谓保留胎儿的继承份额，就是在计算参与遗产分割的人数时，应该将胎儿列入计算范围，作为参与分割的一分子，将其应得的遗产划分出来。需要注意的是，这里的继承份额，既包括法定继承时的继承份额，也包括遗嘱继承时的份额。在法定继承时，如果胎儿在继承人范围和顺序之内，就应当按照法定或者协商确定的分割原则、比例计算胎儿的应继承遗产份额。在遗嘱继承时，如果遗嘱中明确哪些遗产属于受孕之胎儿的，那么在分割遗产时，就应将此部分遗产予以保留，而不得以胎儿尚未出生为由予以瓜分。保留的是胎儿应得的遗产份额，就是将胎儿按照一个普通继承人计算所应获得的遗产。如果遗产是不动产，对不动产实行价值分割时，就要保留胎儿的那份价值；如果是对动产进行实物分割，就应保留胎儿应得的那部分实物。

29. 遗产分割有哪些方法?

《民法典》第 1156 条第 2 款规定，不宜分割的遗产，可以采取折价、适当补偿或者共有等方法处理。一般而言，遗产分割的方式包括四种：

一是实物分割。实物分割就是对遗产进行物理上的分离，继承人按照各自份额分别占有不同部分。比如，被继承人遗留有贵重首饰若干，即可以采取实物分割的方法，由每个继承人各分得若干件首饰。

二是变价分割。有的遗产不适合进行实物分割，进行实物分割可能导致该遗产失去价值，或者所有继承人都不想取得该遗产的实物，就可以变卖该遗产取得价款，由继承人按照各自的继承份额对价款进行分割。

三是补偿分割。对于不宜进行实物分割的遗产，如果其中有继承人愿意取得该遗产，就可以由该继承人取得遗产的所有权。再由取得遗产所有权的继承人，根据其他继承人对该遗产的价值所应取得的比例，支付相应的价金，对其他继承人予以补偿。

四是保留共有。有的遗产不宜进行实物分割，所有继承人都愿意取得该遗产的，或者继承人基于某种生产或生活的目的，愿意继续维持遗产的共有状况，就可以由继承人对该遗产继续维持共有。这时的共有属于按份共有，即根据各继承人应继承的份额共同享有所有权。保留共有的遗产可能是对家庭具有特殊纪念意义的物品。

30. 遗产分割时，发现被继承人欠债了，如何处理？

遗产是被继承人遗留的合法财产。有的被继承人在生前不仅会留有财产，还会留下债务或者其他义务。被继承人生前所负担的各种债务，理论上称为遗产债务。遗产债务是被继承人个人所欠的债务。这种债务可能完全是被继承人个人的债务，也可能是共同债务中被继承人应当分担的那部分债务。遗产债务是被继承人生前所欠的，被继承人死亡后因处理善后事务而发生的各种费用不属于遗产债务。遗产债务需要用遗产来偿还。根据《民法典》第1159条的规定，分割遗产，应当清偿被继承人依法应当缴纳的税款和债务。第一，清偿应缴纳的税款。如果被继承人生前有未缴纳的税款，所欠的税款可以视为其对国家所欠的债务。被继承人死亡后，就需要用其遗产来清偿所欠税款。税款，可能是被继承人生前未缴纳的个人所得税，也可能是其出售不动产应缴纳的印花税、增值税，等等。第二，清偿债务。债务就是被继承人生前对其他民事主体所负的私法上的各种债务。债务既包括合同之债，也包括侵权之债，还可以是不当得利或者无因管理之债；债务可能是主债务，也可能是因为提供保证、抵押、质押而形成的从债务；债务可能纯属个人债务，也可能是与他人形成的共同债务、连带债务。不论是哪种类型的债务，只要是被继承人生前所负，都需要以遗产清偿。

被继承人生前所欠税款和债务，应当在分割遗产之前予以清偿。遗产管理人在清理被继承人的债权债务后，需要及时予以处理，该缴纳的税款应当缴纳，该清偿的债务必须及时清偿。如果在分割遗产之前，不知道被继承人存在遗产债务的，在遗产分割之后，仍需要依法以遗产予以清偿。

31. 法定继承人、遗嘱继承人和受遗赠人之间如何清偿遗产债务？

《民法典》第1123条规定了遗赠、遗嘱继承和法定继承之间的优先效力，遗赠优先于遗嘱继承，遗嘱继承优先于法定继承。在遗产债务未得到有效清偿，遗产却已经分割时，就涉及如何从已经分割的遗产中清偿债务的问题，即遗产债务如何在受遗赠人、遗嘱继承人、法定继承人之间分配清偿的问题。根据《民法典》第1163条的规定，由法定继承人清偿被继承人依法应当缴纳的税款和债务；超过法定继承遗产实际价值部分，由遗嘱继承人和受遗赠人按比例以所得遗产清偿。第一，法定继承人的清偿责任。这一条首先规定，由法定继承人清偿被继承人依法应当缴纳的税款和债务。因此，如果遗产已经分割，清偿遗产债务需要先以法定继承人获得的遗产清偿。例如，被继承人甲死亡后留有遗产100万元，负债60万元。其中甲在遗嘱中将40万元指定由继承人乙继承，其余遗产未作安排。遗产分割时，乙根据遗嘱继承获得了40万元；其余遗产按照法定继承分割，继承人乙、丙和丁各分得20万元。遗产分割之后，甲的债权人戊发现遗产已经被分割，遂向甲的继承人主张债权。此时，即应由乙、丙和丁从经法定继承所获得的60万元遗产中予以清偿。第二，遗嘱继承人和受遗赠人的清偿责任。本条还规定，超过法定继承遗产实际价值部分，由遗嘱继承人和受遗赠人按比例以所得遗产清偿。所谓超过法定继承遗产实际价值部分，就是法定继承人所获得遗产的实际价值不足以偿还被继承人的遗产债务。遗嘱继承人和受遗赠人按比例清偿，是指由遗嘱继承人和受遗赠人按照所获得遗产的实际价值的比例来清偿。如果有多个遗嘱继承人，则由各遗嘱继承人之间按比例清偿；如果有多个受遗赠人，则由各受遗赠人按比例清偿。例如，甲死亡后留有价值500万元的遗产，在遗嘱中指定由继承人乙继承价值50万元的遗产，将其中150万元赠与好友丙，其余遗产未作处理。遗产分割时，将遗产中的150万元给了丙，乙按照遗嘱继承获得了50万元，其余300万元由继承人乙、丁各分得150万元。后来发现甲尚有400万元的债务未偿还。此时，就需要先由乙、丁用经法定继承取得的300万元偿还，其余100万元，则应由受遗赠人丙和遗嘱继承人乙按比例分担。因为乙按照遗嘱继承了50万元，丙受遗赠为150万元，所以乙和丙需要按照1∶3的比例清偿剩余的100万元债务，即乙偿还其中的25万元，丙偿还其中的75万元。

第七编 侵权责任

1. 教唆、帮助他人实施侵权行为的，怎样承担侵权责任？

《民法典》第1169条第1款规定：“教唆、帮助他人实施侵权行为的，应当与行为人承担连带责任。”这里的“他人”指的是完全民事行为能力人。教唆、帮助完全民事行为能力人实施侵权行为需要满足以下构成要件：

一是教唆人、帮助人实施了教唆、帮助行为。教唆行为，是指对他人进行开导、说服，或通过刺激、利诱、怂恿等方法使该他人从事侵权行为。教唆行为只能以积极的作为方式作出，消极的不作为不能成立教唆行为。教唆行为可以通过口头、书面或其他形式加以表达，可以公开进行也可以秘密进行，可以当面教唆也可以通过别人传信的方式间接教唆。帮助行为，是指给予他人以帮助，如提供工具或者指导方法，以便该他人易于实施侵权行为。帮助行为通常是以积极的作为方式作出，但具有作为义务的人故意不作为时也可能构成帮助行为。帮助的内容可以是物质上的，也可以是精神上的，可以在行为人实施侵权行为前，也可以在实施过程中。一般认为，教唆行为与帮助行为的区别在于：教唆行为的特点是教唆人本人不亲自实施侵权行为，而是唆使他人产生侵权意图并实施侵权行为或危险行为；而帮助行为可能并不对加害行为起决定性作用，只是对加害行为起促进作用。

二是教唆人、帮助人具有教唆、帮助的主观意图。一般来说，教唆行为与帮助行为都是教唆人、帮助人故意作出的，教唆人、帮助人能够意识到其作出的教唆、帮助行为所可能造成的损害后果。在帮助侵权中，如果被帮助人不知道存在帮助行为，也并不影响帮助行为的成立。

三是被教唆人、被帮助人实施了相应的侵权行为。这一要件要求教唆行为、帮助行为与被教唆人、被帮助人实施的侵权行为之间具有内在的联系。如果被教唆人、被帮助人实施的侵权行为与教唆行为、帮助行为没有任何联系，而是行为人另外实施的，那么，就该行为所造成的损害不应要求教唆人、帮助人承担侵权责任。这一点与刑法中的教唆犯罪存在明显区别，在刑法中，即便被教唆人没有按照教唆人的意图实施犯罪行为，教唆人的教唆行为仍然可能构成教唆未遂的犯罪。

根据民法典的规定，教唆人、帮助人实施教唆、帮助行为的法律后果是，教唆人、帮助人与行为人承担连带责任。受害人可以请求教唆人、帮助人或者行为人中的一人或者数人赔偿全部损失。

2. 如何理解民法典规定的自甘风险制度？

《民法典》第1176条规定，自愿参加具有一定风险的文体活动，因其他参加者的行为受到损害的，受害人不得请求其他参加者承担侵权责任；但是，其他参加者对损害的发生有故意或者重大过失的除外。活动组织者的责任适用本法第 1198 条至第 1201 条的规定。

理解这一规定需要注意以下四点：

一是受害人必须意识到所参加的文体活动的风险。这种风险必然存在，但是否会产生损害结果不确定。例如，参加篮球运动一定会存在冲撞，参加足球运动必然有铲球，这些行为都有造成倒地的风险，有造成骨折的风险，但是否必然出现这样的后果是不一定的，运动的剧烈程度、冲撞的角度、铲球的力度、双方是否遵守规则、运动护具的穿戴、参加者运动技能和身体素质等因素的不同，会产生很大的变数。本质上讲，参加任何文体活动都存在风险、可能造成损害。侵权责任编本着谨慎的精神，仅规定了“自愿参加具有一定风险的文体活动”中才能适用自甘风险制度。“具有一定风险”，应当理解为风险性较高、对自身条件有一定要求、对抗性较强等的文体活动。

二是在正常情况下，因其他参加者的行为受到损害的，其他参加者不承担侵权责任。具有一定风险的文体活动的参加者在了解风险的前提下，仍自愿参加，在文体活动中受到损害的，其他参加者不承担侵权责任。也就是说，法律规定这种情况下其他参加者直接免责。但是，其他参加者对损害的发生有故意或者重大过失的，这种情形下损害是由行为人的侵权行为造成的，已经超过其自甘风险的范围，法律规定了除外条款，对此应当根据双方的过错程度，确定损害责任的承担。为了防止侵权人不当地援用“自甘风险”条款免责，应限定其适用范围，这也是这一规定将侵权人承担责任的主观要件限定于故意或者重大过失的重要原因。

三是在活动组织者的责任承担上，法律规定适用安全保障义务的规定。但是应当明确，有些文体活动需要组织者详细明确告知参加者各种风险；有些活动按照经验不需要组织者告知参加者风险，因为这些活动的固有危险已经为社会一般人所知晓，更为参加者所熟知。这在确定文体活动组织者责任时，应当予以考虑。但是，固有风险之外的意外损害，应当由组织者承担。例如，参加马拉松活动，正常跑步过程中的晒伤、膝关节损伤、碰撞等运动伤害，是不需要组织者特别告知的。此外，在整个活动过程中，组织者是否尽到了必要的安全保障义务，如是否采用了足够安全的措施、是否设计了突发情况的预案、损害发生后是否及时采取了合理措施等，是考虑活动组织者是否尽到了责任的因素。当然，还要考虑受害人是否有过错以及过错程度。

四是适用这一规定需要结合具体的案件，从案件的具体情况出发，审慎确定文体活动是否具有一定的风险性，是否属于自甘风险的情况，当事人双方、活动组织者是否有过错以及过错程度，从各方面从严认定和把握。

3. 如何理解民法典规定的自力救济制度?

《民法典》第1177条规定，合法权益受到侵害，情况紧迫且不能及时获得国家机关保护，不立即采取措施将使其合法权益受到难以弥补的损害的，受害人可以在保护自己合法权益的必要范围内采取扣留侵权人的财物等合理措施；但是，应当立即请求有关国家机关处理。受害人采取的措施不当造成他人损害的，应当承担侵权责任。

理解这一规定需要注意以下四点：

一是情况紧迫且不能及时获得国家机关保护，这是前提条件。例如，走在路上发现自己被盗的自行车，此时不马上扣下自行车，以后将很难找到；马上去报案或者拨打110报警，时间上来不及。

二是不立即采取措施将使其合法权益受到难以弥补的损害，这是必要条件。如前例所述，如果不马上扣下自行车，骑车人骑着车走了，以后再去寻找车就很困难了。我国民事诉讼法、专利法等法律均使用了“难以弥补”的表述，为保持法律之间的一致性，这一规定使用了该表述。

三是只能在保护自己合法权益的必要范围内采取扣留侵权人的财物等合理措施，这是范围条件。“保护自己合法权益”把自助行为的目的揭示出来，实施自助行为不能超越保护自己合法权益这个范围；“必要范围”“合理措施”，主要是自助行为扣留的财物应当与保护的利益在价值上大体相当。例如，餐馆老板发现有人吃霸王餐，不交钱准备离去。为了维护自己的合法权益，可以扣留与餐费价值差不多的物品，要求将来送餐费时再归还物品。

四是应当立即请求有关国家机关处理，这是合法条件。自助行为结束后，行为人必须及时寻求公权力机关救济。若行为人怠于寻求公权力机关救济，或被公权力机关驳回，或被公权力机关认定行为超出必要限度，则不排除其行为不法性，仍需依侵权行为承担相应后果。“立即请求”是指自助行为完成后，

“情况紧迫”的阻却事由消失，受害人应当立刻、无迟延地向有关国家机关报告自己实施了自力救济的事实，由公权力机关及时介入处理。只有这样，自力救济才具有正当性，成为民法上的免责事由。同时该条明确规定，受害人采取的措施不当造成他人损害的，就突破了自力救济的必要性，应当承担侵权责任。

4. 侵害他人造成人身损害的一般赔偿范围是什么？

《民法典》第1179条规定，侵害他人造成人身损害的，应当赔偿医疗费、护理费、交通费、营养费、住院伙食补助费等为治疗和康复支出的合理费用，以及因误工减少的收入。造成残疾的，还应当赔偿辅助器具费和残疾赔偿金；造成死亡的，还应当赔偿丧葬费和死亡赔偿金。

根据这一规定，侵害他人造成人身损害的一般赔偿范围主要是：

1. 医疗费，包括挂号费、检查费、药费、治疗费、康复费等费用。在审判实践中，一般根据医疗机构出具的药费、治疗费等收费凭证，结合病历和诊断证明等相关证据确定医疗费的具体数额。赔偿义务人对治疗的合理性和必要性有异议的，应当承担相应的举证责任。医疗费的具体数额一般按一审法庭辩论终结前实际发生的确定。根据医疗证明或者鉴定意见确定在将来必然发生的医疗费，可以与已经发生的医疗费一并予以计算和赔偿，所以这一条所指的医疗费既包括已经发生的医疗费，也包括将来确定要产生的医疗费。

2. 护理费，是指受害人因受到损害导致生活不能自理，需要有人进行护理而产生的费用支出。赔偿护理费的前提是，受害人受到损害，生活不能自理或者不能完全自理，需要有人进行护理。这种情况，应当有医疗单位或法医的证明。证明需要陪护的，予以赔偿；没有必要的，则不予赔偿。在审判实践中，护理费一般根据护理人员的收入状况和护理人数、护理期限确定。护理人员有收入的，原则上参照其因误工而减少的收入计算；没有收入或雇用专门护工的，原则上参照当地护工从事同等级别护理的劳务报酬标准计算。护理期限原则上应计算至受害人恢复自理能力时止。受害人因残疾不能恢复自理能力的，可以根据其年龄、健康状况等因素确定合理的护理期限。

3. 交通费，是指受害人及其必要的陪护人员因就医或者转院所实际发生的用于交通的费用。赔偿交通费应当根据实际支出确定，以正式交通费的票证收据为准，票证收据记载的时间、地点、人数要与实际救治的时间、地点、人数相一致。对不合理的支出，不应当赔偿，但确定的标准不宜过于严格。例如，对没有就近治疗，但是选择的医院是合理、必要的，其交通费也应当赔偿。

4. 营养费，是指受害人通过平常饮食的摄入尚不能满足受损害身体的需求，以平常饮食以外的营养品作为对身体补充而支出的费用，是辅助治疗支出的费用。适当的营养支持能改善受害人的营养状况，有效地配合临床诊治，缩短住院时间，促进尽快康复。因此，营养费的支出对于受害人的治疗和康复有着不同程度的需要。营养费的赔偿数额，应当根据受害人伤残情况参照医疗机构的意见确定，既要有利于受害人身体的恢复，也要坚持必要性原则。

5. 住院伙食补助费，是指受害人遭受人身损害，在医院治疗期间支出的伙食费用。《最高人民法院关于审理人身损害赔偿案件适用法律若干问题的解释》第10条规定，住院伙食补助费可以参照当地国家机关一般工作人员的出差伙食补助标准予以确定。受害人确有必要到外地治疗，因客观原因不能住院，受害人本人及其陪护人员实际发生的住宿费和伙食费，其合理部分应予赔偿。由此可见，司法解释将“受害人确有必要到外地治疗，因客观原因不能住院，其陪护人员实际发生的伙食费”也纳入了受害人住院伙食补助费的范围，因为护理人员的护理费原则上参照其因误工而减少的收入计算，误工而减少的收入损失不能涵盖伙食支出。

6. 因误工减少的收入，是指受害人由于受到伤害，无法从事正常工作或者劳动而失去或者减少的工作、劳动收入。受害人受到伤害但并未残疾或者死亡的，因误工减少的收入就是受害人从受到损害到恢复正常能参加工作、劳动时止这段时间内的损失。因误工减少的收入的基本计算方法是：单位时间的实际收入乘以误工时间。

5. 侵害他人造成人身损害，如果造成了死亡，除了一般赔偿还应当赔偿什么？

《民法典》第1179条规定，侵害他人造成人身损害的，应当赔偿医疗费、护理费、交通费、营养费、住院伙食补助费等为治疗和康复支出的合理费用，以及因误工减少的收入。造成残疾的，还应当赔偿辅助器具费和残疾赔偿金；造成死亡的，还应当赔偿丧葬费和死亡赔偿金。

根据这一规定，侵害他人造成人身损害的，应当赔偿医疗费、护理费、交通费、营养费、住院伙食补助费等为治疗和康复支出的合理费用，以及因误工减少的收入。除此之外，造成死亡的，还应当赔偿的主要是丧葬费和死亡赔偿金。

被侵权人死亡的，其医疗费、丧葬费的赔偿较为明确，便于计算，争议不大。司法实践中，各级法院根据司法解释，对农村居民和城市居民按不同标准支付死亡赔偿金，一度引发“同命不同价”的争论。对死亡赔偿金的争论主要集中于如何确定死亡赔偿对象、赔偿范围和赔偿标准。

考虑到实践中的人身损害死亡赔偿案件千差万别，我国各地的经济情况差异较大，个体之间的实际情况也不完全相同，情况非常复杂，无法简单规定一个“放之全国而皆准”的标准，法律规定的任何赔偿标准都有可能无法照顾到这些差异，都有可能引起较大争议。从域外的经验看，多数国家都没有在法律中对人身损害死亡赔偿金的赔偿标准作明确规定，主要由法官在司法实践中根据具体案情自由裁量。因此，民法典没有规定统一的标准，由法官在处理具体案件时，根据个案的特殊情况，运用自由裁量权进行裁判。但是，为了便于解决纠纷，使受害人及时有效地获得赔偿，对因同一侵权行为造成多人死亡的情况，法律规定了可以以相同数额确定死亡赔偿金。

6. 如何理解“因同一侵权行为造成多人死亡的，可以以相同数额确定死亡赔偿金”的规定？

《民法典》第1180条规定，因同一侵权行为造成多人死亡的，可以以相同数额确定死亡赔偿金。

理解这一规定需要注意以下五点：

一是以相同数额确定死亡赔偿金并非确定死亡赔偿金的一般方式，若分别计算死亡赔偿金较为容易，可以不采用这种方式。

二是根据民法典的规定，以相同数额确定死亡赔偿金原则上仅适用于因同一侵权行为造成多人死亡的案件。

三是这一规定特别强调，对因同一侵权行为造成多人死亡的，只是“可以”以相同数额确定死亡赔偿金，而不是任何因同一侵权行为造成多人死亡的案件都“必须”或者“应当”以相同数额确定死亡赔偿金。至于什么情况下可以，什么情况下不可以，法院可以根据具体案情，综合考虑各种因素后决定。实践中，原告的态度也是一个重要的考虑因素，多数原告主动请求以相同数额确定死亡赔偿金的，当然可以；原告没有主动请求，但多数原告对法院所提以相同数额确定的死亡赔偿金方案没有异议的，也可以适用这种方式。

四是以相同数额确定死亡赔偿金的，原则上不考虑受害人的年龄、收入状况等个人因素。

五是本条只是规定，因同一侵权行为造成多人死亡的，可以对“死亡赔偿金”以相同数额确定，对死者在死亡前产生的医疗费、护理费等合理费用支出，以及丧葬费支出，宜根据实际支出情况单独计算，损失多少，赔偿多少。

7. 民法典对精神损害赔偿是如何规定的？

《民法典》第 1183 条规定，侵害自然人人身权益造成严重精神损害的，被侵权人有权请求精神损害赔偿。因故意或者重大过失侵害自然人具有人身意义的特定物造成严重精神损害的，被侵权人有权请求精神损害赔偿。

1. 侵害自然人人身权益造成严重精神损害的，被侵权人有权请求精神损害赔偿。

第一，精神损害赔偿的范围是侵害人身权益，侵害财产权益不在精神损害赔偿的范围之内。第二，需要造成严重精神损害。并非只要侵害他人人身权益被侵权人就可以获得精神损害赔偿，偶尔的痛苦和不高兴不能认为是严重精神损害。强调“严重”的精神损害，是为了防止精神损害赔偿被滥用。对“严重”的解释，应当采容忍限度理论，即超出了社会一般人的容忍限度，就认为是“严重”。第三，被侵权人有权请求精神损害赔偿。一般来说，请求精神损害赔偿的主体应当是直接遭受人身权侵害的本人，自不待言。在民法典侵权责任编编纂过程中，有的提出，被侵权人因侵权行为死亡的，其近亲属能否主张精神损害赔偿，不够明确，建议予以明确。不过，自侵权责任法明确规定精神损害赔偿制度开始，我国民事立法对这一问题的态度就是明确的：被侵权人因侵权行为死亡而导致近亲属受到严重的精神损害的，此时，第 1 款中规定的“侵害自然人人身权益”中的“自然人”就是被侵权人的近亲属。因被侵权人已经死亡，不存在本人精神损害的问题，是因为其死亡，给其近亲属造成了严重精神损害，因此第1款已经解决了这个问题。

2. 因故意或者重大过失侵害自然人具有人身意义的特定物造成严重精神损害的，被侵权人有权请求精神损害赔偿。

第一，这一款规定了侵害行为的主观要件，即故意或者重大过失。在民法理论中，重大过失基本等同于故意。第二，“具有人身意义的特定物”的范围，实践中，主要涉及的物品类型为：（1）与近亲属死者相关的特定纪念物品（如遗像、墓碑、骨灰盒、遗物等）；（2）与结婚礼仪相关的特定纪念物品（如录像、照片等）；（3）与家族祖先相关的特定纪念物品（如祖坟、族谱、祠堂等）。这些物品对被侵权人具有人身意义。

3. 关于精神损害赔偿的数额。

精神损害本身无法用金钱数额进行衡量，但是精神损害赔偿的数额应该与精神损害的严重程度相一致。侵权人的过错程度、侵害手段、场合、行为方式、侵权行为所造成的后果，是衡量被侵权人精神损害程度的重要因素。越是故意甚至恶意的主观状态、在更为公开的场合、以更为恶劣的加害手段侵害被侵权人，对被侵权人造成更为严重的后果，则被侵权人所受精神损害的程度就越深，侵权人应承担的赔偿数额也就越高。同时应当承认，侵权人的获利情况、侵权人承担责任的经济能力与司法政策、法官结合具体案件自由裁量密不可分，因此精神损害赔偿的数额，宜在具体案件中，结合个案情况灵活处理。随着社会经济的发展变化，精神损害赔偿的数额也会随之发生变化。

8. 无民事行为能力人、限制民事行为能力人造成他人损害的，如何承担侵权责任？

《民法典》第 1188 条第 1 款规定，无民事行为能力人、限制民事行为能力人造成他人损害的，由监护人承担侵权责任。监护人尽到监护职责的，可以减轻其侵权责任。第 2 款规定，有财产的无民事行为能力人、限制民事行为能力人造成他人损害的，从本人财产中支付赔偿费用；不足部分，由监护人赔偿。

第 1 款主要规定责任能力和监护人承担监护责任的问题。监护责任是无过错责任还是过错责任，一直以来都有争议。第 1 款规定，无民事行为能力人、限制民事行为能力人造成他人损害的，由监护人承担民事责任，是由监护人的职责所决定的。由于大多数监护人与被监护人有血缘等密切关系，监护人有责任通过教育、管理等方式来减少或者避免被监护人侵权行为的发生。无民事行为能力人或者限制民事行为能力人造成他人损害的，应当由监护人承担侵权责任。

依照第 2 款的规定，在具体承担赔偿责任时，如果被监护人有财产，比如未成年人接受了亲友赠与的财产或者拥有其他价值较大的财产等，那么应当首先从被监护人的财产中支付赔偿费用，不足的部分再由监护人承担赔偿责任。虽然从我国的情况来看，无民事行为能力人或者限制民事行为能力人有自己独立财产的情况不多，但是随着经济和社会的多元化发展，无民事行为能力人或者限制民事行为能力人通过创作、接受赠与或者继承等方式取得独立财产的情况会越来越多，因此，以自己的财产对自己造成他人的损害承担赔偿责任，也是公平的。这一款的一个重要意义在于，解决父母等亲属之外的人员或者单位作为监护人的情况下，被监护人造成他人损害的，如果要求监护人承担责任，那么实践中很多个人或者单位可能不愿意担任监护人，这对被监护人的成长、生活会造成负面影响。为了打消这种顾虑，考虑到父母等亲属之外的人员或者单位承担监护人的情况下，可能会给被监护人留有独立财产。在这种情况下，先从被监护人的财产中支付赔偿费用更有制度安排上的意义。当然，从被监护人的财产中支付赔偿费用的，应当保留被监护人基本的生活费用，保障其正常的生活和学习不受影响。被监护人的财产不足以支付赔偿费用的，其余部分由监护人承担。

9. 委托监护时，无民事行为能力人、限制民事行为能力人造成他人损害的，监护人如何承担责任？

《民法典》第1189条规定，无民事行为能力人、限制民事行为能力人造成他人损害，监护人将监护职责委托给他人的，监护人应当承担侵权责任；受托人有过错的，承担相应的责任。

委托监护是指监护人委托他人代行监护的职责，是一种双方的民事法律行为，是监护人与受托人之间关于受托人为委托人履行监护职责、处理监护事务的协议，须有监护人委托与受委托人接受委托的意思表示一致才能成立。因此，很多学者将委托监护认定为一种合同关系。

委托监护当事人之间的委托协议一旦成立，受托人即负有依约定为委托人履行监护职责的义务；委托人负有依其约定支付必要费用的义务，如果合同中约定了支付报酬的内容，则还应当向受托人支付办理受托事务的报酬。委托人和受托人任何一方违反义务，都应当向对方负违约责任。但实践中，我国委托监护一般发生在亲朋好友之间，所以这种合同往往是口头的，也基本上是无偿的。

在委托监护中，委托人可以将部分监护职责委托给受托人行使，也可以将全部监护职责委托给受托人行使。受托人行使何种职责，由当事人之间委托监护的协议确定。

需要特别说明的是，委托监护不同于意定监护。意定监护是在监护领域对自愿原则的贯彻落实，是具有完全民事行为能力的成年人对自己将来的监护事务，按照自己的意愿事先所作的安排。《民法典》第 33 条规定了这一制度：具有完全民事行为能力的成年人，可以与其近亲属、其他愿意担任监护人的个人或者组织事先协商，以书面形式确定自己的监护人，在自己丧失或者部分丧失民事行为能力时，由该监护人履行监护职责。由此可以看出两者主要有以下不同点：

第一，委托监护是监护人与非监护人之间确定非监护人代行监护职责的协议，而意定监护是法定监护人之间确定监护人的协议。

第二，在委托监护中，尽管委托人可以将监护职责全部委托给受托人，但即使在此情况下，受托人也不是监护人。也就是说，监护人不能依照委托监护的协议将监护人的资格转让给他人，他人也不能通过委托监护的协议来取得监护资格。因此，在委托监护中即使监护职责全部由受托人行使，监护人的监护资格也不丧失。在意定监护中，依当事人之间的协议所确定的监护人对被监护人负监护人责任，其就是被监护人的监护人。

第三，委托监护适用于无民事行为能力人、限制民事行为能力人的未成年人或者成年人。意定监护只适用于具有完全民事行为能力的成年人。

根据这一条规定，无民事行为能力人、限制民事行为能力人造成他人损害，监护人将监护职责委托给他人的，监护人应当承担侵权责任。这意味着，实行监护人责任首负原则。除监护人以外，如果受托人有过错的，也要承担相应的责任。具体承担责任的范围，由司法机关结合具体案件情况依法裁量。

10. 个人之间因提供劳务造成他人损害和自己损害的，责任如何承担？

《民法典》第1192条第1款规定，个人之间形成劳务关系，提供劳务一方因劳务造成他人损害的，由接受劳务一方承担侵权责任。接受劳务一方承担侵权责任后，可以向有故意或者重大过失的提供劳务一方追偿。提供劳务一方因劳务受到损害的，根据双方各自的过错承担相应的责任。第2款规定，提供劳务期间，因第三人的行为造成提供劳务一方损害的，提供劳务一方有权请求第三人承担侵权责任，也有权请求接受劳务一方给予补偿。接受劳务一方补偿后，可以向第三人追偿。

11. 承揽人在完成工作过程中造成第三人损害或者自己损害的，如何承担责任？

《民法典》第 1193 条规定，承揽人在完成工作过程中造成第三人损害或者自己损害的，定作人不承担侵权责任。但是，定作人对定作、指示或者选任有过错的，应当承担相应的责任。

民法典规定的承揽合同是承揽人按照定作人的要求完成工作，交付工作成果，定作人给付报酬的合同。承揽包括加工、定作、修理、复制、测试、检验等工作。考虑到在大多数情况下，承揽人主要依靠自己的技术和专业技能独立完成承揽工作，不受定作人的支配，承揽人对第三人造成损害或者造成自身损害时，不应要求定作人承担侵权责任。但是，定作人对定作、指示或者选任存在过错的，需要承担相应的过错责任，这是指定作人的指示过失责任。

需要指出的是，《民法典》第 1192 条系个人之间形成劳务关系后因提供劳务造成他人损害和自己损害的责任的规定，不适用本条因承揽关系产生的纠纷。根据合同编的规定，承揽合同是承揽人按照定作人的要求完成工作，交付工作成果，定作人给付报酬的合同。承揽包括加工、定作、修理、测试、检验等工作。承揽合同与劳务合同的区别在于：承揽合同的劳动者所交付的标的是劳动成果，而劳务合同的劳动者交付的标的是劳动，定作人与承揽人之间不存在劳务关系。

12. 安全保障人未尽到安全保障义务，需要承担什么责任？

根据安全保障义务的内容不同，可以将安全保障义务分为以下两类：

一是防止他人遭受义务人侵害的安全保障义务。这是指安全保障义务人负有不因自己的行为而直接使他人的人身或者财产受到侵害的义务。例如，宾馆负有不因自己提供的服务或者设施存在危险而使前来住宿的客人受伤的安全保障义务。

二是防止他人遭受第三人侵害的安全保障义务。这是指安全保障义务人负有的不因自己的不作为而使他人的人身或者财产遭受自己之外的第三人侵害的义务。例如，宾馆对在本宾馆住宿的旅客负有使其人身或者财产安全免受第三人侵害的义务。他们之间的区别主要是造成损害后果的直接侵害人不同，未尽到前一类义务造成他人损害的，其直接加害人就是安全保障义务人，没有第三人的介入；未尽到后一类义务的并不必然导致他人的损害，只有当这种未尽到义务的行为与第三人的侵权行为相互结合时才导致了他人的损害。

民法典根据所未尽到的义务种类的不同，规定了安全保障义务人不同的侵权责任：

第一，安全保障义务人未尽到防止他人遭受义务人侵害的安全保障义务的，应当承担侵权责任。如果损害结果的发生没有第三人的介入，安全保障义务人就应当自己承担全部侵权责任。例如，顾客到餐厅吃饭，由于餐厅的地板有油渍导致顾客摔倒受伤的，餐厅就应当承担侵权责任。

第二，安全保障义务人未尽到防止他人遭受第三人侵害的安全保障义务的，应当承担相应的补充责任。实践中，存在不少第三人的侵权行为和安全保障义务人未尽到安全保障义务两个因素结合在一起而造成他人损害的情形。例如，储户到银行取钱或者存款，遭到第三人抢劫，银行的保安人员未尽到安全保障义务，没有及时注意或者制止，导致储户钱款被抢或者人身受到伤害；又如，宾馆没有完善的保安措施或者没有认真履行保安职责，导致住宿旅客被外来人员殴打等。在这种情形下，根据民法典的规定，第三人的行为是造成损害的直接原因，应当首先由第三人承担侵权责任。在上述例子中，应当先由抢劫者和打人者承担侵权责任，安全保障义务人未尽到安全保障义务也是造成损害的因素，应当承担相应的补充责任。

13. 无民事行为能力人在幼儿园、学校或者其他教育机构学习、生活期间受到人身损害的，幼儿园、学校或者其他教育机构如何承担侵权责任?

《民法典》第 1199 条规定，无民事行为能力人在幼儿园、学校或者其他教育机构学习、生活期间受到人身损害的，幼儿园、学校或者其他教育机构应当承担侵权责任；但是，能够证明尽到教育、管理职责的，不承担侵权责任。

对这一规定的理解应把握以下四点：

第一，这一规定采用过错推定原则。这主要是考虑到：无民事行为能力人智力发育还很不成熟，对事物的认知和判断上存在较大不足，不能辨认或者不能充分理解自己行为的后果，必须加以特别保护，这就要求学校更多地履行保护孩子身心健康的义务。无民事行为能力人在幼儿园、学校或者其他教育机构学习、生活期间，超越了监护人的控制范围，如果受到人身损害，基本无法对事故发生的情形准确地加以描述，此时要让无民事行为能力人或者其监护人来证明学校的过错，几乎是不可能的。采用过错推定原则，学校也能举证反驳，可以通过证明已经尽到了相当的注意并且实施了合理的行为，以达到免责的目的。同时，学校等教育机构更有可能通过保险等方式来向社会转移风险。

第二，由幼儿园、学校和其他教育机构承担侵权责任的侵权行为的范围，应当限于发生在幼儿园、学校和其他教育机构的教育、教学活动中或者其负有管理责任的校舍、场地、其他教育教学设施、生活设施中的侵权行为。但具体范围究竟有多宽，存在不同意见，如学生自行到校或者放学后滞留学校发生的损害，幼儿园、学校和其他教育机构是否应当承担侵权责任等。由于这个问题较为复杂，与幼儿园、学校和其他教育机构所应负有的教育、管理职责密切相关，实践中个案的情况也千差万别，作出统一、具体的规定较为困难，由人民法院在具体案件审判过程中作出判断更为合适。

第三，如何确定教育、管理职责的范围，进而判断幼儿园、学校和其他教育机构是否已尽教育、管理职责，也存在一定争议。实际上，教育法、未成年人保护法以及其他法规和规章中，对于幼儿园、学校和其他教育机构的教育、管理职责已经作了广泛、具体的规定，出现纠纷时，应当参考这些规定结合具体情况由人民法院作出最终判断，法律对此没有也很难作出具体规定。

第四，关于免责事由。在制定侵权责任法和编纂民法典的过程中，有的意见建议明确幼儿园、学校和其他教育机构不承担赔偿责任的具体情形，如在自行上学、放学、返校、离校途中发生损害的，学生参加体育锻炼正常对抗中造成损害的，等等。但是，这些情形有的根据民法典规定明显不属于幼儿园、学校和其他教育机构的责任，有的在侵权责任编“一般规定”一章中已经有所规定，没有必要再作重复规定。

14. 限制民事行为能力人在学校或者其他教育机构学习、生活期间受到人身损害，与无民事行为能力人在学校或者其他教育机构学习、生活期间受到人身损害，学校或者其他教育机构承担责任方面有什么不同？

《民法典》第1200条规定，限制民事行为能力人在学校或者其他教育机构学习、生活期间受到人身损害，学校或者其他教育机构未尽到教育、管理职责的，应当承担侵权责任。

根据这一规定，限制民事行为能力人在学校或者其他教育机构学习、生活期间受到人身损害的，如果该限制民事行为能力人或者其监护人能够证明学校或者其他教育机构没有尽到教育、管理职责，对该限制民事行为能力人所发生的人身损害有过错，学校或者其他教育机构就要承担责任。与《民法典》第1199条采用过错推定原则不同，对限制民事行为能力人的情况，本条采用了过错责任原则，主要是考虑到：与无民事行为能力人相比，限制民事行为能力人的心智已渐趋成熟，对事物已有一定的认知和判断能力，能够在一定程度上理解自己行为的后果，对一些容易遭受人身损害的行为也有了充分认识，应当在构建和谐的成长环境的同时，鼓励其广泛地参加各类学校活动和社会关系，以利于其更好、更有效地学习、成长。如果适用过错推定原则，课以学校较重的举证负担，为避免发生意外事故，有的学校会采取消极预防的手段，如减少学生体育活动、劳动实践，不再组织春游、参观等校外活动，严格限制学生在校时间，甚至不允许学生在课间互相追逐打闹等，一些措施甚至与素质教育目标背道而驰，成为推行素质教育的一大障碍，最终不利于学生的成长、成熟。同时，在判断学校是否尽到教育、管理职责时也可以通过采用客观化的判断标准，如学校的各种教学设施是否符合安全要求，对存在的各种安全隐患是否及时排除、是否已采取必要的防范措施，学校是否制定了合理、明确的安全规章制度等来缓和举证责任，减轻被侵权人的举证负担，以利于对学生的救济。

15. 无民事行为能力人或者限制民事行为能力人受到校外人员人身损害时，有关主体如何承担侵权责任？

《民法典》第1201条规定，无民事行为能力人或者限制民事行为能力人在幼儿园、学校或者其他教育机构学习、生活期间，受到幼儿园、学校或者其他教育机构以外的第三人人身损害的，由第三人承担侵权责任；幼儿园、学校或者其他教育机构未尽到管理职责的，承担相应的补充责任。幼儿园、学校或者其他教育机构承担补充责任后，可以向第三人追偿。

1. 幼儿园、学校或者其他教育机构以外的人员承担的侵权责任。

幼儿园、学校或者其他教育机构以外的人员是指幼儿园、学校或者其他教育机构的教师、学生和其他工作人员以外的人员。

如果未成年人在幼儿园、学校或者其他教育机构学习、生活期间遭受人身损害，是由幼儿园、学校或者其他教育机构本身的人员的行为造成的，幼儿园、学校或者其他教育机构未尽到教育、管理职责时，就要承担责任。比如因学校的教学和生活设施、设备不符合安全标准或者管理、维护不当引起的学生人身损害；因学校提供的食品、药品、饮用水、教学用具或者其他物品不合格引起的学生人身损害；因学校教师或者其他工作人员体罚、变相体罚学生或者其他侮辱学生人格尊严的行为引起的学生人身损害；学生之间互相嬉戏、玩耍，教师管理不当造成学生人身损害等。但在某些情况下，幼儿园、学校或者其他教育机构以外的人员可能进入校园内或者在幼儿园、学校或者其他教育机构组织学生外出活动期间直接造成学生人身伤害，如社会人员进入学校殴打学生，校外车辆在校园内撞伤学生等。在这种情况下，该幼儿园、学校或者其他教育机构以外的人员的侵权行为直接造成人身损害后果的发生，其作为侵权人就应当依法承担侵权责任。

2. 幼儿园、学校或者其他教育机构承担的相应补充责任。

无民事行为能力人或者限制民事行为能力人在幼儿园、学校或者其他教育机构学习、生活期间，受到幼儿园、学校或者其他教育机构以外的人员人身损害的，该人员作为侵权人应当承担侵权责任。但由于此时受到人身损害的无民事行为能力人或者限制民事行为能力人仍在幼儿园、学校或者其他教育机构的监管之下，幼儿园、学校或者其他教育机构仍负有管理职责，如果幼儿园、学校或者其他教育机构未尽到管理职责的，对损害的发生也具有过错，其未尽到管理职责的行为是造成损害发生的间接原因，应当承担补充责任。幼儿园、学校或者其他教育机构是否尽到管理职责，要根据人身损害发生时的具体情况判断，如幼儿园、学校或者其他教育机构的安全管理制度是否有明显疏漏，或者是否管理混乱，存在重大安全隐患。如果幼儿园、学校或者其他教育机构的安全保卫工作存在过失，如学校门卫管理制度欠缺或者门卫管理不善，导致校外人员随意进入学校殴打学生，或者学校为改善经济条件将学校校舍、场地租给他人使用，甚至将学校操场辟为停车场，致使校内常有车辆来往，出现车辆撞伤、撞死学生等情况的，学校就应承担补充责任。理解这一规定应当注意第三人的侵权责任和安全保障义务人的补充责任有先后顺序。首先由第三人承担侵权责任，在无法找到第三人或者第三人没有能力全部承担侵权责任时，才由幼儿园、学校或者其他教育机构承担侵权责任。如果第三人已经全部承担侵权责任，则幼儿园、学校或者其他教育机构不再承担侵权责任。

3. 幼儿园、学校或者其他教育机构承担补充责任后，可以向第三人追偿。

规定幼儿园、学校或者其他教育机构承担补充责任后，可以向第三人追偿，一是符合不真正连带责任的法理。第三人因为距离损害更近，属于终局责任人，安全保障义务人可以向其追偿。二是有利于避免司法中的争议，为实践中出现的具体案例提供法律依据，更好地保障无民事行为能力人或者限制民事行为能力人的成长，也为平安校园建设提供支撑。

16. 因产品存在缺陷造成他人损害的，被侵权人要求损害赔偿的途径是什么？

《民法典》第 1203 条第 1 款规定，因产品存在缺陷造成他人损害的，被侵权人可以向产品的生产者请求赔偿，也可以向产品的销售者请求赔偿。第 2 款规定，产品缺陷由生产者造成的，销售者赔偿后，有权向生产者追偿。因销售者的过错使产品存在缺陷的，生产者赔偿后，有权向销售者追偿。

首先，这一规定所说的被侵权人，是指因产品存在缺陷造成人身、财产损害之后，有权要求获得赔偿的人。包括直接购买并使用缺陷产品的人，也包括非直接购买使用缺陷产品但受到缺陷产品损害的其他人。

其次，这一规定从方便被侵权人维护自己合法权益的角度出发，规定了被侵权人请求赔偿的两个途径：一是可以向产品的生产者请求赔偿；二是可以向产品的销售者请求赔偿。也就是说，只要是缺陷产品引起的损害，被侵权人就可以向生产者和销售者中的任何一方提出赔偿请求。

最后，根据这一规定，生产者、销售者中先行赔偿的一方有权向应当承担责任的一方追偿自己已经向被侵权人垫付的赔偿费用。预先垫付了赔偿费用的一方有权要求有责任的一方支付自己已经垫付的费用。需要明确的是，生产者和销售者承担产品责任的原则是不同的，生产者承担无过错责任，销售者承担过错责任，对此本条明确规定"产品缺陷由生产者造成的，销售者赔偿后，有权向生产者追偿。因销售者的过错使产品存在缺陷的，生产者赔偿后，有权向销售者追偿"。先行垫付赔偿费用的一方只有在另一方符合承担产品侵权责任条件的情形下，才可以向对方行使追偿权。

17. 产品责任中承担惩罚性赔偿的条件是什么？

《民法典》第 1207 条规定，明知产品存在缺陷仍然生产、销售，或者没有依据前条规定采取有效补救措施，造成他人死亡或者健康严重损害的，被侵权人有权请求相应的惩罚性赔偿。

根据这一规定，产品责任中适用惩罚性赔偿的条件是：

第一，侵权人具有主观故意。实践中，有些企业、销售者置他人的生命财产安全于不顾，置法律规定于不顾，主观恶性极大，这种行为应当予以严惩，没有采取有效补救措施，造成他人死亡或者健康严重损害的，被侵权人有权请求相应的惩罚性赔偿。

第二，要有损害事实。这种损害事实不是一般的损害事实，而应当是造成严重损害的事实，即造成他人死亡或者健康受到严重损害。

第三，要有因果关系，即被侵权人的死亡或者健康严重受损害是因为侵权人生产或者销售的缺陷产品造成的，或者生产者、销售者没有依照前条规定采取有效补救措施。这一条还规定了惩罚性赔偿的适用范围，即在被侵权人死亡或者健康受到严重损害的范围内适用，除此之外的其他损害不适用惩罚性赔偿，如被侵权人的财产损害。为防止滥用惩罚性赔偿，避免被侵权人要求的赔偿数额畸高，本条规定，被侵权人有权请求相应的惩罚性赔偿。这里的“相应”，主要是指被侵权人要求的惩罚赔偿金的数额应当与侵权人的恶意相当，应当与侵权人造成的损害后果相当，与对侵权人威慑相当，具体赔偿数额由人民法院根据个案具体判定。

需要指出的是，惩罚性赔偿的主要目的不在于弥补被侵权人的损害，而在于惩罚有主观故意的侵权行为，并遏制这种侵权行为的发生。从赔偿功能上讲，其主要作用在于威慑，其次才是补偿。虽然从个案来看，被侵权人得到了高于实际损害的赔偿数额，但从侵权人角度来看，这种赔偿能够提高其注意义务，从而避免类似情况再次发生。

18. 因租赁、借用等情形机动车所有人、管理人与使用人不是同一人时，发生交通事故后如何承担赔偿责任？

《民法典》第1209条规定，因租赁、借用等情形机动车所有人、管理人与使用人不是同一人时，发生交通事故造成损害，属于该机动车一方责任的，由机动车使用人承担赔偿责任；机动车所有人、管理人对损害的发生有过错的，承担相应的赔偿责任。

第一，机动车发生交通事故造成损害，属于该机动车一方责任的，先由承保机动车强制保险的保险人在强制保险责任限额范围内予以赔偿。不足部分，如果机动车一方购买了商业保险的，由承保机动车商业保险的保险人按照保险合同的约定予以赔偿；仍然不足或者没有投保机动车商业保险的，由机动车使用人赔偿。这是因为，租赁、借用后，机动车所有人、管理人丧失对机动车的控制，机动车使用人直接使用、支配、管理、占有机动车，成为承担责任的主体。

这一条中的“使用人”不仅包括承租人、管理人、借用人，还包括机动车出质期间的质权人、维修期间的维修人、由他人保管期间的保管人等。在机动车出质、维修和由他人保管期间，机动车由质权人、维修人和保管人占有，他们对机动车享有运行支配力，而所有人、管理人则丧失了运行支配力。质权人、维修人、保管人擅自驾驶机动车发生交通事故的，应由质权人、维修人、保管人承担赔偿责任。

第二，机动车所有人、管理人对损害的发生有过错的，承担相应的赔偿责任。机动车所有人在将机动车出租、出借时应当对承租人、借用人进行必要的审查，如审查承租人、借用人是否有驾驶资格。同时，还应当保障机动车性能符合安全的要求，如车辆制动是否灵敏等。机动车管理人在保管、占有机动车过程中，负有妥善保管、管理的义务，不得擅自使用或者许可他人使用机动车。机动车所有人、管理人没有尽到上述应尽的注意义务，便有过错，该过错可能成为该机动车造成他人损害的一个因素，机动车所有人、管理人应当对因自己的过错造成的损害负相应的赔偿责任。

19. 机动车无偿搭载他人发生交通事故，无偿搭载人需要承担赔偿责任吗？

《民法典》第 1217 条规定，非营运机动车发生交通事故造成无偿搭乘人损害，属于该机动车一方责任的，应当减轻其赔偿责任，但是机动车使用人有故意或者重大过失的除外。

好意同乘主要是指非营运机动车的驾驶人基于亲情或者友情在上下班、出游途中无偿搭载自己的亲朋好友、邻居同事的情形，生活中老百姓称为“搭便车”。好意同乘可以缓解交通压力、实现资源最大化利用、节约资源等。对于好意同乘过程中造成损害的责任承担的规定，既要保护受害者的权益，也要尊重我国助人为乐的传统美德，保护民事主体之间的信赖关系，为解决民事纠纷设定切实可行的规则。营运性车辆搭载乘客，双方之间形成客运合同关系，机动车使用人应当有较高的注意义务，按照客运合同的目的，将乘客安全运送至目的地。如果发生交通事故造成损害，属于该机动车一方责任的，乘客既可以依照合同请求机动车驾驶人承担违约责任；也可以依照侵权行为请求机动车驾驶人承担赔偿责任，不存在一般性免责或者减轻责任的需要。因此，好意同乘不适用于营运机动车。但是，出租汽车在上班前或者下班后等非营运的时间，免费搭乘邻居、朋友的，应当适用这一规定。

好意同乘既然属于好意，如果不减轻被搭乘人的责任，有违民事活动应尊重公序良俗、社会公德的原则。出现交通事故后，往往驾驶人自己受伤、车辆受损，于此情况下还要求驾驶人对无偿乘客尽到严格的注意义务，完全赔偿无偿乘客损失，有些苛求。这样会导致机动车驾驶人拒绝无偿搭乘，亲戚、朋友、同事概不例外，造成社会的冷漠，世态炎凉。这不符合社会目的，也不符合公序良俗。为了维护社会公德，弘扬社会公平正义，为了环保，减少汽车数量，减少空气污染，好意同乘应当是我们社会赞许并值得提倡的互助行为。实践中被搭乘人多数是出于好心而做错了事，如果让做好事的人得不到好的结果，这其实与“公序良俗”原则相违背。

但是，只能减轻而不能免除机动车一方的责任。好意同乘者无偿搭乘的行为并不意味着其自甘冒险，机动车使用人对好意同乘者的注意义务不因为无偿而完全不存在，只是不同于无偿客运合同或者无偿委托合同中的注意义务。好意同乘中，机动车使用人的责任适用过错责任原则。同时，也应明确区分，好意同乘不同于网络顺风车，网络顺风车的合乘者分摊部分合乘出行成本属于共享出行方式，是有偿的、营运性的。因此，好意同乘中发生交通事故造成无偿搭乘人损害，属于该机动车一方责任的，应当减轻其赔偿责任，却不可以完全免除，在鼓励人际友善利他与承担法律责任方面寻求平衡。

这一条规定是对机动车内责任分配的规定，减轻的是对“无偿搭乘人”的赔偿责任。至于对机动车外人员或者财产的赔偿责任的承担，适用民法典和其他法律的一般规定。

好意同乘中，如果机动车使用人有故意或者重大过失的，不减轻其对无偿搭乘人的赔偿责任。

20. 诊疗活动中医疗机构有什么说明义务？如何保障患者的知情权？

《民法典》第1219条第1款规定，医务人员在诊疗活动中应当向患者说明病情和医疗措施。需要实施手术、特殊检查、特殊治疗的，医务人员应当及时向患者具体说明医疗风险、替代医疗方案等情况，并取得其明确同意；不能或者不宜向患者说明的，应当向患者的近亲属说明，并取得其明确同意。第2款规定，医务人员未尽到前款义务，造成患者损害的，医疗机构应当承担赔偿责任。

根据第1款的规定，医务人员在诊疗活动中应当向患者具体说明病情和医疗措施，以便患者能够作出决定。这是医务人员在诊疗活动中一般应尽的义务。除此之外，如果需要实施手术、特殊检查、特殊治疗的，还应当及时向患者说明医疗风险、替代医疗方案等情况，并取得其明确同意。《侵权责任法》等法律法规要求“书面”同意，主要目的应当是要求医患双方对病情和医疗措施严肃对待、谨慎决策，对各自的行为负责。近年来发生的一些医患纠纷，很重要的矛盾点就是医院机械要求患者或者其近亲属签署“书面”同意，一旦无法取得，往往不敢或者不愿意开展紧急措施，从而延误了最佳治疗时机。片面追求“书面”形式而延误治疗，实乃舍本逐末。民法典将“书面”同意修改为“明确”同意。至于同意的形式，可结合诊疗规范、操作经验等综合认定。同时，如果向患者说明将造成患者悲观、恐惧、心理负担沉重，不利于治疗的，就不能或者不宜向患者说明，这种情况下医务人员应当向患者的近亲属说明，并取得其明确同意。在患者昏迷或者由于生理、精神状态较差无法作出有效判断时，属于“不能”向患者说明的情形。《侵权责任法》第55条即规定了“不宜向患者说明的，应当向患者的近亲属说明”的义务。在民法典编纂过程中，一直有意见提出，如果患者没有近亲属怎么办，建议将“不宜向患者说明的，应当向患者的近亲属说明”修改为“不宜向患者说明的，应当向患者的近亲属或者监护人说明”。对此应当明确，这一条规定欲解决的问题，不是在法律逻辑上穷尽或者对应患者近亲属或者监护人，而是在于当出现“需要实施手术、特殊检查、特殊治疗的”情况时，医务人员应当揭示和说明这些情况，使照顾患者有关的人员有相应的准备。一般而言，照顾患者的是其近亲属。对于没有近亲属的，如居委会或者民政部门作监护人的情形，如何说明、如何征得其明确同意，往往与患者近亲属是不一样的。

根据第2款的规定，医务人员未尽到前款义务，造成患者损害的，医疗机构应当承担赔偿责任。这里需要说明一点，不是说医务人员尽到了第1款规定的义务，在后续的诊疗活动中造成患者损害的，医疗机构就可以不承担赔偿责任了。《民法典》第1221条规定，医务人员在诊疗活动中未尽到与当时的医疗水平相应的诊疗义务，造成患者损害的，医疗机构应当承担赔偿责任。

21. 医务人员在诊疗活动中未尽到与当时的医疗水平相应的诊疗义务，造成患者损害的，由谁来承担赔偿责任？

《民法典》第1221条规定，医务人员在诊疗活动中未尽到与当时的医疗水平相应的诊疗义务，造成患者损害的，医疗机构应当承担赔偿责任。

“尽到与当时的医疗水平相应的诊疗义务”体现了侵权责任法律上的重要概念，即注意义务。如果行为人造成损害的行为违反了应对受害人承担的注意义务，则应当承担侵权责任。如果一个人能够合理地预见到其行为可能对其他人造成人身或者财产损害，那么一般情况下他应对可能受其影响的人负有注意义务。

依照这一规定，医务人员的注意义务就是应当尽到与当时的医疗水平相应的诊疗义务。尽到诊疗义务的一个重要方面，是诊疗行为符合法律、行政法规、规章以及诊疗规范的有关要求。需要说明的是，医务人员的注意义务并非与诊疗行为合法合规完全等同，这是两个概念。医务人员应当具有的诊疗水平，并非完全能够被法律、行政法规、规章以及诊疗规范的有关要求所涵盖。医务人员完全遵守了具体的操作规程，仍然有可能作出事后证明是错误的判断。医疗行为具有未知性、特异性和专业性等特点，不能仅凭事后证明错误这一点来认定医务人员存在诊疗过错，不能唯结果论；关键要看是不是其他的医务人员一般都不会犯这种错误。因此，这一条规定的诊疗义务可以理解为一般情况下医务人员可以尽到的，通过谨慎的作为或者不作为避免患者受到损害的义务。

有一点应当特别说明。我国幅员辽阔，各地区之间的医疗资源分布不平均，医疗水平存在差异。这一条的立法目的，在于医务人员造成患者损害发生医患纠纷时，具体地认定侵权责任的问题。换言之，承担侵权责任需要满足四个要件，医务人员实施了未尽到诊疗义务的行为，医务人员有过错，患者有损害，行为与损害之间有因果关系，这一条就是解决医务人员过错的。理解了这一点，就能理解这一条的宗旨：诊疗行为是否有过错，不因医疗机构处在何地、医疗机构资质如何而不同。医务人员的诊疗行为有行政法规、规章和医疗行业的操作规程，这些应当普遍遵守，全国皆准。同样的手术，不能在三级医院操作就没有过错，在二级医院操作就有过错。因此，在探究医务人员是否尽到诊疗义务时，不宜考虑地区、医疗机构资质的差异。同时，因为医疗纠纷解决的时间可能较长，特别是进入诉讼之后，历经一审、二审乃至再审，可能需要数年的时间。数年间诊疗水平肯定发生了进步，判断是否尽到诊疗义务，应当以诊疗行为发生时的诊疗水平为参照才公平合理。

22. 患者或者其近亲属不配合医疗机构进行符合诊疗规范的诊疗时，患者在诊疗活动中受到损害，医疗机构为什么不承担赔偿责任？

《民法典》第 1224 条第 1 款规定，患者在诊疗活动中受到损害，有下列情形之一的，医疗机构不承担赔偿责任：（1）患者或者其近亲属不配合医疗机构进行符合诊疗规范的诊疗；（2）医务人员在抢救生命垂危的患者等紧急情况下已经尽到合理诊疗义务；（3）限于当时的医疗水平难以诊疗。第 2 款规定，前款第 1 项情形中，医疗机构或者其医务人员也有过错的，应当承担相应的赔偿责任。

第 2 款规定“前款第一项情形中，医疗机构或者其医务人员也有过错的，应当承担相应的赔偿责任”。具体而言，实践中，患者一方不配合诊疗的行为可以分为两类：第一类比较常见，是患者囿于其医疗知识水平而对医疗机构采取的诊疗措施难以建立正确的理解，从而导致其不遵医嘱、错误用药等与诊疗措施不相配合的现象。对于因患者上述行为导致损害后果的发生，并不能一概认为患者一方“不配合”而具有主观过错，从而医疗机构可以免除责任。判断患者一方是否存在过错，要看医务人员是否向患者一方履行了合理的说明告知义务，使一般的、理性的患者一方对于医疗机构采取的诊疗措施及其风险和后果具有合理的认识、理解与判断；告知义务的履行是否合理适当，还要考虑医疗行业的特殊性、专业性，结合个案进行分析。第二类是患者一方主观上具有过错，该过错又可分为故意和过失。故意的情形一般比较少见，患者就医为了治疗疾病、康复身体，而非追求身体损害的结果。但现实情况是复杂的，也不能完全排除患者主观追求损害结果的可能。比如医务人员再三嘱咐某糖尿病患者不可饮酒，否则易引发低血糖昏迷，重则有生命危险，但该患者或者出于得到高额保险的目的或者基于其他原因，在明知该行为后果的情况下，拒不遵医嘱，数次饮酒，结果导致低血糖昏迷。过失的情况比较常见，如近视眼激光手术后，医务人员再三明确叮嘱患者应按时滴用眼药水，否则会产生眼部炎症等不良反应，但患者因疏忽大意不遵医嘱，在医务人员复查并告知其遵行医嘱后，仍未遵行，结果感染炎症。以上两种情况，医务人员已经尽到合理说明告知义务，且采取的诊疗措施并无不当，患者的行为即属于第 1 款第 1 项规定的“不配合医疗机构进行符合诊疗规范的诊疗”，对此，医疗机构不承担赔偿责任。

综上可以看出，因患者一方不配合医疗机构进行符合诊疗规范的诊疗而导致患者损害的，是否可以完全免除医疗机构的赔偿责任，不能一概而论。医疗损害责任的归责原则是过错责任，医务人员是否合理地履行了说明义务及相应的诊疗义务，这是医疗机构最终是否承担责任的基础。因此，尽管有患者或者其近亲属不配合医疗机构进行符合诊疗规范的诊疗行为，如果医疗机构或者其医务人员也有过错的，医疗机构仍应对患者的损害承担相应的责任；反之，若医务人员已经尽到相应义务，患者的损害是因患者或者其近亲属不配合的行为所致，则医疗机构对此不应当承担赔偿责任。

这一条规定的免责事由，并不是单纯向医方利益倾斜的表现，而是考虑到广大患者利益以及整个医疗行业健康发展的需要而在法律制度上所作的平衡。对医疗机构的责任，如果法律规定得过于严格，可能会导致医务人员在诊疗活动中大量采取保守性甚至防御性治疗措施，对于存在风险的治疗方案畏首畏尾，最终牺牲的还是广大患者的利益。法律在制度上为医务人员在医学科学技术的探索和创新上提供保障，也是最终为广大患者利益服务的需要。

23. 医务人员在抢救生命垂危的患者等紧急情况下已经尽到合理诊疗义务时，患者在诊疗活动中受到损害，医疗机构为什么不承担赔偿责任？

《民法典》第1224条第1款规定，患者在诊疗活动中受到损害，有下列情形之一的，医疗机构不承担赔偿责任：（1）患者或者其近亲属不配合医疗机构进行符合诊疗规范的诊疗；（2）医务人员在抢救生命垂危的患者等紧急情况下已经尽到合理诊疗义务；（3）限于当时的医疗水平难以诊疗。

根据本款第3项的规定，在两个要件均符合的情况下，医疗机构对患者的损害不承担赔偿责任。这两个要件分别为：

一是抢救生命垂危的患者等紧急情况。对患者的紧急救治是医疗机构及其医务人员的职责之一。“紧急情况”的界定是，患者因疾病发作、突然受外伤及异物侵入体内，身体处于危险状态或非常痛苦的状态，在临床上表现为急性外伤、脑挫伤、意识消失、大出血、心绞痛、急性严重中毒、呼吸困难、各种原因所致的休克等。一般来讲，上述情况中的紧急性可以概括为两类：首先是时间上的紧急性，它是指医师的诊疗时间非常短暂，在技术上不可能作出十分全面的考虑及安排；其次是事项上的紧急性，它是指采取何种治疗措施直接关系到患者的生死存亡需要医师作出紧急性的决断。需要说明的是，判断是否构成紧急情况，除依据法律、法规和规章的规定以外，还需要考虑两个方面：第一，患者的生命健康受到伤病急剧恶化的威胁，这种威胁应当限定为对患者生命的威胁，而不能是对患者一般健康状况的威胁；第二，患者生命受到的威胁是正在发生和实际存在的，患者伤病的急剧恶化对其生命安全的威胁不能是假想的，而应当是正在发生和实际存在的，不立即采取紧急救治措施必然导致患者死亡的后果。如果医师主观想象或虚幻地认为存在需要采取紧急救治的危险，而实际上这种危险并不存在，由于假想危险认识错误所采取的救治措施导致了不必要损害后果的，医疗机构还是应当承担责任。

二是已经尽到合理诊疗义务。根据现行的诊疗规范，紧急情况下合理的诊疗义务包括如下四个方面：第一，对患者伤病的准确诊断。对患者伤病的准确诊断是正确实施治疗措施的前提。如情况紧急，应当采取控制患者伤病恶化的紧急措施后，再作进一步诊断和治疗。第二，治疗措施的合理、适当，包括治疗措施和治疗用药的适当、合理。第三，谨慎履行说明告知义务。紧急情况下，如果事前告知不可行，那么采取紧急救治措施后仍应履行该项义务。第四，紧急救治措施对患者造成的损害控制在合理限度之内。结合上述情况，如果医务人员已经尽到在紧急救治情况下医务人员通常应尽到的诊疗义务，即合理诊疗义务的，医疗机构不承担赔偿责任。

这一条规定的免责事由同样是考虑到广大患者利益以及整个医疗行业健康发展的需要而在法律制度上所作的平衡。

24. 限于当时的医疗水平难以诊疗时，患者在诊疗活动中受到损害，医疗机构为什么不承担赔偿责任？

《民法典》第1224条第1款规定，患者在诊疗活动中受到损害，有下列情形之一的，医疗机构不承担赔偿责任：（1）患者或者其近亲属不配合医疗机构进行符合诊疗规范的诊疗；（2）医务人员在抢救生命垂危的患者等紧急情况下已经尽到合理诊疗义务；（3）限于当时的医疗水平难以诊疗。

医疗行为具有高技术性、高风险性、高复杂性以及不可控因素，还有很多未知领域需要探索；有时，医疗结果具有不确定性和不可预见性。现代医学技术水平的发展具有局限性，目前还不能达到100%的治愈率。据统计，即使在发达国家，临床医疗确诊率也仅有70%左右。医学作为发展中的科学，人们至今还在实践中不断探索并寻找解除疾病的办法。此外，由于病人个体的差异性，就是治疗常见病或者治疗同一种疾病，即便医生采取相同的诊疗措施，所达到的效果也不尽一样。因此，法律对医务人员采取的诊疗行为是否存在过错的判断，只能基于当时的医学科学本身的发展，即是否尽到与当时的医疗水平相应的诊疗义务，尽到该项义务的，就视为医疗机构及其医务人员没有过错，对于患者的损害不承担赔偿责任。民法典对于医疗损害责任的认定，坚持的标准是统一的，如《民法典》第1221条规定，医务人员在诊疗活动中未尽到与当时的医疗水平相应的诊疗义务，造成患者损害的，医疗机构应当承担赔偿责任。该条也是以“当时”的医疗水平为判断标准。

医疗机构及其医务人员对患者进行诊疗，并不负有保证治愈的义务。对于某些复杂的疾病，如果医疗机构及其医务人员已经尽到与当时的医疗水平相应的诊疗义务，但限于当时的医疗水平，对患者采取的医疗措施不仅未取得治愈的效果，反而带来新的损害，对此，医疗机构不承担赔偿责任。这一免责事由的规定也是出于鼓励和促进医学科学发展的需要。医学科学的发展必须以医务人员积极探索、大胆创新为前提，同时，由于医疗行业高技术性、高风险性和未知性的特点，医务人员在诊疗措施上的探索和创新可能会成功，如攻克顽疾为患者带来生的希望；但也可能失败，如不仅未治愈疾病反而对患者肌体带来新的侵害后果。对此，并不能以是否治愈的结果来判断医疗机构及其医务人员在诊疗活动中是否具有过错。如果医务人员已经尽到与当时医疗水平相应的诊疗义务，而该疾病限于当时的医疗水平难以诊疗的，医疗机构对于患者的损害不承担赔偿责任。

这一条规定的免责事由仍然是考虑到广大患者利益以及整个医疗行业健康发展的需要而在法律制度上所作的平衡。

25. 民法典如何规定医疗机构对病历的义务及患者对病历的权利?

《民法典》第1225条第1款规定，医疗机构及其医务人员应当按照规定填写并妥善保管住院志、医嘱单、检验报告、手术及麻醉记录、病理资料、护理记录等病历资料。第2款规定，患者要求查阅、复制前款规定的病历资料的，医疗机构应当及时提供。

1.“病历资料”的含义和范围。

《医疗机构病历管理规定》第19条规定，医疗机构可以为申请人复制门（急）诊病历和住院病历中的体温单、医嘱单、住院志（入院记录）、手术同意书、麻醉同意书、麻醉记录、手术记录、病重（病危）患者护理记录、出院记录、输血治疗知情同意书、特殊检查（特殊治疗）同意书、病理报告、检验报告等辅助检查报告单、医学影像检查资料等病历资料。这一版本的《医疗机构病历管理规定》将“医疗费用”从病历资料中删除。

2. 患者查阅、复制权利的保障和行使。

（1）查阅、复制权利的保障。对诊疗活动进行记录的病历资料，是认定医疗机构或者其医务人员是否存在医疗过错的重要依据。实践中，很多医疗诉讼的成败往往取决于相关病历资料的证明效力。而医疗行业的高度专业性和闭锁性特点，决定了这类重要的证据资料从产生时起至争议发生时止，都处于医疗机构一方的控制之中，从证据学角度讲，患者的举证能力处于劣势；同时，民法典所规定的医疗损害责任归责原则，其核心是过错责任。因此，对于在证据资料的掌握上地位悬殊的医患双方，如何公平合理地分配二者的举证责任，尤其是如何提升患者一方掌握相关证据资料的能力，这是法律必须考虑的问题。

具体而言，对于诊疗活动中产生的病历资料，必须在公平、合理的限度内保障患者一方的查阅和复制权利。《医疗纠纷预防和处理条例》第16条第2款规定，患者要求复制病历资料的，医疗机构应当提供复制服务，并在复制的病历资料上加盖证明印记。复制病历资料时，应当有患者或者其近亲属在场。医疗机构应患者的要求为其复制病历资料，可以收取工本费，收费标准应当公开。可以看出，患者对相关病历资料有查阅和复制的权利，我国现行法规中已经有承接性的具体规定。

（2）查阅、复制权利的行使主体。患者本人当然是行使这一权利的主体，这一点不存在争议。除患者本人外，《医疗纠纷预防和处理条例》第16条第3款规定，患者死亡的，其近亲属可以依照本条例的规定，查阅、复制病历资料。《医疗机构病历管理规定》第17条规定："医疗机构应当受理下列人员和机构复制或者查阅病历资料的申请，并依规定提供病历复制或者查阅服务：（一）患者本人或者其委托代理人；（二）死亡患者法定继承人或者其代理人。"可以看出，除患者本人外，委托代理人、死亡患者法定继承人或者其代理人均可依法对有关病历资料进行查阅和复制。对于患者本人未死亡的情况下，即使是患者的近亲属，如果未经患者本人的授权同意，也无权查阅、复制该患者的相关病历资料，在该类情况下，医疗机构可以拒绝提供，这涉及法律对患者隐私和个人信息的保护问题。

（3）医疗机构向患者提供查阅、复制病历资料的范围。

《医疗机构病历管理规定》第 10 条规定，门（急）诊病历原则上由患者负责保管。医疗机构建有门（急）诊病历档案室或者已建立门（急）诊电子病历的，经患者或者其法定代理人同意，其门（急）诊病历可以由医疗机构负责保管。住院病历由医疗机构负责保管。第 11 条规定，门（急）诊病历由患者保管的，医疗机构应当将检查检验结果及时交由患者保管。第 12 条规定，门（急）诊病历由医疗机构保管的，医疗机构应当在收到检查检验结果后 24 小时内，将检查检验结果归入或者录入门（急）诊病历，并在每次诊疗活动结束后首个工作日内将门（急）诊病历归档。第 13 条规定，患者住院期间，住院病历由所在病区统一保管。因医疗活动或者工作需要，须将住院病历带离病区时，应当由病区指定的专门人员负责携带和保管。医疗机构应当在收到住院患者检查检验结果和相关资料后 24 小时内归入或者录入住院病历。患者出院后，住院病历由病案管理部门或者专（兼）职人员统一保存、管理。由此可见，要求医疗机构提供查阅、复制的，主要是建有门（急）诊病历档案室或者已建立门（急）诊电子病历，以及由医疗机构保管的住院病历。

关于查阅、复制的病例资料的范围，《医疗机构病历管理规定》第 19 条作了明确和具体的规定，患者依照这一条的规定要求查阅、复制病历资料的，医疗机构应当在上述范围内及时提供。

（4）拒绝提供相关病历资料的法律后果。依照《医疗事故处理条例》第 56 条第 2 项的规定，没有正当理由，拒绝为患者提供复印或者复制病历资料服务的，由卫生行政部门责令改正；

情节严重的，对负有责任的主管人员和其他直接责任人员依法给予行政处分或者纪律处分。这是对拒绝提供相关病历资料的行政责任的规定。在民事责任上，依照《民法典》第 1222 条第 2 项的规定，患者在诊疗活动中受到损害，医疗机构隐匿或者拒绝提供与纠纷有关的病历资料的，推定其有过错。在推定过错的情况下，如果医疗机构没有相反证明，则“推定”的过错将被“认定”为过错，医疗机构将承担不利的法律后果。

26. 因第三人过错污染环境、破坏生态的，被侵权人向谁要求赔偿？

如果污染环境造成损害是由于第三人的过错引起的，根据《民法典》第 1233 条规定，被侵权人既可以向侵权人请求赔偿，也可以向第三人请求赔偿，但两种求偿路径有所区别。

一是被侵权人向侵权人请求赔偿。环境侵权适用无过错责任归责原则，只要符合《民法典》第 1229 条的构成要件，侵权人就要承担侵权责任，不考虑其主观是否存在过错。一般而言，在普通侵权中，损害是因第三人造成的，第三人应当承担侵权责任。但在环境侵权中，侵权人的环境侵权行为即便是因第三人行为介入引起的，如有人偷偷关闭污水、废气净化设施，企业采购的排污净化设备质量不合格等，导致排污严重超标，侵权人也无法据此主张免责。所以，即便是因第三人过错导致污染环境、破坏生态的，被侵权人依然可以向侵权人请求赔偿。

二是被侵权人向第三人请求赔偿。因第三人的过错行为与损害后果之间存在法律上的因果关系，被侵权人也可以直接请求第三人承担侵权责任。但需要注意的是，第三人承担责任与侵权人承担责任存在明显区别，侵权人承担的是无过错责任，被侵权人无须证明侵权人的主观过错，不存在因果关系的举证责任由侵权人承担；而请求第三人承担责任，适用过错责任，需要符合一般侵权的构成要件，即不法行为、主观过错、损害后果、不法行为与损害后果之间存在因果关系，都需要由被侵权人承担举证责任，不适用举证责任倒置的规定。

被侵权人既可以向侵权人请求赔偿，也可以向第三人请求赔偿，还可以同时向侵权人和第三人请求赔偿。赋予被侵权人选择权，方便被侵权人主张权利，及时获得赔偿，有利于加强对被侵权人的保护，避免侵权人或者第三人其中一方没有赔偿能力而无法得到充分救济。但是，被侵权人对侵权人和第三人的赔偿请求权，只能择一行使，因其只有一个“损害后果”，向被侵权人主张权利或者向第三人主张权利，一个请求权实现之后，另一个请求权消灭，不能分别行使两个请求权，获得双份赔偿。

侵权人赔偿后，有权向第三人追偿。但第三人行为介入的情形比较复杂，损害后果可能完全由第三人的故意或者过失行为引起，也可能是由第三人的故意或者过失行为与侵权人的过失行为共同引起，第三人行为对损害后果的原因力可能很大也可能很小。具体到个案，第三人最终应当承担多少份额的责任，需要结合具体案情具体分析。

27. 造成生态环境损害的，如何承担生态环境损害赔偿责任？

根据《民法典》第1234条规定，造成生态环境损害的，首先应当承担修复责任，将受损的生态环境复原至基线水平。侵权人承担修复责任可以有两种方式：

一是侵权人在合理期限内进行修复。环境修复并不是简单修补了事，具有很强的专业性，一般企业或者个人难以完成。侵权人有能力、有资质的，可以自行完成；如果侵权人没有修复能力，可以出资请他人完成修复工程。

二是国家规定的机关或者法律规定的组织自行或者委托他人进行修复。生态环境修复应当及时、有效，侵权人未在合理期限内修复的，权利人可以自行或者委托他人履行修复义务，所需费用由侵权人负担。这借鉴了执行程序中代履行制度，从形式上看，完成生态环境修复工程的是权利人或者其委托的第三人，但修复责任仍然是由侵权人承担。

根据《民法典》第1235条的规定，国家规定的机关或者法律规定的组织有权请求侵权人赔偿下列损失和费用：

第一，生态环境受到损害至修复完成期间服务功能丧失导致的损失。生态环境修复需要经历较长一段时间，在此期间生态环境服务功能是不完整的，其间损害界定为“生态环境损害发生至生态环境恢复到基线状态期间，生态环境因其物理、化学或生物特性改变而导致向公众或其他生态系统提供服务的丧失或减少”。

第二，生态环境功能永久性损害造成的损失。并不是所有的生态环境损害都可以修复，有些生态环境损害不可逆转，有些生态环境损害虽然可以修复，但无法恢复到原来状态。永久性损害是指受损生态环境及其服务难以恢复，其向公众或其他生态系统提供服务能力的完全丧失。

第三，生态环境损害调查、鉴定评估等费用。权利人为了评估生态环境损害情况进行信息调查收集、鉴定评估等产生的费用，也是由生态环境侵权行为而衍生出来的。

第四，清除污染、修复生态环境费用。清除污染费用包括清污方案制订费用、清除污染操作费用等。修复生态环境费用包括修复方案制订费用、修复实施费用等。

第五，防止损害的发生和扩大所支出的合理费用。生态环境损害发生后，必须及时采取合理预防、防止损害扩大的措施，将损害控制在最小范围内，也有利于后续治理与修复工作的开展。

28. 民法典对遗失、抛弃高度危险物造成他人损害的侵权责任是如何规定的?

《民法典》第 1241 条规定，遗失、抛弃高度危险物造成他人损害的，由所有人承担侵权责任。所有人将高度危险物交由他人管理的，由管理人承担侵权责任；所有人有过错的，与管理人承担连带责任。

1. 遗失、抛弃高度危险物造成他人损害的，由所有人承担侵权责任。

按照有关高度危险物的生产、储存和处置的安全规范，所有人应当采取必要的安全措施保管或者处置其所有的高度危险物。如果违反有关规定抛弃或者遗失高度危险物造成他人损害的，就应当承担侵权责任。这里的“侵权责任”不仅包括对受害人的赔偿，也包括应当积极采取补救措施，立即将抛弃的高度危险物妥善回收，防止损害扩大。如果遗失高度危险物的，应当立即组织力量追查寻找遗失的高度危险物，采取一切可能的警示措施，同时还要立即报告公安、环保等有关主管部门并配合采取应急措施。由于高度危险物本身的危险特性，这里的“侵权责任”是无过错责任。同时，考虑到遗失、抛弃高度危险物，其所有人往往是违反有关安全规范，本身有过错，因此，这里的责任应当更严格。

2. 所有人将高度危险物交由他人管理的，由管理人承担侵权责任。

现实中，所有人根据生产、经营需要，将其所有的高度危险物交由他人管理。例如，所有人可能不具备大量储存高度危险物的条件，将生产所需的高度危险物交由符合条件的储存单位保管。有的因生产、经营需要将高度危险物通过运输交由他人占有、使用。管理人在这里就是指根据所有人的委托，对高度危险物进行占有并进行管理的单位，如专业的危险化学品仓储公司、危险化学品运输公司等。高度危险物的管理人应当具有相应的资质，并应当按照国家有关安全规范，妥善管理他人所交付的高度危险物。如果因为管理不善，遗失、抛弃高度危险物的，管理人应当承担侵权责任。

3. 所有人有过错的，与管理人承担连带责任。

所有人将高度危险物交由他人管理的，应当选择有相应资质的管理单位，并如实说明高度危险物的名称、性质、数量、危害、应急措施等情况。如果所有人未选择符合资质的管理人，或者未如实说明有关情况，所有人即有过错。如果管理人抛弃、遗失高度危险物造成他人损害的，所有人与管理人承担连带责任。被侵权人可以要求所有人承担侵权责任，或者要求管理人承担侵权责任，也可以要求所有人和管理人共同承担侵权责任。在对内关系上，所有人和管理人根据各自的责任大小确定各自的赔偿数额；难以确定的，平均承担赔偿责任。支付超出自己赔偿数额的连带责任人，有权向其他连带责任人追偿。

29. 饲养的动物致人损害的归责原则是什么?

《民法典》第 1245 条规定，饲养的动物造成他人损害的，动物饲养人或者管理人应当承担侵权责任；但是，能够证明损害是因被侵权人故意或者重大过失造成的，可以不承担或者减轻责任。

1. 饲养的动物致人损害的归责原则。

法律规定饲养的动物造成他人损害的，动物饲养人或者管理人应当承担侵权责任，目的就是要促使动物饲养人或者管理人能够认真、负责地担负起全面的注意、防范义务，以保护公众的安全。任何动物，其本性决定了都不同程度地存在致人损害的危险。由于动物的饲养人或者管理人对动物负有管束的义务，因而也就必须对动物所具有的危险性负责，保证其动物不至于造成他人损害。而一旦这种危险性造成损害，动物的饲养人或者管理人就应承担民事责任，除具有法定的抗辩事由外，不能免责。

动物致人损害的构成要件是：饲养的动物；动物的加害行为；造成他人损害的事实；动物加害行为与损害之间的因果关系。

2.“饲养的动物”范围。

普遍认为，“饲养的动物”应同时具备：为特定的人所有或者占有；饲养人或者管理人对动物具有适当程度的控制力；依动物自身的特性，有可能对他人或者财产造成损害；该动物为家畜、家禽、宠物或者驯养的野兽、爬行类动物等。因此，饲养的动物必须是能够为人所占有或者控制的动物。对于自然保护区或者野生动物保护区的野兽，虽然可能为人们在一定程度上所饲养或者管理，如定期投放食物，甚至为其生存和繁殖提供了适宜的条件和环境，但人们对它的控制力较低。因此，野生动物不能列入“饲养的动物”。

3. 动物致害责任的赔偿主体。

动物的饲养人或者管理人都是责任主体。动物的饲养人是指动物的所有人，即对动物享有占有、使用、收益、处分权的人；动物的管理人是指实际控制和管束动物的人，管理人对动物不享有所有权，而只是根据某种法律关系直接占有和控制动物。在实际生活中，动物的饲养人与管理人有时为同一人，有时则为不同人。动物的饲养人与管理人为同一人时，也就是由动物的所有人自己占有和管束动物，在这种情况下，赔偿主体是很清楚的。当动物的饲养人与管理人为不同人时，管束动物的义务由饲养人转移给管理人，这时的赔偿主体应为管理人。至于管理人是有偿管理还是无偿管理，是长期管理还是临时管理，在所不问。

有的意见提出，“动物的饲养人或者管理人”说明不了物权关系，建议修改为“所有人”“管理人”“占有人”或者“保有人”。有人认为，还是沿用民法通则“动物的饲养人或者管理人”为好。对于责任主体，德国是占有人或者管理人；法国是所有人或者使用人；意大利是所有人或者管理人；瑞士债务法是动物的管理人。侵权责任法沿袭了民法通则的表述，民法典沿袭了侵权责任法的表述，仍用“动物的饲养人或者管理人”。这一条的目的是规定承担责任的主体，而不是规范物的归属关系，因此使用了“动物饲养人或者管理人”的表述。

4. 抗辩事由。

饲养动物致人损害的民事责任的抗辩事由，是指动物的饲养人或者管理人依法用以减轻或者免除其承担民事责任的事由或者理由。动物的饲养人或者管理人并不需要对其饲养或者管理的动物造成的一切损害都要承担赔偿责任。本条规定，因被侵权人自己故意或者重大过失造成损害的，动物的饲养人或者管理人可以不承担或者减轻责任。

在动物致害中，有时被侵权人故意或者重大过失应该是诱发动物致害的直接原因，是引起损害的全部或者主要原因。也就是说，被侵权人致害，是因自己挑逗、刺激等诱发动物的行为直接造成的，如果被侵权人的行为不足以诱发动物，其过失只是引起损害的部分原因或者次要原因，则不能认为被侵权人在该损害中存在故意或者重大过失。例如，甲明知乙有一条性情暴躁的狗且经常咬人，但甲必须从乙的家门路过，当甲路过乙的门口时，乙的狗突然蹿出来把甲咬伤。此案中就不得认定甲明知乙的狗有咬人的恶习、有危险的存在，疏于防范，因此而认为甲是有重大过失的。因为甲的行为本身不能直接诱发动物损害，与动物损害没有必然的因果关系，因此，动物饲养人或者管理人就不能认为被侵权人有重大过失而减轻或者不承担责任。

被侵权人是否存在故意或者重大过失，具体行为在不同的案件中是不相同的。在动物侵权案件中，对于被侵权人有故意或者重大过失的认定都是非常严格的，否则，任何主动接近动物的行为如果都被认定为故意或者重大过失的行为，那就会造成对动物饲养人或者管理人的偏袒，失去社会的公平。同时，被侵权人有故意或者重大过失的，动物饲养人或者管理人可以不承担或者减轻责任，这对饲养人或者管理人也是公平的。

5. 举证责任倒置。

这一条规定，饲养的动物造成他人损害的，动物饲养人或者管理人应当承担侵权责任，但能够证明损害是因被侵权人故意或者重大过失造成的，动物饲养人或者管理人可以不承担或者减轻责任，表明了这一条适用举证责任倒置。动物饲养人或者管理人如果想要减轻或者不承担责任，就必须证明被侵权人的损害是因他自己的故意或者重大过失造成的。如果举证不足或者举证不能，动物饲养人或者管理人就应承担动物致害的赔偿责任。

6. 动物饲养人或者管理人的义务。

动物饲养人或者管理人既然占有或者控制着动物，就应该谨慎管束，肩负起对自己、对社会、对公众负责任的义务，而不能只图自己的喜好，只享受宠物带来的快乐，而疏于对动物的管理。否则，动物致他人损害的，就要承担无过错责任予以赔偿。这一条这样规定有利于切实保障广大人民群众的人身和财产安全，维护社会稳定和正常秩序。

30. 因第三人的过错致使动物造成他人损害的，如何承担侵权责任？

《民法典》第1250条规定，因第三人的过错致使动物造成他人损害的，被侵权人可以向动物饲养人或者管理人请求赔偿，也可以向第三人请求赔偿。动物饲养人或者管理人赔偿后，有权向第三人追偿。

现实中经常发生的动物伤人事件，并非被侵权人自己有过错，也非动物独立行为致人伤害，很多情形是由于第三人的原因致使动物伤及他人。如某甲故意在马身边按车喇叭，致使拴在木桩上的马受惊挣脱绳子，冲出去撞伤了行人。因为无法要求动物具有识别行为后果的能力，在人的强制或者驱使下损害他人权益的行为，表面看似乎是动物致人伤害，其实动物已成为人的工具。这一条就是要解决因第三人的原因，造成动物伤害他人的赔偿问题。

1. 第三人的过错。

第三人的过错是指被侵权人和动物饲养人或者管理人以外的人对动物造成损害有过错。第三人的过错在大多数场合表现为：有意挑逗、投打、投喂、诱使动物，其后果是致使他人受到人身或者财产的损害，其实质是实施了诱发动物致害的行为。

2. 对被侵权人救济的选择权。

这一条赋予了被侵权人的选择权。因第三人的过错致使动物造成被侵权人损害的，被侵权人既可以请求第三人承担赔偿责任，也可以请求动物饲养人或者管理人承担赔偿责任。这样规定，就可以使被侵权人根据具体情况要求赔偿。例如，甲饲养了一匹马，拴在自家的院内，乙路过此院看马很漂亮，便拿小棍子拍马，马受惊挣脱绳子冲出门，把路过的丙撞伤。这时被撞伤的丙既可以要求动物饲养人甲赔偿，也可以要求第三人乙赔偿。如果乙是个流浪汉，那么，作为第三人的乙与动物饲养人甲哪个更有赔偿能力就很明显了，被侵权人当然会选择经济实力强的动物饲养人甲进行赔偿。法律赋予被侵权人的选择权，一方面可使被侵权人获得法律救济、得到实际赔偿的可能性增大；另一方面也可使动物饲养人对动物的管理更加尽注意义务，从而减少动物伤人的机会。这样的设计可以让被侵权人受到更多的保护。

3. 动物饲养人或者管理人的追偿权。

这一条还赋予了动物饲养人或者管理人的追偿权。动物饲养人或者管理人对被侵权人赔偿后，有权向第三人追偿。动物饲养人或者管理人之所以享有追偿权，是因为动物饲养人或者管理人实际上是代替第三人履行了赔偿义务，在动物饲养人或者管理人与第三人之间，第三人仍然是责任的最终承担者。法律规定，允许动物饲养人或者管理人在赔偿了被侵权人的损害后对第三人进行追偿，一方面有利于被侵权人及时获得救济，另一方面也是维护动物饲养人或者管理人自身权益的一项重要手段。

31. 建筑物、构筑物或者其他设施及其搁置物、悬挂物发生脱落、坠落造成他人损害的，侵权责任如何承担？

《民法典》第1253条规定，建筑物、构筑物或者其他设施及其搁置物、悬挂物发生脱落、坠落造成他人损害，所有人、管理人或者使用人不能证明自己没有过错的，应当承担侵权责任。所有人、管理人或者使用人赔偿后，有其他责任人的，有权向其他责任人追偿。

1. 建筑物、构筑物或者其他设施及其搁置物、悬挂物发生脱落、坠落造成他人损害，所有人、管理人或者使用人不能证明自己没有过错的，应当承担侵权责任。

（1）关于建筑物、构筑物或者其他设施及其搁置物、悬挂物。

建筑物是指人工建造的、固定在土地上，其空间用于居住、生产或者存放物品的设施，如住宅、写字楼、车间、仓库等。

构筑物或者其他设施，是指人工建造的、固定在土地上、建筑物以外的某些设施，如道路、桥梁、隧道、城墙、堤坝等。

建筑物、构筑物或者其他设施上的搁置物、悬挂物，是指搁置、悬挂在建筑物、构筑物或者其他设施上，非建筑物、构筑物或者其他设施本身组成部分的物品。例如，搁置在阳台上的花盆、悬挂在房屋天花板上的吊扇、脚手架上悬挂的建筑工具等。

建筑物、构筑物或者其他设施及其搁置物、悬挂物脱落、坠落，是指建筑物、构筑物或者其他设施的某一个组成部分以及搁置物、悬挂物从建筑物、构筑物或者其他设施上脱落、坠落。例如，房屋墙壁上的瓷砖脱落、房屋天花板坠落、吊灯坠落、屋顶瓦片滑落、房屋窗户玻璃被风刮碎坠落、阳台上放置的花盆坠落等。

（2）所有人、管理人或者使用人不能证明自己没有过错的，应当承担侵权责任。

建筑物、构筑物或者其他设施的所有人、管理人或者使用人应当对建筑物、构筑物或者其他设施及其搁置物、悬挂物进行合理的管理、维护，避免给他人造成损害。例如，要保证建筑物等设施及其搁置物、悬挂物的稳固；应当进行必要的检查，发现可能造成他人损害的，要及时采取相应的安全措施等。建筑物、构筑物或者其他设施及其搁置物、悬挂物脱落、坠落造成他人损害，这一条规定了三个侵权责任主体：

一是所有人，是指对建筑物等设施拥有所有权的人。建筑物、构筑物或者其他设施多为不动产。一般来讲，不动产的所有人是指不动产登记机构依法登记确定的人。在农村宅基地上自建的房屋和城市中一些依法新建的房屋，虽然没有来得及登记，仍然可以依法确定具体的所有人。

建筑物、构筑物等设施的所有人依法享有所有权，同时也承担维护、管理的义务，建筑物、构筑物或者其他设施及其搁置物、悬挂物脱落、坠落造成他人损害的，所有人应当依法承担侵权责任。许多国家和地区的法律都明确规定了建筑物等设施致人损害时所有人的责任。

二是管理人，是指对建筑物等设施及其搁置物、悬挂物负有管理、维护义务的人。我国国有资产一般由特定的机关或者单位进行管理。

三是使用人，是指因租赁、借用或者其他情形使用建筑物等设施的人。实践中，建筑物等设施的所有人将其出租或者出借，使用人的不当使用是导致建筑物等设施及其搁置物、悬挂物发生脱落、坠落的原因之一。因此，建筑物等设施及其搁置物、悬挂物脱落、坠落致人损害，使用人不能证明自己没有过错的，也应当承担侵权责任。一般来说，使用人承担责任有两种情形：第一，使用人依法对其使用的建筑物、构筑物或者其他设施负有管理、维护的义务时，因其管理、维护不当造成他人损害。当根据合同约定，房屋承租人对房屋有管理、维护义务时，房屋及其搁置物、悬挂物脱落、坠落造成他人损害，承租人不能证明自己没有过错的，要承担侵权责任。第二，使用人对建筑物、构筑物或者其他设施的搁置物、悬挂物管理、维护不当，造成他人损害。例如，承租人在阳台上放置的花盆或者晾晒的物品坠落造成他人损害，承租人不能证明自己没有过错的，要承担侵权责任。

（3）归责原则。

这一条采用过错推定原则。损害发生后，被侵权人证明自己的损害是因建筑物等设施或者其搁置物、悬挂物脱落、坠落造成的，所有人、管理人或者使用人对自己没有过错承担举证责任，其不能证明自己没有过错的，应当承担侵权责任。

所有人、管理人或者使用人控制着建筑物等设施及其搁置物、悬挂物，一般情况下，这些设施或者物体的脱落、坠落与所有人、管理人或者使用人在管理、维护时存在过错有很大关系。另外，被侵权人通常并不了解建筑物等设施及其搁置物、悬挂物的管理、维护情况，很难获得足够的证据。因此，让被侵权人来证明所有人、管理人或者使用人的过错，对被侵权人来说不公平。采用过错推定原则，既符合社会生活的实际情况，也有利于保护被侵权人的合法权益。多年的司法实践也证明，对建筑物等设施及其搁置物、悬挂物脱落、坠落致人损害责任采用过错推定原则，是科学合理的。

2. 所有人、管理人或者使用人赔偿后，有其他责任人的，有权向其他责任人追偿。

其他责任人是指所有人、管理人或者使用人之外的对损害的发生负有责任的人。建筑物、构筑物或者其他设施及其搁置物、悬挂物脱落、坠落造成他人损害，所有人、管理人或者使用人不能证明自己没有过错的，应当对被侵权人承担侵权责任。实践中，有时损害的发生除了与所有人、管理人或者使用人的过错有关以外，还与其他人有关，只是该其他人不直接对被侵权人承担侵权责任。但是，所有人、管理人或者使用人向被侵权人赔偿后，有权向该其他责任人追偿。例如，房屋所有人与承揽人签订承揽合同，由承揽人为房屋安装防盗网。由于承揽人的过错，防盗网没有安装牢固，后来坠落将他人砸伤。房屋所有人不能证明自己没有过错的，应当对被侵权人承担侵权责任。另外，由于防盗网的坠落与承揽人的过错有关，根据《民法典》第1192条的规定，承揽人应当向房屋所有人承担责任。因此，房屋所有人对被侵权人赔偿后，有权向承揽人追偿。

32. 高空抛物坠物造成他人损害，如何承担责任？

《民法典》第1254条第1款规定，禁止从建筑物中抛掷物品。从建筑物中抛掷物品或者从建筑物上坠落的物品造成他人损害的，由侵权人依法承担侵权责任；经调查难以确定具体侵权人的，除能够证明自己不是侵权人的外，由可能加害的建筑物使用人给予补偿。可能加害的建筑物使用人补偿后，有权向侵权人追偿。第2款规定，物业服务企业等建筑物管理人应当采取必要的安全保障措施防止前款规定情形的发生；未采取必要的安全保障措施的，应当依法承担未履行安全保障义务的侵权责任。第3款规定，发生本条第1款规定的情形的，公安等机关应当依法及时调查，查清责任人。

1. 禁止从建筑物中抛掷物品。

本条第1款开宗明义，规定禁止从建筑物中抛掷物品。我国民事法律规范极少使用“禁止”性的表述，盖因民事法律是调整平等主体之间权利义务的规范，以自由意志为导向。这一条禁止性规定，是对从建筑物中抛掷物品行为的严厉谴责和禁止。

2. 从建筑物中抛掷物品或者从建筑物上坠落的物品。

如果物体并非从建筑物中抛掷或坠落，不适用该规定。例如，在群众性活动中被他人从人群中抛掷的物品砸伤而无法确定具体的侵权人时，被侵权人不能依据这一条主张由参加活动的所有可能的侵权人承担赔偿责任。在道路上被机动车撞伤而无法确定具体的加害车辆时，被侵权人不能主张由当时所有经过的可能加害的车辆承担赔偿责任。

3. 由侵权人依法承担侵权责任。

虽然没有明说，但从逻辑上可以推出，从建筑物中抛掷物品或者从建筑物上坠落的物品造成他人损害的，应当由侵权人依法承担侵权责任，这是过错责任的体现。只有难以确定具体侵权人的，才适用这一条的补偿规定。

4. 经调查难以确定具体侵权人。

难以确定具体侵权人是指无法确定物品具体是从哪一个房间抛掷、坠落的，因此无法确定具体的侵权人。这一条在《侵权责任法》第87条的基础上，增加了“经调查”的表述。从建筑物中抛掷物品或者从建筑物上坠落的物品，造成他人损害的，小区物业管理企业、公安等机关均应及时、缜密地调查取证，尽量查明侵权人。

5. 关于可能加害的建筑物使用人。

在建筑物使用人是多人的情况下，从建筑物中抛掷物品或者从建筑物上坠落的物品造成他人损害，经调查难以确定具体侵权人的，要从这些使用人中确定可能的侵权人。这一条规定的建筑物使用人，是指在侵权行为发生时建筑物的实际使用人。建筑物使用人在建筑物内进行活动，控制、管理着建筑物和建筑物内的物品，建筑物抛掷物、坠落物致人损害，经调查确实无法确定具体侵权人时，在他们中间确定可能的侵权人，符合社会生活实践经验。使用人包括使用建筑物的所有权人、承租人、借用人以及其他使用建筑物的人。物业服务公司是否属于建筑物使用人，要视具体情况而定，一般情况下，物业服务公司只是与业主签订合同，负责对物业的管理、服务，并不占有、控制建筑物本身，其不属于建筑物使用人。但是，如果物业服务公司实际占有、使用建筑物，则其也属于建筑物使用人。

如果按照社会生活实践经验、科学手段、监控手段、侦查措施等其他方法，可以推测认为抛掷物、坠落物有可能是从某人使用的建筑物中抛掷或坠落的，则该使用人就是这一条所说的“可能加害的建筑物使用人”。当然，这种可能性必须在一定的合理范围内。例如，如果被侵权人在街上被建筑物上的抛掷物、坠落物砸伤，难以确定具体侵权人的，并非该条街上所有建筑物的使用人均要承担责任，而是首先要将范围界定在侵权行为发生地周围合理范围内的建筑物的使用人。再如，如果被侵权人在一座居民楼的北面被从该楼上抛掷或坠落的物品砸伤，一般认为，居住在该楼南面的居民不属于“可能加害的建筑物使用人”。

6. 除能够证明自己不是侵权人的外，由可能加害的建筑物使用人给予补偿。

这一条采用举证责任倒置。根据这一条规定，无法确定具体的侵权人的，由被侵权人证明自己是被建筑物上的抛掷物、坠落物伤害的，由建筑物使用人证明自己不是侵权人。建筑物使用人不能证明自己不是侵权人的，要对被侵权人受到的损害进行补偿。如果有证据能够确定具体的侵权人，则其他可能加害的建筑物使用人无须再举证证明自己不是侵权人。

7. 发现真正侵权人后，承担了补偿的建筑物使用人具有追偿权。

由可能加害的建筑物使用人对被侵权人给予补偿的，各个可能加害的建筑物使用人之间不承担连带责任，而是按份分别对被侵权人进行补偿。被侵权人不能要求某一个或一部分可能加害的建筑物使用人补偿其全部的损害，可能加害的建筑物使用人按照自己应承担的份额对被侵权人进行补偿后，也不能向其他可能加害的建筑物使用人追偿。但是，发现了真正侵权人的，可以向真正的侵权人进行追偿，以体现责任自负、社会公平。

8. 物业服务企业等建筑物管理人的义务。

物业服务企业与业主签订物业服务合同，应当履行合同约定的义务。《民法典》第 937 条第 1 款规定，物业服务合同是物业服务人在物业服务区域内，为业主提供建筑物及其附属设施的维修养护、环境卫生和相关秩序的管理维护等物业服务，业主支付物业费的合同。第 942 条规定，物业服务人应当按照约定和物业的使用性质，妥善维修、养护、清洁、绿化和经营管理物业服务区域内的业主共有部分，维护物业服务区域内的基本秩序，采取合理措施保护业主的人身、财产安全。对物业服务区域内违反有关治安、环保等法律法规的行为，物业服务人应当及时采取合理措施制止、向有关行政主管部门报告并协助处理。因此，物业服务企业具有一定的安全保障义务，依照《民法典》第 1254 条第 2 款的规定，物业服务企业等建筑物管理人应当采取必要的安全保障措施防止前款规定情形的发生；未采取必要的安全保障措施的，应当依法承担未履行安全保障义务的侵权责任。

9. 公安等机关的及时调查义务。

《民法典》第 1254 条第 3 款规定，从建筑物中抛掷物品或者从建筑物上坠落的物品造成他人损害的，公安等机关应当依法及时调查，查清责任人。公安等机关是具有侦查权的机关。

这里的有关机关是指公安机关等具有侦查权的机关。因为从建筑物中抛掷物品或者从建筑物上坠落的物品，一般会造成被侵权人轻伤以上的伤害，甚至死亡。公安机关应当积极履职、为人民服务，立案侦查，调查清楚具体的侵权人，尽可能减少难以确定具体侵权人的可能性，不能推诿扯皮、以案多人少为由不予立案，否则便是渎职。

33. 林木造成他人损害的，怎么承担侵权责任？

《民法典》第1257条规定，因林木折断、倾倒或者果实坠落等造成他人损害，林木的所有人或者管理人不能证明自己没有过错的，应当承担侵权责任。

1. 关于林木折断、倾倒或者果实坠落等情形。

这一条所说的林木，包括自然生长和人工种植的林木，并未限定林木生长的地域范围，林地中的林木、公共道路旁的林木以及院落周围零星生长的树木等折断、倾倒或者果实坠落造成他人损害，林木的所有人或者管理人不能证明自己没有过错的，均要承担侵权责任。当然，根据林木生长的具体情况，认定林木所有人或者管理人的过错应有所区别。

林木造成他人损害，不仅包括林木枝蔓等的掉落造成他人损害，还包括其他情形，如实践中出现的椰树果实坠落砸伤路人、树木倒伏压坏路旁汽车等。

2. 关于林木的所有人或者管理人。

我国《森林法》第20条规定，国有企业事业单位、机关、团体、部队营造的林木，由营造单位管护并按照国家规定支配林木收益。农村居民在房前屋后、自留地、自留山种植的林木，归个人所有。城镇居民在自有房屋的庭院内种植的林木，归个人所有。集体或者个人承包国家所有和集体所有的宜林荒山荒地荒滩营造的林木，归承包的集体或者个人所有；合同另有约定的从其约定。其他组织或者个人营造的林木，依法由营造者所有并享有林木收益；合同另有约定的从其约定。

林木的所有人或者管理人应当对林木进行合理的维护，防止林木出现危害他人安全的情形。例如，所有人或者管理人应当固定好新栽的树木，在林木可能危害他人的安全时，要设置明显标志并采取相应的安全措施，及时消除危险状态。例如，要及时修剪干枯的树枝、采伐干枯的树木，及时清理树上的积雪，及时采摘成熟的果实等。

3. 这一条的归责原则。

对于折断、倾倒或者果实坠落等造成他人损害，适用过错推定的归责原则，林木的所有人或者管理人不能证明自己没有过错的，应当承担侵权责任。

所有人或者管理人要证明自己没有过错，通常要证明其对林木已经尽到了管理、维护的义务。需要说明的是，很多时候，林木的折断表面上是由自然原因或者第三人等的原因造成的，但实质上与所有人或者管理人的过错有关。例如，大风将因虫害而枯死的大树刮倒，砸伤了过路的行人。大风和虫害是导致树木折断的因素，但由于虫害可能是因所有人或者管理人没有尽到管理、维护的义务造成的，因此所有人或者管理人不能证明自己没有过错的，仍然要承担侵权责任。再如，他人驾驶机动车撞到树木上，造成树木倾斜，后来树木倾倒或者折断造成他人损害，所有人或者管理人不能证明在该树木被撞倾斜后，自己为了防止该树木倾倒或者折断而及时采取了合理措施的，仍然要承担责任。

如果林木的折断完全是因自然原因、第三人或者受害人的过错造成，林木的所有人或者管理人能够证明自己没有过错的，不承担侵权责任。

34. 在公共场所或者道路上挖坑、修缮安装地下设施等造成他人损害的，如何承担侵权责任？

《民法典》第1258条第1款规定，在公共场所或者道路上挖掘、修缮安装地下设施等造成他人损害，施工人不能证明已经设置明显标志和采取安全措施的，应当承担侵权责任。第2款规定，窨井等地下设施造成他人损害，管理人不能证明尽到管理职责的，应当承担侵权责任。

1. 关于第1款规定的理解和使用。

（1）在公共场所或者道路上施工。

在公共场所或者道路上施工，是指在公共场所或者道路上挖坑、修路、修缮安装地下设施等，如架设电线、铺设管道、维修公路、修缮下水道等。

公共场所是不特定人聚集、通行的场所，在这些场所施工，很有可能对他人造成损害，因此需要更加注意保护他人的安全。在公共场所或者道路上施工，应当取得有关管理部门的许可，必须设置明显的警示标志和采取有效的安全措施。依照《道路交通安全法》第32条、第104条的规定，因工程建设需要占用、挖掘道路，或者跨越、穿越道路架设、增设管线设施，应当事先征得道路主管部门的同意；影响交通安全的，还应当征得公安机关交通管理部门的同意。施工作业单位应当在经批准的路段和时间内施工作业，并在距离施工作业地点来车方向安全距离处设置明显的安全警示标志，采取防护措施；施工作业完毕，应当迅速清除道路上的障碍物，消除安全隐患，经道路主管部门和公安机关交通管理部门验收合格，符合通行要求后，方可恢复通行。未经批准，擅自挖掘道路、占用道路施工或者从事其他影响道路交通安全活动，致使通行的人员、车辆及其他财产遭受损失的，依法承担赔偿责任。依照《公路法》第32条的规定，改建公路时，施工单位应当在施工路段两端设置明显的施工标志、安全标志。需要车辆绕行的，应当在绕行路口设置标志；不能绕行的，必须修建临时道路，保证车辆和行人通行。根据《城市道路管理条例》第24条、第35条的规定，城市道路的养护、维修工程应当按照规定的期限修复竣工，并在养护、维修工程施工现场设置明显标志和安全防围设施，保障行人和交通车辆安全。经批准挖掘城市道路的，应当在施工现场设置明显标志和安全防围设施；竣工后，应当及时清理现场，通知市政工程行政主管部门检查验收。

在公共场所或者道路上施工，应当设置明显标志和采取安全措施，包括以下三个方面的内容：

第一，设置的警示标志必须具有明显性。施工人设置的警示标志要足以引起他人对施工现场的注意，从而使他人采取相应的安全应对措施，如减速、绕行等。例如，在高速公路上施工，必须在距离施工现场较远的地方设置警示标志，而不能只在直接施工的地点设置警示标志；阴天或者夜间施工，应当设置必要的照明设备等。

第二，施工人要保证警示标志的稳固并负责对其进行维护，使警示标志持续地存在于施工期间。例如，应当保证警示标志牢固，防止被风刮走；在警示标志毁损时，应当及时修复等。

第三，仅设置明显的标志不足以保障他人的安全的，施工人还应当采取其他有效的安全措施。例如，在道路上挖坑，通常应当将施工现场用保护设施围起来，而不仅仅是提醒行人注意道路上的坑。施工人采取的措施，在正常情况下必须足以保证他人的安全。

（2）关于施工人。

公共场所或者道路施工致人损害的责任人是施工人。施工人直接控制着施工场地，因此应当承担对施工场地的管理和维护义务，保障他人的安全。施工人是指组织施工的单位或者个人，而非施工单位的工作人员或者个体施工人的雇员。施工人一般是承包或者承揽他人的工程进行施工的单位或者个人，有时也可能是为自己的工程施工。

（3）在公共场所或者道路上施工与在公共道路上设置妨碍通行物。

本条第1款与《民法典》第1256条规定的情形，主要有如下区别：

一是发生的原因不同。公共场所或者道路上施工致人损害责任，是施工人在施工过程中没有设置明显标志和采取安全措施，造成他人损害时应当承担的侵权责任。在公共道路上设置妨碍通行物致人损害责任，是在公共道路上堆放、倾倒、遗撒妨碍通行的物品造成他人损害，有关的单位和个人应当承担的侵权责任。

二是责任主体不同。公共场所施工致人损害的责任主体是施工人，在公共道路上堆放、倾倒、遗撒妨碍通行的物品造成他人损害的责任主体是行为人和公共道路管理人。

（4）归责原则。

施工人责任采用过错推定归责原则，施工人不能证明已经设置明显标志和采取安全措施的，应当承担侵权责任，理由主要有：一是公共场所是人们经常聚集、活动和通行的地方，施工人必须采取严格的安全措施方能避免，采用过错推定与在公共场所施工的危险程度是相符合的。二是从救济受害人的角度考虑，施工人距离证据较近，有利于查明事实真相，采用过错推定更利于对受害人的救济。

2. 关于第2款规定的理解和使用。

（1）窨井、地下设施及其管理人。

窨井是指上下水道或者其他地下管线工程中，为便于检查或疏通而设置的井状构筑物。其他地下设施包括地窖、水井、下水道以及其他地下坑道等。

窨井等地下设施的管理人，是指负责对该地下设施进行管理、维护的单位或者个人。城市地下设施复杂，有输水、输油、输气、输电设施等不同的地下设施。不同的地下设施可能属于不同的单位管理，在损害发生后要明确具体的管理人，由相关的管理人依法承担侵权责任。

（2）归责原则。

实践中，经常出现地下设施缺乏防护措施而致人损害的情形。《城市道路管理条例》第 23 条规定：“设在城市道路上的各类管线的检查井、箱盖或者城市道路附属设施，应当符合城市道路养护规范。因缺损影响交通和安全时，有关产权单位应当及时补缺或者修复。”《治安管理处罚法》第 37 条规定，在车辆、行人通行的地方施工，对沟井坎穴不设覆盖物、防围和警示标志的，或者故意损毁、移动覆盖物、防围和警示标志的；盗窃、损毁路面井盖、照明等公共设施的，处 5 日以下拘留或者 500 元以下罚款；情节严重的，处 5 日以上 10 日以下拘留，可以并处 500 元以下罚款。

图书在版编目（CIP）数据

民法典知识问答一本通 / 中国法制出版社组织编写
.—北京：中国法制出版社，2021. 4（2021.10重印）
ISBN 978 - 7 - 5216 - 1803 - 7

Ⅰ. ①民… Ⅱ. ①中… Ⅲ. ①民法 - 法典 - 中国 - 问题解答 Ⅳ. ①D923. 05

中国版本图书馆 CIP 数据核字（2021）第 063543 号

策划编辑：袁笋冰　　责任编辑：王林林　　封面设计：周黎明

民法典知识问答一本通

MINFADIAN ZHISHI WENDA YIBENTONG

组织编写/中国法制出版社
经销/新华书店
印刷/北京虎彩文化传播有限公司
开本/880 毫米×1230 毫米　32 开　　印张/19. 5　字数/383 千
版次/2021 年 6 月第 1 版　　2021 年 10 月第 2 次印刷

中国法制出版社出版
书号 ISBN 978 - 7 - 5216 - 1803 - 7　　定价：49. 00 元

北京市西城区西便门西里甲 16 号西便门办公区
邮政编码 100053　　传真：010 - 63141852
网址：http：//www. zgfzs. com　　**编辑部电话：010 - 63141672**
市场营销部电话：010 - 63141612　　**印务部电话：010 - 63141606**

（如有印装质量问题，请与本社印务部联系。）